TEACHER EDUCATION

全国百所高校规划教材
教师教育精品教材

中学综合实践活动

ZHONGXUE ZONGHE SHIJIAN HUODONG

徐继存　主　编

北京师范大学出版集团
BEIJING NORMAL UNIVERSITY PUBLISHING GROUP
北京师范大学出版社

图书在版编目（CIP）数据

　　中学综合实践活动／徐继存主编. —北京: 北京师范大学出版社, 2015.8（2023.8重印）

　　ISBN 978－7－303－18335－7

　　Ⅰ. ①中… Ⅱ. ①徐… Ⅲ. ①中学－活动课程－教学研究－师范大学－教材 Ⅳ. ①G632.3

中国版本图书馆CIP数据核字（2014）第310925号

图书意见反馈： gaozhifk@bnupg.com　010－58805079
营销中心电话：　　010－58802755　58800035
北师大出版社教师教育分社微信公众号　京师教师教育

出版发行：北京师范大学出版社　www.bnup.com
　　　　　北京市西城区新街口外大街12－3号
　　　　　邮政编码：100088
印　　刷：保定市中画美凯印刷有限公司
经　　销：全国新华书店
开　　本：787 mm×1092 mm　1/16
印　　张：20
插　　页：1
字　　数：414 千字
版　　次：2015 年 8 月第 1 版
印　　次：2023 年 8 月第 3 次印刷
定　　价：39.00 元

策划编辑：李　志　　　　　责任编辑：王　蕊
美术编辑：焦　丽　　　　　装帧设计：焦　丽　锋尚设计
责任校对：陈　民　　　　　责任印制：马　洁　赵　龙

全书栏目

本课程的发展历史

本课程的发展历史：开始本课程之前，先了解一下它的发展历程。

本课程的研究方法：如何学习本课程，并进一步展开研究，方法至关重要。

本课程的研究方法

综合实践活动是一种课程类型，也是一种课程思想。要让学生掌握本教材的内容和观点，必须采用理论与实践的方法进行研究。

一、注重综合实践活动理论的学习

综合实践活动作为一种课程思想，其历史渊源虽远，虽然不同的教育家在具体认识和做法上有所不同，但他们都将综合实践活动的思想演变进程中发挥了重要作用。先介了解教育发展史上教育家们关于综合实践活动的基本思想和实践意旨，对探测认识当前我国的中学综合实践活动同时有助于我们了解历史。当然，了解历史不是为了记住过去的事实，而是为了有把握历史发展脉络的同时把握着实诸发展方向。在本课程的研究中，必须要采用两种基本方法。

（一）文献法

在综合实践活动理论研究中，首先要对已有的研究成果有充分的了解。通过查阅、搜集、分析和梳理国内外综合实践活动的思想发展脉络和实践资源历程，可以掌握综合实践活动思想的不同理论基础、价值追求和实践价值，以及参照与我国当前中学综合实践活动的状况进行比对比。是认清我国当前中学综合实践活动问题与发展方向的重要途径。

（二）讨论法

综合实践活动是内涵独特、内容丰富、形式多样的课程，其价值具有多元性。要对综合实践活动有比较全面的认识，就必须对综合实践活动的方面都有所了解。因为单个人知识经验、视角思路等等都难以达到对综合实践活动全方位的意蕴，所以在学习研究中，有必要采用班级小组讨论的方法，通过集思广益，达到对综合实践活动的整体理解。

二、加强综合实践活动实践的研究

我国的中学综合实践活动，只有充分扎根在我国独特的文化土壤中，体现我国的本土特色，才能真正支撑其具体的价值。而整体现我国的本土特色，需要经历三个阶段，首先是了本土，然后是立足本土，最后是融入本土。不论处于哪一个阶段，进行综合实践活动的研究，都然要采用以下方法。

（一）观察法

综合实践活动是融入学生真实生活或社会实践的活动，要领会综合实践活动的特点，发现综合实践活动中存在的问题，观察法是最直观有效的方法。通过对中学综合实践活动的观察...

详细目录：三个层级的详细目录为你提供更具体的页码索引，并展现作者阐释每个章节的角度。

关键术语表

关键术语表：书后会对全书的关键术语做一个整体呈现，并配上英文和解释。

综合实践活动	comprehensive practice activity	综合实践活动是以学生的主体性活动经验为中心组织的，密切联系学生生活实际的实践性课程，是普国当前中小学生必修课程。
研究性学习	research-based learning	研究性学习是指学生基于自身兴趣，在教师的指导下，从自然、社会和学生自身生活中选择和确定研究专题，主动地获取知识、应用知识、解决问题的学习活动。
社区服务和社会实践	community services and social practice	社区服务和社会实践是学生在教师指导下，走出教室，参与社区和社会实践活动，以获取直接经验、发展实践能力、增强社会责任感为主的学习活动。
劳动与技术教育	labor-technology education	劳动与技术教育是以学生获得积极劳动体验、形成良好技术素养为主要目标，且以操作性学习为特征的学习课程。
信息技术教育	information technology education	信息技术教育是以培养学生发展适应信息时代需要的信息素养为基本目标的教育，在这种教育下，信息技术是最重要的内容，又是教育的平台。
综合实践活动设计	comprehensive practice activity design	综合实践活动设计是要遵循综合实践活动的理念、学校资源状况和学生发展需要，对活动主题、目标、内容、过程、方法等进行设计和规划的过程。
综合实践活动资源	integrated practical activity resources	综合实践活动资源指的是中学综合实践活动开展需要的人力、物力，以及自然资源和信息素质的总和。
评价指标体系	evaluation system	评价指标体系是指综合评价对象多方面特性且相互关联各自的多个指标所构成的具有有机的整体，一般由评价项目和评价权重两个方面构成。

章前栏目

本章概述：学习每章之前，先了解一下它的内容概要。

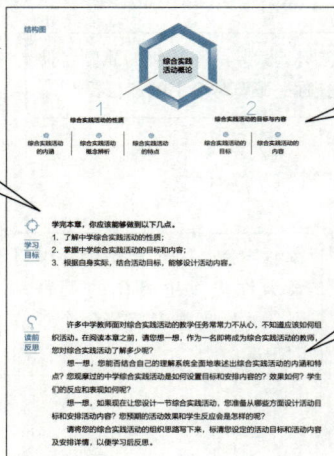

章结构图：这张"地图"助你在第一时间把握本章知识结构。

章学习目标：清楚了解目标，学习才能更高效。

读前反思：反思的问题将带你进入新的知识探索。

章内栏目

节学习目标：完成节学习目标，才能实现章学习目标，直至掌握全书内容。

案例：丰富的案例助你更好地掌握理论，并在实践中灵活运用。

名家语录：这里有教育家、哲学家、思想家……听一听他们的真知灼见吧。

章后栏目

本章小结：它概述了本章的重要知识点，为你的复习和回顾提供方便。

关键术语：章后为你提供了本章的关键术语，包括它的英文名称。

章节链接：知识之间是有联系的，章节链接为你提供了这种指引，它能让你的知识更加融会贯通。

批判性思考：这里，会以提问的方式引导你进一步思考。

体验练习：练习能深化你对知识的学习，并助你查漏补缺。

案例研究：有具体情境的案例会让你的所学与现实结合更紧密。

教学一线纪事：在这里，你可以提前了解真实的课堂。

补充读物：它为你的学习提供了更广阔的阅读空间。

在线学习资源：扫一扫二维码，你就可以轻松浏览为你精心准备的在线学习资料。

本课程的发展历史

- 卢梭在其代表作《爱弥儿》中强调要把儿童看成儿童，遵循儿童的天性进行教育，主张通过观察、体验进行学习，主张让学生从实践中去学习，并认为教育都应该是行动多于口训。
- 巴西多于1774年创办"泛爱学校"，开设多种实践课程，采用手工、远足、游戏等方法实施活动教育。

卢梭的活动课程思想及其后续影响

国外的综合
实践活动
1

综合实践活动的发展历史

我国的综合
实践活动
1

20世纪二三十年代的教学改革实验

- 受杜威来华讲学的影响和我国部分留美、留日学生回国投身教育的推动，20世纪二三十年代，进步主义教育思想在中国广泛传播，设计教学法、道尔顿制、文纳特卡制等新的教学法先后传入我国，在南京、上海、北京、苏州等地中小学开展了实验研究。如1919年，俞子夷在南京高师附小试行设计教学法，开展"联络教材"实验，该实验以乡土科为中心，组织教学内容与学习活动。此后，又出现了分科设计法、混合设计法、道尔顿制、文纳特卡制等实验，涌现出陈鹤琴的"活教育"实验、陶行知的生活教育实验、黄炎培的职业教育实验等一大批著名改革实验。这些实验打破了学科界限，突破了书本知识中心，以社会生活和学生的实际经验组织教材教学，实行综合课程与活动课程，把培养学生的动手操作能力、发展学生的个性与创造性作为目的，突出学生中心，让学生在开放的、自主的实践活动中获得发展。

- 美国开设了STS（科学、技术与社会）研究课程、设计学习课程和社会参与性学习课程。
- 英国基础教育课程中加强社会研究和设计学习的内容。社会研究围绕公民的形成展开，以突出的政治、精神、道德、社会或文化问题来设计实践和探究的主题。
- 法国的国家课程标准中设计了"综合学习"课程。这种课程一方面体现为跨越两个或两个以上学习领域，需要综合运用多学科的知识和技能；另一方面是多样化途径的学习活动，引导学生在实践中掌握和运用已学到的知识。
- 自20世纪90年代以来，日本中小学一直开设"特别活动"课程，该课程包括学校传统活动、俱乐部活动和班级指导三个方面。1998年又增设了"综合学习时间"，强调体验学习和课题研究等活动方式，重视满足学生的兴趣和爱好，致力于培养学生主动开展问题解决学习，引导学生掌握科学的学习方法和思考方法，要求学生通过理解、体验、感悟和探究自然、社会，形成综合社会实践能力和社会责任感。
- 20世纪90年代以来，作为独立形态的活动课程得到新的发展，美国、英国、法国、日本、澳大利亚等开始在基础教育课程改革中，尝试开设综合实践活动类课程。

20世纪90年代以来国外综合实践活动课程的实践

3

1992年教育部颁发《九年义务教育全日制小学、初级中学课程计划（试行）》，该计划中的"活动"包括晨会、班团队活动、体育锻炼、科技文体活动、社会实践活动和校传统活动等。随后的《九年义务教育活动课程指导纲要（讨论稿）》明确指出：活动课程是指在学科课程以外，由学校有目的、有计划、有组织地通过多种活动项目和活动方式，综合运用所学知识，开展以学生为主体，以实践性、创造性、趣味性以及非学科性为主要特征的多种活动内容的课程，并将活动课程的内容集中在社会教育活动、科技活动、文艺学术活动、体育卫生活动上。至此，课外活动转化为活动课程，并与学科并列，一同进入课程计划表。许多中小学开展了系列活动课程实验，学科课程一统天下的格局开始改变。

但随着活动课程实践的推进，出现了诸如课程目标停留于浅层次的技艺训练、接收式学习和简单模仿学习，活动领域单一，活动空间未能超越课堂空间与学校生活空间，学科化倾向严重等问题。对此，2001年，教育部颁布《基础教育课程改革纲要（试行）》，明确提出设置综合课程，实现课程结构的均衡化、综合性和选择性，并规定：从小学至高中设置综合实践活动并作为必修课程，其内容主要包括：信息技术教育、研究性学习、社区服务与社会实践以及劳动与技术教育。强调学生通过实践，增强探究和创新意识.学习科学研究的方法，发展综合运用知识的能力。增进学校与社会的密切联系，培养学生的社会责任感。在课程的实施过程中，加强信息技术教育，培养学生利用信息技术的意识和能力。了解必要的通用技术和职业分工，形成初步技术能力。这一规定，揭开了综合实践活动理论与实践研究的新历程。

- 其中杜威的芝加哥实验学校，无论在理论还是实践方面，都对活动课程进行了系统探索，并对近百年来世界范围内的学校课程改革产生了深远影响。杜威认为，传统学校的课程与教材远离了儿童的生活与经验，不利于儿童的成长和发展。他主张，教育本身就是生活的过程，教育即儿童经验的改造与增长，他主张把课程还原到儿童经验的水平，实现课程的经验化、活动化。他要求进行教材和教法的根本改革，将各种类型的作业引进学校，将学校变成一个雏形的社会，让学生在这个雏形的社会中"做中学"。杜威创办的芝加哥实验学校充分贯彻了其教育思想。该学校取消了班级编制，根据不同任务分成学习小组，课程由相互联系的种种活动计划组成。学校按照儿童发展的情况分为三个阶段：4-8岁为第一阶段，注重加强学校生活于家庭邻里生活的联系，设置自然研究、手工训练和缝纫等活动；9-12岁为第二阶段，重点为读、写、算、操作能力的发展；13-15岁为第三阶段，开始一门一门地学习一些科目，并在一定程度上进行专门化的活动。

3

20世纪80年代的
课外活动

4

20世纪90年代至今的活动
课程和综合实践活动

- 20世纪80年代，随着我国教育改革的深入和国际交流的加强，为了改革以课堂教学为中心的局限，克服单一的教学形式，加强课堂活动，课外活动蓬勃发展。有人提出把课外活动称为"第二渠道"或"第二课堂"，人们提出建立两个渠道并重的教学体系的思想，许多学校开展了丰富多彩的课外活动。1988年颁布的《义务教育全日制小学、初级中学"六三制"初级中学教学计划（试行草案）》中的课外活动包括时事政治、班团队活动和课外活动。

- 随着工业化进程的加快，传统学校课程的弊端不断暴露，为了适应社会生产生活对人才的新的需求，欧美掀起了"新教育运动"和"进步主义教育运动"，推动了活动课程的迅速发展。
- 英国教育家雷迪在阿伯茨霍尔姆创办了欧洲第一所"新学校"，揭开了新教育运动的序幕。该学校上午主要从事学术活动，下午是体育锻炼和户外活动，晚上是娱乐和艺术活动。随后，一些欧洲教育家纷纷投入新教育浪潮，建立活动学校。德国教育家利茨、比利时教育家德可乐利、意大利教育家蒙台梭利等相继创办新式学校。
- 在美国，帕克领导和主持了马萨诸塞州昆西学校的改革实验。他提出学校要适应儿童的原则，主张以生活单元代替固定教材，以儿童的自发活动和社会活动为中心，通过自然观察、游戏、测量、泥塑、图画、美术和体育运动等形式组织教育活动。同一时期，约翰逊的有机教育学校、沃特的葛雷制学校、杜威的芝加哥实验学校等壮大了进步主义教育运动的队伍。

欧洲的"新教育运动"和
美国的"进步主义教育运动"

2

2

20世纪50至70年代的课外活动、生产劳动、勤工俭学

- 新中国成立后，为了适应新的形势，教育部颁布了一系列关注课外活动、生产劳动和社会服务等内容的教育政策文件。如1950年颁布的《中学暂行教学计划（草案）》中提出"课外自修，生产劳动，文娱活动及社会服务等，应有计划地配合正课进行，达成学好正课的目的"。1952年颁布的《中学暂行规程（草案）》指出，"中学对于学生的体育、娱乐、生产劳动及社团活动的时间，应由校长同学生会、青年团作合理的分配，避免妨碍学生健康与课业学习。"
- 60年代，生产劳动受到空前关注。1963年教育部下发《关于实行全日制中小学新教学计划（草案）的通知》对教学、生产劳动和假期做出新的安排，明确规定小学四年级以上每年半个月，中学生每年1个月的生产劳动时间。
- 70年代，特别强调学工、学农、学军活动。1978年教育部修订颁发的《全日制中学暂行工作条例（试行草案）》指出，"必须组织学生学工、学农、学军，批判资产阶级，走与工农相结合的道路。"各地中小学纷纷实行开门办学，勤工俭学，积极开展生产劳动教育，每周设置半天甚至一天的劳动课，学生在活动中、劳动中得到了实际的锻炼，提高了实践能力。
- 在这段时间里，虽然规定了学校的课外活动，但课外活动都是以附带的形式出现在教学计划之中，目的是为了配合学科课堂教学，巩固与扩大课堂教学成果。

综合实践活动是一种课程类型，也是一种课程思想。要让学生掌握本教材的内容和观点，必须采用理论与实践并重的方法进行研究。

一、注重综合实践活动理论的学习

综合实践活动作为一种课程思想，其历史源远流长，虽然不同的教育家在具体认识和做法上有所不同，但他们都在综合实践活动的历史演变进程中发挥了重要作用。充分了解教育发展史上教育们关于综合实践活动的基本思想和实践做法，对深刻认识当前我国的中学综合实践活动具有重要意义。当然，了解历史不是为了记住过去的事实，而是为了在把握历史脉搏的同时看清未来的发展之路。在本课程的研究中，必须要采用两种基本方法。

（一）文献法

在综合实践活动理论研究中，首先要对已有的研究成果有充分的了解。通过查阅、搜集、分析和梳理国内外综合实践活动的思想发展脉络和实践探索历程，可以掌握综合实践活动思想的不同理论基础、价值追求和实践价值，以此为参照与我国当前中学综合实践活动的状况进行对比，是认清我国当前中学综合实践活动问题与发展方向的重要途径。

（二）讨论法

综合实践活动是内涵独特、内容丰富、形式多样的课程，其价值具有多元性。要对综合实践活动有比较全面的认识，就必须对综合实践活动的各方面都有所了解。因为单个人知识经验、视角思路等很难达到对综合实践活动多方面的兼顾，所以在学习研究中，有必要采用班级或小组讨论的方法，通过集思广益，达到对综合实践活动的整体把握。

二、加强综合实践活动实践的研究

我国的中学综合实践活动，只有充分扎根在我国独特的文化土壤中，体现我国的本土特色，才能真正发挥其育人的核心价值。而要体现我国的本土特色，需要经历三个阶段，首先是了解本土，然后是立足本土，最后是融入本土。不论处于哪一个阶段，进行综合实践活动的研究，都必然要采用以下方法。

（一）观察法

综合实践活动是融入学生真实生活或社会实践的活动。要领会综合实践活动的特点，发现综合实践活动中存在的问题，观察法是最直观有效的方法。通过对中学综合实践活动在自然状态下实践的情况进行细致观察，既可以获得第一手的实践资料，也可以获得最直观的感性认识，而这是对综合实践活动进行更深入分析的基础。

（二）调查法

调查法是通过问卷、访谈等方式，获取关于综合实践活动的资料的方法。调查法可以让研究者在短时间内获得关于较大地域范围内的综合实践活动实际状况的丰富信息资料，对了解和分析综合实践活动实践中存在的普遍问题具有重要意义，这些资料也是对综合实践活动进行科学分析的重要依据。

（三）行动研究法

本教材是教师教育教材，不论是职前教师的实习活动，还是在职教师的本职工作，都需要他们在一线亲身参与实践。行动研究法正是利用教育对象的这一便利条件，让他们以综合实践活动中存在的问题作为研究对象，与研究专家、教师等密切合作，探索解决问题的思路与方法，提升个体的理论素养和实践工作能力。

简要目录

第一章 综合实践活动概论

第二章 中学综合实践活动的设计与管理

第三章 中学综合实践活动资源的开发

第四章　研究性学习的设计与实施

第五章　社区服务与社会实践的设计与实施

第六章　劳动与技术教育的设计与实施

第七章　信息技术教育的设计与实施

第八章　中学综合实践活动的评价

第九章　中学综合实践活动存在的问题与反思

第一章
综合实践活动概论

本章概述

　　本章主要论述了中学综合实践活动的性质、中学综合实践活动的目标与内容两部分。在性质部分，主要阐释了中学综合实践活动的内涵与特点；在目标与内容部分，介绍了中学综合实践活动的整体目标与具体目标、中学综合实践活动的内容演变、内容构成及相互关系。

结构图

综合实践
活动概论

1
综合实践活动的性质

ⓐ	ⓑ	ⓒ
综合实践活动的内涵	综合实践活动概念辨析	综合实践活动的特点

2
综合实践活动的目标与内容

ⓐ	ⓑ
综合实践活动的目标	综合实践活动的内容

学习
目标

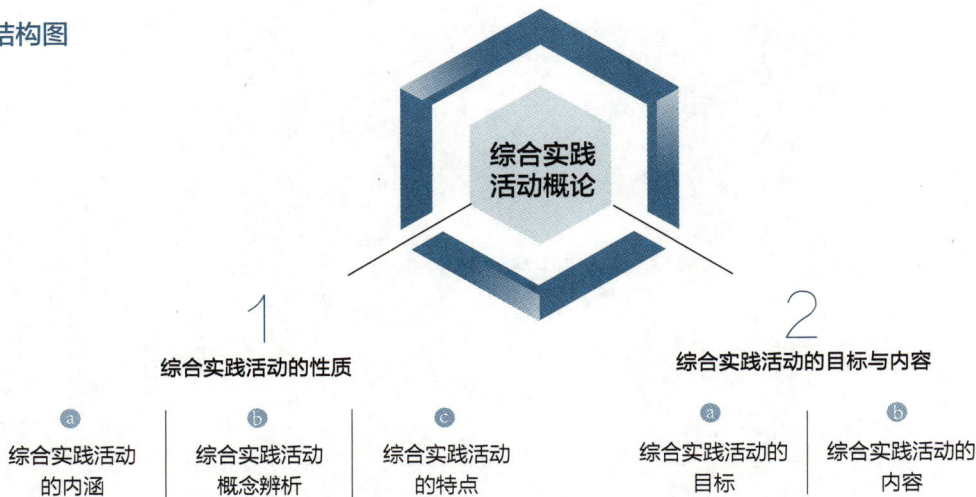

学完本章，你应该能够做到以下几点。

1. 了解中学综合实践活动的性质；
2. 掌握中学综合实践活动的目标和内容；
3. 根据自身实际，结合活动目标，能够设计活动内容。

读前
反思

　　许多中学教师面对综合实践活动的教学任务常常力不从心，不知道应该如何组织活动。在阅读本章之前，请您想一想，作为一名即将成为综合实践活动的教师，您对综合实践活动了解多少呢？

　　想一想，您能否结合自己的理解系统全面地表述出综合实践活动的内涵和特点？您观摩过的中学综合实践活动是如何设置目标和安排内容的？效果如何？学生们的反应和表现如何呢？

　　想一想，如果现在让您设计一节综合实践活动，您准备从哪些方面设计活动目标和安排活动内容？您预期的活动效果和学生反应会是怎样的呢？

　　请将您的综合实践活动的组织思路写下来，标清您设定的活动目标和活动内容及安排详情，以便学习后反思。

第一节
综合实践活动的性质

🎯 **学习目标**

中学综合实践活动的
内涵是什么？
中学综合实践活动与活
动课程的关系是什么？
中学综合实践活动的
特点有哪些？

2001年6月，教育部颁布的《基础教育课程改革纲要（试行）》明确规定：从小学至高中设置综合实践活动课程并作为必修课程。综合实践活动的设置，改变了长期以来学科课程一统天下的局面，改善了学校课程结构，有利于推进学生对自然、社会和自我之内在联系的整体认识与体验，有利于发展学生的创新能力、实践能力以及良好的个性品质。这是我国新世纪基础教育课程改革的一项重要举措。

综合实践活动是一种什么样的课程，怎样理解综合实践活动的性质，它与其他类型的课程有何关联，这是综合实践活动实施必须明确的问题。

一、综合实践活动的内涵

《基础教育课程改革纲要（试行）》对综合实践活动进行了这样的阐述"从小学至高中设置综合实践活动并作为必修课程，其内容主要包括：信息技术教育、研究性学习、社区服务与社会实践以及劳动与技术教育"。强调学生通过实践，增强探究和创新意识，学习科学研究的方法，发展综合运用知识的能力。增强学校与社会的密切联系，培养学生的社会责任感。在课程的实施过程中，加强信息技术教育，培养学生利用信息技术的意识和能力。了解必要的通用技术和职业分工，形成初步的技术能力。

由此看来，综合实践活动是我国学校课程体系不可或缺的有机组成部分，它不是学校课程的一种点缀或装饰，而是学校必须开设、学生必须修习的课程，它与各门学科课程共同构成了我国学校课程的完整体系。

目前，综合实践活动的定义有许多，不同的学者对综合实践活动有不同的界定。

1. 综合实践活动主要是指以学生的兴趣和直接经验为基础，以与学生学习生活和社会生活密切相关的各类现实性、综合性、实践性问题为内容，以研究性学习为主导学习方式，以培养学生的创新精神、实践能力及体现对知识综合运用为主要目的的新型课程。[1]

2. 综合实践活动是在教师引导下，学生自主进行的综合性学习活动，是基于学生的经

1　田慧生. 综合实践活动的性质. 特点与课程定位. 人民教育，2001（10）：34～35

验，密切联系学生自身生活和社会实际，体现对知识的综合应用的实践性课程。[1]

3. 综合实践活动是基于学生的直接经验、密切联系学生自身生活和社会生活、体现对知识综合运用的一种课程形态，是一种以学生的直接经验和现实生活为核心的实践性课程。[2]

4. 综合实践活动是基于学生的直接经验，密切联系学生自身生活和社会生活，注重对知识技能的综合运用，体现经验和生活对学生发展价值的实践性课程。[3]

5. 综合实践活动是基于学生的直接经验，密切联系当代社会生活实际，综合运用所学知识解决实际问题，强调实践能力、创新能力的培养以及提高学生综合素质的实践性课程。[4]

认真考察综合实践活动的多种定义，我们发现，它们大都基于《基础教育课程改革纲要（试行）》对综合实践活动的阐述，本质上并没有多大的差异，只是表述略有不同。

首先，综合实践活动是一种实践性课程。所谓实践性课程，实质上是与理论性课程相对的概念。理论性课程一般是指以理论性知识为核心，通常以阅读和讲授等方式进行的课程；实践性课程一般是指以实践性知识为核心，以在实践中习得、体验、反思和分析等方式进行的课程，也可以说是一种"做中学"的课程。如果说传统的学科课程在很大程度上是一种理论性课程，那么综合实践活动则是一种实践性课程。这是对综合实践活动性质的基本确认，也是我们理解和把握综合实践活动的基本前提。

其次，综合实践活动是一种经验性课程。所谓经验性课程，主要是指以学生的主体性活动经验为中心组织的课程，而不是以人类的间接经验为中心组织的课程。这种经验性课程着眼于学生的需要和兴趣，强调学生的亲身经历和体验，旨在使学生在观察、调查、探究、实验等一系列活动中，获得经验、培养兴趣、解决问题和锻炼能力。因此，经验性课程也可以称为活动课程。

再次，综合实践活动是一种生活性课程。生活性课程是与文本性或符号性课程相对而言的。前者面对的是学生的生活世界，后者面对的是科学世界。生活世界与科学世界是各有其特殊规定性的两个不同世界，但它们又是相互作用、相互渗透、历史地统一的。当我们说综合实践活动是一种生活性课程时，主要是指综合实践活动关注学生的现实生活世界，注重从学生真实的生活世界中选取具有综合性、实践性、现实性的现象、事件、问题来设计课程内容。这应该是综合实践活动选择课程内容必须坚持的基本标准之一。

最后，综合实践活动是一种综合性课程。相对于学科课程或分科课程，综合实践活动具有跨学科性，它超越了逻辑严密的学科知识体系，打破了分门别类的学科界限，强调整合并运用多种学科知识思考和解决生活世界中的现实问题，培养学生的实际生活能力和创造性解

1 郭元祥. 综合实践活动课程——设计与实施. 北京：首都师范大学出版社，2001：9
2 张传燧. 综合实践活动课程论. 广州：广东教育出版社，2004：10
3 张华. 综合实践活动课程研究. 上海：上海科技教育出版社，2007：4～5
4 潘洪建. 中学综合实践活动指导. 北京：高等教育出版社，2011：6

决问题的能力，为学生整体地认识世界，全面地发展自我提供了广阔的空间和机会。因此，综合实践活动也是一种综合性课程。

二、综合实践活动概念辨析

综合实践活动与学科课程、活动课程和综合课程既有区别，也有联系。为了更准确地把握和理解综合实践活动，有必要对其进行简要的比较和分析。

（一）学科课程与综合实践活动

学科课程，也称分科课程，是一种历史悠久的课程类型，可以追溯到中国先秦时期孔子设立的"六经"（《诗》《书》《礼》《乐》《易》《春秋》）和古希腊时期的"七艺"（文法、修辞、辩证法、算术、几何、天文和音乐）。由于学科课程具有逻辑性、系统性和简约性的特点，有利于学生学习和巩固基础知识，提高学校教育的效率，因而迄今依然是学校课程的基本类型。尽管人们曾对它发生过怀疑，试图彻底废止它，但最终又不得不承认它有着不可取代的优越性。[1]但是，随着科学技术的快速发展和学科门类的日渐增多，学科课程的缺点也逐渐凸显，它容易造成和加深知识分割，不利于联系学生的生活实际和社会实践，不利于汲取新知识和新学科，妨碍课程内容的更新，因而也不断受到批评和挑战。

为了改变我国学校课程结构长期以来过于强调学科本位，科目过多和缺乏整合，以及过于注重书本知识的现状，综合实践活动应运而生，成为我国学校课程体系的重要组成部分，与学科课程相辅相成，共同担负起促进学生素质全面发展的责任。综合实践活动课程是一种向两端无限延伸的课程，一端是儿童的现实生活，一端是学科知识，由儿童的创造性思维和探究欲望把这两端连接起来。具体言之，就是通过对知识的综合运用，解决具体现实生活中的问题。在这个过程中，理解生活、感悟生活，并真实地体验到学科知识虽然有其逻辑，但并不是片段和分隔的，学科知识在思考和解决问题的过程中可以综合起来。[2]可见，综合实践活动与学科课程并不是截然对立的。一方面，综合实践活动要以学科课程为基础，缺乏相应的学科知识和技能，综合实践活动就难以深入开展；另一方面，综合实践活动中所发现的问题、获得的知识、经验和技能有助于学科课程的学习，也可以在学科课程的实施中得以深化和系统化。

（二）综合课程与综合实践活动

综合课程，也称整合课程，一般是指打破传统学科课程的知识领域，组合两个或两个以

1　李秉德. 教学论. 北京：人民教育出版社，1991：174
2　张华. 综合实践活动课程研究. 上海：上海科技教育出版社，2007：161

上的学科领域知识构成的课程。综合课程起源于20世纪初德国的合科教学，是针对学科课程只向学生传授知识，不能解决实际问题，脱离学生的实际生活，忽视学生的情感等种种缺陷而提出的。根据综合课程的综合程度及其发展轨迹，可分为关联课程、融合课程、广域课程、核心课程等。

关联课程，又称相关课程，是在保留既有学科独立性的基础上，寻找两个或多个学科之间的共同点，使这些学科的教学顺序能够相互照应、相互联系、穿插进行。这种课程强调在教学中互相配合，并不强调打破学科间的分界，其实质并没有脱离学科课程。从严格意义上说，关联课程只是一种综合教学，不是综合课程。

融合课程，是把两门以上相邻学科的内容糅合在一起，从而形成一门综合性学科。如将物理学和化学融合而成物理化学。这种融合，常见的是把同一学科领域的某些科目加以合并，也有把不同学科领域的科目内容加以糅合。

广域课程，是合并数门相邻学科的教学内容而形成的综合性课程。如美英等国广泛采用的"社会研究"课。先将历史和地理加以融合，后又加入了经济学、社会学、政治学、法学和人类学的有关内容。相对于融合课程，广域课程的内容交叉更大一些；无论在学科数目，还是学科内容上，都扩大了范围。

核心课程，也称问题课程，其编制方法是围绕一些重大的社会或生活问题组织教学内容，问题就像包裹在教学内容里的果核一样，因而它有时又被称为问题中心课程。显然，核心课程是以解决实际问题的逻辑顺序为主线，而不是以学科知识的逻辑结构为主线来组织教学内容的。所以，核心课程具有明显的跨学科性质，对于促进知识的综合化，吸取新兴学科的基础知识，促进课程内容的更新，密切教学与社会生活的联系，都具有十分重要的意义。如果说关联课程、融合课程、广域课程是对传统学科课程的变通、改进和扩展，那么对学校课程编制思想真正具有革新意义的是核心课程。[1]

显然，综合实践活动不是限于学科内的一种综合教学，也不是一种基于学科间的综合性学科。综合实践活动具有综合性学科课程的融合性特点，同时又兼具活动课程的实践性特征，可以认为是具有自己独特功能和价值的相对独立的一种实践性的综合课程。

（三）活动课程与综合实践活动

活动课程有时也叫经验课程或生活课程，是相对于系统的学科知识而言，侧重于学生的直接经验的课程。这种课程的主要特点在于动手"做"，在于手脑并用，脱离开书本亲身体验生活的现实，以获得直接经验。[2]在19世纪末20世纪初的"活动课程"中，有的来源于"自

---

1 李秉德. 教学论. 北京：人民教育出版社，1991：177
2 李秉德. 教学论. 北京：人民教育出版社，1991：178

然教育"和"实用主义"思想，有的来源于"活动主义"思潮。我国20世纪八九十年代的"活动课"有的来源于对课外活动的研究，有的来源于杜威的"活动课程"。[1]

1992年我国正式将活动课程列入义务教育课程计划，活动课程开始在我国中小学实施。应该说，活动课程的实施改善了我国中小学以学科课程为本的单一课程结构，在一定程度上促进了学生的发展。但是，在活动课程的具体设计和实施过程中，又普遍存在着诸多局限和不足。对此，有学者进行了总结：目标依然停留在浅层次的技艺训练上，对学生的现实生活、社会实际关注不够，学生与生活、与社会依然存在着脱节现象，未能从根本上促进学生综合实践能力、情感、态度和价值观念的更新；学生的学习活动方式依然是接受性学习和简单的模仿性学习，缺乏课题研究性学习、社会参与性学习、体验性学习和生活学习等学习活动方式；活动领域单一，活动空间局限在课堂或学校范围之内，未能超越课程教学空间和学校生活空间；缺乏有效的评价指标体系和管理制度，地方、学校和教师参与课程开发的积极性没有得到充分的调动，很多学校的活动课程形同虚设，流于形式，教师对活动课程的价值和观念等方面的认识存在着局限性；学科化倾向严重，各种"学科活动课程"大量兴起并与"学科课程"的目标、内容等——对应，活动课程内容的组织套用学科课程的逻辑，教书化现象严重；过分依赖课外活动，一些学校在实践探索之初，大多是将课外活动移到课堂内，把原来课表上的课外活动换成活动课，其教学模式、活动模式和评价方法依赖于课外活动的经验提炼；目标不统一，在活动课程实验及实施过程中，活动课程的目标异化为办特色学校的捷径、素质教育的替身等。[2]

在借鉴活动课程实践的经验，努力克服和弥补以往活动课程设计和实施不足的基础上，将综合课程的优点与活动课程的优点有机结合起来，便产生了综合实践活动这种新的课程形态。因此，我们也可以认为综合实践活动是一种具有独特功能和价值的相对独立的一种综合性活动课程。

三、综合实践活动的特点

综合实践活动不同于学科课程，也有别于一般性综合课程和传统的活动课程，是一种实践性的综合课程，也可以说是一种综合性的活动课程。正是这种性质决定了综合实践活动的特点。

对于综合实践活动的特点，不同的学者也有不同的归纳。

有学者认为综合实践活动有"综合性、实践性、开放性、生成性和自主性"[3]的特点。

1　李臣. 活动课程研究. 北京：教育科学出版社，1998：5
2　郭元祥. 综合实践活动课程——设计与实施. 北京：首都师范大学出版社，2001：27～28
3　郭元祥. 综合实践活动课程——设计与实施. 北京：首都师范大学出版社，2001：11～15

　　有学者认为综合实践活动有"整合性、主体性、体验性、实践性、生活性、开放性和生成性"[1]的特点。

　　有学者认为综合实践活动有"整体性、实践性、开放性、生成性和自主性"[2]的特点。

　　有学者认为综合实践活动有"整合性、实践性、自主性、开放性和生成性"[3]的特点。

　　对于综合实践活动的特点，说法虽多，实际上争议并不大。比较起来，综合性即整合性或整体性；主体性即自主性；综合性、实践性、开放性、生成性和自主性是大家都认同的。不过，综合性和实践性是综合实践活动的题中应有之义，也是不言而喻的，实践性本身内含着体验性，而自主性只是强调了综合实践活动中学生的主体地位，生成性又有忽略综合实践活动的规划之嫌。

　　综合各位学者的认识，结合我们对综合实践活动的理解以及当前综合实践活动实施的现状，我们更强调综合实践活动的开放性、主题性、研究性、过程性和协同性的特点。

（一）开放性

　　综合实践活动虽然是国家规定的全体中小学校必须开设、每个学生都必须学习的课程，但是，国家只制定指导纲要，不统一编写教材，学校可以根据本校实际和所在社区资源状况以及学生的特点和需要，因校制宜，因生而异，进行自主开发。这样，综合实践活动就不像学科课程那样受到固有知识体系的限制，受到统一教材的束缚，从而成为一个开放的领域。无论在课程目标和内容，还是在活动过程、活动方式和评价标准上，综合实践活动都具有开放性的特点。

　　综合实践活动以促进每一个学生的个性发展为目标，面向每一个学生的现实生活，尊重学生的个性差异和特殊需要。所以，综合实践活动始终鼓励每一个学生的自主选择和主动探究，注意调动每一个学生的积极性，保证每一个学生在综合实践活动中的主体地位，努力使每一个学生的个性都能得到不同程度的发展。

　　综合实践活动面向学生的生活，关注社会发展的现实问题，因而其内容不是封闭的，固定不变的。尽管国家规定综合实践活动的内容包括信息技术教育、研究性学习、社区服务与社会实践以及劳动与技术教育等领域，但对于不同地区的学校、不同的班级和不同学生而言，其具体的活动内容可以是多样的；而且，这些内容之间也不是绝对割裂的，而是相互渗透和联系的，不能将综合实践活动分为相对独立的几门课程来对待。

　　综合实践活动关注学生在活动过程中所产生的丰富多彩的学习体验和个性化的创造性表现，倡导学生根据自己的经验和兴趣，采用研究性学习、参与性学习、体验性学习等多种学

1　张传燧. 综合实践活动课程论. 广州：广东教育出版社，2004：31～42
2　张华. 综合实践活动课程研究. 上海：上海科技教育出版社，2007：5～6
3　潘洪建. 中学综合实践活动指导. 北京：高等教育出版社，2011：8～10

习方式，鼓励学生走出学校，走向社区和社会，在调查、访问、考察、实验、制作、劳动和服务等多种实践活动中，增进学生对自我、社会和自然之间内在联系的整体认识和体验，谋求自我与社会、自然的和谐发展，让学生在体验和探究自然中不断成长，在参与和融入社会中不断成熟，在接触和认识社会中不断完善自我。综合实践活动过程和方式的这种开放性也决定了其评价标准不是单一的，而是开放的、多元的。

综合实践活动的开放性，要求综合实践活动的设计和实施必须走出体系化、结构化的文本世界，超越封闭的课堂时空，为学生个性发展和综合素质的提高提供广阔的空间。

🔊 **教育家语录**

任何一个进步的体系，也都是开放的，不然就会丧失其发展的可能性，因而也就会丧失其进步性的特点。

——马尔可夫

（二）主题性

综合实践活动的开放性并不意味着综合实践活动设计和实施的随意性。如果说学科课程内容一般是以课文或专题的形式出现，那么综合实践活动的内容则是以主题形式呈现的。从这一意义上说，主题性是综合实践活动的重要特点。正是通过主题的形式，综合实践活动超越了具有严密知识和技能体系的学科界限，统一了活动内容和资源，才能够面向学生的生活，培养学生问题意识和探究精神，提高学生的实践能力和综合素质。

综合实践活动的主题是对综合实践活动内容和任务的高度概括，左右着综合实践活动的基本价值取向，蕴含着综合实践活动的主要问题、核心技能和预期成果，在很大程度上决定着综合实践活动的范围、内容、过程和方式。可以说，综合实践活动的主题是综合实践活动的灵魂。因此，综合实践活动主题的确定是综合实践活动的基本问题，也是综合实践活动设计与实施的首要问题。

综合实践活动主题多种多样，依据不同的标准可以划分为不同类型。如依据活动的对象及内容，可将主题分为自然主题、社会主题和自我主题；依据活动的综合性程度，可将主题分为兴趣活动主题、综合活动主题、跨学科活动主题；依据主题产生的方式，可将主题分为封闭式主题、半封闭式主题和完全开放式主题；依据主题活动方式，可将主题分为探究活动主题、设计活动主题、考察活动主题和实践活动主题。[1]综合实践活动主题的多样性为综合实践活动主题的选择和确定提供了广阔的空间，但是在具体选择和确定的过程中，必须充分

1　潘洪建．中学综合实践活动指导．北京：高等教育出版社，2011：53～56

考虑学生的年龄特征、兴趣和愿望以及学校课程资源的可利用性等因素。同时，还需要反映社会发展的要求，与时俱进，体现时代特色。在许多情况下，综合实践活动主题的确定并不是一蹴而就的，而是一项需要不断研究和推进的工作。

综合实践活动的主题性，意味着学校必须对综合实践活动进行统筹规划。有学者建议，每一所学校根据本校和本校所在社区的特色推出三类相互衔接的计划，即"学校综合实践活动计划""年级综合实践活动计划"和"班级综合实践活动计划"。[1]这是有道理的。

（三）研究性

综合实践活动以开放性的视野面向学生的现实生活，紧密联系学生的生活经验和社会发展的实际，以主题的形式呈现综合化的学习内容，引导学生在问题发现、自主探究和主动建构的过程中，增强分析和解决问题的能力，全面提高综合素质。因此，综合实践活动具有鲜明的研究性特点。也许正是因为研究性之于综合实践活动的关键，国家明确将研究性学习列为综合实践活动的重要领域之一。

作为综合实践活动领域的研究性学习，超越了特定学科知识和严格的课堂教学的局限，强调综合运用所学知识和技能，要求学生自主地从自身和社会生活中选择和确定主题，开展类似科学研究的过程，从而获得探究的体验，发展探究能力和创新精神，以及良好的情感、态度和价值观。[2]实际上，综合实践活动的信息技术教育、社区服务与社会实践以及劳动与技术教育同样需要这种研究性学习，甚至可以说研究性学习是这些领域的基础，也是这些领域实施过程所凭借的一种基本学习方式，应当贯彻于综合实践活动的所有内容和全部过程之中。在这一意义上，作为综合实践活动领域的研究性学习对于综合实践活动具有一种普遍的方法论价值和意义。

"研"是指审查、细磨；"究"则有穷尽、追根刨底之义。简言之，"研究"就是认真提出问题，并以系统的方法寻找问题答案的过程。具有研究性的综合实践活动需要遵循基本的科学性研究步骤，不能让学生漫无边际地去被动地经验和体验。虽然学生即兴的思考和探索也可能产生许多意料不到的收获，但是遵循基本的科学步骤却能够保证学生把研究和思考步步推向深入，有目标也有结果。在某种程度上，学生和成人一样，没有目标和成果的探究也可能无法保持兴趣的持续、经验的深度和体验的丰富性。[3]

综合实践活动的研究性，要求学校和教师必须恰当地处理综合实践活动目标、主题和内容的统筹规划与过程生成的关系，不以规划限定生成，也不因生成而拒斥规划，保持二者必要的张力。既要引导学生学习和掌握科学研究的程序和方法，又要善于引导学生展开丰富的

1　张华. 综合实践活动课程研究. 上海：上海科技教育出版社，2007：12
2　郭元祥. 综合实践活动课程——设计与实施. 北京：首都师范大学出版社，2001：131~132
3　张华. 综合实践活动课程研究. 上海：上海科技教育出版社，2007：168

想象，进一步激发学生的学习兴趣，勇于质疑，大胆探索。

（四）过程性

综合实践活动不以系统学科知识的掌握为目标，也不在于寻求答案的唯一性、一致性和正确性，它尤其强调学生对活动过程的参与、理解与体验。可以说，学生的广泛参与是综合实践活动的目的，学生在活动过程中获得了积极的体验就是综合实践活动的成功。因此，过程性是综合实践活动的突出特点，也是综合实践活动的一大特色。虽然综合实践活动并不排除对知识的掌握，但综合实践活动中的知识不是以结论或定论的形式传递给学生的书本知识，而是学生通过探究而获得的程序性知识和领悟性知识。

综合实践活动的过程性决定了综合实践活动的评价必须贯彻过程性评价的基本原则。在评价过程中，要重视对学生活动过程的评价，揭示学生在活动过程中的表现而不能仅仅针对活动的结果。即使最后结果按计划来说是失败的，或者没有得出所谓的科学结论，只要学生经历了活动过程，对自然、社会和自我形成了一定的认识，获得了实际的经验、体验和感悟，就应给予学生积极的评价。在具体的评价方式上，要反对那种通过单一的量化手段对学生进行分等划类的做法，采用"自我参照"标准，引导学生对自己在活动过程中的表现进行"自我反思性评价"，强调师生之间、学生之间对彼此个性化表现的评定和鉴赏。

显然，综合实践活动的过程性要求学校和教师必须破除传统教学思维的樊篱，从过去仅仅注重学生学习的结果向注重学生的学习过程转变，从封闭向开放转变，从关注知识性的单一目标向关注由知识与技能、过程与方法、态度情感价值观构成的整体性目标转变，从注重学生共性向注重学生个性的发展转变。事实上，这也是整个基础教育课程都应体现的基本理念，只不过在综合实践活动中体现得更加明显而已。强调综合实践活动的过程性不仅有利于综合实践活动的设计、实施和评价，还有利于更新课程观念，强化课程意识，更有效地推进课程改革。这也是我们阐释综合实践活动过程性特点的重要原因之一。

（五）协同性

综合实践活动的协同性贯穿于综合实践活动的整体规划和实施的全部过程中，具体表现为组织机构之间、学科之间、教师之间、师生之间和学生之间的相互协作。

综合实践活动是典型的国家设置、地方开发、学校实施的三级管理课程。在其开发、设计和实施的过程中，各级教育行政机构和学校根据不同的分工，承担着不同的职责，需要相互配合，密切协作。综合实践活动领域的开放性、主题的多样性、学习的研究性和评价的过程性决定了学校对外必须加强与家庭、社区和社会各部门之间的通力协作，对内需要突破以学科划分为基础的教师管理方式，鼓励不同学科教师之间的协作与交流，组建跨学科的综合实践活动共同体。

综合实践活动没有固定的教材和固有的逻辑体系，国家颁布的《综合实践活动指导纲要》只从理念和原则上给予指导，至于具体的实施样态并无统一规定。因此，学校可以结合实际采用不同的方式实施，但学校对各年级之间的发展和衔接要有自己整体的思考，把握学生的特点和原有的基础，递进设计，避免简单的重复和肤浅的活动，避免"大家都搓汤圆，一年级搓一个，二年级搓两个，三年级搓三个"的无意义体验。传统的学科教学组织主要是组织教学内容，利用相对固定的座位次序和学习小组等各种形式，调动学生积极投入最佳学习状态。综合实践活动则打破了课堂教学时空规范和秩序，打破了班级和小组的界限。这需要教师根据学生的兴趣、特长、能力合理划分"研究小组"，指导小组成员发挥各自的主动性，实现有效的分工与协作。[1]

也许因为综合实践活动具有协同性的显著特点，有学者便利用相关理论探讨了综合实践活动的构建，并将综合实践活动协同分为共时态协同和历时态协同两种模式。前者包括综合实践活动开发的协同、综合实践活动实施的协同和综合实践活动评价的协同；后者包括综合实践活动实施各阶段协同、各年级学段的协同以及学生之间的协同等。[2]这对于我们理解综合实践活动的协同性有一定的启发价值。

第二节
综合实践活动的目标与内容

🎯 **学习目标**

如何设计中学综合实践活动的目标？
如何选择中学综合实践活动的内容？

中学综合实践活动的有效实施，首先要求教师科学合理地设计出活动的目标，包括活动的整体目标与具体目标，明确目标的来源与基本取向，这是开展活动的前提。其次，教师要根据活动目标，选择和安排好活动内容，确定活动领域，并处理好四个指定领域之间的关系，这是有效开展活动的基础与保障。

1　张华. 综合实践活动课程研究. 上海：上海科技教育出版社，2007：223～228
2　肖军飞，刘大伟. 协同学视阈下的综合实践活动课程的构建探讨. 教育探索，2012（2）：30～31

一、中学综合实践活动的目标

（一）综合实践活动的整体目标

1. 整体目标

我国教育部颁发的7~9年级的《国家九年义务教育课程综合实践活动指导纲要（7~9年级）》对综合实践活动的总目标做出了明确的阐释，"通过密切学生与生活的联系、学校与社会的联系，引导学生在积极参与实践的过程中获得积极体验和丰富经验；提高学生对自然、社会和自我之内在联系的整体认识，发展学生的创新能力、实践能力、社会责任感以及学生良好的个性品质"。具体表述为以下几点。

（1）获得亲身参与实践的积极体验和丰富经验。

（2）形成对自然、社会、自我之内在联系的整体认识，发展对自然的关爱和对社会、对自我的责任感。

（3）形成从自己周围生活中主动发现问题并独立解决问题的态度和能力。

（4）发展实践能力，发展对知识的综合运用和创新能力。

（5）形成合作、分享、积极进取等良好的个性品质。

2. 目标的来源

综合实践活动作为一门开放性的实践性课程，其目标来源依据主要有以下三点。

（1）基于学生发展

综合实践活动必须关注学生的发展，考量与制定综合实践活动的根本依据就是最大限度地满足学生现实和未来的双重需求，因此制定综合实践活动的整体目标要基于学生的现有状况，诸如需要、动机与兴趣，并结合学生已有的生活经验与社会生活背景，从培养学生可持续发展的愿望出发，制定综合实践活动总目标。

（2）基于学科发展

纵观学科的发展情况，在学科门类不断细化，新的学科和知识不断推陈出新的同时，学科综合性不断增强，一大批交叉学科如雨后春笋般涌现，科学研究越来越向多学科联合发展。可以看出，学科发展的整体趋势是分化与综合并存的。因此，综合实践活动总目标的制定，也要基于学科发展的情况，使学生逐步学会运用新知识和综合运用多学科知识解决实践问题的意识和能力。

（3）基于社会发展

社会发展对学生的培养提出了要求，所以综合实践活动目标的制定要考虑社会发展需求。我们处在一个以可持续发展、全球化、信息化和知识化为显著特征的时代，一个发展变化日益剧烈的时代，社会发展对学生的素质要求越来越高，要求学生具有收集与处理信息的能力、交流沟通与合作的能力、善于发现问题并自主探究与创新的能力以及终生发展的能力。

3. 目标的基本取向

任何课程目标总有一定的基本取向，因为它涉及制定什么样的课程目标的问题。根据综合实践活动的整体目标及其目标来源，其目标取向有以下几种。

（1）综合性目标取向

综合实践活动的目标具有综合性的特征，这是由参与课程的学生接触的世界所具有的完整性和学生个体发展的整体性决定的。个人、社会、自然等构成了学生生活的世界，作为活动主体的学生，在其中与各要素相互作用。学生处理与他人、社会和自然的关系过程就是对学生自我发展具有教育价值的活动过程，是综合运用知识、能力、态度与价值观来探究自然与自我、社会与自我、他人与自我的关系的结果。因而综合实践活动课程就有了着眼于学生整体发展的综合性取向。

（2）行为性目标取向

行为目标是指在目标设计时，对学生提出可操作、可行为化的活动操作方式和能力方面的要求。它具有精确、具体和可操作性强的特点。[1]它主要适用于描述一些简单的、适于训练的基础知识和基本技能以及一些相对简单的课程目标。综合实践活动强调在活动中发展学生的动手能力，因而可以对学生的动手能力的发展提出一系列可以观察的行为目标。[2]该目标取向要求课程目标的设计不仅要在表述上具有可操作性的行为特征，而且可以通过行为得以观察和检验，并在特定的情景、条件和背景下通过活动得以体现和落实。

（3）生成性目标取向

生成性目标是在教育情境中随着教育过程的展开而自然生成的目标，它是教育情境的产物和问题解决的结果，是人的经验生长的内在要求，是学生和教师关于经验和价值观生长的"方向感"。[3]综合实践活动目标的生成性表现为学生进行综合实践活动的过程也是学生自我生成的过程。生成性目标强调师生与教学环境之间的交互作用，以及在交互作用中所生成的新目标。它重视学生在教育活动进行中的自我发展，关心活动设计与实施、目标与内容之间的关系以及它们在综合实践活动中的整合与统一，具有动态生成的特点。

（4）表现性目标取向

表现性目标是指学生在从事某种活动后所得到的结果。它关注的是学生在活动中表现出来某种程度上首创性的反应的形式，而不是事先规定的结果。[4]简言之，它只为学生提供实践活动的领域，至于结果则是开放的。综合实践活动关注学生的体验性和创造性，尊重学生的个体差异性和重视培养学生的个性特征，鼓励学生探索与发现，因而课程目标具有明显的

1　余文森，连榕，洪明. 综合实践活动课程导论. 福州：福建教育出版社，2007：52～53

2　张晓瑜. 综合实践活动学生发展目标设计. 教育科学研究，2005（2）：31

3　郭元祥. 综合实践活动课程的实施. 北京：高等教育出版社，2003：11

4　施良方. 课程理论——课程的基础、原理与问题. 北京：教育科学出版社，1996：88

开放性和表现性的特点。

（二）综合实践活动的具体目标

综合实践活动是基于学生的直接经验，密切联系学生自身生活和社会生活，注重对知识技能的综合应用，体现经验和生活对学生发展价值的实践性课程。[1]综合实践活动主要包含"研究性学习""社区服务与社会实践""劳动与技术教育"和"信息技术教育"四个方面的活动内容，每个活动内容都有其特定的目标。

1. 研究性学习的目标

研究性学习以学生学习的自主性、探索性为基础，从学生生活于其中的学校、家庭以及社会来选择和确定研究专题，使学生通过亲身实践来积极主动地获取直接经验，在不断地学习中，培养运用知识和解决问题的能力。

中学阶段的研究性学习以培养学生自主探究的学习习惯和学习方式为着眼点，创设一种适合学生兴趣和自我发展的开放式学习环境，为学生提供多种渠道获取知识、深入透彻理解与生活相关的各类问题，并将学到的知识加以综合进而应用于实践。[2]

🔊 **教育家语录**

硬塞知识的办法经常引起人对书籍的厌恶；这就无法使人得到合理的教育所培养的那种自学能力，反而会使这种能力不断地退步。

——斯宾塞

（1）在观察与发现中发展探究并解决问题的能力

研究性学习是渗透于学生的各学科学习活动之中的，它强调让学生以一种探究的方式来学会学习，通过观察与发现，逐渐形成善于质疑、勤于探索、积极思考的思维方式。在研究性学习过程中，通过运用不同视角和方式来看待问题、发现问题，学生可以形成自己对于问题的独到看法，同时通过自主活动来提升对所发现问题的进一步探索并加以解决的能力。

（2）在自主学习中形成合作与分享的意识

研究性学习注重学生的自主性学习，但并不意味着忽视学生的合作与分享意识，学生合作意识与团队精神的培养同样也是研究性学习的目标之一。学生在研究性学习中，既需要积极主动地参与活动过程，独立思考问题，也需要同学间互帮互助，分享交流，积极主动地处

1　张华. 综合实践活动课程研究. 上海：上海科技教育出版社，2009：4～5
2　崔相录，曾天山. 综合实践活动课程开发与操作. 济南：山东科学技术出版社，2007：28～29

理好各种人际交往关系，为进一步探究并解决问题奠定良好基础。

（3）在大胆创新中养成认真思考、尊重科学的意识

研究性学习赋予学生大胆想象的空间，但同时又要求学生在尊重客观规律的基础上认真思考，并且尊重他人的观点和意见，进而大胆创新，认真实践，勇于探索解决问题的新途径。

（4）在社会调研中形成对社会的责任意识

具有社会责任感是每一位公民的基本素养，也是国家对每一位公民的基本要求。中学生作为社会公民，理应具有社会责任意识。学生在研究性学习过程中，要通过进行社会调查与研究活动，增强其社会责任心和自然责任感，逐步学会关心社会现状，思考人类发展的有关问题，形成积极的人生观与价值观。[1]

2. 社区服务与社会实践的目标

作为综合实践活动的一部分，社区服务与社会实践服从于综合实践活动课程的总目标。同时更为注重培养学生适应社会的能力、社会参与意识、社会实践能力及社会责任感。[2] 知识经济时代所需要的人才，不但要掌握丰富系统的科学理论知识，更要有较强的创新精神、突出的社会实践能力以及高度的社会责任感。这种人才的培养仅仅依靠教师在课堂上讲授教材的教学是远远不够的。[3]社区服务与社会实践的目的在于扩大学生的学习场所，改变单一的学习方式，把课堂知识学习与社会体验学习结合起来，对于增进学生的社会适应性，引导学生形成积极向上的情感体验和健康充实的生活态度，增强学生的公民意识和社会使命感与责任感，具有重要意义。

（1）统整各科知识，培养创新精神

社区服务与社会实践是综合实践活动的一部分，它从属于综合实践活动的总目标，同时更为注重学生创新精神的培养，使学生在综合性的社区服务和社会实践中增进社会适应能力与创新精神。

（2）乐于服务社会，培养社会责任感

学生在社区服务与社会实践的过程中，学会与他人交往与合作，逐步培养服务意识和奉献精神，遵守社会规则，热衷公益事业，关爱社会，增强社会责任感。

（3）亲近自然，培养环保意识

通过社区服务与社会实践，学生有了亲近自然的机会，在亲近自然的过程中，与自然和谐相处，逐步形成环境保护意识和能力。

（4）充分认识自我，培养自我价值

在社区服务与社会实践的过程中，使学生充分认识自己的能力与不足，充分取人之长补

---

1 郭元祥. 综合实践活动课程的理念. 北京：高等教育出版社，2003：102

2 教育部基础教育司，教育部师范教育司. 综合实践活动的实施与管理. 北京：高等教育出版社，2004：96

3 崔相录，曾天山. 综合实践活动课程开发与操作. 济南：山东科学技术出版社，2007：28

己之短，了解自我，认识自我，肯定自我，发展自我，进而合理设计自己的未来。

3. 劳动与技术教育的目标

劳动与技术教育是以学生获得积极劳动体验、形成良好技术素养为主，以多方面发展为目标，且以操作性学习为特征的国家指定性学习领域。对深入推进以创新精神和实践能力为培养重点的素质教育，培养学生成为未来的新型劳动者，提高整个中华民族的科学素养具有重要意义。[1]

劳动与技术教育以实践为主体，将学生生活实际和当地生产生活实际相结合。它选择对学生自我发展和社会进步有关的内容，结合学生已有知识和社会生活实际，培养学生解决问题的能力。劳动与技术教育是顺应当今科技发展，开发潜力较大的开放性学习领域。[2]

🔊 教育家语录

在我们社会中，劳动不仅是经济的范畴，而且是道德的范畴。

——马卡连柯

（1）培养学生积极的生活态度，形成正确的劳动价值观

劳动技术实践活动可以极大地丰富学生的劳动体验，使学生形成对劳动的初步认识，掌握生活必备的技术知识与技能，学会生活自理，形成积极的生活态度与正确的劳动价值观，培养热爱劳动、尊重劳动的积极情感。

（2）激发学生技术学习的兴趣，掌握基本知识与操作技能

劳动与技术教育重视学生的好奇心，引导学生关注身边的技术问题，注重培养学生的技术意识。这要求学生树立技术意识、关注技术问题、培养从事技术活动必备的品格和态度，进而培养参加技术活动的责任感和使命感。注意知识的综合运用，拓展技术学习的视野，初步形成与技术相联系的经济意识、质量意识、环保意识、安全意识、伦理意识、审美意识以及关心当地经济建设的意识，发展可迁移的共通能力。[3]通过劳动技术实践活动，可以使学生对日常生产、生活中常见的工具有一些较为明确的认识，并且学会使用其中一些基本的、常用的工具，以及学会使用计算机进行简单的信息处理。

（3）强化学生职业角色及认同，培养学生初步的职业认识

在劳动技术实践活动中，学生可以了解到从事职业活动所需的劳动保护知识及相应的职

1　郭元祥. 综合实践活动课程的理念. 北京：高等教育出版社，2003：125
2　崔相录，曾天山. 综合实践活动课程开发与操作. 济南：山东科学技术出版社，2007：33
3　7~9年级劳动与技术教育、信息技术教育实施指南.（征求意见稿）http://www.lnedu.net/News/ShowArticle.asp?ArticleID=4735

业道德素养，可以通过对成人不同职业角色的观察初步了解社会职业分工，从而建立起初步的职业意识，有利于更快地适应社会。

4. 信息技术教育的目标

我们生活在信息技术高度发达的21世纪，在这个知识、信息日益全球化的网络时代，加强对学生的信息技术教育显得尤为重要，它不仅教会学生如何正确使用信息技术，更重要的是培养学生的信息素养，规范学生的信息操作行为。

（1）顺应时代发展潮流，培养学生的信息素养

人类迈进了信息技术化的时代，信息技术使得人们获取信息的渠道拓宽，信息范围不断扩大，信息资源亦趋于丰富，这客观上要求学生个体要具有适应信息化社会的基本素养——信息素养。通过信息技术教育，帮助学生发展信息时代需要的基本信息素养，包括快速地获取和筛选信息的能力、准确鉴别信息的能力、创造性地处理和加工信息的能力。可以说，信息技术教育的目的在于帮助学生发展信息时代需要的信息素养[1]。

（2）服务学科教学发展，培养学生形成积极健康的信息理论

与其说信息技术是帮助教师传授知识的手段，不如说是服务于学科教学和提高教学效率的工具。信息技术教育在培养学生利用信息技术的意识、提高利用信息技术能力的同时，对促进学生的反思意识、培养学生甄别信息的能力以及形成积极健康的信息理论也有着重要的作用。

（三）综合实践活动目标的特点

综合实践活动目标具有综合性、差异性、操作性、生成性、层次性五个特点。

1. 综合性

综合实践活动的目标是多方面的，具有综合性的特点。主要包括认知性目标、技能性目标和情意性目标，各个目标之间具有内在的整合性。

首先是认知性目标，综合实践活动要求学生掌握必要的学科知识和科学知识。这种知识已不是局限于书本中的知识尤其是教科书所规定的知识，而是侧重于操作性的知识和实践性的知识。[2]这些知识的获得，可以从实践活动中得来，也可以从心理层面的体验得来。其次是技能性目标，综合实践活动追求的是学生各方面综合能力的提高，并不仅仅是学会几项技能那么简单。技能性目标是要培养学生学习的能力，研究的能力，探索的能力。使学生在学习探究过程中具备收集资料、分类管理、归纳总结的能力，具备对所解决问题进行评估预测，并且独立解决问题的能力。最后是情意性目标，综合实践活动的目标是要培养学生的情感态度，培养学生的社会责任感和集体荣誉感，具有强烈的求知欲，形成一种积极向上的人

1　郭元祥. 综合实践活动课程的理念. 北京：高等教育出版社，2003：132
2　蔡其勇. 综合实践活动理论与实践. 成都：电子科技大学出版社，2005：20

生态度和价值观。

三类目标在综合实践活动过程中并不是孤立的，而是紧密结合在一起的，综合实践活动的目标不仅关注学生知识技能的学习，也关注学生内心的成长，价值观的树立，关注学生在人生过程中的身心整体发展。

"用笔写字"活动目标

"用笔写字"的活动目标，体现了认知、技能、情意三个方面的目标。

（1）认知目标

了解写字的发展历史，从书法到平时学习，作业等无不渗透着写字的学问。

（2）技能目标

感受探究学习的一般过程，学会收集、分析和整理关于写字的资料；能灵活使用字帖及相关资料，主动参与活动，大胆展示其公关能力。

（3）情感目标

感受并喜爱写字文化，激发学生的民族自豪感；初步形成写字、练字的习惯。

2. 差异性

综合实践活动是在一定的时间、地点、主体中展开的。主体在年龄、性别、兴趣等方面的不同，对综合实践活动的需要也是不同的，因此，综合实践活动目标需要依据参与活动的学生的特点，设计出适合学生的具有个性化的目标。同时，社区环境、文化传统和学校自身特点也是影响综合实践活动目标差异性的重要因素[1]。由此可见，综合实践活动课程的目标是具有差异性的。

"环境问题的调查"活动目标

"环境问题的调查"分阶段设计了活动目标，考虑了学生的年龄特点的差异，使各阶段学生能够顺利地完成活动目标，很好地体现了目标的差异性。

低年级：初步认识环境，增进热爱环境的感情，初步了解个人生存与环境的关系，养成良好的行为习惯。发现并了解自己生活中的环境问题，有所感悟和思考，并有相应的行动深入了解环境，培养关爱环境、保护环境的意识。

高年级：进一步了解自己生存的自然环境和社会环境，能够从不同渠道收集有关环境及环境保护的资料，并进行交流，加深对环境的关爱，增强保护环境的责任感，养成参与环境保护的自觉意识和行为习惯，并能以自己的行动带动周围的人参与环保，养成主动观察环境

1　汪明春. 综合实践活动目标设计及具体化的理念与策略. 教育发展研究，2003（11）：36~38

的习惯，在活动中学会合作、分享、积极进取，共同提高，不断丰富有关环境的知识技能，能够综合运用所学知识，解决一些日常生活中遇到的问题。

3. 操作性

综合实践活动的目标是在各种活动中达成的，它立足于现实具体生活，要求学生在综合实践活动的过程中，学会操作、学会动手。另外，由于综合实践活动一般是以活动的形式开展，其目标必须有助于教师指导学生的活动，有助于活动的开展，这也要求目标具有操作性。[1]综合实践活动目标注重学生在实际操作中掌握学习的方法。

"节能减排"活动目标[2]

"节能减排"目标设计体现了操作性的特点。

（1）为贯彻落实科学发展观，响应国家提出的"节能减排"号召，全面推进节能降耗工作，普及节能减排的科学知识，倡导节能减排的科学方法，养成节能减排的习惯，提高中学生的绿色环保意识，认识大自然给人类的警示和启发，增强环境保护意识，激发学生阅读书籍和探索大自然奥秘的兴趣。

（2）从百科全书、词典辞海、购书中心、互联网络等各种途径查阅、收集有关节能减排方面的图文资料，完成小发明活动的知识铺垫。

（3）走进大自然、走进生活、开展发现活动，形成个人研究方向；运用头脑风暴策略初步产生小组合作项目；通过查找资料、购买设计材料、利用外援、课堂合作填写表格、构思草图、初步制作等活动锻炼动手实践的能力，提升科学素养，激发创新思维。

（4）借助博客平台发布小组活动成果和体会，提高信息技术运用的水平及与异校同学相互学习、交流、沟通的能力。

（5）开展各种活动宣传发明成果（写成文字、拍成图片，向学校、家庭、社区、媒体宣传节能减排国策的重要性）；回顾整个活动过程，学会客观地开展多元评价。

4. 生成性

综合实践活动并不是按照预定的计划机械实施的过程，随着活动进行，新的目标不断生成，学生在活动过程中不断提升，在活动过程中获得发展。因此，综合实践活动的目标设计也必然是生成性的，需要教师和学生在活动过程中不断发现新问题，制定新目标，而不能机械地实施预设的活动目标和活动计划。综合实践活动目标的生成性要求在开发综合实践活动

1　郭元祥. 综合实践活动课程的实施. 北京：高等教育出版社，2003：4
2　石门寨中学综合实践活动案例选 http://blog.sina.com.cn/s/blog_66acb4070100he1q.html

时，一方面，要对实践活动进行一个周密计划；另一方面，在综合实践活动过程中，学生又能从他所接触的情境和资源中收集资料，并自主地制定活动方案或活动计划。生成性目标并不是活动指导者预设的，而是教师和学生在活动实施过程中创设的。

5. 层次性

综合实践活动目标具有层次性。课程目标分为总目标和具体目标，总目标作为最高目标，具有高瞻性和理想性，但总目标较宽泛，不容易达到。现实中，学生的基本特征不同，能力不同，需求也不同，如果按照最高目标来实施，会使学生对活动失去兴趣，教师也不易实施。所以，在实践中，教师要根据活动的实际情况和学生的需求来设置具体目标。多样化的不同层次的目标，能够对课程实施真正起到导向、调控和评价的作用。学生也应在不同主题、不同问题解决方法等方面有不同程度的要求，进行不同程度与不同深度的学习。由此培养出多层次、多类型的人才，所以综合实践活动的目标应具有层次性。

长沙市第八中学初中（7～9年级）综合实践活动目标[1]

总目标：

综合实践活动的实施，要注重发展学生收集处理信息的能力、自主获取知识的能力、分析与解决问题的能力、表达与交流的能力，发展学生良好的情感、态度、价值观。

具体目标：

1. 增进学生对自然的了解与认识，逐步形成关爱自然、保护环境的思想意识和能力。

2. 主动积极地参与社会和服务社会，增进对社会的了解与认识，增强社会实践能力，并形成社会责任感。

3. 逐步掌握基本的生活技能和劳动技术，具有自我认识能力，养成负责任的生活态度。

4. 发展主动获得知识和信息的能力，养成主动探究的态度，发展信息素养和技术素养、探究能力和创造精神。

二、中学综合实践活动的内容

（一）综合实践活动内容的发展演变

我国综合实践活动随着活动课程与课外活动的发展而不断演化，大致经历了以下演变阶段。

1. 萌芽阶段：活动课程思想"中国化"

20世纪二三十年代，欧美等西方国家的思想和文化在我国得到广泛的传播，我国积极进行学术和思想领域的反封建运动，进行着文化重构。实用主义的教育学说随着杜威来华讲学

1　李珍慧. 长沙市第八中学综合实践活动课程实施方案. http://ipac.cersp.com/GLPJ/KCJS/200706/2075.html

直接促进了广大教育学者对活动课程思想的深入认识。在这方面，陶行知、陈鹤琴是杰出的代表。受到杜威学说的影响，陶行知主张"生活即教育""社会即学校""教学做合一"，提出生活教育的理念，并指出这种教育理念的践行要通过与生活和社会的结合才能完成。陈鹤琴提出"活教育"的理论，主张让儿童在与自然、社会的接触中亲身观察获取经验和知识。两位教育家在对中国旧教育体制进行批判的同时，在实践中践行理想，使西方活动课程的思想与中国实际相接轨，推进了活动课程思想的"中国化"。此时，活动课程作为一种教育理念并没有形成相应的课程模式和课程内容。

📢 **教育家语录**

让学生走上创造之路，需要六大解放：一解放眼睛，二解放双手，三解放头脑，四解放嘴，五解放空间，六解放时间。

——陶行知

2. 雏形显现阶段："课外活动"出现

新中国成立后，受苏联的影响，强调学科课程的重要地位，把学科课程以外各种形式的活动统称为"课外活动"。这一时期的"课外活动"从实施的内容和方式上都有了较为系统完善的界定。尽管如此，我国的课程体系仍然坚持学科课程为主，这些非学科的"课外活动"并没有受到足够的关注和重视，仅作为课堂的补充和延伸。从新中国成立初期到20世纪60年代，在我国学校的正规课程中，并没有开设活动课程。"文化大革命"时期，我国的教育系统遭受了重创，课程体系也遭到了极大的破坏，许多正规课程名存实亡，作为正规课程补充的课外活动实际上也不复存在了。直到"文化大革命"后，随着课程体系的重建，课外活动才得以恢复和发展。

3. 恢复和发展阶段："课外活动"转向"活动课程"

1981年我国制定的《全日制小学教学计划（修订草案）》中，为了促进学生全面发展，减轻学生过重的课业负担，第一次把活动课程纳入教学计划和周课时总量。教育界就此展开了一次关于课外活动课程化的大讨论，活动课程的价值也由此得到了人们越来越充分的肯定。[1]1984年我国颁布《全日制城市小学教学计划（草案）》，正式把"课外活动"改为"活动"，由此拉开了从"课外活动"转向"活动课程"的序幕。就课程内容来说，这一时期的活动类课程学科化倾向仍然较重，对学生现实生活和社会生活关注不够。20世纪90年代，随着社会科技的迅猛发展，人类知识的不断分化与综合，学科间交互渗透，新学科不

---

1 洪明，张俊峰. 综合实践活动课程导论. 福州：福建教育出版社，2007：22

断涌现，社会对人才培养的要求也越来越高。1992年，原国家教育委员会面对这样的时代背景，对学校开设活动课程提出了新的要求。这是新中国成立以来活动课程第一次以国家课程的"身份"出现在课程计划中，标志着我国活动课程实现了飞跃式的转变。《九年义务教育全日制小学、初级中学课程计划》将活动课程分为四类：晨会（夕会）、班团队活动、体育锻炼、科技文体活动。其中前三者属于必修活动，全体学生必须参加，最后一种属于选修活动，学生可根据自己的兴趣与爱好，自由选择参加活动。[1]这一时期的活动课程，涉及活动的领域较为单一，空间也局限在课堂和学校的范围内，内容上仍然较少关注学生的社会实践和现实生活。

4. 重构阶段：综合实践活动的确立

2001年，教育部颁布的《基础教育课程改革纲要（试行）》明确规定开设综合实践活动，标志着综合实践活动进入了一个新的历史时期。以1992年以来的活动课程为基础，对活动课程在目标和内容上进行重新界定，将综合实践活动划分为指定领域和非指定领域。原来活动课中较为表层的活动都被划到了非指定领域，对指定领域的活动内容要求提高，加深了活动的体验性、深刻性（表现在研究性学习方面）以及学生与社会的联系，还着重突出了现代信息技术的重要性。可见，新世纪的综合实践活动更加注重面向学生的现实生活与社会实践，在重视程度上也有很大的提高。

（二）综合实践活动内容的构成

我国在借鉴和吸收国际经验的基础上，结合本国国情和"教情"，规定了我国综合实践活动的四大指定领域。

1. 研究性学习

研究性学习是指学生基于自身兴趣，在教师指导下，从自然、社会和学生自身生活中选择和确定研究专题，主动地获取知识、应用知识、解决问题的学习活动。[2]研究性学习强调学生通过实践，增强探究和创新意识，学习科学研究的方法，发展综合运用知识的能力。学生通过研究性活动，形成一种积极的、生动的、自主合作探究的学习意识和习惯。各种富有时代感的主题（如环境教育、国际理解教育、价值观教育等）都可以不断渗透于研究性学习活动中。

2. 社区服务和社会实践

社区服务和社会实践是学生在教师指导下，走出教室，参与社区和社会实践活动，以获取直接经验、发展实践能力、增强社会责任感为主旨的学习领域。通过该学习领域，可以增

1 洪明，张俊峰. 综合实践活动课程导论. 福州：福建教育出版社，2007：23
2 朱慕菊，等. 走进新课程. 北京：北京师范大学出版社，2004：30

进学校与社会的密切联系，不断提升学生的精神境界、道德意识和能力，使学生人格不断臻于完善。

3. 劳动与技术教育

劳动与技术教育是以学生获得积极劳动体验、形成良好技术素养为主要目标，且以操作性学习为特征的学习领域。这是一个开放性的学习领域，它强调学生通过人与物的作用、人与人的互动来进行操作性学习，强调学生动手与动脑相结合，并倡导以项目为载体从事学习活动。

4. 信息技术教育

信息技术教育不仅是综合实践活动有效实施的重要手段，也是综合实践活动的重要内容。信息技术教育的目的在于帮助学生发展适应信息时代所需要的信息素养。这既包括发展学生利用信息技术的意识和能力，还包括发展学生的反思和辨别能力，形成健康向上的信息伦理。[1]

除上述指定领域之外，综合实践活动还包括大量非指定领域，如班级团队活动、校传统活动（科技节、体育节、艺术节）、学生同伴间的交往活动、学生个人或群体的心理健康活动等。这些内容的确定需要考虑当地的具体情况、学校的课程资源与实施条件和学生的个性特征，因而具有很强的本土性和开放性。在开展的过程中，它们可以单独开设或与综合实践活动的指定领域相结合，指向一致的课程目标。[2]

（三）综合实践活动内容关系分析

1. 四个指定领域内容的相互关系

综合实践活动具有综合性。首先，综合实践活动让学生在实践中、生活中和应用中学习，拓展了学生的活动空间和活动内容，它的实施满足了学生自我发展和社会进步的要求。其次，综合实践活动让学生通过自主学习、探究学习、体验学习或者小组合作学习，从根本上转变学生的学习方式。最后，综合实践活动没有固定的教材，其内容指向学生的现实生活，要求关注到学生的实际问题，培养学生发现问题和解决问题的意识和能力。

综合实践活动课程包含的四个指定领域——研究性学习、社区服务和社会实践、劳动与技术教育、信息技术教育是相辅相成的。四大领域是国家特别指定的，力求更好地帮助学校落实综合实践活动的要求，但这并不能涵盖综合实践活动的全部。这四者之间并非彼此独立也不是并列的关系。首先，"研究性学习"是综合实践活动的基础，它渗透于综合实践活动的全部内容；其次，"社区服务和社会实践""劳动与技术教育""信息技术教育"三者是"研

---

1 郭元祥. 综合实践活动课程的理念. 北京：高等教育出版社，2003：132
2 李臣之. 综合实践课程教学论. 广州：广东高等教育出版社，2007：82

究性学习"探究内容的构成部分，学习者分别从社区实践、社会劳动和信息技术三方面进行探究学习。在实践过程中，四大领域是相互融合、相辅相成的一个整体。

2. 指定领域与非指定领域内容的关系

非指定领域的综合实践活动与指定领域的综合实践活动是相互补充，相互融合的，并且融合方式多种多样。[1]

（1）指定领域的特色活动可以拓展和延伸至非指定领域

很多学校在多年的沉淀积累下，总会定期开展一些综合实践活动。这些活动具有典型性，能够体现学校的特色。为了丰富学生的生活，很多学校把这些活动转换为学校的传统活动。总体来说，这些传统活动是以活动的主题来命名，将传统活动的案例作为参考案例来进行指导。在每次活动中，学生可以根据活动的范围确定选题，将传统的特色活动进行拓展，挖掘出新意，在非指定领域进行创新。

"给我一片蓝天"

在中学开展"给我一片蓝天"活动，采用亲身体验与合作探究的方式让学生对大自然有所理解，让学生认识到自然与人的和谐关系，帮助学生确立环保意识和环保观念。作为学校植树节的传统活动，"给我一片蓝天"让学生在每一学期确定不同的活动内容，加深对自然与人类关系的理解，并将本次活动案例作为今后活动的参考。

（2）非指定领域的活动方式可以向指定领域迁移

很多学校的特色传统活动总是标榜"探究性""实践性"，但是最终结果只是单纯地让学生参加活动，并未达到预期的效果。在这种情况下，指定领域的特色活动方式可以迁移到非指定领域的活动中，就可以使这些活动更具特色，发挥德育的作用，进而体现活动的探究性、实践性和综合性。

"少一点争吵，多一点体谅"

某中学开展了以"少一点争吵，多一点体谅"为中心主题的一系列综合实践活动。活动缘起于青少年对家长吵架的关注以及家长与自己的互相不理解，活动中学生们就相关问题采访了家人、老师、同学及街边路人，撰写调查报告，得出结论认为成人与青少年经常发生冲突的原因在于：1. 成人理性思维占上风，把自己的意愿强加给孩子，不善于与孩子沟通；2. 相当一部分青少年尚未成熟，考虑问题片面，在家长面前比较任性。活动对成人和青少年提出的建议是：1. 家长和孩子多沟通，各让一步；2. 孩子应多体谅家长，换位思考，

1　郭元祥. 综合实践活动课程的实施. 广州：高等教育出版社，2003：100

主动与家长交流。本次活动取得了良好的效果，了解了成人与青少年心理差异存在的原因，对家长和孩子的关系改善提供了巨大帮助。研究中将指定领域内的研究性学习方法进行迁移，用以解决现实问题，体现了研究方式的迁移。

（3）四大指定领域与非指定领域的整合

① 研究性学习与非指定领域的整合

将研究性学习与非指定领域的活动进行整合，是因为二者在学习方式上具有一致性，即都注重开展活动时的自主性、开放性、实践性和创造性。

"端午节"

在中学开展研究性学习"端午节"系列主题活动，学生可通过利用"你查我访""你问我答"等实践活动，收集许多关于端午节的故事、民谣、诗歌、庆祝活动等材料；通过同伴间的"百家讲坛"，增加了对端午节风俗的了解；通过赛龙舟、包粽子、漂流瓶等活动探究体验，了解端午节的风俗，体验端午节的节日氛围。

② 社区服务和社会实践同非指定领域的整合

社区服务和社会实践同非指定领域的整合具有普遍性。学校经常开展一系列活动，让学生走出校园、走入社会。比如献爱心、社会调查等活动都可以通过社区服务和社会实践同非指定领域整合的形式来开展。这种整合促进了社会与学校和学生的交流，加深了彼此间的了解，进而让学生更好地服务社会。

"走进社区"

"走进社区"是一项将学校传统活动与社区服务及社会实践相结合起来的综合实践活动，让学生具有社会使命感，并增进学校、家庭、社区三者的密切关系。

③ 劳动与技术教育与非指定领域的整合

劳动与技术教育与非指定领域整合的关键在于选定主题。如上文提到的"我学农，我骄傲"活动，就是选定了"学农"的主题，通过利用与学校有合作关系的素质教育实践基地的资源，在活动中注意培养学生对农作物生活习性的观察，学习播种、施肥、收割、打场等专业技能。一方面，学生通过学习，掌握了具体的务农经验和生物学知识；另一方面，通过亲身体验获得了情感的陶冶和内心的反思，深刻地认识到粮食的来之不易。

④ 信息技术教育与非指定领域的整合

信息技术教育与非指定领域的整合有两种常见的途径：一种途径是在开展传统活动时确定与信息技术相关的主题；另一种途径是充分利用信息技术来开展非指定领域的活动。

"入世与股市"

学生研究关于"入世与股市"的问题，可以就政策问题在网上向证监会的工作人员咨询。如外出采访调查，也可使用微型录音机代替纸笔记录，更加方便、准确、快捷。照相机、摄像机等设备的使用也能使调查有图有画。在交流总结阶段，学生将收集的材料加工整理，利用电脑和网络对材料进行排列合成等编辑，结合互联网的搜寻就可以较好地完成一系列研究性学习。

（四）综合实践活动内容的选择

1. 影响内容选择的因素

（1）自然因素

人本身就是自然的一部分，与自然有着密不可分的联系。新世纪，全球正面临严峻的环境危机，环境的恶化正威胁着人类的生存与发展，如何把握人与自然的关系显得更加重要。教育年青一代树立正确的"自然观"，重建人类与自然的和谐是学校教育的重要任务之一。20世纪70年代初，许多国家就陆续把环境保护教育列入中小学课程内容，试图通过多种途径帮助学生树立正确的自然发展观。

综合实践活动要求关注学生的现实生活，关注自然现象和自然环境破坏的现状，思考产生这些问题的原因，并尝试以此为主题，选择和确立活动的目标和主要内容，如以水资源的开发利用、植树造林、气候变迁、能源开发和节省、环境保护、自然灾害等问题聚焦，透视环境与人的和谐相处之道。教师应引导学生自主地从自然环境中发现兴趣点，指导学生有针对性地观测、收集实验信息，亲近自然，培养热爱自然和保护自然的意识，在活动中获得感悟和升华。[1]

（2）社会因素

除自然因素外，社会因素也在一定程度上影响着综合实践活动内容的选择。作为社会的基本成员，学生的发展与社会进步息息相关。让学生认识社会，了解生活世界，密切个人与社会的关系，正是综合实践活动课程开展的根本目的之一。因此，我们选择综合实践活动的内容时，要考虑与社会的联系，如果脱离了社会因素，就会让内容的选择陷入孤立境遇，学生也得不到应有的锻炼和提高。

---

1 李臣之. 综合实践课程教学论. 广州：广东高等教育出版社，2007：76～80

综合实践活动可引导学生通过参与社会调查和社会实践等活动直接接触社会，从现实社会中透视与人类生活息息相关的社会现象。学生通过实践、访谈、调查等方式参与社会活动，从自身独特的视角出发，去理解社会，了解自己与社会的复杂关系，明晰自己所处的地位、作用以及历史使命，进而形成关注社会与服务社会的意识，增强社会实践能力。

（3）自我因素

中学生正处于知识不断积累、身心不断成熟的阶段，具有较强的求知欲和探究力，对他人的态度和自我的认识也日益多元化，尤其是高中阶段的学生，高中毕业之后是走向社会还是继续深造，这是作为学生的年轻人不得不面对的重要问题。这就要求学生有良好的自我认知，能够合理地规划自身的未来发展走向，选择和研究一些有关自我的活动主题。

受学生自我因素的影响，综合实践活动的内容要求教师凭借多种不同的活动方式合理引导学生，增强自我反思的能力，提高自我认识，自觉地选择适合自己水平的活动，掌握力所能及的知识和技能，拓展自我生存和发展的空间，提高适应社会生活的能力，进而树立自信，培养自立自强的良好品质。

综合实践活动的内容是开放的，维度也是多样的。在选择综合实践活动内容时，要综合考虑自然因素、社会因素和学生自我因素的影响，根据学生不同的年龄特点，有计划地设计、组织和整体把握综合实践活动的主题或内容。

2. 内容选择的依据

综合实践活动内容选择的依据可分为内部依据和外部依据。其中内部依据是指学生自身的兴趣、爱好与特长，以及学生自身发展的个性空间；外在依据主要强调学校和社区独一无二的特色。

（1）内在依据

综合实践活动的内容的选择首先要考虑的是学生的兴趣、爱好和特长，而不应也不能由教师或课程设计者任意决定。了解学生的兴趣点，才能把握学生真正关心的问题，由此设计和实施的综合实践活动课程，无论在活动的准备阶段、进行阶段还是总结阶段，学生都能保持高度的热情和参与积极性。在教师的指导下，从学生实际情况出发，由学生提出自己感兴趣的主题或问题展开深度探究，具有十分重要的意义。中学生兴趣爱好广泛，运动、声乐舞蹈、绘画、建筑设计等都可以成为学生选题的方向。根据学生的兴趣、爱好和特长情况，教师和学生共同研讨，确定活动的主题，如"我为歌狂""我与母校不得不说的故事""炫篮飞羽"等。

综合实践活动关注学生参与其中的亲身体验过程，让学生能够通过活动，从多角度用不同的方法探究体会，获得自尊与自信，完善个性品质。综合实践活动的内容选择突破了传统的学科知识体系，让学生的自主性得以充分发挥，给予学生很大的时间和空间，使学生在社会实践、生活实践和科学实践中有更多的选择和表现机会，自信得到充分发挥。

（2）外在依据

影响综合实践活动内容选择的外在依据主要是学校和社区独一无二的特色。

每所学校因其地理环境、社会背景、学校传统以及发展理念的不同而各具特色。在实施综合实践活动过程中，学校应发挥自身优势，充分利用学校的资源，引导学生结合学校实际情况确定活动的主题，力争形成学校独有的个性文化活动内容。在学校文化的塑造中教师占有重要的作用，因此提高教师对综合实践活动的参与度，提升教师对学生综合实践活动的指导水平尤为重要。教师应利用现有的资源和物质条件，为学生创设综合实践活动的校内基地，将学校的教学资源和客观条件有机结合起来。

社区的特色是综合实践活动得以实施的重要基础。学生的成长受其所处环境的影响极大，综合实践活动要善于挖掘社区中的课程资源和研究课题，引导学生在生活中把握细节，在与社区的交互作用与不断学习中，健康发展。例如，福建上杭县当地有一悠久的手工作坊，叫烧瓦缸。很多同学对这一工艺很感兴趣，为了让同学们了解这一传统工艺，当地教师选定了以"瓦缸的烧制"为主题的综合实践活动。组织了一部分七年级学生参加，前往该地进行考察、访问，调查情况，并从网上寻找资料，寻找同类工艺的异同，整理成篇，并亲身参加制作实践，与师傅们共同探讨，在班上进行讨论交流，最后写出心得体会。[1]

3. 内容选择的原则

（1）注重与学生自身实际相结合

综合实践活动内容的选择要注重与学生自身相结合，以便更好地促进其全面发展。例如，研究性学习内容的选择需要从学生的实际情况出发，既要关注学生的日常生活和兴趣爱好，又要具有趣味性、社会性和可行性；社区服务与社会实践内容的选择应尊重学生的自主权，引导学生确立和自身兴趣特长相关的活动内容，在活动中学会选择，以适应课程目标的需要；劳动与技术教育内容的选择，应以满足不同学生的不同发展为目的，形成活动内容、活动方式上的多样化和选择性，进而促进学生产生积极劳动体验，着力促进学生技术素养的形成。

（2）注重与社会生活情境相联系

综合实践活动内容的选择要注重与社会生活实际相联系。比如，研究性学习的对象具有广泛性，从自然到社会，从个人到国家，从现在到未来，都可以成为研究性学习的对象。研究性学习强调课内外学习相结合、校内外活动相结合，主张学生积极参与其中。因此，学生要通过班级比赛、社区参观、问卷调查等方式拓展探究的内容；社区服务与社会实践内容的选择应关注学生的现实生活，将学校学到的知识与现实客观生活相联系，以小见大，从自身出发，选择日常生活中的小问题，以此扩展到涉及社会和国家的大问题，从熟悉的小世界走

---

1 洪明，张俊峰. 综合实践活动课程导论. 福州：福建教育出版社，2007：402

向广阔的大视角，拓展学生的发展空间。

（3）注重与现代科学技术发展相联系

中学生想象丰富，思维开阔，对世界充满好奇，在许多方面都表现出强烈的探究和创造欲望。综合实践活动的内容选择与现代科学技术发展相结合，创设情境让学生了解诸如生物技术、计算机工程、新能源等方面科技发展的最新进展和研究成就，并把它们与现实生活相结合，满足学生的求知欲和探究力，拓展研究性学习的领域，有助于启迪思维。

（4）注重与各学科知识和学习领域的渗透与融合

中学阶段学科门类众多，加强学科知识的整合与不同学科间的交互渗透，有助于学生拓展思维，在学科交叉点产生新的思维火花。这些火花可以为研究性学习的进行创设不同的情境和条件。将学科内容加以拓展，结合现实生活中的问题，也有助于学生对世界形成完整的认识。在社区服务和社会实践、劳动与技术教育内容的选择上，也应注意将它们与其他领域相联系，引导学生用良好的情感态度与积极的价值观融入劳动与技术世界。在综合实践活动的开展中，通过淡化学科体系，打破各学科之间的界限，将学生必须掌握的知识技能有机融合到不同学年的实践活动中，采用螺旋上升的课程组织，能够很好地促进综合实践活动的渐进式发展，以及各学科和各学习领域的渗透与融合。

除了上述原则，在综合实践活动的开展中还应注意发挥学校和地方的特色和优势，在课程内容的选择上注意适合本地物质条件以及师生现状，体现当地经济社会发展的需要，突出地区差异，彰显地域特色。

本章小结

本章主要介绍中学综合实践活动的性质、中学综合实践活动的目标与内容两部分内容。

综合实践活动相对于理论性课程而言，是一种实践性课程；它不是以人类的间接经验为中心组织的课程，主要是以学生的主体性活动经验为中心组织的课程，因而也是一种经验性课程；相对于文本性或符号性课程而言，它又是一种生活性课程；相对于学科课程或分科课程而言，它更是一种综合性课程。综合实践活动不同于学科课程，也有别于一般性综合课程和传统的活动课程，是一种实践性的综合课程，也可以说是一种综合性的活动课程。综合实践活动与学科课程、活动课程和综合课程既有区别，也有联系。开放性、主题性、研究性、过程性和协同性是综合实践活动的主要特点。

综合实践活动既有整体目标，在四个指定领域又分别有具体目标。学生发展、学科发展、社会发展是整体目标的来源，综合性目标取向、行为性目标取向、生成性目标取向和表现性目标取向是综合实践活动目标的基本取向。综合实践活动目标具有综合性、差异性、操作性、生成性和层次性五个特点。我国综合实践活动随着活动课程与课外活动的发展而不断演化，其内容大致经历了萌芽阶段、初形显现阶段、形成发展阶段和重构阶段的演变历程。研究性学习、社区服务和社会实践、劳动技术教育、信息技术教育是其主要构成内容。综合实践活动内容的选择受自然因素、社会因素和自我因素的影响，同时要注重内部依据和外部依据，遵循与学生自身实际相结合、与社会生活情境相联系、与现代科学技术发展相联系、与各学科知识和学习领域的渗透与融合的原则。

总结 >

Aa 关键术语

综合实践活动	研究性学习
comprehensive practice activity	research-based learning
社区服务和社会实践	劳动与技术教育
community services and social practice	labor and technology education
信息技术教育	
information technology education	

章节链接

在这一章，你读到综合实践活动的性质与特点时	请思考第八章 中学综合实践活动评价的理念、原则。
关于综合实践活动的目标与内容	第八章 综合实践活动评价的目的。 第九章 中学综合实践活动存在的问题与反思，就综合实践活动内容的机械分割问题进行了分析。

应用 >

批判性思考

综合实践活动并非简单的课外活动或活动类课程，而是由四大指定领域和非指定领域构成的一个系统的课程体系。弄清楚它的特点，以及相关概念的辨析十分重要。在设计和实施综合实践活动的过程中需要特别关注其活动目标的设定和活动内容的组织与选择。当前我国中学开展的综合实践活动很多都不甚完备，在活动目标的设置和把握上，活动内容的组织和选择上未能严格遵从选择的原则和依据，导致活动的效果不甚理想。许多教师因此压力很大，这需要引起我们的重视和认真反思。现在想一想，您对综合实践活动的特点是否清楚呢？联系实际，您觉得在活动内容选择方面应该遵循哪些原则？

✏️ 体验练习 |||||||||||||||||||||||||||||||||||||||||||||||||||||||||||||||||||||||||||||||||

我们都拥有一个健康的身体，能用眼睛饱览多彩的世界，用耳朵欣赏美妙的音乐，用甜美的嗓音说话、唱歌，快乐地游戏，尽情地玩耍，感受大自然的美丽与神奇。可是，在我们的身边，还生活着一些不幸的残疾儿童，身体的残疾让他们无法享受人生的快乐。他们有的永远生活在黑暗的世界里，不知道世界如此多彩而美丽；有的永远生活在无声的世界里，从没听过小鸟欢快的叫声，不能用话语表达自己的愿望，更不能用歌声传递自己的快乐；有的因双腿残疾而无法快乐地游戏，有的因双手残疾无法正常地生活。请以"关爱残疾人，温情满校园"为主题，谈谈如何设计这一综合实践活动的目标，如何选择实践活动的内容。

🔍 案例研究 ||||||||||||||||||||||||||||||||||||||||||||||||||||||||||||||||||||||||||||||||

某中学初二年级的郭老师在主题为"漫画对中学生的影响"的综合实践活动中，对综合实践活动目标的设计如下。

1．知道中学生喜欢什么样的漫画类型；

2．从多个角度认识，分析为什么漫画会如此受中学生欢迎；

3．从客观的角度认识漫画对中学生的影响。

你认为郭老师设计的活动目标主要包含哪些维度。他的设计合理吗？谈谈你的认识。

📓 教学一线纪事 |||||||||||||||||||||||||||||||||||||||||||||||||||||||||||||||||||||||||||

选好内容，从了解做起

许多中学教师面对综合实践活动的教学任务往往不知所措，感到压力重重；有的简单应付，让好好的综合实践活动课程流于形式；有的十分努力想要做好，却总因为缺乏明确的思路或具体的指导而做不好……以上种种现象都是切实存在的问题，不容乐观。一线的中学教师如何从种类名目繁多的课程资源里甄别出好的课程内容，如何科学地组织这些内容，这都值得我们认真思考。

下面是一位教师对如何选择综合实践活动内容的一点体会。

某中学的刘老师：

选择综合实践活动课程的内容并不难，重要的是从了解做起。

首先，作为老师应了解学生。了解学生的兴趣点、爱好、特长所在，了解学生的学习需求，才能把握学生真正关心的问题，由此组织的综合实践活动课程内容才能让学生保持高度的热情和参与积极性。

其次，了解学校和社区的特色。教师应努力做到充分利用学校的物质资源和文化优势，引导学生合理地结合学校实际确定活动的主题，学有所用，学有所成。

最后，了解综合实践活动的特点。牢记综合实践活动课程开放性、研究性、主题性、过程性的特点，在选择课程内容时注重将课程资源与综合实践活动课程的特点相结合，保证选择的内容既科学又严谨。

拓展 >

补充读物

1 潘洪建. 中学综合实践活动指导. 北京：高等教育出版社，2011

本书是当前较有影响的关于中学综合实践活动的教材，作者详细介绍了中学综合实践活动的内涵、目标设计与内容选择等。

2 李臣之，等. 综合实践课程教学论. 广州：广东高等教育出版社，2007

作者从"课程实施"角度来理解综合实践活动，将"活动主体"、"活动内容"、"活动策略"、"活动评价"、"活动资源"视为综合实践活动课程教学过程必不可少的要素。

3 田慧生. 综合实践活动课的理论探索与实践反思. 北京：教育科学出版社，2007

本书是较早全面论述中学综合实践活动的教材之一，作者集中介绍了综合实践活动的定位、内容领域等。

4 张华，等. 综合实践活动课程研究. 上海：上海科技教育出版社，2007

本书是关于中学综合实践活动的经典教材，作者集中论述了综合实践活动的本质、活动的选题、组织实施与评价等内容。

在线学习资源

1. 教育部综合实践活动项目组服务平台—全国中小学生综合实践活动互动平台

http://www.chinazhsj.com

2. 新思考—综合实践活动网 http://ipac.cersp.com/

3. 综合实践活动网 http://www.zhsjhd.cn

第二章

中学综合实践活动的设计与管理

本章概述

　　本章围绕中学综合实践活动的设计、中学综合实践活动的管理两部分展开。在设计部分，主要介绍综合实践活动设计的内涵，有效设计的前提基础，中学综合实践活动设计的基本步骤及基本原则；在管理部分，介绍了中学综合实践活动的学生管理、教师管理和学校管理的内涵和范围。

结构图

中学综合实践活动的设计与管理

1 中学综合实践活动的设计

- ⓐ 综合实践活动设计的内涵
- ⓑ 综合实践活动有效设计的前提基础
- ⓒ 综合实践活动方案的设计
- ⓓ 综合实践活动的设计原则

2 中学综合实践活动的管理

- ⓐ 综合实践活动的学生管理
- ⓑ 综合实践活动的教师管理
- ⓒ 综合实践活动的学校管理

学习目标

学完本章，你应该能够做到以下几点。

1. 了解中学综合实践活动有效设计的前提基础；
2. 知道如何进行中学综合实践活动的设计；
3. 明确设计中学综合实践活动的原则；
4. 懂得中学综合实践活动的学生管理、教师管理和学校管理。

读前反思

作为一名即将或刚刚成为综合实践活动的教师，在开展综合实践活动前，必须面对的任务之一是综合实践活动的设计和管理。或许，你多次观摩过中小学综合实践活动课堂，但是你是否了解那些活动是如何设计和管理的。

想一想，如果你是某中学的领导，你会如何设计学校综合实践活动的整体实施方案？你如何规划和管理本校的综合实践活动？你将如何有效管理综合实践活动中的教师和学生呢？

想一想，如果你是一名综合实践活动教师，在开展综合实践活动主题之前，你如何引导学生设计综合实践活动？主题设计的每个环节应该注意些什么问题？在开展综合实践活动的过程中，你将怎样对学生进行指导和管理？

第一节
中学综合实践活动的设计

🎯 **学习目标**

中学综合实践活动有效设计的前提基础是什么？

学校和教师如何进行中学综合实践活动的设计？

设计中学综合实践活动时应坚持怎样的原则？

"凡事预则立，不预则废"，这句话强调了规划与设计的重要性。综合实践活动是由国家设置、地方指导和学校根据实际开发与实施的一门三级管理课程。国家没有制定相应的课程标准，更没有提供教材和教学参考书，而是把课程开发与实施的决策权交给了学校。学校要实施课程就需要对综合实践活动进行总体规划，学校和教师若没有预先设计好课程方案，这将导致课程实施没有明确的目标，也无法保证综合实践活动实施的系统性，以致无法得到统一的管理。什么是综合实践活动的设计？学校和教师在综合实践活动设计方面应该做哪些工作？本章节拟做系列探讨。

一、综合实践活动设计的内涵

综合实践活动设计是依据综合实践活动的理念、学校资源状况和学生发展需要，对活动主题、目标、内容、过程、方法等进行设计和规划的过程。

从广义上看，综合实践活动设计包括某一活动环节的具体计划，某一课时的活动计划，某一主题研究活动的计划，某一学期、学年活动计划和某一学校、地区活动计划。从狭义上看，就是指某一活动环节的具体计划，某一课时的教学活动计划，某一主题研究活动的计划。

按综合实践活动实施的基本方式，综合实践活动设计分为主题探究类、项目设计类和整合类实践活动设计，项目设计类还可以分为技术实践、劳动实践、社区服务与社会实践类。

按综合实践活动实施的规模，综合实践活动设计包括学校总体方案设计、年级整体方案设计和单一主题方案设计。学校总体方案设计是学校在认真评估本校资源、学生需求、学校规模等因素的前提下，对综合实践活动进行的总体规划；年级整体方案设计是指年级、班级实施方案，是学校着眼于本校学生、立足于本校教师团队，在充分调查课程资源和学生需求的基础上，从学校具体情况出发对综合实践活动的课程目标、内容、开展方式及时间等统筹规划整体安排；单一主题方案设计是指教师针对某个具体主题进行的开发工作，对整个主题活动进行分阶段预设，明确一个主题活动目标及各阶段学生活动的主要内容及方式、教师的指导重点、实施要点以及评价建议等，也可以称作教师指导方案。它是综合实践活动课程开发的基本呈现形式，可以增强教师指导的计划性。

二、综合实践活动有效设计的前提基础

（一）科学理解综合实践活动的课程属性

正确理解综合实践活动的课程属性是有效设计和实施综合实践活动的前提。综合实践活动是一门课程，还是一种活动？对这个问题的不同回答，会导致学校和教师在综合实践活动设计和实施过程中两种截然不同的结果。

如果把综合实践活动理解为"一种活动"，比如有些学校开展秋游、读书节及歌咏比赛等活动，那么设计者在设计这些活动时，主要考虑活动时间、活动地点、活动人物、活动任务、活动程序。这种"活动"没有主题，没有问题，时间是短程的，方式是随意的，过程是零散的，意义是肤浅的。在这些活动中学生并不是真正意义上的参与者，常常处在被安排、被设置的配角地位。

如果把综合实践活动理解为"一门课程"，课程的内在要素即课程目标、课程内容、学习活动方式决定了综合实践活动有其独特内在的质的规定性。从课程目标看，它通过密切学校与生活、学校与社会的联系，帮助学生获得亲身参与实践的积极体验和丰富经验，提高学生对自然、社会和自我内在联系的整体认识，发展学生的创新精神、实践能力、社会责任感以及良好的个性品质；从课程内容看，综合实践活动虽然以活动为课程开发的主要形式，但它的活动内容不是随意的，包括研究性学习、劳动与技术教育、信息技术教育以及社区服务和社会实践四个指定领域；从学习活动方式看，综合实践活动将学生的内在需要、动机、兴趣置于中心，强调学生自觉主动地去操作，去体验，去探索，去发现。所以说，作为"课程"的综合实践活动有明确的课程目标，有精选的课程内容，有适当的学习方式，有鲜明的课程主体，它需要设计者精心设计和有效实施，克服"为活动而活动"的随意性。

可见，不是所有的活动都是课程，综合实践活动作为一门课程是丰富的。设计者们应该确立综合实践活动的课程意识，不仅仅把综合实践活动当作"活动"来开展，要把它作为一门"课程"来完整地实施与指导。在设计综合实践活动时，要时时反思：我有清晰具体的课程目标吗？校本开发与校本实施的综合实践活动有经典的活动主题和生成性的主题吗？活动主题有广度和连续性吗？谁是课程的主体？开放性和生成性就意味着"学习活动方式"的随意性吗？

（二）整体把握综合实践活动的核心价值

综合实践活动课程具有区别于其他课程的独特价值，其课程价值决定了综合实践活动设计的根本出发点是着眼于学生的整体发展和能力提升。

1. 综合实践活动超越学科知识体系，着眼于学生全面发展

综合实践活动超越具有严密逻辑知识体系的学科界限，超越教材、课堂和学校的局限，是一门强调以学生的经验、社会实际、社会需要和问题为核心，以主题的形式对课程资源进

行整合，以有效地培养和发展学生解决问题的能力、探究能力和综合实践能力为目的的课程。它不同于单一的以知识传授为基本方式、以知识结果的获得为直接目的的学习活动，注重学生多样化的实践性学习，书本知识的学习不是学生获得知识的唯一途径。可以说，综合实践活动课程真正触动了传统的知识至上、知识唯一的教育观，触及了人才培养方式的变革，触及了我国中小学教育长期忽视学生能力发展的要害。综合实践活动对学生素质全面发展具有"拓展""补偿"等作用。

综合实践活动课程要求学校和教师在设计时，要改变长期以来形成的"学科本位"的课程观，形成实践的课程观，关注学生的全面发展，突出创新意识、创新精神的激发、引导和培育。任何把综合实践活动当作一门具有知识体系的学科来"教"的做法，都不符合综合实践活动课程的基本规定。

2. 综合实践活动的核心价值在于学生能力的系统训练

作为一种体验性、实践性、综合性课程，综合实践活动特别注重"发展学生的创新精神与实践能力"，具有比较突出的能力目标取向，我们也可以将综合实践活动看作"能力生根"课程。综合实践活动的设计与实施，能不能从根本上解决学生能力发展问题，能不能切实促进学生创新精神和实践能力的发展，反映了该课程的深度和有效性。教师在设计综合实践活动时，应该着眼于学生能力的系统训练和整体提升，把发展学生各种能力作为核心目标，并对能力目标进行清晰设计，这直接关系到综合实践活动的有效实施与学生的能力发展。当前，大家比较认可的综合实践活动的核心能力主要有认知与思维能力、基本学力、实践能力和创新能力等。

（1）认知与思维能力。直接指向发展学生的认知能力、思维品质的能力。可以分为以下几个具体层面的能力。

① 收集处理信息的能力。在开放的学习情境中，收集处理信息是问题解决的基本途径。综合实践活动的课程实施和学生学习过程，要注重引导学生形成收集处理信息的能力。收集处理信息的能力具体包括：收集第一手资料的能力；整理和选用适当信息的能力；适当地整理与表述信息的能力等。

② 自主获取知识的能力。尽管综合实践活动的实施不以获得系统的书本知识为目的，但引导学生在实践学习的过程中自主获取知识，形成对自然、对社会、对自我的正确认识，是综合实践活动认知目标的一个方面。自主获取知识的能力具体包括：提炼观点，形成见解的能力；整合知识，形成新的知识结构的能力；区分自己观点和他人观点的能力；运用概念表述自己见解的能力等。

③ 创造性思维能力。良好思维品质和思维能力的发展是综合实践活动的重要目标，是发展学生的创新精神与实践能力的基石。在综合实践活动课程的实施过程中，要将创新精神和创新能力目标具体分解和落实到主题活动的操作过程之中。一般来说，创造性思维品质和

思维能力目标具体包括：基本的逻辑思维能力，如分析能力与综合能力、归纳能力与演绎能力、系统化与综合化能力等；发现与提出问题的能力，合理地表述与分解问题的能力，如把握问题实质的能力、分解问题的基本要素的能力、建立问题的分析框架的能力、将问题表述为可操作的研究课题的能力等。

🔊 **教育家语录**

我们发现了儿童有创造力，认识了儿童有创造力，就需进一步把儿童的创造力解放出来。

——陶行知

（2）基本学力。包括观察能力、想象能力、规划能力、总结能力、反思能力、表达与交流能力。

① 观察能力。观察能力具体包括观察事物状态和特征的能力；做观察记录的能力；在观察中把握事物变化与发展规律的能力。

② 想象能力。想象是中学生好奇心的发展，是他们求知的一种特殊表现，学生的想象能力需要在综合实践活动中被挖掘和开拓。想象能力具体包括：根据事物想象出直观形象的能力，正确分析事物的基本元素及相互关系的能力，对事物进行创意联想的能力。

③ 规划能力。规划是根据过去、现在及以后一定时间内的发展，进行符合实际的设计，并有步骤地分期组织实施的计划。在综合实践活动准备阶段，要注重发展学生的规划能力。规划能力具体包括：制定符合现实的活动方案，制订活动各个阶段的计划，对活动中可能出现的问题进行规划等的能力。

④ 总结能力。总结能力是学生个体所具有的对先前经验进行回顾、反思和重构，从中找出经验和教训，获取规律用于指导将来实践活动的一种能力。培养学生的总结能力是综合实践活动总结与交流阶段的一大目标。总结能力一般包括：梳理筛选资料和数据的能力，归纳资料和数据的能力，概括和系统化资料和数据的能力。

⑤ 反思能力。反思是学生对已有的活动及事物特征进行分析、评价和自我调整的过程。反思能力包括：对活动各个环节进行诊断和批判性分析的能力，对事物和自我合理监控与评鉴的能力，对活动或自我进行适当调控的能力。

🔊 **教育家语录**

反思是重要的教学活动，它是教学活动的核心和动力。

——弗赖登塔尔

⑥ 表达与交流能力。学会与他人共同生活和共同工作的能力，即学会表达与交流能力，是综合实践活动的重要目标。表达与交流能力具体包括：交往能力、合作意识和合作能力、认知自我以及与他人有效沟通的能力等。

（3）实践能力。实践能力是个体解决实际问题的能力。对中学生而言，主要是指中学生吸收、整合支持性教育资源和个体基础资源，适应社会生活，解决基本实际问题，参与社会生活实践，促进自我成长，提升自我的实践主体地位的能力。综合实践活动的实践能力包括操作能力、解决问题的能力等。

① 操作能力。动手操作能力是在实际情境中解决问题的能力。具体包括：安排和组织资源的能力、使用工具和技术的能力、设计与制作的能力、发明创造的能力等。

② 解决问题的能力。解决问题的能力是一种综合能力，其核心要素是创造性思维能力，具体包括以下方面：运用基本科学方法解决问题的能力，如调查研究与访问的能力、实验研究与观察的能力、参与与服务的能力等；运用数学思想和技巧的能力，如数理统计的能力、发现问题解决策略的能力、如策略选择的能力等。

（4）创新能力。包括问题意识、探究能力和创新精神。

① 问题意识。问题意识即人们在认识过程中经常意识到一些难以解决的、困惑的实际问题和理论问题，并产生了一种怀疑、困惑、探究的心理状态。问题意识包括：了解问题的意义和类型；了解问题的来源，学会提出问题的方法；学会分解问题的要素和关系；把握问题的实质，学会表述问题。

② 探究能力。探究能力即学生能从日常生活、自然现象或实验现象的观察中发现并提出问题，通过调查研究、动手实验、表达与交流等探究性活动，获取知识、技能和方法。具体包括：提出问题能力、猜想与假设能力、制订计划与设计实验能力、进行实验与收集证据能力、分析与论证能力等。

③ 创新精神。创新精神是创造力的灵魂，综合实践活动注重学生创造能力的培养，必须有意识地培养学生的创新精神。中学生的创新精神具体表现为：强烈的求知欲和创造兴趣，敢于突破传统的求异思维，坚定的创造意志和冒险精神。

需要说明的是，综合实践活动的各种能力，在不同的活动主题中具有不同的能力目标要素和发展水平。学校和教师应针对不同年级的中学生、不同类型的活动主题进行能力目标的设计和开发，引导所有学生通过综合实践活动课程的学习，发展自身的能力。

三、综合实践活动方案的设计

中学综合实践活动设计分为三个层次：学校总体方案设计、年级整体方案设计以及层面的单一主题方案设计。它们之间是整体与个体的关系，单一主题是从总主题派生出来的，年级主题是由多个单一主题构成。一般来说，学校先制定总体方案规划，然后设计分年级分学期课程规划、教学与评价等，最后任课教师依此设计单元或主题或课时活动。由于主题的结构不同，设计的侧重点也有所差别。

（一）学校总体方案的设计

学校总体方案的设计是各年级综合实践活动有效运行的重要保证。综合实践活动学校总体方案规划设计一般包括以下部分：即课程前言、课程目标、课程内容、课程实施、课程管理以及课程评价等内容。

1. 课程前言

课程前言是学校总体实施规划的指导思想和基本理念。它包括学校综合实践活动的基本理论、性质、意义、指导思想、课程背景等。课程前言有助于规范学校和教师的教学行为，有助于体现综合实践活动的课程价值。

2. 课程目标

课程目标是学校对综合实践活动总目标按年级段进行分解，并按四个指定性领域分别对各年级段的相应要求和规定，是《综合实践活动课程指导纲要》在学校实施的具体化要求。课程目标有助于教师在实施综合实践活动时进行重点把握和指导，并完成相应的目标要求。

3. 课程内容

课程内容是学校根据本校实际，在充分征求教师、学生、家长及其他社会成员意见的基础上，将综合实践活动主题围绕学生与自然、学生与他人以及学生与自我的三条线索，从学生的生活经验、认知水平和能力出发，按照不同年级段设计与规划。

4. 课程实施

课程实施部分主要是根据综合实践主题活动方式的不同，给教师提供实施的大致过程和基本策略，有助于教师和学生了解综合实践活动过程和每一阶段的指导任务和学习任务。

5. 课程管理

课程管理包括组织管理、师资配备、课时安排、课程制度与基地建设等内容。具体来说，组织管理包括学校根据实际，成立学校综合实践活动课程开发、实施和管理领导小组，明确各职能部门课程管理职责，建立综合实践活动课程教研组等方面的规定；师资配备包括建立专任教师、管理教师和指导教师等资格任职和配备制度，以及对各自的工作职责和要求的规定；课时安排是学校根据《综合实践活动指导纲要》的规定，结合学校实际对本校综合实践活动实施做出的课时计划，并作为一门必修课程将课时计划列入学期课程安排表；课程制度包括教师工作量制度、协作教学制度、设施设备使用制度、校本行动研究制度、学分分配置与认定制度、制定检查与评价制度、指导教师考核和奖励制度等。课程制度在课程实施方案中可以总体概述，每项课程制度可作为学校课程实施方案的附件进行单列。

6. 课程评价

课程评价是根据综合实践活动评价的理念与要求，结合本校实际，对学生开展综合实践活动的学业质量、对教师开展综合实践活动的指导效果进行评价，保障学校综合实践活动课程顺利实施而做的规定。课程评价可以包括学生学业评价和教师评价等内容。

（二）年级整体方案的设计

一般情况下，学校在设计中学综合实践活动年级整体方案时，大致经历以下几个步骤。

1. 了解学生，开发资源，教师准备

（1）了解学生。综合实践活动是一种"学生本位"课程。中学生好奇心强，求知欲旺盛，富有创新意识，敢于标新立异，勇于解决新问题，他们有较强的学习动机，学习兴趣逐步分化。学校在对综合实践活动进行整体设计之前，应充分了解学生的知识基础和结构、已有的生活经验、兴趣需要、学习方式、个性特点以及能力水平、生存现状等因素。

📢 **教育家语录**

兴趣是创造一个欢乐和光明的教学环境的主要途径之一。

——夸美纽斯

（2）资源开发。综合实践活动是一门"校本"课程，学校环境和资源是综合实践活动设计的客观依据。年级在对综合实践活动进行整体设计时，要在认真分析、研究、开发、重组和利用地方、社区和学校的课程资源的基础上，充分考虑本年级具体情况，更深入细致地对这些资源进行开发、选择和利用，使综合实践活动课程的开设在最大限度地满足学生需求的基础上体现学校和社区的特色。

（3）教师准备。综合实践活动的实施要求教师具备活动规划与设计、组织与协调、收集与处理信息、活动预测、应用信息、探究与解决问题以及进行综合评价的能力。因此，在综合实践活动开始前，教师必须要做好这方面的准备。从学校角度来说，应对教师进行不同形式的培训，让他们有能力胜任综合实践活动的教学；从教师个体来说，教师要有一定的心理辅导能力，能创设恰当的心理氛围，使学生产生积极的心理倾向；教师要具备收集资料、整理资料的能力，以便对研究课题运筹帷幄。

2. 明确目标，统筹规划，设计方案

（1）明确目标。综合实践活动目标是综合实践活动设计的出发点和归宿。设计的综合实践活动目标要充分体现综合实践活动课程的总体目标和要求，同时要结合学校的办学思想、学生的特点进行设计。在具体目标的设计上，要注意根据学生年龄差异体现循序渐进的特

点，以及根据内容领域的差异性体现针对性和适用性。

（2）统筹规划。综合实践活动目标是综合的，内容是综合的，活动方式也是综合的。综合实践活动指导纲要倡导"以融合的方式设计和实施综合实践活动"。因此，在对综合实践活动做整体设计时，应做到以下几点。第一，整合活动内容。综合实践活动课程内容的选择应首先关注学生的兴趣和需要，充分考虑学校的环境与资源特点。在课程内容的组织和安排上，应力求最大限度地把综合实践活动指定领域与非指定领域内容、指定领域与学科课程内容等以融合的形态呈现，再按照学生的生活经验、认知水平和能力特点，分年级或学段进行设计，以引导学生处理好人与自然、人与社会、人与自我的内在关系，养成负责任的生活态度，培养良好的情感态度价值观；第二，运用多种活动方式。在方案设计时，要考虑活动方式的多样性，通过不同的方式方法，调动学生学习的积极性，激发学生的探究欲望。常见的活动方式有资料收集、社会调查、参观、访问、服务、各种实验与制作、演示、总结、反思等。学校应根据学生的特点与发展要求、综合实践活动的课程目标，创造性地将多种活动方式在学生的活动中加以综合运用，以使学生有更多机会去活动、体验、享受探究的乐趣，获得独特而深刻的体验。

（3）设计方案。活动方案设计是学校对各个年级综合实践活动全过程在实施之前的总规划，它体现了综合实践活动的预设性。在方案设计的过程中，先由学校派专人撰写初稿，然后经团队讨论修改后定稿。目的是为了避免综合实践活动系统性、整体性的缺失，增强科学性、规范性。

3. 关注生成，反思评价，优化设计

（1）关注生成。综合实践活动的方案设计体现了教学的预设性，但这并不意味着方案设计不需要灵活性。一方面，随着活动的开展，新的目标、主题、活动方式不断生成，学生在活动过程中的认识和体验不断加深，必然会遇到很多新问题。因而，在设计活动方案时要预留足够的生成空间，以便随时调整、修改和完善；另一方面，学校的整体设计只是个研究范围，师生活动过程中除了可以选择其中一些主题展开实践活动外，还应鼓励拓展其他活动。

（2）反思评价。对已形成的综合实践活动方案的反思和评价直接关系到综合实践活动目标能否实现，方案能否不断优化，以及课程能否沿着正确的方向发展。

① 教师反思。教师以研究者的眼光审视、反思、分析和解决自己在综合实践活动中遇到的问题，并开展基于问题解决的研究，不断找到解决问题的方法和途径。教师反思包括实施前对学生的需求、基础、教师的设计能力、特点、活动目标、设计策略等进行反思，实施中对是否与学生平等交流和对话、是否指导到位的反思，实施后对目标达成、学生的收获的反思。通过反思，教师可以清醒地意识到方案设计的可行性，有利于优化方案设计和教师自身的专业发展。

② 学生反思。通过学生的反思，教师可以及时了解学生的愿望，分析方案的成败得失，为今后更好地进行活动提供第一手资料。

③ 科学评价。即对方案的有效性、可行性进行一系列评价。在方案实施前进行诊断性评价，实现方案目标、内容、过程与方法的优化；在方案实施中开展形成性评价，以保证方案在实施过程中的问题得到及时改进；在方案实施后进行总结性评价，主要是对方案设计、实施情况、学生发展情况、教师的指导情况等进行评价，为综合实践活动方案的整体优化打下基础。

（3）优化设计。综合实践活动的生成性决定了综合实践活动设计是一个不断优化和完善的过程。不管是学校的总体方案设计，还是师生具体方案的设计，都要求切实可行，办法就是对活动方案不断优化。综合实践活动方案优化的要素包括：情境与主题要素优化、任务与目标要素优化、组织要素优化、过程要素优化、资源要素优化、评价要素优化。

（三）单一主题方案的设计

综合实践活动单一主题方案设计包括以下基本要素：主题名称、活动背景、活动目标、活动对象、活动时长、活动过程（活动内容、方式、步骤、教师的指导重点、实施的要点等）、评价建议等。各要素的具体设计要求如下。

1. 主题名称

活动主题的名称，要求高度概括活动的内容，它要求既能传递综合实践活动某一活动或项目的主要信息，又能吸引读者。好的活动主题名称具有以下特点。

（1）具体准确。要求准确反映活动主题的内容、范围以及研究的深度，特别是关键词选用要准确、贴切，切忌模糊。如"关于嘉兴市五一路交通状况的调查""中学生'骑车族'法制意识和责任意识调查"，这两个标题能非常清楚地反映研究内容、范围和方向。不正确的综合实践活动方案名称往往主题大而笼统。

（2）反映类型。综合实践活动主题有很多类型，主题表述要求能反映活动的基本类型。

（3）表述得当。综合实践活动的主题表述，要求直截了当地说明活动研究的问题，使读者看到主题就对活动研究的主要内容一目了然；应该具有一定的综合性，便于学生在这一主题下开展各种类型的活动。文字表述要贴近学生生活，既不能太口语化，也要避免过于生硬或书面化。

（4）语序得体。要求在确定标题时改变正常的语序，用短语形式来表达，如"中学生追星现象的探究"等。在主题表述这一环节，教师的指导作用主要体现在引导学生讨论和发现最恰当的主题表述方式。

2. 活动背景

活动背景就是回答为什么要选择这个主题的问题。可以简要阐述主题形成的经过或起因，简要分析主题的内在价值。如案例"安全自护我能行"的活动背景，首先根据中学生安全教育问题的现状，说明安全自护问题的重要性和紧迫性，即回答为什么要选择这样一个主题；进而简要分析此主题的内在价值，即培养学生的安全意识，提高自救自护能力，在探究活动中成为安全"专家"，把安全教育解决在事故发生之前，并在安全探究活动中成长，懂得如何认识生命、欣赏生命、尊重生命、珍惜生命，对生命产生敬畏与热爱。在活动背景的描述中，切忌将整个课程设置的背景或整个新课程的背景作为一个主题活动的背景，活动背景要有针对性，不能空泛。

3. 活动目标

活动目标是指在这个主题活动中学生将获得什么。活动目标要从属于综合实践活动的课程目标、学段目标和学期目标。从内容上分为知识与技能、过程与方法、情感态度价值观三方面，每一方面的目标都要准确、具体地用行为动词去表述。将课程总目标细化成可操作的具体主题活动的目标，是有计划、有步骤地落实课程总目标的关键。在活动主题确定以后，活动计划实施的各个阶段、一次具体活动、不同类型的活动，在目标制定上均有要求。

（1）主题目标的细化

主题目标的细化，是指将综合实践活动目标分层：第一层次是综合实践活动总目标，它描述在某一教学阶段所要实现的总目标，往往体现在"课程纲要"和"培养方案"中；第二层次是相对具体的目标，根据活动类型与项目和学生发展阶段与状况，描述综合实践活动所要达到的目标；第三层次是具体的、情境化的、可操作的教学目标，是对某一具体活动内容所要达成目标的描述，是对上一级目标进行具体的分解和层层落实。布卢姆等人将教育目标分为认知、情感和动作技能三个领域，每个领域的目标由低到高又分为若干层次。认知领域分为知识、理解、运用、分析、综合、评价几个层次；情感领域分为接受、反应、评价、组织与价值体系的性格化等层次。我国新课程将目标分为知识与技能、过程与方法、情感态度价值观三个维度。目标的细化一方面明确要求该维度目标所处的层次；另一方面还要表明该目标属于何种类型的知识、能力与情感。教师在进行综合实践活动具体目标设计时，先按照活动方式分类，然后根据活动类型的特点，有侧重地进行三维目标的具体化设计。如对"生活中的广告"和"节约用水"这两个主题的目标进行了如下细化（见下表）。

综合实践活动课程主题目标的具体化

主题名称	较抽象的目标	具体化的目标
生活中的广告	了解生活中有创意的广告 学会收集信息的几种方法 发展思维与实践能力	列举生活中几种有创意的广告作品 能利用查阅资料和访谈等形式收集资料 能设计并制作一个广告产品
节约用水	形成合作、交流、分析的态度与能力 培养分析与解决问题的能力 养成自觉节约用水的意识	在小组中能与他人合作完成任务 设计并制作一个节水龙头 看到浪费水的现象能及时制止

（2）各阶段目标的设计

这是指学生参加某一阶段活动的方向和应达到的要求，如活动准备阶段的目标、实施阶段的目标、总结与交流阶段的目标。综合实践活动是由师生双方在其活动展开过程中逐步建构生成的课程，随着各阶段活动的不断展开，学生的体验与认识不断深化，活动目标将不断生成。不同活动阶段要设计不同的目标。

课题名称："纪念汶川地震两周年"防震减灾科普教育综合活动[1]

活动目标：通过活动对地震的成因、常见自然现象和灾害有比较全面的认识。学会自护自救；学会尊重生命、尊重自然。增强学生对自然现象的探索心理，鼓励学生自主学习。

各阶段的目标

第一阶段：课题准备阶段

阶段目标：

（1）对地震有初步的了解，产生探究的兴趣。

（2）选定研究主题，成立课题研究小组，制订研究计划并进行论证和完善。

第二阶段：课题实施阶段

阶段目标：

（1）具体实施课题研究，分别进行调查、访问，充分利用网络、图书等资源查找有关资料，解决提出的问题。

（2）培养学生收集信息、处理资料的能力，提高小组合作意识和能力。

第三阶段：课题总结阶段

阶段目标：各组分别对收集来的资料进行筛选、整理，形成研究报告，确定展示方式。

第四阶段：课题成果展示阶段

阶段目标：

（1）分享研究成果，对地震的成因、常见自然现象和灾害有比较全面的了解。

（2）通过小组合作展示，对自己的成果有成就感，感受与他人协作交流的乐趣，培养学生团队合作与协调精神。

（3）学会自护自救，懂得尊重生命、尊重自然，增强学生对自然现象的探究心理。

第五阶段：活动评价阶段

阶段目标：

（1）培养学生的集体主义精神和团队合作精神。

（2）培养学生相互欣赏的意识和实事求是的精神。

1　汪建华. 综合实践主题活动设计方案与学生活动方案的撰写要求 http://wjh.blog.lwedu.cn/archives/2010/46240.html

（3）通过组员自评，帮助学生正确认识自我，建立自信，促进自我发展。

上述案例仅仅是从分阶段角度来展示活动各个阶段的内容和目标，但是要真正实施活动方案，还需更详细的分工与实施的步骤。

（3）一次具体活动的目标的设计

这是指学生参加某一次活动的目标和应达到的要求。一次具体的活动是一个主题活动最基本的构成要素，它可以是一次课堂内的教学活动，也可以是一次课外的实践活动。它的目标是对主题活动总目标与阶段性目标的分解与细化，在设计上更具体，更有针对性和操作性。

"茶文化研究"[1]的活动目标如下

一、知识与技能方面

1．通过收集资料、调查实践，了解茶的历史、茶的种类、茶的礼仪及相关知识。

2．选择自己感兴趣的方面进行研究，展示、发展特长、个性和综合运用知识的能力。

3．增强和社会的联系，培养思考、鉴别、分析社会现象的能力。

二、过程与方法方面

1．组成研究小组，组员分工合作，培养学生的协作意识并注重发挥自己的优势。

2．通过对全过程的研究，不仅自己有所收获，而且将研究成果落实到生活实践中。

3．有创新茶文化的意识，提出自己对于现代茶文化的新见解及改良意见。

三、情感态度与价值观方面

1．通过对茶文化的了解，培养热爱传统文化的情感、弘扬传统文化的意识，增强人文素养。

2．通过敬茶的延伸活动，增进亲子、师生之间的感情，培养感恩情怀。

3．通过茶文化实践，倡导过一种"有文化的生活"，热爱生活。

4. 活动对象

活动对象是指适合参加此主题活动的学生。一般来说，不同年级的学生具有不同的年龄特征及认知水平、生活经验和成长需要，因而对不同年级的学生需要设计不同的主题。此外，还有些主题在不同年级的学生均可实施，但由于不同年级学生的差异性，这种主题在不同年级设计的活动目标要求、内容、活动方式等也会不同。

5. 活动设计者与指导者

（1）设计者

即主题活动的主要设计人员，既可以是一位教师，也可以是一个教师团队。标明设计

---

1 韩晓英，颜莉，熊珺，等．茶文化研究 http://ipac.cersp.com/BMF/SZF10/46.html

者，一方面是明确责任；另一方面也明确了知识产权或开发的版权，是对教师创造性劳动的认可。另外，由于开发成果是可共享的，有时开发者与实施者并不相同，标明设计者也有利于实施者与开发者沟通。

（2）指导教师小队

即承担活动实施任务的教师团队。许多主题活动的指导不是一个教师能够承担的，它需要根据主题活动的需要组织成相应的教师指导小队，共同实施。明确教师指导小队，有利于团队的形成以及各成员明确各自的任务，有利于活动的落实。

6. 活动时长

活动时长，即活动起始至活动结束之间的时间长度，包括活动过程中各个环节所需要的具体时间分配。活动实践的设计一定要具体到分钟，而不能太笼统。比如，有的活动方案设计中活动时间的规定是：本学期，有的规定为"六周"，有的规定为"9月份"，有的规定为"3月~7月"等，这些活动方案设计的时间不具体，无意中增加了教师在活动实施过程中的随意性，同时也不能保证按照计划实施。在当前教学管理体制下，在设计时，既要有总长度，如几个月，又要有具体的课外活动时长及课内活动时长。这样的设计，便于学校管理以及对活动进行整体规划。

7. 活动过程

活动过程是按照一定的教学模式设计的活动程序，它一般分为三个阶段，即活动准备阶段、活动实施阶段、总结交流阶段。活动过程设计要求各个环节的设计按照一定的教学模式进行，要明确具体地安排教学内容、方式、步骤、教师的指导重点、实施要点等，这个环节是活动设计的重点。

（1）活动准备阶段

活动准备阶段设计要明确的主要工作有以下几点。

① 确定主题。如何创设情境，启发学生对问题的思考，产生对问题的兴趣和欲望；怎样引导学生寻找自己感兴趣、有价值的问题，是活动实施的关键。因此，一要创设好情境；二要根据此主题活动的价值和目标，预设小组活动主题，并在活动中有效地引导学生生成能达成活动价值与目标。

② 成立活动小组。以师生共同总结、归纳的问题为依据设立活动小组，学生根据自己的兴趣、爱好和特长决定要参加的活动小组，并由学生民主选举小组长，小组长主持小组的全部活动。

③ 制定活动方案。在活动方案制定过程中，活动内容和方法的设计是关键。教师在方案制定前要预设各小组活动的内容和方法。如"校园安全小组"的活动内容和方法：制定一份调查问卷，调查不同年级的学生；采访校长，了解学校的校园安全情况和采取的措施；用自己的慧眼发现美丽校园里的安全隐患；撰写一份建议书。

（2）活动实施阶段

活动实施阶段是综合实践活动最核心、最活跃的中心环节，也是综合实践活动的核心价值所在。活动实施阶段主要是到现场去实践体验，获取相关信息。学生在自己亲身实践和体验过程中，不仅学会观察和思考，学会对问题进行分析和研究，更重要的是逐渐培养他们解决生活问题的能力。活动实施阶段除了在"生活大课堂"中进行的实践体验课外，还包括在教室里进行的课堂教学，主要有方法指导课和阶段交流课。"实践体验课""阶段交流课""方法指导课"根据学生活动需要循环交互进行，并没有固定的先后顺序。

（3）总结交流阶段

总结交流阶段的活动要点是整理活动过程中获得的资料、经验、结果和感受，形成对问题的基本看法和问题解决的基本经验；选择适当的形式表达实践活动的成果，并进行成果的展示与交流；通过写感想或心得等方式反思自己在活动过程中的认识和收获，综合评价自己的实践活动。

教师在这一阶段的指导主要有：指导学生运用定量和定性分析的方法对已整理加工好的信息资料进行分析，找出规律性的东西，提出自己的看法和观点，从中形成、得出一定的结论；指导学生撰写研究报告；组织学生进行成果的展示与交流，让学生明白成果展示过程是"展示自我、欣赏他人"的过程，是成果的分享过程，是"情感交流、思维交锋"产生新问题和新想法的过程；引导学生对整个综合实践活动的过程与结果、收获与问题进行全面反思、评价并书写心得体会。

8. 评价建议

评价是综合实践活动课程实施的重要组成部分，是实现综合实践活动目标的有效手段和保障。它贯穿综合实践活动的全过程。主题活动方案的设计必须要凸显活动的评价，重点突出活动的评价方式。

（1）通过测评表来考查学生作品的不同方面（包括过程、结果、态度、情感等）。评价人员可以是教师，也可以是家长和同学。另外，根据任务的差异，评价的呈现方式可以是撰写的小课题报告、阶段小结、幻灯片、学生作品、创作的网页或其他内容。

（2）综合实践活动可以采用过程评价的方式，对活动的整个过程进行分阶段评价。教师定期把学生在前一个阶段的表现在小组活动中反馈给学生，使学生更清楚地了解自己的状态，从而不断地进行自我调整和激励。另外，实践活动过程的评价结合实践成果的评价也更有利于全面地形成总结性评价结论。评价应首先对各小组的实践活动进行总结，肯定学生的辛勤劳动，如有关《××地区茶文化的研究》小课题研究的创新小组，如果学生提出开发茶的新用途，创制新茶品等新见解及改良建议等，应予以鼓励和奖励；其次，可以归纳学生实践的内容和方法，评价学生在新知识的构建和新技能的掌握两方面的达标情况，促成学生对知识的迁移。

9. 实施建议

实施建议是对主题活动实施过程中可能遇到的问题与困难及相关对策的预设。由于主题活动是由一个教师团队共同实施的，明确的实施建议将帮助团队内各成员了解活动中可能出现的难点及相关对策，关注活动细节，有效地减少活动的阻力，保障活动顺利进行。

四、综合实践活动的设计原则

（一）目标设计的系统性原则

所谓系统性，是指由若干相互联系、相互作用的部分组成具有一定结构和机能的整体。综合实践活动目标设计的系统性就是用系统论来考察教学目标，使综合实践活动的目标体现层次性、整体性与全面性。

第一，层次性。学生发展的渐进性和个体差异性决定了综合实践活动目标的层次性。首先，学生发展是渐进的。不同年龄段学生的学习水平、思维能力由低级到高级渐进发展，学校和教师在设计目标时，要考虑到该年龄阶段学生的学习能力水平，体现由低到高、由易到难的顺序；其次，学生发展是有个体差异的。在制定教学目标的过程中要尽可能反映不同层次学生的需要，必要时可以分别列出某类教学目标对不同层次学生的要求。

第二，全面性。全面性是指学生素质发展的全面性和学生参与的全面性。首先，着眼于学生的全面发展。综合实践活动的地位与教育功能要求活动设计要密切学生与生活、学校、社会的联系，引导学生积极参与实践，获得积极体验和丰富经验；提高学生对自然、社会和自我内在联系的整体认识；发展学生的创新能力、实践能力、社会责任感以及学生良好的个性品质。其次，学生参与的全面性。保证学生全员参与，每个学生都能在活动中得到发展。

第三，整体性。综合实践活动的目标要与不同层次的目标形成一个有机整体。首先，在设计综合实践活动目标时，要牢牢把握教育目的、教学总目标、学校教学目标、主题目标、课时目标的关联性，处理好学期之间、学年之间、学段之间综合实践活动的衔接关系，建构一个合理的综合实践活动序列，使制定出来的教学目标能形成一个有机整体。其次，教学目标也有不同类型和层次，不同类型的教学目标必须形成一个有机整体，不能相互排斥。比如，在一个主题活动之下，综合实践活动涉及多方面内容，如观察能力、思维能力、动手操作能力等。在设计过程中，要注意活动与活动之间的顺序性，避免安排随意、东拼西凑、难度不当等问题出现，这样可能更有利于开展活动并取得预期的成效。

（二）内容组织的关联性原则

所谓内容组织的关联性原则，是指综合实践活动主题的确定和内容的组织要与学生的经验、其他学科、其他领域相关联。

第一，注重与学生经验相关联。内容的组织要将学生已有的知识技能和生活经验作为综合实践活动的支撑点。综合实践活动的意图是要加强学生对自我、社会和自然之间内在联系的整体认识与体验，锻炼他们综合运用知识解决问题的能力。只有当学生掌握了相关知识，具备了相应的能力，他们才能积极投入实践活动中去发现问题、探索问题和解决问题。

第二，注重与各学科关联。从单一学科如语文、数学中提取综合实践活动的内容，促进学科知识的拓展延伸，帮助学生打开视野，增长知识，学以致用。

第三，注重学科间的关联。从学科之间的联系中生成综合实践活动，促进学生知识的整合和综合运用知识能力的提高。

第四，注重校内外、生活和社会的关联。从学科与活动、环境的联系中设计综合实践活动，促进课内与课外、学习与生活、学校与社会的联系。

（三）实施方式的生动性原则

所谓实施方式的生动性原则，是指综合实践活动设计在考虑活动实施的空间条件、人员组合、评价方法等方面时，应该生动活泼、灵活多样，以有利于综合实践活动实施并取得实效。

第一，预设与生成结合。综合实践活动在动态运行过程中，由于教育情境的复杂多变，学生在学习过程中学习行为和心理活动的独特性，在活动开始前预设的目标会发生不可预测的变化，这就要求设计者既要在设计时尽可能预测学生可能发生的变化，又要关注实施过程中内容的生成和过程与方法、情感态度价值观的生成。

第二，评价方式的灵活性。综合实践活动要求关注每位学生的发展，由于学生个体的差异性，要求在活动过程中对每个学生的发展变化在评价方法和评价标准上具有灵活性、针对性，面对同样的任务，不同的学生有不同的要求。

第三，设计思路的开放性。综合实践活动内容、活动目标要求综合实践活动课程具有多样性特点，活动内容和形式要经常不断地改进和丰富，活动的空间很大，可以是课内课外或校内校外。教师在设计综合实践活动时，应充分利用社会、家庭的资源和优势，拓展学生活动的空间，使学生在广阔的时空中发现和利用丰富的课程资源，广泛接触社会，贴近生活实际，在身体力行的实践活动中获取知识，提升并锻炼自己。

第二节
中学综合实践活动的管理

学习目标

如何进行中学综合实践活动的学生管理、教师管理和学校管理？

综合实践活动是一门国家规定、地方管理、校本开发的课程，它体现了我国三级课程管理制度的要求。中学综合实践活动的有效实施，客观上要求学校建立完善的课程管理制度。只有加强综合实践活动的课程管理，才有助于实现其课程价值。中学综合实践活动的管理包括课程实施中的学生管理、教师管理和学校管理。管理的目的不是为了设限，而是为了更好地促进学生的发展。

一、综合实践活动的学生管理

（一）综合实践活动学生管理的内涵

综合实践活动是学生自己的课，学生是综合实践活动的主体。由于中学生心理发展不成熟，他们的思维、判断、决策带有很强的随意性，学校及教师要对中学生参与综合实践活动的全过程进行直接关注和管理。综合实践活动的学生管理，指的是学校和教师对参与综合实践活动的学生进行管理及学生自我管理。具体而言，管理的范围包括活动准备阶段的管理、活动实施阶段的管理和活动总结交流阶段的管理。

教育家语录

教师常常忘记，品德首先是在人们相互交往中形成的。伟大的义务感，只有当它能在生活实践的每一步中得到生动体现时，才能成为人的行为准则。在培养未来的一代人时，我们应当首先在个人领域，即在青年人靠良心的驱使而产生并得到控制的相互关系领域里，培养最纯洁、最富有人道主义的情感。

——苏霍姆林斯基

（二）中学综合实践活动学生管理的范围

1. 活动准备阶段的管理

这一阶段着重帮助中学生寻找研究的问题，明确研究任务。由于中学生兴趣广泛，好奇心强，探索欲旺盛，本阶段学生可以在教师指导下建立研究性学习小组，从多个角度发现问题和分析思考问题。具体涉及的管理范围有以下几个方面。

（1）目标确立的管理

综合实践活动的顺利实施，目标的明晰与确立是重要前提。对综合实践活动目标确立的管理要做到以下几点。

① 明确目标的分类与层次

教师要引导学生对活动目标进行分类及分层。按主题活动的进程，主题活动目标一般由三部分构成：即主题活动总目标，主题活动各阶段目标，各阶段中一次活动的目标。三个层次的目标是一个有机整体，由一般性目标逐步具体化为特定目标，彼此是上位目标和下位目标的关系；从维度上分，可以把目标分为知识目标、情感目标和技能目标。其中，知识目标又可分为方法性知识、经验性知识和综合性知识；技能目标包括收集处理信息的能力、自主获取知识的能力、分析与解决问题的能力、表达与交流的能力；情感目标包括环保意识、资源意识、人本意识、社会责任感、合作意识、安全意识等。对每个综合实践主题活动，教师都要引导学生设计出详细的活动目标。通过目标设计，使学生对活动的开展有一个整体认识，明确每个阶段的工作和任务，对活动做到心中有数。

② 主题活动目标表述的基本要求

综合实践活动目标表述时，要注意以下几点。

第一，目标表述以学生为主体。综合实践活动目标在表述时，主体一定是学生而不是教师。如"培养学生的合作意识与能力"，这一目标的达成只需要教师为其创造合作的机会，无法评价学生在这方面的能力水平。可将上述目标表述为"学生具备一定的合作意识与能力"。

第二，目标表述具体、明确。在综合实践活动的目标表述中，我们经常看见这样"正确的废话"："通过活动培养学生收集、整理资料及分析、使用资料的能力，同时培养学生的合作意识"或是"通过活动培养学生观察生活、发现问题及解决问题的能力"等。如果隐去主题活动的名称，各种主题活动的目标都惊人地相似。这种目标太空泛，不能为师生的活动指明方向。主题目标设计的过程是根据活动内容将目标具体化的过程。有几种目标具体化的方法："知识与技能"目标可采用结果性目标陈述方式，这类方式明确告诉人们学生参加主题活动学习的结果是什么，所采用的行为动词要明确具体，可评价。如"知道可能发生危险的场所""说出自己知道的五个商标"；在表述"过程与方法"和"情感态度与价值观"方面的目标时，可采用表现性目标陈述方式。这种方式主要描述学生参加主题活动所获得的心理感受和体验，如"经历、体验、参与、尝试、接触"等。另外，目标还必须是确定的，不宜使用"应该""可以"等不确定的、只表明意向的词语。

第三，目标表述简明，具有可行性。由于活动内容不同、学生状态不同，活动目标的侧重点也会有所不同。在综合实践活动的目标设计中，要将《纲要》中的目标与活动主题、学生活动的特点结合起来，根据实际情况确定课程目标。另外，目标表述要具有可行性。目标的可行性是指主题活动目标是否能通过特定的主题活动实现，是否能作为评价活动效果的依据，能否操作。教师应避免脱离学生主观经验和实践活动的客观条件制定大而空的主题活动目标，提高目标对活动的具体约束力和导向力。

（2）课题选题的管理

主题的选择和确立直接影响整个综合实践活动的内容、方向和最终成败，确立合适的主题是开展综合实践活动的前提。综合实践活动是以问题解决为中心，以主题活动为载体，课程内容来源于学生现实生活中的具体问题以及对自然、社会的认识与思考。学生选题经历了"发现问题——确定主题——制定方案"的过程。教师在课题管理中，要有意识地引导和培养学生的问题意识、分析问题的能力以及规划能力。教师要做到以下几点。

① 带领学生观察生活，发现问题

科学研究始于问题，始于研究者对特定领域问题的发现、提炼和选择。生活的过程就是发现问题、面对问题、解决问题的过程。一个有创意的课题产生，取决于学生对各种社会现象和自然现象的洞察，取决于学生对"问题"的感受深浅。社会生活包罗万象，丰富多彩。中学生们如果缺乏观察和思考，就会忽视一些很有意义的现象。教师要经常组织学生参观、访问、交流、讨论，针对社会问题开展办板报、画廊、展览等活动，有目的有重点地帮助学生对个体的生活、学习、社会、学校及家庭等方面的平凡事物进行细致的观察和思考，多角度地审视和思考问题，寻找不平衡的矛盾因素，发掘和捕捉那些学生感兴趣又有意义的生活难点、社会热点。

② 引导学生分析问题，提炼主题

中学生在生活中有许多问题，但并非每个问题一开始都能成为探究的主题。对中学生来说，由于受知识经验、生活阅历等限制，对主题难以把握。因此，中学生提出问题之后，教师还需要带领中学生对这些问题深入分析、区分优劣，指导学生多角度地分析问题，让他们明确研究问题的标准，从一定目标出发锁定关键性问题，指导学生从提出的问题中选择确定主题。在主题选择时，要尊重学生的兴趣爱好，考虑学生的能力水平，有效地利用本校、本地的课程资源，注重问题的研究价值和操作性，用协商讨论的方式弥合分歧，达到统一。

③ 明确要解决的问题，分解主题

主题的表述往往具有一定的综合性和概括性，仅依据主题无法了解活动需要完成的主要工作。因此，在确定主题之后，还需要对主题进行分解。每个学生根据自己的兴趣爱好选择不同的子主题作为活动的切入点。在指导学生分解主题时，教师可以从以下策略入手。

第一，指导学生从自己熟悉的领域入手。以"了解家乡传统历史文化"这一主题为例，可以先让学生谈谈自己熟悉的方面，然后根据学生的交流确定如下子主题"家乡的一些著名风景""家乡人的生活习惯""家乡方言的特点""家乡的一些古迹""家乡的风俗习惯""家乡人的娱乐活动""家乡的寺庙""家乡的房屋建筑特点""家乡的特产""家乡的开发建设情况"等。

第二，引导学生向人与自然、人与自我、人与社会三个维度拓展。在综合实践活动实施过程中，不管是哪个主题，教师都从人与自然、人与社会、人与自我三个维度进行整体关注，充分挖掘主题活动中所蕴含的自然因素、社会因素和自我因素。以"挖掘巴陵的历史文化"这一主题为例，可将主题分解为这样三方面：人与社会——岳阳城建规划是"东移北扩"，而岳阳楼是在岳阳城的西边，如何能让市政规划时重视老城区的文化遗址的保护和开发；人与自然——老城区沿湖一线长期被湖水浸泡，不断出现垮塌现象及环境卫生的脏、乱、差现象，影响了城市形象，有什么补救办法；人与自我——血吸虫病的重现，给游客造成什么样的危害，如何才能防止游客得血吸虫病。

第三，引导学生从多种活动方式切入。在综合实践活动过程中，要尽可能地采取多种多样的活动方式。在主题活动实施过程中，要求每一个活动尽可能采取调查、观察、设计、实验等活动，从而通过多样化的活动方式，引导学生从多种活动方式切入，分解主题。以"家乡畜禽饲养方法的调查"这一主题活动为例，教师引导学生从多种活动方式切入，分解主题，涉及的活动方式有：调查——家庭散养畜禽饲养方法的调查、现养畜禽优良品种的调查；考察——考察专业养殖场；设计——解决畜禽产品的安全问题方案设计；研究——特殊养殖问题研究。

第四，指导学生向学科课程拓展。综合实践活动分解主题也可以采用向学科渗透的方法进行，从中挖掘出小主题。如在"了解家乡的交通"这一主题活动中，可以采用学科渗透的方法分解主题：向社会学科渗透的活动——公路沿线十里行；向语文学科渗透——公民安全意识调查；向思想政治学科渗透——走近交警；向劳动与技术教育领域渗透的活动——自行车突击检查。

③ 方案制定的管理

科学合理的活动方案，是综合实践活动顺利实施的基础。综合实践活动强调充分放手让学生自主制定活动方案，但并不排斥教师和学生一道研制方案。教师参与方案制定，要对学生进行分组分工，帮助小组修改活动方案，使学生明确活动任务和研究方向，根据活动主题设计活动目标、内容，对时间、场地、活动方式、活动的具体过程等做出安排。

2. 活动实施阶段的管理

在确定需要研究的主题后，随之进入具体实施阶段。这时，学生通过动手操作与体验探究，获得对探究过程的初步感性认识，掌握基本的探究方法，形成问题解决能力。在解决实际问题的过程中，学生往往会碰到各种困难，如研究方法不规范、研究兴趣不持久等，教师要及时予以帮助。

（1）掌握规范的研究方法，保证学习方式的科学性

综合实践活动是一门实践性课程，没有多样化的学习方式，综合实践活动的价值可能会

受到影响。不同的研究主题研究方法不同，综合实践活动学习方式的选择应考虑不同研究主题的特点。如调查类活动有参观、考察、采访、上网、查资料、搜集、筛选等活动方式，是体验性学习的基本活动方式；课题研究型的学习活动方式的核心是研究性；劳动类活动则需要绘图设计、制作实验等活动方式；社会参与的学习活动方式一般包括社区服务活动、公益活动和生产劳动三种方式。教师在对学生进行管理的过程中，应关注学生在活动中是否能根据活动的内容采取不同的活动方式。为此，教师可以通过开设讲座、发放学习资料、观看录像、案例分析等方式，为学生提供及时的方法论指导，将综合实践活动中所涉及的各种方法的适用范围、使用时注意事项的内容加以传授。同时，教师要指导学生对主题内容进行分析，帮助学生选择科学的探究方法，保证学生研究过程中学习方式的科学性。

（2）监控活动过程，注重活动体验

综合实践活动的价值是在过程中实现的。在开展活动的过程中，切忌"只追求结果、浅尝辄止"的各种形式主义现象。为了保证学生活动的有效进行，学校和教师要对学生的活动过程进行监控。教师应建立相应的管理手册，实时记录学生参加活动的各种表现及考勤情况。在对学生进行管理的过程中，要引导学生正确认识综合实践活动的价值，帮助学生形成一种科学的成果观，将关注重点放在探索的过程和实践的体验上。同时，对学生出现的错误倾向和行为，要及时予以纠正和制止。

（3）提供安全保障，强化安全教育

学生的安全问题是阻碍综合实践活动健康、稳步发展的首要问题。建立行之有效的安全保障机制，解决学生活动的安全问题是实现综合实践活动快速发展的保证。学校和社会方方面面都应该做好这项工作。

首先，学生的安全保障来自学校。每所学校都应该建立学生安全指导小组，负责学生的安全教育、安全检查、安全防范、安全指导等工作。学校可以通过举办安全讲座、板报等方式，积极开展安全知识的教育，提升学生的安全意识和防范能力；其次，要做好学生活动安全的管理。包括严格规范校外活动制度，学校安全人员的配备、突发事件的处理等，通过综合实践外出活动申报审核制度，把安全风险降低到最低。

再次，学生的安全保障来自教师。教师要周密安排学生活动，如需要在哪些场所进行活动，每到一处有哪些安全隐患，如何防范；学生外出活动的次数，每次活动的时间安排、持续的时间长短，并把活动安排制成表格通报给家长。

最后，学生的安全保障来自社会。作为社会，应该在学生成长历程中给予更多的关注。社会对学生的安全责任，应该在方法引导、设施建设、活动经费投入、社会力量介入、支持与配合等方面发挥作用。

黑龙江省研究性学习学生外出活动管理制度（试行）[1]

在实施研究性学习过程中，经常会有学生外出进行调查研究，给学校和教师的管理带来了很大困难。根据我校的实际情况，特制定学生外出调查管理条例。

1. 每周星期五各小组成员详细讨论、制订下周调查的方案，明确本小组各成员的分工情况、调查对象、活动地点和活动内容。

2. 每个星期一小组成员把外出活动报告单交给指导老师，指导老师对报告单的具体内容提出意见，进行修改，最后确定调查方案，并将方案内容向班主任汇报。

3. 学生把得到指导教师批准的外出调查方案带回家，请家长签字同意，星期二交回指导教师或班主任处。

4. 以上手续完成通过后，学生在星期三下午或规定的其他时间进行外出实地调查。

5. 学生在进行有关调查时，必须身着校服，佩戴校徽，便于受调查者确定学生的身份。

6. 调查结束后所有学生必须与指导教师或班主任取得联系。在市区内调查结束后必须返回学校，特殊情况必须给指导教师或班主任打电话汇报。

7. 星期四到校后，每个学生必须把活动调查表给指导教师，留作今后活动评定的依据。

8. 调查过程中，必须遵纪守法，尊重他人，遵守社会公德，加强自我保护意识。如有特殊情况（包括意外情况），必须立即给值班指导教师打电话通报情况，并按照值班指导教师的意见执行，必要时可终止调查。

3. 总结交流阶段的管理

总结交流阶段在培养学生的综合能力和创新精神方面发挥着重要作用。它是教师引导学生对整个活动过程与结果进行更深层次地总结与交流，使学生通过综合实践活动有所知、有所得、有所获、有所悟。教师在总结阶段的管理内容包括资料的整理研究，成果的形成与表达和评价反思的组织。

（1）资料的整理研究

资料的整理研究是综合实践活动最重要的环节。收集到的材料既多又杂，教师应指导学生对活动过程中的资料进行筛选、整理，形成结论。在指导学生进行材料整理研究时，教师可以先介绍资料整理的基本程序和方法，让学生对整理分析有初步了解，再具体指导整理研究过程。

① 收集到的材料登记成册，简要说明其要素、来源，对材料进行编序保存。

② 利用一定的时间组织学生对材料进行筛选，挑出有用的材料。在整理材料时，必须

1　佚名. 黑龙江省研究性学习学生外出活动管理制度（试行）http://ipac.cersp.com/GLPJ/XSPJ/200712/2594.html

坚持资料的真实性、准确性，杜绝虚假信息。

③ 用摘抄、剪贴、统计、综合、归类等方式对材料进行精选或重新组合。材料的精选和重新组合不能忽略材料中内容的顺序性（时间顺序、空间顺序、结构顺序和大小顺序）。

④ 指导学生结合问题分析研究材料。学生最欠缺的是对材料的深入分析和研究。教师在指导中，要以整理为切入口，帮助学生找出材料所揭示的实质或规律。学生在分析研究时，最好以小组讨论的方式进行，组长主持，一个人做讨论记录，每位成员阐明观点，以材料为根据，举证说明。

（2）成果的形成与表达

成果的形成与表达过程在培养学生的综合能力和创新精神方面发挥着重要作用。当学生在成果的形成与表达中遇到问题时，教师要给予足够的关注。这些问题包括：无法形成研究结论，难以确定表现形式，表达方式不够成熟等。教师应该事先对这些困难有所觉察，针对具体情形给予不同的指导。

① 分析研究结论。教师要深入小组中对整理的材料再作分析，了解学生的问题所在。对学生提出的一些观点，在充分肯定他们思考的情况下，指出其不足，帮助学生形成小组统一的意见。如果学生的结论各有理由，应该允许多元结论同时存在。

② 确定表现形式。成果的有效表达是体现活动效率与价值的关键。研究主题不同，成果表达方式不一样。当学生对成果的表现形式难以确定时，这是由于他们不太熟悉各种成果形式的特点和表现方式的缘故。教师要用一定时间讲解各种成果形式的基本类型、表现方式及报告、论文、建议书的一般书写格式和要求，并与学生一起对成果形式做必要的修改，增强成果表达的科学性。

③ 提供合适的表达方式。指导学生选择不同的形式表达成果，其实是在指导学生如何与人交流，如何让别人认同活动结果，接受自己的观点和做法。采用生动活泼的交流方式是有效表达的关键。当学生遇到表达方式的困难时，教师要给学生提供合适的表达方式，组织学生开展成果展示活动，如报告会、辩论会、演讲团、宣传小分队或自办报纸等。在组织中加强学生的活动演练和方法指导，让学生在这些活动中得到进一步锻炼和提高。

（3）评价反思的组织

中学生正处在世界观、自我意识逐步形成的阶段，他们开始有自己的判断能力，其自我评价及他评的能力逐步形成。培养他们客观地评价他人以及进行自我评价的能力，学会正确地欣赏和批判，是中学综合实践活动的重要目标。教师在活动管理中要做到：首先，让学生了解评价的目的，淡化评比，强调学习功能；其次，指导学生自主设计评价工具、自主收集评价信息并自主分析评价结果，把评价的主动权还给学生；最后，进行多元评价和过程评价，让学生感受成功。学生在活动中接触对象比较广泛，学生评价信息也应该来自活动所涉及的广泛群体，如教师、学生、家长等。教师在指导学生进行评价的过程中，应考虑到多元评价主体的评价及评价工具和方法的操作性，多方面收集学生在活动过程中的信息，注重评价的过程性。

二、综合实践活动的教师管理

（一）综合实践活动教师管理的内涵

教师是学生开展综合实践活动的引导者，是学生实践学习的重要保证。学校要加强对综合实践活动教师的行为管理。综合实践活动的教师管理指对教师教学、师资分配、教师培训及教师工作评价的管理。通过管理，提高教师指导的有效性和工作的积极性，避免教师指导的盲目性与随意性，保证综合实践活动的顺利进行。

🔊 **教育家语录**

没有自我教育就没有真正的教育。这样一个信念在我们的教师集体的创造性劳动中起着重大的作用。

——苏霍姆林斯基

（二）综合实践活动教师管理的范围

1. 教学管理

（1）时空的安排

综合实践活动课程作为一门实践性课程，其实施过程中时空的安排与学科课程的时空安排不同，一线教师经常有这样的困惑：综合实践活动的课时究竟怎样安排？大班的条件下如何组织学生开展综合实践活动？时空问题是综合实践活动有效实施的重要条件，也是一种重要的课程资源。

①时间

"有时间"才可能有深度实践。综合实践活动课程中的时间问题涉及课时的落实与具体安排、活动主题实施的持续性、活动过程阶段划分、活动过程中的时间效率、时间管理等。

首先，保证课时。根据《综合实践活动课程实施纲要（试行）》，初中七至九年级均设置"综合实践活动"必修课，其中，七年级每周平均3课时，八九年级每周平均2课时。为此，学校教务部门应加强课时的监管力度，避免综合实践活动的课时被其他课程所占用。

其次，弹性化安排课时。综合实践活动的时间大大突破了学科教学40分钟（或45分钟）的限制，常常以活动主题或项目的需要进行时间的再分配，以主题或项目的最终完结为准则，它需要时间分配上的灵活性。其活动时间可以根据主题内容的需要采用长短课结合、集中与分散相结合的方式来安排，有些内容还需要占用大量的课外、校外时间。在实施中可以将每周的课时集中在一个单位时间内使用，也可以将几周的课时集中在一天使用，还可以根据需要将综合实践活动时间与某学科教学时间打通使用等。同时注意开发利用周末、节假日等课外时间，保证综合实践活动的充分开展。在时间管理上，是分散使用还是集中进行，要以有利于活动开展为目的。

此外，综合实践活动指导教师应在学校统筹的前提下精心计划好课外课时，提高课外课时的活动效率，减少时间精力的损耗，减轻中学生的课外学习负担。

② 空间

"有空间"才有发展的可能性。从某种意义上讲，拓展综合实践活动中学生的活动空间，就是为学生的发展提供新的发展机会。学校和教师在综合实践活动空间的安排上，要妥善处理好课堂空间与课外空间的关系。

首先，充分利用课堂空间。综合实践活动课堂空间的组织形式不同于学科课程的课堂教学组织形式，在必要的方法引导和专题讲座的基础上，鼓励学生充分交流资料、自主研讨、设计制作等。

其次，有意识地开发课外空间。在涉及实际情境的体验时，应该有意识地开发空间资源，充分开发和利用家庭、社区和自然环境中的空间资源，如社区、劳动基地、工厂、农村、机关、资料室、图书馆、网吧等场所，引导学生把基于文本的实践学习和基于实际情境与工具利用的实践学习结合起来。因此，可以建立综合实践活动基地、开展社区与小学共建等，做到开放空间资源的利用与开发有目的，有组织，有计划。

最后，建立开放空间活动制度。开放的空间的确存在着各种学生安全隐患，充分利用开放活动空间，学校应建立有效的管理制度以确保学生的活动安全。如建立"学生外出活动申报制度""开放空间下的教师指导制度""小学生开放空间中的活动规范"等。开放空间活动制度不仅有利于克服安全隐患，更有利于提高活动效率。

（2）教学过程的管理

教学过程的管理指学校对指导教师的学期课程实施计划、课程实施过程、课程实施成果等各环节进行全面管理。教学过程的管理包括以下几点。

第一，学期初，要强化计划管理，督促和指导教师制订课程实施计划。学期课程实施计划是综合实践活动指导教师在充分了解学生学习兴趣和需要的基础上，根据学校综合实践活动课程计划的要求，为保证学期综合实践活动的顺利实施所做出的活动安排。内容包括：学生基本情况分析，本学期的总体活动目标，课程资源的实施安排，课时的安排，研究性学习的组织与安排，社区服务与社会实践活动安排，校内外相应课程资源的准备等。教师在制订学期课程实施计划时要做到内容规范，质量符合课程目标、学生实际和教师自身特长，活动内容和活动形式体现学校的办学特色。

第二，学期中，要加强课程实施的管理。这是过程管理的核心环节。管理的主要内容有教师执行计划的情况，教师的课程实施质量。

第三，学期末，要加强课程实施成果的评价管理。管理的主要内容有：督促教师全面总结本学期的课程实施工作，对照学期课程实施计划进行自我评价；组织教师对学校的综合实践活动课程计划和课程资源进行评估和反思，促进学校课程计划以及课程资源的修改和完善；收集和整理比较典型的课程实施方案和学生的综合实践活动成果材料，以备检查和研讨之用；组织对指导教师的评价工作，对表现突出者进行表彰和奖励。

学校必须对教师指导进行实时监控与管理，通过教务处、教科室等机构，对教师的教学和指导过程进行适时地跟踪与指导。学校还可以通过交流研讨、师生座谈、调查问卷等方式，及时了解教师在课程实施中的各种表现情况，包括教师指导的有效性、指导的内容、过程、时间、成效等，以此作为教师业绩评定的参考依据。

2. 教师配置

《综合实践活动课程指导纲要》指出："建立专兼职相结合的教师队伍。专职教师是学校综合实践活动的负责人，要承担起学校综合实践活动课程实施的规划、组织、协调与管理等方面的责任；学校领导、班主任、任课教师以及有关社会力量都可以成为综合实践活动的指导教师或兼职教师……"显然，这样的规定给综合实践活动的教师配置留出了极大的空间，同时也为广大学校带来严肃的挑战：课程增加了，教师却没有增加。那么，教师的科学配置如何实现呢？

由于综合实践活动内容的丰富性、过程的生成性、空间的广阔性和时间的连续性，需要大量的教师和其他人员参与。综合实践活动的指导教师队伍可由三部分组成：一是专职指导教师，是师资队伍的核心；二是兼职指导教师，由班主任或科任教师兼任，是师资队伍的主力军；三是校外指导教师，由学校聘请的有关社会人士担任，如社区中的科技工作者、科普教育者、农技员、工程师、律师、医生等经过课程教学培训后都可以成为社区教师，尤其应该充分重视家长的作用，他们是师资队伍中的辅助力量。综合实践活动的指导工作需要协同合作，更需要统帅核心，否则，综合实践活动的实施会处于"无头、无序"状态。学校在鼓励广大教师积极参与综合实践活动指导工作的同时，更应对专职指导教师给予工作上的重视和支持，以保证他们在综合实践活动课指导教师队伍中的核心地位。

综合实践活动的教师配置可以有以下几种方式。

（1）专业分工，精细指导

"专业分工，精细指导"的配置方式通常将参与综合实践教学指导工作的教师按其在教学中所承担职责分为：指导教师、协管教师和学术顾问。指导教师要随班上课，全面负责班级中所有实践活动小组的日常管理和指导工作，尤其是对学生的研究过程进行科学的指导，可由班主任或各科指导教师担任。协管教师主要是帮助指导教师做好学生研究活动的外部链接和内部整合工作，主要由学校管理人员担任。学术顾问主要为学生提供相关的学术和专业指导，可由专任教师和外聘专家担任。

这一配置方式有鲜明的优势：第一，有利于教师人力资源的最优化利用，可以突破教师的职务、学科、年限等限制，让不同专长的教师以不同角色参与到综合实践活动的教学工作中来；第二，有利于学生自主选择课题的研究内容，不会因指导教师学科背景的局限而缩小选题范围；第三，有利于教师间的合作指导，协管教师和学术顾问的加入，可以使学生在研究方法、研究过程、研究的学术支持上做到精细化。值得一提的是，这种教师配置方式的优势发挥需要学校执行强大的课程管理职能，才能确保这三类教师相辅相成，共同担当起指导学生的责任。

（2）导师负责，全程监管

"导师负责，全程监管"的教师配置方式是根据研究性学习的特点在实践操作过程中形成的。这种教师配置方式是由一名教师全面负责学生研究性学习小组所有的指导与管理工作。它存在的优势主要有以下几点：第一，研究小组与导师之间的关系是通过双向选择的程序确立的，充分体现学生学习的自主性；第二，学生可以根据自己的选题领域选择导师，研究范围不受教师学科背景的局限；第三，导师对学生研究小组的全过程给予综合性指导，对研究过程进行全面监管。这种方式也存在一些劣势：导师在指导研究小组的工作时，主要以分散的形式为主。为了保证指导和研究活动的质量，在课题实施的过程中，需要学校以集中方式进行选题、中期交流、阶段展示等活动并及时地给予质量监控。

（3）教师包班，过程规范

"教师包班，过程规范"的教师配置方式是这门课程走向常态的第一步。它的核心内容是指每班分配2~4名教师全面负责一个班级各小组的研究性学习指导和组织工作，如组织本班学生进行选题、课题论证、研究方法的制定、阶段交流、研究活动实施、研究信息整理、结题等一系列教学指导活动。担任包班的指导教师中有1~2名专职教师，这种师资配置方式主要存在于综合实践活动课程发展已经比较成熟的学校。

其优势有：第一，它不会打乱学校常规的教学秩序，与其他学科课程一样，综合实践活动课程也进入学校正常的教学安排中；第二，学生的综合实践活动不会被挪用，从事研究活动的时间非常充裕；第三，由于一个班的指导教师固定且相对专业，研究过程能做到规范落实，一步一步扎实可见。但同样，这种配置方式也有劣势，即学生在自主选题后，班级的指导教师不可能在专业上给予全面的支持。

综合实践活动的教师配置方式不能穷尽。在实际运用中，学校要依循因校制宜、因时制宜、因生制宜的基本理念，依据校内外的各种条件对综合实践活动的教师配置方式做出恰当地选择。

3. 教师培训

综合实践活动对教师提出的要求较高，教师需要具备充分的理论知识，具备综合实践活动开发与实施的能力、综合运用知识解决各种问题的能力，教师观念的转变、素质的提升、专业能力的增强，对综合实践活动课程的顺利实施起着关键性作用。师资质量问题是综合实践活动能否顺利进行的关键，是问题的重中之重，也成为综合实践活动研究的焦点。目前，综合实践活动校本师资培训的有效模式有以下三种。

（1）理论学习

理论学习即教师通过专门培训或自学方式获得对综合实践活动的理念、目标、内容、实施、评价等方面的系统理论知识。为此，学校可以为教师提供专家讲座、国内外综合实践活动领域知名专家的相关书籍、论文、录像等，促使教师对综合实践活动有一个清晰的认识。

（2）研讨交流

研讨交流的具体形式有两种：一是问题探讨式，这是以问题为中心的培训方式。教务部门根据教师在综合实践活动教学中遇到的问题，筛选归纳，然后围绕这些问题，逐一组织教师学习理论、听取讲座、开展研讨，并在实践活动中使问题得到解决；二是课题研究式，这是以课题研究为中心的培训方式。培训单位可根据已经申报的教育科研课题，分设若干子课题，组织教师分工承担研究任务，教师在研究过程中学理论，听讲座，收集信息，开展研讨。此外，学校的研讨活动可以积极地对外开放，鼓励学校间、教师间的观摩、学习与交流。同时，学校也要鼓励本校教师到外校去参加研讨交流，积极学习他人的成果经验。

（3）行动研究

行动研究是指教师在日常的教学与指导过程中积极进行实践，在实践过程中不断探索和积累经验，以改进实践活动为目的，将行动与研究融为一体的活动。教师通过行动研究，以研究者心态置身于综合实践活动的教学情境中，以研究者的眼光审视和分析综合实践活动的理论与教学实践中的各种问题，对自身的行为进行反思，对出现的问题进行探究，对积累的经验进行总结，使其形成规律性的认识。教师可以通过教学日记、指导日志或成长博客等形式，将自己的教学过程和指导过程加以记录并开展反思，通过不断探索，提升综合实践活动的教学实践水平，促进自身专业发展。

4. 教师工作评价

对教师的工作评价也是综合实践活动管理的重要内容。合理科学的评定能激发教师的工作热情，不适当的评定则导致教师工作积极性下降，甚至产生抵触情绪，影响到课程实施的效果以及学校工作的开展。为了使教师切实在这门课程中成为合格的组织者、参与者和指导者，学校应制定教师评价方案。

对教师的工作评定包括对教师的知识水平、能力水平和工作态度的考察，对教师指导学生活动的成效性的评价、教师的工作量计算、教师的考核制度及奖励制度的制定等，切实反映教师的劳动与付出。此外，学校还应该根据实际情况妥善处理专兼职教师的职称评定，建立综合实践活动教师岗位责任制和业务考核制度，积极稳定教师队伍，确保课程的持续发展。

嘉兴市塘汇实验学校教师工作量制度[1]

1. 正常课时计算。综合实践活动课程对教师综合能力要求较高，其权重系数至少应不低于语文、数学，也就是应大于等于1。

2. 专任教师（综合实践活动课程教研组长）享受学校中层领导课时待遇。

3. 兼任教师每周满工作量标准参照普通教师满工作量标准。

4. 指导教师指导一个学生小组，经历确定活动主题、制定活动方案、开展实践活动、交流活动成果、反思活动过程整个完整过程的，即指导学生完成一个小课题研究，奖励15~20个标准课时工作量。

5. 综合实践活动教研组长周工作量为全校教师平均周工作量的40%。

6. 课余工作量计算。教师需要在双休节假日指导学生活动的，不计算工作量，按加班计算。

7. 临时工作量按实际课时数计算。

嘉兴市塘汇实验学校教师考核及奖励制度

在上级教育行政部门和业务主管部门的指导下，学校对综合实践活动指导教师进行考核，并据此进行奖励。对综合实践活动指导教师的考核鉴定，由学校考评小组负责进行。考核评估的要求如下。

1. 组建由分管校长负责下的考评小组，对教师进行考评。

2. 每学期一次考评，每学年一次总结考评；

3. 对教师个人考核评价的结果，作为教师年度考核的内容之一进行考评，与教师评优、晋升职务挂钩；

4. 结合考评结果对教师工作加以指导和改进；

5. 综合实践活动课程考核评估过程：自评、他评、评估小组评、评估小组写出评估报告、公布评估结果、提出改进设想或方案。

6. 经过考核评比，每学期按15%的比例评选出优秀指导教师，发给荣誉证书，并给予适当的物质奖励。

1　张建芳. 嘉兴市塘汇实验学校综合实践活动教师管理策略 http://ipac.cersp.com/GLPJ/KCJS/200706/2069.html

三、综合实践活动的学校管理

学校要加强长期、连贯及系统的综合实践活动课程规划，保证综合实践活动课程开设的整体性、全面性和衔接性，避免综合实践活动在开展过程中的盲目性和随意性。

（一）综合实践活动学校管理的内涵

综合实践活动学校管理指的是学校如何对综合实践活动这门课程进行整体的规划。管理的内容包括综合实践活动的组织制度管理、课题管理及评价管理等。

（二）综合实践活动学校管理的内容

1. 组织制度管理

要使综合实践活动课程顺利进行，必须有成熟的组织制度管理，确定相关机构、人员和资金设施的配备，才能有章可循。学校必须统筹规划综合实践活动的开展。

（1）组织建设

机构清晰的组织是信息畅达的保证。在学校中应设立以校长为首的"综合实践活动课程领导小组"，以教务处、各学科教研室等部门负责人及家长委员会负责人为成员，负责全校教师的课程调配。下设两个并行的小组，即研究小组和执行小组。二者有合作有分工，各有侧重，人员允许交叉。

领导小组的职能主要是：统一规划，协调各方面的关系，管理下属两个小组的工作，负责牵头和总结总体工作，给予物质和精神上的支持。

研究小组的职能是：负责对学校综合实践活动的研究、交流和推广，负责教师的业务指导，负责对学校课程具体实施中的问题进行指导，进行理论和实践结合的研究，同时根据学校实际情况，安排各年级和班级的活动时间，负责教师工作的统计和考核。

执行小组的职能是：制定实施方案，确定每个活动方案具体细节的设计，比如活动时间、地点、路线、人员分组、安全措施、与外界的联络等。在课程的实施中，要与研究小组共同处理出现的问题，上报活动记录和总结。执行小组直接面对活动的参与人员和学生。

嘉兴市塘汇实验学校构建了如下管理网络[1]。

第一层级，综合实践活动型校本课程开发领导小组。负责学校综合实践活动实施纲要的制定，决定实施该课程的年度计划及相应步骤；统一部署、协调学校各部门的工作；负责宏观上保证课程的校内外教育资源的开发等。

1　付声瑜. 综合实践活动课程管理制度的构建与创新 http://ipac.cersp.com/GLPJ/KCJS/200710/2396.html

```
                    ┌─────────────────────────┐
                    │  综合实践活动课程开发小组  │
                    └─────────────────────────┘
            ┌──────────────┼──────────────┐
            ▼              ▼              ▼
      ┌─────────┐    ┌─────────┐    ┌─────────┐
      │  教务处  │    │  教科室  │    │  德育处  │
      └─────────┘    └─────────┘    └─────────┘
            ▼              ▼              ▼
  ┌──────────────┐ ┌──────────────┐ ┌──────────┐
  │综合实践活动教研组│ │综合实践活动课题组│ │ 班主任队伍 │
  └──────────────┘ └──────────────┘ └──────────┘
            └──────────┐  ┌──────────┘
                       ▼  ▼
            ┌─────────────────────┐
            │  综合实践活动指导教师  │
            └─────────────────────┘
                       ▼
            ┌─────────────────────┐
            │   学生综合实践活动     │
            └─────────────────────┘
```

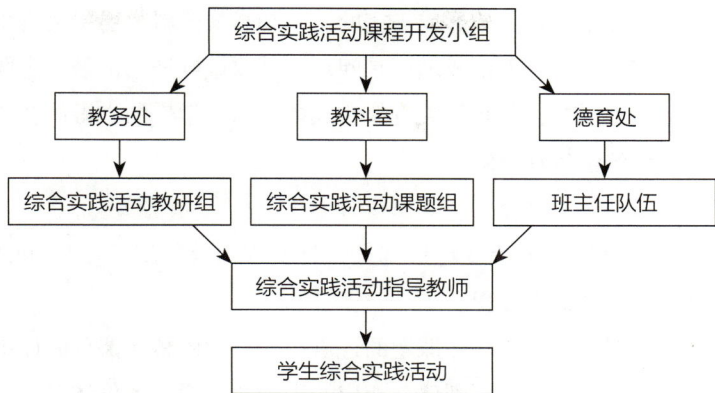

第二层级，教导处、教科室、德育处。教导处负责课程的开发和管理，教科室负责教师培训和专家指导；德育处协助教导处、教科室指导班主任组织学生假期开展综合实践活动。

第三层级，综合实践活动教研组。负责学校综合实践活动的计划和落实；建立综合实践活动课题组，研究和引领学校的综合实践活动。

第四层级，综合实践活动指导教师，校外指导教师。建设一支专职与兼职教师相结合的任课与指导教师队伍，形成学校内部的管理与教学指导网络。

（2）制度建设

在综合实践活动的管理中，制定相应的规章制度，是形成管理科学化的关键。从当前综合实践活动的发展看，至少应着重在以下方面建立必要的管理制度，以便形成课程运行的良好机制：① 学校实施综合实践活动的规划；② 组织机构及其职责分工；③ 教师指导方面的制度；④ 学生参与活动方面的制度；⑤ 学校实施综合实践活动档案建设方面的制度；⑥ 学校设施、设备使用方面的制度；⑦ 师生参与活动的评价制度；⑧ 教师的学习和教学研究制度；⑨ 课程资源开发管理制度。只有形成制度，才能使学校的各项管理工作真正实现规范化，教师在开展各项活动的过程中才能真正解除后顾之忧，集中精力投入课程的建设和实施中。

2. 课题管理

由于综合实践活动内容涉及的领域十分广阔，需要实施课题管理，针对具体的课题进行教研指导。

综合实践活动课程的课题管理要具有一定的深度和水平，学校必须和上级教研课程管理部门建立联系，要和上级综合实践活动课程研究教研室相互配合，及时上报本校的课程开展计划。同时，要及时了解和指导各年级各班的课程安排，包括课程资源的开发，具体活动的主题范围、方案设计、活动分组、时间安排、安全措施等各项内容。采取多级负责制，在活动过程中，学生对自己和小组负责，小组对教师负责，教师对研究小组和执行小组负责，研究小组和执行小组对领导小组负责，形成一定的文字和影像资料，层层负责将会提高每个人的责任心。在课题实施过程中，无论成绩还是问题，都要做好详细记录，定期总结，定期公布各个年级和班级的活动课题，公布相关资料和成果展示，学生的心得体会或者教师、家长的评价，表彰表现突出的学生和班级。

3. 评价管理

评价是综合实践活动实施的重要组成部分，是实现综合实践活动目标的有效手段和保障，它贯穿于综合实践活动的全过程。

评价基本包括两个层次：一是具体课题的评价；二是学校整体课程的评价。无论哪个层次都应该本着激励和维护积极性的原则建立相应的程序和制度。评价体系应该包括两部分对象：一是学生，二是教师。无论针对哪种对象，指标和权重都要根据平时学校课程督查与指导情况制定，期末由学校组织对综合实践活动开展情况进行验收。通过问卷、访谈等手段向学生和教师了解课程开展情况，通过召开成果汇报展示交流会、听取汇报等方式进行考核评价，形成平时检查和期末考核评价相结合、教师自我评价和学生评价相结合、教学成果评价和社会效应评价相结合、过程和结果相结合的评价机制。评价制度应具有激励作用，可通过口头表扬、大会报告、汇报演出等形式表扬，表现突出的教师和学生在评优、评先中可优先考虑；在物质上，可给教师提供报酬，给学生发放一定的纪念品等。学校还可以设立专门的奖励基金，对参与活动突出的个人和集体给予一定的物质奖励。

当然，有些问题不是学校依靠自身力量就可以解决的，这需要社会的支持，尤其是教育行政部门作为课程改革的领导者，需要给予学校必要的政策支持和措施保障，加强对中小学开设综合实践活动的管理和督导，借助有力的行政手段和管理职能加强宏观管理，提升学校的课程领导能力和执行能力。

本章小结

本章围绕中学综合实践活动设计、中学综合实践活动的管理两部分内容展开。

综合实践活动设计是依据综合实践活动的理念和学校资源状况和学生发展需要，对活动主题、目标、内容、过程、方法等进行设计和规划的过程。整体理解综合实践活动的课程属性，科学把握综合实践活动的核心价值，是综合实践活动有效设计的前提基础。中学综合实践活动设计分为三个层次：学校层面的整体实施方案设计、年级整体方案的设计和教师个体层面的单一主题活动方案设计。学校总体方案设计包括课程前言、课程目标、课程内容、课程实施、课程管理、课程评价等内容。设计年级整体方案时，大致经历以下步骤：了解学生，资源开发，教师准备；明确目标，统筹规划，设计方案；关注生成，反思评价，优化设计。单一主题活动方案设计包括：主题名称、活动背景、活动目标、活动对象、活动时长、活动过程、评价建议等。

中学综合实践活动的管理包括课程实施中的学生管理、教师管理和学校管理。综合实践活动的学生管理，指的是学校和教师对参与综合实践活动的学生进行管理以及学生的自我管理。具体而言，管理的范围包括活动准备阶段的管理、活动实施阶段的管理和活动总结交流阶段的管理；综合实践活动的教师管理指对教师教学、师资分配、教师培训及教师工作评价的管理；综合实践活动学校管理指的是学校如何对综合实践活动这门课程进行整体规划。管理内容包括综合实践活动的组织制度管理、课题管理及评价管理等。

总结 >

Aa 关键术语

学校总体方案设计 overall project design of the school	年级整体方案设计 integral project design of grade
单一主题方案设计 single subject design	学生管理 student management
教师管理 teacher management	学校管理 school management

章节链接

当您读到中学综合实践活动的设计时	可以结合第四章　研究性学习的设计与实施，讲述研究性学习设计的基本步骤、原则等。
中学综合实践活动设计的原则	第三章　综合实践活动资源开发，中学综合实践活动资源开发的基本原则。
中学综合实践活动实施的特点、条件及管理等	第九章　中学综合实践活动存在的问题与反思，讲述综合实践活动的实际开设状况。

应用 >

批判性思考

想一想，在你接触的中学综合实践活动中，学校对本校的综合实践活动进行总体规划了吗？如果有，学校是如何在综合实践活动课程的设计上最大限度地整合课程资源的？如果没有，请以某学校为例，为该学校设计综合实践活动校本化实施的总体规划。

✏️ 体验练习 ┈┈

　　有人用过一个形象的比喻：健康是1，幸福家庭是0，事业成功又是0，健康可使家庭变为10倍幸福，可使事业成功变为100倍的可能。但是，失去健康也即失去1，剩下的0也就失去了意义。健康是成功之本。请以"关注食堂饮食卫生"为题，设计一个综合实践活动方案。

🔍 案例研究 ┈┈

　　按照《综合实践活动指导纲要总则》要求"综合实践活动课程实行'教师全员参与'，倡导'团体指导协同教学'"。换言之，每个教师都是综合实践活动课程的指导教师。综合实践活动课程的实施不倡导把指导权归于一个或某几个专职的指导教师。学校大多只能要求教师和领导全员参与指导，但是由于各个教师本身都承担各自学科课程的教学工作或其他兼任职务，精力与时间上较难保证，内在地难以协调一致，指导教师的统一规范管理受制，力量涣散。再者，每个教师都是指导教师，容易导致责任分散，互相推卸，常出现一些教师特别是班主任一人身兼十几个甚至二十几个学生课题的指导任务。因而，"全员参与指导"实质沦为"全员难以尽责"，往往陷入学生实践活动无人全程跟踪参与、指导、关注，出现自生自灭现象，致使综合实践活动课程的主题实施成活率低，学生丧失探索的欲望与信心。

　　（1）上述现象反映了综合实践活动教师管理过程中怎样的问题？

　　（2）如果你是学校管理者，你如何解决上述教师管理过程中出现的问题？

📓 教学一线纪事 ┈┈┈┈┈┈┈┈┈┈┈┈┈┈┈┈┈┈┈┈┈┈┈┈┈┈┈┈┈┈┈┈┈┈┈┈┈┈

涣散的学生管理

　　在综合实践活动课程实施过程中，有不少教师误认为综合实践活动就是让学生说说、玩玩、动动、走走。活动中，学生、教师的地位、任务不清，教师不知道使用什么方法指导学生去活动，离开了教材的内容便会无所适从，摆脱不开传统的"教"的模式，在头脑中缺乏学生自主活动的概念；面对如何组织学生进行综合实践活动，往往束手无策……以上种种现象，都是不能有效管理学生的表现，它会严重影响综合实践活动课程的实施效果。如果你是综合实践活动教师，你在综合实践活动过程中对学生如何管理？谈谈你的认识。

某学校夏老师有以下看法。

第一，明确目标，让学生有方向感。根据综合实践活动总目标，结合本校、本班实际情况，分解细化活动目标，并通过多种形式向学生说明，让学生明白活动的意义和自己努力的方向。

第二，尊重学生，让学生有尊严感。尊重学生的主体地位，学生才把综合实践活动当作自己学习活动和发挥聪明才智的所在，进而产生学习的积极性和主动性。教师对学生的尊重包括：尊重学生独立的人格，尊重学生个性的差异，给学生在环境和心理空间上一定的"自由度"。

第三，评价激励，让学生有成就感。具体包括：学会欣赏学生的所思所想；评价方式多样化，评价主体多元化；评价要及时反馈；建立成长记录模式进行管理。

拓展 >

补充读物

1　潘洪建. 中学综合实践活动指导. 北京：高等教育出版社，2011

　　本书比较全面系统地介绍了中学综合实践活动各方面的知识，内容完整，体例充实。主要包括中学综合实践活动的内涵、目标与内容、主题的确定、方案的设计、活动实施、资源开发与利用、课程评价与管理等。

2　田慧生. 综合实践活动课的理论探索与实践反思. 北京：教育科学出版社，2007

　　本书是当前较有影响的综合实践活动方面的书目。主要介绍综合实践活动课程定位、内容领域、规划与管理、学生评价、资源的开发与利用等，理论性强，指导具有针对性。

3　李孔文. 小学综合实践活动课程论. 合肥：中国科学技术大学出版社，2009

　　本书主要介绍了综合实践活动的课程组织、活动方案的研制等。

4　顾建军. 小学综合实践活动设计. 北京：高等教育出版社，2011

　　本书是在综合实践活动设计方面比较有影响的书目。主要介绍了综合实践活动设计的原则、过程、方法、活动方案的优化等。

5　洪明，张俊峰. 综合实践活动课程导论. 福州：福建教育出版社，2007

　　本书在体例上的特色地方在于，它主要介绍了综合实践活动课程的学生管理、教师管理和学校管理。

在线学习资源

1. 国内外中小学综合实践活动课程的设计与启示　http://www.hlgsyxx.com/zhsj/ShowArticle.asp?ArticleID=1803

2. 华罗庚实验学校综合实践活动方案设计　http://www.hlgsyxx.com/zhsj/ShowClass.asp?ClassID=140

3. 新思考—综合实践活动网站　http://ipac.cersp.com/

本章概述

　　中学综合实践活动资源是中学综合实践活动开展需要的各种人力、物力，以及自然资源和信息资源的总和，根据不同的标准可分为多种类型。中学综合实践活动资源开发应该遵循因地因校制宜、经济性、共享性、综合协调、目标导向、互惠互补等原则。综合实践活动资源开发主要有能力为本，整体开发、内容为本，分类开发、个性为本，特色助推、活动为本，资源整合和发展为本，主题带动等模式。

结构图

a 中学综合实践活动资源的含义	b 信息技术教育资源	c 研究性学习资源	d 社区服务资源
	e 社会实践资源	f 劳动与技术教育资源	g 校内外其他活动资源

综合实践活动资源的类型

1

中学综合实践活动资源的开发

2

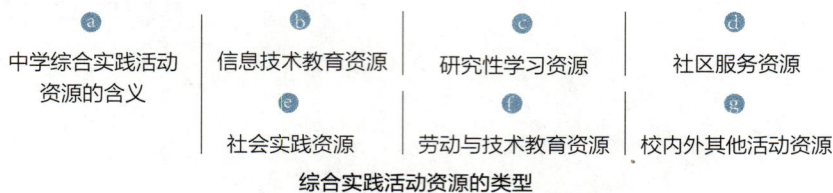

中学综合实践活动资源开发的基本原则

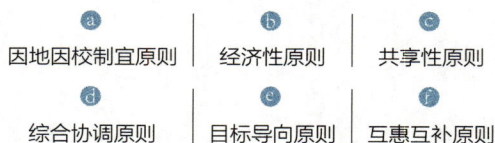

a 因地因校制宜原则	b 经济性原则	c 共享性原则
d 综合协调原则	e 目标导向原则	f 互惠互补原则

3

中学综合实践活动资源开发的模式

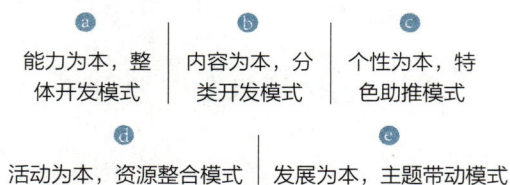

a 能力为本，整体开发模式	b 内容为本，分类开发模式	c 个性为本，特色助推模式
d 活动为本，资源整合模式	e 发展为本，主题带动模式	

学习目标

学完本章，你应该能够做到以下几点。

1. 理解综合实践活动资源的含义；

2. 了解中学综合实践活动资源的类型；

3. 知道中学综合实践活动资源的开发应遵循的原则；

4. 明确中学综合实践活动资源开发的主要模式。

读前反思

任何活动的开展都需要借助一定的资源，综合实践活动的有效开展需要各种资源的支持。但要开发综合实践活动资源，必须要明确什么是综合实践活动资源，如何开发综合实践活动资源。

想一想，如果你是某中学的学校领导，应如何认识综合实践活动资源？综合实践活动资源有哪些主要类型？应如何领导学校开发综合实践活动课程资源？

想一想，如果你是一名综合实践活动教师，在开展综合实践活动之前，如何认识综合实践活动课程资源？在开发过程中应该遵循哪些基本原则？应该采用哪些主要模式？

第一节
综合实践活动资源的类型

◎ 学习目标

什么是中学综合实践
活动资源？
中学综合实践活动资源
分为哪些主要类型？

中学综合实践活动是中学各种活动的总称，除了基础教育课程改革提出的研究性学习、社区服务、社会实践、信息技术教育和劳动与技术教育几种活动外，还包括中学开展的其他校内外实践活动。综合实践活动的开展与活动资源的开发之间是一种相互促进的关系，综合实践活动必须通过开发和利用各种资源进行，综合实践活动资源开发本身就是开展综合实践活动的过程。要开发和利用综合实践活动资源，首先要明确综合实践活动资源的内涵及其种类。

一、中学综合实践活动资源的含义

中学综合实践活动资源指的是中学综合实践活动开展需要的人力、物力，以及自然资源和信息资源的总和。依据基础教育课程改革方案，中学综合实践活动内容丰富，包括信息技术教育、研究性学习、社区服务与社会实践，以及劳动与技术教育。实际上，中学综合实践活动内容是极为广泛的，活动形式是多种多样的，远不止以上提到的五种类型，还包括其他校内外的各种活动。这些活动的开展都需要开发与利用各种资源。

中学综合实践活动资源的类型是根据一定的标准、用途和特点把中学综合实践活动可以开发和利用的各种资源区分开来而形成的次序和系统。根据不同的标准，综合实践活动资源可以分为多种类型。根据来源，综合实践活动资源可分为校内活动资源和校外活动资源；根据性质，可分为自然资源和社会资源；根据物理特性和呈现方式，可分为文字资源、实物资源、活动资源和信息化资源；根据存在方式，可分为显性资源和隐性资源；根据功能特点，可分为素材性资源和条件性资源；根据开发与利用的过程，可分为确定活动目标的资源、选择活动内容的资源、开展活动的资源和评价活动效果的资源；根据载体形式，可分为以人为载体的资源和以物为载体的资源。根据综合实践活动的内容，中学综合实践活动资源分为信息技术教育资源、研究性学习活动资源、社区服务与社会实践活动资源、劳动与技术教育活动资源和其他校内外活动资源等。

二、信息技术教育资源

初中阶段，信息技术教育是综合实践活动课程的重要组成部分，而高中阶段，信息技术则成为技术领域课程的重要组成部分。现代社会，信息技术已经成为社会成员的基本素质，成为中学生应知应会的基本技术。信息技术主要包括网络技术、多媒体技术、云计算技术、大数据技术等。与这些技术相关的各种资源都属于信息技术资源。进行信息技术教育，是现代中学教育的重要任务，必须要以开发和利用丰富的信息技术资源为保障。

要进行信息技术教育，就必须要开发和利用信息技术资源。随着信息技术的发展，信息技术产品品种和数量持续增加，其中网络资源已经成为信息技术资源的基本构成。网络活动是现代青年学生参与面、参与度广泛而深远的活动类型。对这些网络资源的开发，学校应该在方便学生的前提下，进行规范、引导和教育，使学生充分利用网络，合理使用网络，杜绝接触不健康网络信息，学会使用现代网络技术进行交流。防止学生上网成瘾，沉溺于网络，尤其是网络游戏，学会科学建立和使用网站、博客、网上冲浪，科学地创造个人网络空间。鼓励学生参与微电影、微课程的创造，并学会通过微课、慕课学习新知识、新信息，学会使用银行卡，保护好自己的网卡信息，学会利用网银购票、购物，学会使用手机、笔记本电脑、平板电脑等各种设备，增长网络技能。引导学生发展信息收集、选择、加工、处理和应用能力，成为适应信息时代的新型人才。这些网络活动资源的开发应该以学生为主，学校除了提供计算机等基本的设备条件外，还要提供咨询服务和提醒服务等，防止学生被骗、上瘾或参与网络诈骗，更要防止学生被诱导参与传销、贩毒、吸毒等活动。

三、研究性学习资源

研究性学习是一种学习方法，是一种教学方式，也是一种活动课程，是综合实践活动课程的重要组成部分。研究性学习资源指的是在进行研究性学习过程中可以开发和利用的各种人力资源、物力资源、自然资源和信息资源的总和。既包括校内的研究性活动资源，也包括校外的各种研究性活动资源，还包括信息化资源。从研究性学习实施的环节来看，研究性学习活动资源包括提出问题的资源、收集资料和信息的资源、分析资料、总结提升过程中所需要的资源等。研究性学习的目的是帮助学生发现研究的问题，激发研究的兴趣，掌握研究的方法，体验研究的过程和形成研究的技能。总体来看，研究性学习活动可以开发的资源主要包括问题形成中的资源，问题分析过程中的资源和问题解决过程中的资源等。

研究性学习的有效开展，关键是要提出研究的问题，因此，问题资源就成为研究性学习活动开展的核心资源。研究性学习中的问题究竟从哪里来，实际上就是问题资源如何开发的问题。一是学习过程中的各种问题，例如，为什么记不住英语单词？记住了也容易忘记？如何才能牢记？二是课堂里的各种问题，例如，为什么上课打瞌睡？打瞌睡的原因是什么？如何解决这一问题？三是学校里的各种问题，像学生交往的问题、师生关系问题、卫生与纪律问题、寝室安全问题等，都是可以研究的问题。例如，为什么要评选三好学生？三好学生的标准究竟如何？如何评选最为公正？这些问题都可以成为研究性学习的问题资源。四是各种自然与社会问题，既包括地质、水文、环境等各种与自然相关的问题，也包括商业、贸易、就业、交通、城市建设等各种社会生活问题。例如，为什么雾霾天气逐步增多？雾霾到底是什么？雾霾有何危害？如何消除雾霾天气？这些问题都是很有意义、值得中学生在研究性学习中去研究的问题。这些问题本身就是研究性学习活动的资源。

🔍 **案例3-1**

研究性学习要把问题当作资源

调查发现，某中学地处城乡交界处，周围网吧、小饭馆林立，环境较为复杂，社会上的一些不良现象也影响到学校，到附近网吧上网、玩游戏的学生不少，虽然学校提醒和教育学生不要到网吧上网、玩游戏，学校也把相关情况向公安部门做过反映，但效果不好。在开展研究性学习的过程中，一个研究性学习小组就以学生上网为研究对象展开研究。确定了几个相关的问题：有多少学生经常去网吧上网？上网时间平均有多长？上网时多数学生浏览什么网页？上网对学生有没有好处？对学生的不良影响主要表现在哪些方面？学生为什么去上网？学生上网花费多大？如何有效遏制学生经常去网吧上网的现象？经过调查，摸清了基本情况，找到了解决问题的对策建议。有一些建议被学校所采纳，经过一段时间的教育和治理，该校学生去网吧上网的现象明显减少。

四、社区服务资源

社区服务活动的目的是给学生提供参与社会服务活动的各种机会，增强学生的实践能力、创新能力和社区适应能力，帮助学生了解自己生活的社区，了解社情民意，了解国情，参与社区的各种服务，增强社会责任感和服务社会的意识与能力，增强对社区的归属感，培养学生的社区意识、乡土意识、民族与国家认同，以及公民意识等品质。要开展社区服务活动，就要开发各种社区服务活动资源。

服务对象和服务方式是社区服务的重要资源。从服务对象看，中学生参与的社区服务可以是社会公益服务，也可以是社区特殊群体的服务，还可以是各种专业服务。（1）社区公益服务资源。学生要参加社区公益服务，可以开发各种资源，例如车站、码头、商店、街道、公园等，通过参与垃圾清扫、除尘、做公益广告宣传，担任交通协管员、纠察员、监督员等，为公众提供信息服务、劳动服务、提示服务等。（2）社区特殊服务对象资源。从中学生社区服务目标群体来看，主要包括以下几种类型：一是能力不足者，如老人或孤儿、身心残障者；二是社会边缘人群，如乞丐、文盲或城市流浪者；三是受灾民众，如地震灾区、洪涝灾区的民众；四是违反社会行为规范者，如青少年犯罪者、入狱服刑人员；五是暂时遇到困难的人群，如下岗失业者、被窃者等。服务的主要形式是给这些人读报纸、讲故事、洗衣服、打扫卫生、办理银行与保险业务、缴纳电话费、电费、水费、燃气费等。这些服务对象和服务方式本身就是社区服务的重要资源。（3）专业服务资源。中学生可以提供一些专业性的服务，例如，进行电器维修及安装、手机与电脑使用技术咨询、网络运用与信息处理、法律咨询与援助、环保与保健知识讲座、社区调查与数据统计、艺术活动的组织、地方商贸活动的翻译与礼仪服务，代写对联、书信等生活服务等。一些中学开展的环保志愿者服务尤其具有专业性。

服务场所、服务工具也是社区服务活动的重要资源。服务场所在城市大概可分为机构、机关和团体。福利服务机构主要有孤儿院、养老院、各类残障教育或福利机构等；机关有政府民政福利机关，如各级政府的民政、卫生部门；团体有慈善团体，如慈善会、福利促进会、志愿者组织等。服务场所在农村主要有农户、农场、林场、种子站、良种场等。由于服务对象不同，使用的服务工具也是不一样的。社区服务可以开发的资源随服务工具而不同，例如电器维修服务活动，需要的是各种家电维修服务工具；一些简单的生活服务，像洒扫庭除，则需要像拖把、扫帚、抹布等生活工具；要给老人理发，就需要有理发推剪等工具；读报、讲故事等服务需要有一定的文化知识；至于为老人缴纳电费、水费、办理保险等，更需要相关的知识和技能。有些资源可以由服务对象提供，有些需要学生提前准备。

案例3-2

上海市育青中学"社区小医生"活动资源开发过程

上海市育青中学"社区小医生"活动资源开发过程分为以下六步进行。

一是成立课题组，成员包括学校教师、附近医院的医生。

二是培训人员，在学生中确定培养对象，成立"社区小医生"服务队，进行技术培训。

三是确定服务对象，组织学生到各居委会调查"谁最需要我们的帮助"，了解社区老龄化的状况，老人的健康状况，从而确定"社区小医生"的服务对象是社区内的老年人。

四是确定"社区小医生"的服务内容，即在学生中发放"我能为老年人做什么？"的调查问卷，从而把"社区小医生"活动内容具体化。

五是与附近医院达成合作意向，为"社区小医生"活动创造技术支持与服务指导等有利条件。

六是学校对"社区小医生"服务队上门服务等方面的基本礼貌和礼仪进行培训。

资料来源： 转引自"中小学校本课程资源开发的研究与实验"课题组. 校本课程资源开发指南. 北京：人民教育出版社，2005：178~179

五、社会实践资源

社会实践的范围广，内容和形式丰富，除了社区服务属于社会实践外，中学生参与的社会实践活动主要包括政治、经济、文化、科技等社会生活的方方面面。中学社会实践活动资源包括政治实践活动资源、经济实践活动资源、科技实践活动资源、文化实践活动资源和其他校内外实践活动资源等多种类型。

政治实践活动资源主要包括学习、宣传党和国家的各项政策，进行社会调查，了解国家和各级政府各项方针政策的落实情况，了解群众参政议政的意愿和能力情况等，也包括宣传报道人大、政协会议，参与社区议政活动等。经济实践活动资源主要包括调查了解人口与居民收入状况，城乡居民的消费能力、消费习惯；参与地方经济普查，了解城市化进程对青年人的就业择业观、婚恋观、交友观、生育观的影响等；进行证券与股票、产业结构研究等；调查了解教育公平推进的情况，城乡居民文化生活的内容和形式等；还可调查了解社会热点问题，例如广场舞、雾霾天气、交通安全、旅游观光、休闲娱乐等。科技实践活动资源主要包括调查人们的阅读习惯、阅读量、阅读内容，了解民众所掌握的科技知识与信息的种类和程度，节约用电的常识，节水、节油、节气等生活习惯和知识，冬季取暖常识，家电安全小常识等，还包括地质矿产资源调查、环境监测、参观科普展览与科技馆等。文化实践活动资源则包括音乐、美术等活动所需的资源，例如舞蹈知识与技能，乐谱、乐理知识和乐器的操作演奏技能，绘画、雕塑、摄影、造型艺术等，还包括文学艺术知识和各种体育活动的知识与技能等。在中学要注意开发传统的文化艺术资源，京剧、黄梅戏等都是很好的文化实践活动资源。这些活动的知识、技能与方法都可以成为中学进行社会实践活动的重要资源。除了政治、经济、科技与文化等社会实践活动资源以外，其他社会实践活动资源主要包括社会各行各业的体验性活动，如学工学农、勤工俭学等活动，学校传统的值周、值日活动、社团活动、俱乐部活动等，组织学生参加的学校接待、卫生管理、整理文件与档案等，还包括外出参观、考察、访问，参与社区民俗活动或生存锻炼等。

🔍 **案例3-3**

安徽省黄山市四中的文学社

调查发现，学生文学社是安徽省黄山四中重要的一项校内活动，学生参与面广，充分开发了学生资源、教师资源和本地的文化资源。每年一个主题，其中一个是感恩教育，由学生每学期给父母写一封信，父母给学生一封回信，选择一部分在所办的校内刊物上发表。该刊每年四期，每期刊载学生作品60篇，学生毕业前至少每人能在该刊发表一篇小作文。教师和学生，包括家长都受到了教育。

六、劳动与技术教育资源

劳动与技术教育是我国各级各类教育的重要内容。劳动教育的目的是帮助学生树立劳动观念、劳动态度和劳动情感。具体来说，就是要培养学生正确的劳动观念，把劳动看成是宪法保障的人的基本权利。要教育学生认识到劳动创造财富，劳动是人的基本需要，劳动光荣，应该珍惜劳动成果，尊重劳动和珍惜劳动成果，形成热爱劳动和劳动人民的思想情感，形成正确的劳动观念、劳动态度，掌握劳动的基本技能和使用、保养、维修劳动工具和加工劳动资料的意识和能力。

教育家语录

劳动受人推崇。为社会服务是很受人赞赏的道德理想。

——杜威

技术教育分为通用技术教育和信息技术教育两个方面，中学技术教育资源分为通用技术资源和信息技术资源两大类。通用技术教育的目的是教育学生认识通用技术的价值和作用，掌握工农业生产的基本技术技能，如机械、电子、金工、种植、养殖、加工、烹饪、缝纫、建筑、木工等工种的基本技术和操作要领，学会使用和维修基本的生产工具。信息技术教育的目的是教育学生正确认识信息在现代社会的巨大作用，培养基本的信息收集、选择、加工、利用的意识和能力，适应信息时代的要求。通用技术主要包括工业技术、农业技术和建筑技术。从工业技术来看，主要包括机械技术、电器技术、电子技术、通信技术、运载技术、机器人技术、航空航天技术、核技术、新材料技术等。从农业技术来看，则包括各种农作物的种植技术和各种家畜家禽的养殖技术。从种植技术来看，主要有小麦、玉米、水稻、棉花、蚕桑、花生、马铃薯、各种中药材、食用菌等的种植技术，还包括各种蔬菜、水果树、各种花草、花卉的栽培、管理与修剪技术，园林、草地种植技术和作物病虫害防治技术等。从养殖技术看，主要包括各种家畜、家禽、宠物、水产品的养殖繁育技术和兽医技术等。建筑技术包括设计技术、结构技术、建造技术、雕刻技术、装饰技术等。

劳动与技术教育具有不同的倾向，在实施过程中要开发的资源也是不同的。劳动教育要通过各种各样的技术教育进行，融技术于劳动过程，通过技术训练进行劳动教育。这样劳动教育与技术教育可以开发的资源就极为丰富。劳动教育可以通过收听劳动模范、道德模范的事迹等进行，也可以结合开展如"光盘"行动等各类活动进行，还可以在家里通过扫地、做饭、买菜、洗衣、整理床铺等活动进行。这些劳动本身就是劳动与技术教育的资源。

要帮助学生进行技术教育，就需要开发各种各样的资源。工业技术资源包括工厂、企业、矿山、电器维修铺、机修厂、汽修厂、码头、车站、建筑工地、博物馆、工业技术展览馆等。农业技术资源包括与种植业相关的机构，如农户、农场、种子推广站、农技推广站、农广校、试验田、苗圃、林场、园艺场、现代农业示范区、植物园、热带植物园、农科院、农业院校等；还包括与养殖业相关的机构，如家畜、家禽饲养场站、良种繁育站、防疫站、兽医站、渔场、宠物医院等。从建筑技术来看，可以开发的资源包括民俗建筑与艺术、城市规划展览、民俗文化村、古建筑群等。从信息技术活动来看，可以通过参观互联网公司、现代网络图书馆等途径进行。

🔍 **案例3-4**

节能房屋的设计

S先生是一名中学技术课教师，他认为，学生作为未来的消费者，深入了解住宅建筑业，知晓住宅施工技术、材料与操作规程的最新进展是很有益的。

S先生决定组织一个课程，让学生参与设计一栋节能住宅供一个四口之家使用。他引导学生考虑所有形式的能源，并且不要限制自己的想象力。他还教学生考虑利用节能住宅户型的成本因素，还有较高的成本对住宅售卖价格的影响。

技术课的学生面对挑战开始设计、绘制并且建造一个住宅的比例缩小模型，它要装有供暖与空调系统，并要求该住宅既节能、美观、实用、销路好，又有创新。这个住宅还必须能供一个四口之家使用，但最大不超过200平方米。学生的花费必须在30万人民币的预算内，并且他们要在9个星期内完成方案。

学生首先研究周围地区已经体现了他们待设计的住宅应具备的特点的房屋。他们到图书馆以及国际互联网查询，以了解用于住宅建筑业的最新材料和技术。学生还走访了本地的建筑师与建筑承包商，以了解不同的建筑规程以及这些规程如何结合各种创新内容。例如，他们了解到，在住宅的设计中要考虑住宅的方位以增加日光效应，还了解了环境品质、节约能源的系统的设计和安装，了解了如何采用房屋一体化系统，这种系统在设计时就充分考虑了维修、安全与室内空气质量的问题。

然后，学生开始绘制住宅草图。许多学生不得不回头去收集更多的资料，因为他们发现需要更多的资料才能完成草图。根据草图，学生开始建造住宅的比例模型。

一批本地区的建筑业专家被请来评价学生的作品，随后他们将把自己关于设计、规划与创新、节能特征、绘图表现、模型表现与外观设计等方面的各种意见反馈给学生。

由于有了这个亲身经历，学生切实了解了设计21世纪住宅需要掌握哪些技术；还学习如何在众多设计构想中成功地规划与选择尽可能好的解决方案，以及如何利用图示手段立体模型来展示其成果。

资料来源: 国际技术教育协会著. 美国国家技术教育标准——技术学习的内容. 黄军英, 等译. 北京: 科学出版社, 2003: 195

七、校内外其他活动资源

由于中学生的活动类型是极为丰富的, 有些活动对学生的发展具有正向的引导作用, 有些活动则是学生的休闲娱乐活动。中学生除了参加研究性学习、社区服务与社会实践、信息技术教育活动、劳动与技术教育活动外, 还要参加校内的各种有益于发展的活动。在我国中学里, 一直有开展课外活动、兴趣小组活动和团队活动的传统, 这些活动的长期开展在促进学生全面发展中发挥着重要作用。按照教学计划, 多数中学举行入学教育、军事训练、体育运动会、文艺演出、各种竞赛活动。一些学校还有计划举行读书节、科技节、体育节、艺术节等专业性比较强的活动。中学利用传统的节日, 如春节、元宵节、寒食节、清明节、端午节、中秋节、重阳节、腊八节等, 对学生进行中国文化传统教育; 利用一些新的节日, 如元旦、三八妇女节、五一劳动节、八一建军节、国庆等, 对学生进行热爱祖国、热爱劳动等品质的教育。一些来自西方的传统节日, 如感恩节、复活节、圣诞节等, 中学生也乐于参与, 这些节日活动对于帮助学生了解他国文化和少数民族文化传统也发挥着重要作用, 有利于增长学生的知识, 形成国际意识和全球意识, 尊重文化的多样性。当然, 学生自发组织和参与的各种社团活动, 如文学社、兴趣小组、英语角、学生沙龙等都是学生喜闻乐见的活动形式, 只要对学生的发展有利, 就应积极开发利用。一些学生自发组织的交友活动、生日聚会与派对活动、同乡会活动、选秀活动等, 也有开发和利用的必要性。这些校内外活动的有效开展, 需要相应的资源予以保障, 有些活动是学生的自发活动, 学校不一定提供资源支持, 但可以予以引导, 尽可能发挥这些活动的良性作用。

学生校外参与的活动更多, 例如节假日走亲访友、校友聚会、同学会、同乡会, 拜访老师, 参加购物、网购、旅游、下棋、打牌、斗地主、电子游戏、"快闪"等活动, 家庭自我服务、家务劳动, 节假日举办的夏令营、踏青郊游、祭拜先人、饲养宠物, 春节拜年、家教补习、参加校外补习班, 为他人提供向导, 参与道德模范评选等活动, 可谓五花八门。这些活动的有效开展, 当然需要资源的支持。有些活动学校没有提供资源的义务, 但只要是对学生发展有益的, 学校应该支持学生参与, 也可以提供力所能及的资源支持, 同时要引导教育学生参与健康向上的社会活动, 防止学生参与封建迷信、聚众赌博、打架斗殴等活动, 教育学生远离麻将、毒品、赌博等社会不良活动。

第二节
中学综合实践活动资源开发的基本原则

学习目标

中学综合实践活动资源开发应坚持哪些原则？综合实践活动资源开发各项原则有哪些基本要求？

中学综合实践活动资源开发的基本原则指的是在进行中学综合实践各项活动中所开发和利用各种资源应该遵循的基本规范和要求。中学有效开发综合实践活动资源需要坚持以下几个基本原则。

一、因地因校制宜原则

中学综合实践活动资源的开发必须要依据本地本校的实际进行。一方面，不同地区综合实践活动的形式是千差万别的，从开展的体育活动来说，山区适合爬山、登山等活动，平原地区则适合长跑等活动；农村适合扭秧歌、闹元宵等传统体育活动，而城市则适合进行环城赛、各种球类比赛等活动；江南水乡适合划船等水上运动；而干旱和牧区则适合骑马、滑沙等活动。因此，不同的活动可以开发和利用的活动资源是完全不同的，只有因地制宜，综合实践活动的开展才能有充分的资源保障。另一方面，不同地区和学校的学生参与活动的环境是不同的，不同地方的生产生活方式也是不同的，农林牧渔等是农村的主要产业，而工业、商贸、信息、金融等则是城市的重要产业，只有因地因校制宜，才能充分利用环境，充分开发本地本校的各种资源，灵活开展综合实践活动。

案例3-5

根据当地产业特点开发资源

安徽省固镇县第一中学校长王龙亭说，我校经常开展支农实践活动，利用本校地处淮北平原，传统产业是种植业和养殖业，现在依然是农业为主的实际，充分开发和利用本地的农业种植业与养殖业资源。主要开展农作物除草、收割活动，并把学生参与这些实践活动的材料记录在学生成长记录袋上，锻炼学生的动手能力和意志品质，增强学生热爱自然、热爱人民、热爱劳动的思想情感。（根据2014年安徽师范大学完全中学校长培训班座谈会上王校长的发言整理。）

研究性学习活动的开展需要开发各种资源，从要研究的问题和研究过程来看，不同地区学生遇到和关注的问题是不一样的，只有对那些学生容易接触、生活中时常遇到，生活中常常思考的问题进行研究，才能引起学生的兴趣，研究资料的收集才比较容易进行，研究的结论对于这些问题的解决才具有针对性，学生也容易体验到研究的快乐与收获，掌握研究的方法，也容易获得研究的结论。这些研究的问题本身，研究中所收集的各种资料，研究中学生参与的各种活动，都是研究性学习这一活动的重要资源。从社区服务来说，城市和农村学校服务的对象是不同的，他们具有不同的服务需求。这些服务对象本身就是社区服务的资源。农村学校的学生可以给年龄较大、子女外出务工的家庭进行诸如扫院子、采集农作物、种植养殖等服务，也可以给留守儿童进行课外功课辅导等服务。城市学校可以通过给老人读报、洗衣、打扫房间、理发、交水电费业务，进行环保政策与信息宣传等服务，高中生还可以进行家电修理、家庭必需品采购、病人护理等服务。这些服务项目就是可以开发的综合实践活动资源。从社会实践资源来说，不同地区和学校所拥有的活动资源是不同的，农业种植和养殖本身就是农村地区可以开发的活动资源，城市的调查、参观、宣传等是城市实践活动的资源。劳动与技术教育资源更为丰富，农业生产劳动与农业科技是农村学校重要的劳动与技术教育资源，工业生产与商业服务等则是城市学校劳动与技术教育的资源。

在我国，学校之间的差异很大，既有国家级、省市级示范中学，也有一般中学，有的中学历史悠久，校风独特，有的中学刚刚兴建，缺乏传统，有的中学只有几十个学生，一些中部省份个别县区的大型学校甚至有一两万人，有的中学在农村，有的在城市，有的在内地，有的在沿海。不同中学综合实践活动可以开发的资源是千差万别的，只有因校制宜，才能发挥资源优势，有声有色地开展综合实践活动。在综合实践活动资源开发中，要克服盲目性，避免简单仿效，依样画葫芦，弄巧成拙。要注意开发学校的文化传统资源，传承和弘扬良好校风，利用学校独特的办学模式，不能好高骛远，脱离实际。

🔍 **案例3-6**

甘肃省肃南裕固族自治县中小学重视本土资源开发

甘肃省肃南裕固族自治县具有独特的资源，广袤的草原风景秀丽，壮美的山川如诗如画，丰富的物质资源，独特的民族民俗，为综合实践活动提供了丰富资源。

一是开发民族文化资源。肃南县的民族歌舞、民族建筑、民族体育，特别是具有深厚文化内涵的石窟艺术、古城遗址等构成了可以开发的丰富资源。闻名退迩的马蹄寺、文殊寺、康隆寺的石窟艺术，金塔寺的飞天雕塑等都是杰出代表。裕固族的服饰、饮食、婚礼、宗教信仰、民歌、语言、传统体育、生产、生活习俗等文化内涵深厚浓郁，形成了浑厚、欢乐、豪迈、粗犷、奔放的民族风情。例如，大草滩裕固族民俗文化节期间举行的赛羊评比、旅游观光、民族服饰展示、传统的裕固民歌赛、裕固族擀毛毯、织彩褐、民族工艺品制作表演和销售等都可以渗透到综合实践活动中。另外，红军西路军浴血奋战的马场滩、石窝山和烈士纪念塔，以及民族博物馆都是社区服务和劳动与技术教育的重要资源。

二是开发自然景观资源。肃南县具有独特的自然风光，气象万千的广阔草原，鬼斧神工的奇山怪石，漫山遍野的原始森林，清澈见底的大川小溪，高峻如云的冰川雪峰，浩瀚无垠的大漠戈壁等构成了独特的自然景观，也成为综合实践活动可以开发利用的重要资源。肃南也是甘肃省的主要林区，有天然林860平方公里，冰川964条，总面积400平方公里，为各种活动的开展提供了得天独厚的条件。例如，沙漠明珠东西海子、颧山旱海、七一冰川。这里也是河西农业灌溉的主要水源之一，有数量众多的河流、湖泊和水库、水电站，自西向东有陶勒河、洪水坝河、丰洛河、马营河、梨园河、黑河、大都麻河、小都麻河、酥油口河、西大河、东大河、西营河等。

三是开发和利用动植物资源。肃南人工饲养的动物主要有牦牛、骆驼、马鹿、高山细毛羊，还有鹿、麝、豹、熊、青羊等野生动物，大黄、羌活、麻黄、黄芪、蕨麻、雪莲、鹿茸、天然食用菌等名贵中药材。这些都是研究性学习和社会实践的重要内容。

四是开发地质矿产资源。肃南地处具有"万宝山"之称的祁连山腹地，有金、铁、铜、锰、锌、铬、煤、石灰石、玉石、萤石、石膏、石棉等矿物资源27种。特别是近年发现的丹霞地貌、熔岩地貌都独具特色。这些资源对研究性学习、社会实践及热爱家乡教育等都具有重要价值。

资料来源：段兆兵.我国基础教育课程多样化研究.合肥：安徽人民出版社，2009：270-272

二、经济性原则

讲究效益是资源开发的基本原则，综合实践活动资源的开发也不例外。综合实践活动资源开发要讲究时间的经济性、空间的经济性、开支的经济性和开发的经济性。时间的经济性强调综合实践活动资源开发要具有时效性。要根据学生发展的实际情况，及时开发当下可以开发的综合实践活动资源，广泛开展综合实践活动，不能期待最优的综合实践活动资源的出现，实际上，便捷性就是经济性，最为便利的资源就是最优的资源。空间的经济性强调本校和本地的资源是综合实践活动的主要资源范围。综合实践活动资源开发要注意充分开发和利用本校、本地的各种活动资源，不能好高骛远。可以开发本班的资源就不去开发校内的其他资源，可以开发本校的资源就不去开发校外的资源，可以开发本地的资源就不去开发外地的资源。开支的经济性强调综合实践活动资源开发要讲究经济实用，反对奢侈浪费和片面追求高档豪华。一些学校在开发综合实践活动资源时，追求"高大上"，要求学生的穿着和各种用品必须高端，学生中容易形成攀比之风，应该避免这种虚伪浮夸的现象。资源开发的经济性强调综合实践活动的开展要就地取材、因陋就简、厉行节约。农村学校可利用农户的作物种植和动物养殖，组织学生爬山、跳绳、荡秋千、植树种草，开展丰富多彩的综合实践活动，不与城市盲目攀比。城市学校要开发学校周边各种便利的资源，有声有色开展综合实践活动。城乡学校之间也可以结对帮扶，互通有无，丰富资源类型。

三、共享性原则

合作与共享是现代社会重要的价值观，也成为重要的生存之道和谋事之法。共享性原则是说，综合实践活动资源的开发要讲究合作，通过选择、采用和分享，使各种综合实践活动资源为不同学校共有。随着我国经济社会的发展，中学的办学条件得到极大改善，现代教育技术得到广泛应用，为学校综合实践活动的开展提供了丰富的资源。但是，任何一个学校都不可能拥有综合实践活动所需要的所有资源，而社区服务、劳动与技术教育等活动只能通过开发与利用校外的各种资源来开展。因此，中学综合实践活动的开展要通过开发与利用校内外的各种资源进行，实现校内外活动资源的共享。

综合实践活动资源共享优势明显。共享型开发行动可以扩大各种活动资源的功能。第一，体现综合实践活动资源的开放性，有利于不同学校之间取长补短，合作共赢。第二，扩大综合实践活动资源的范围和服务面。一个学校可利用的资源也可以作为其他学校可选择的资源，一个地方的资源也可以为其他地方的综合实践活动服务，一个地方的资源还可以为多个学校的综合实践活动服务。第三，节约人力、物力和财力，降低开发成本。资源共享避免了综合实践活动资源开发中的低水平重复与浪费，能够节约成本与周期，对民族地区、农村地区、偏远地区学校，特别是规模较小的学校来说，具有重要意义。第四，实现了校内外力量的联合。不仅有学校之间的联合，以扩大资源效能；也有与地方教育行政力量的联合，以获得资金、政策方面的支持；还有与高等学校等社会机构的联合，以获得专家等多方面的支持，提高学校活动资源的开发能力与质量。

综合实践活动资源开发有多种共享形式，一是校内各种活动资源的共享，包括班级与班级之间活动资源的共享，体育与文化资源的共享，劳动与技术教育资源的共享，通用技术与信息技术资源的共享，教师资源的共享等。二是学校与学校资源的共享，要建立学校与学校之间的互惠共享机制，互利互惠，优势互补，协同发展。可以通过各种竞赛活动，使不同中学成为对方综合实践活动的资源，可以实现学校之间信息技术资源、体育与艺术资源、社会实践资源的互补与共享。三是学校与社会资源的共享。现代社会的整合性越来越强，学校成为社会重要的组成部分，是社会的细胞，社会是由学校等各种机构构成的整体，两者之间是整体与部分的关系。学校综合实践活动资源的开发与其说是学校的事情、教育的问题，还不如说是社会的事情、社会的问题。因此，综合实践活动资源的开发要实现各种资源的共享，学校为丰富社会总体资源做出贡献，学校又从社会各种丰富的活动资源中受益。

🔍 **案例3-7**

甘肃省肃南裕固族自治县两所中学共享型校本课程开发

甘肃省肃南裕固族自治县一中和二中开发的校本课程成为综合实践活动的重要资源，并实现了多方面共享：（1）活动课程与教材共享。一是校际之间的共享，由九年制学校二中编写的部分校本教材成为完全中学一中的教材，二中开发的部分校本课程成为一中的选修课程；二是不同层次学校之间的共享，二中所开发的校本课程不仅成为高中生使用的课程，也成为初中生使用的课程，所编写的乡土教材在全县各个年级使用，突破了教材只为某个年级或某个层次的学生使用的习惯做法；三是全县共享，二中编写的《多元文化乡土教材》图文并茂，生动有趣，成为通俗读物，在全县范围内使用，也成为本地人和外地人了解肃南政治、经济、自然生态和风土人情等的重要资料。（2）信息与资源共享。两所学校在开发校本课程的过程中，主要选择了具有地方特点的自然生态资源、社会文化资源、动植物资源和网络信息资源等资源形态，这些资源不仅成为一个学校校本课程的重要素材，也成为其他学校选修课程的重要素材。（3）技术与方法共享。在校本课程开发过程中，一中和二中与在当地进行科学研究的专家进行合作，专家带来的技术与方法也成为学校开发校本课程的技术与方法。

资料来源： 段兆兵，安维武，蔡世宏．民族地区共享型校本课程开发的学校行动——对甘肃省肃南裕固族自治县两所中学的调查．当代教育与文化，2013（3）：30~36

四、综合协调原则

综合协调是现代社会各项活动顺利开展的基本方式。综合协调原则指的是中学综合实践活动资源开发要根据不同年级学生的特点，确定不同的活动任务和形式，统一安排、综合协调，分层分类进行。具体来说，主要包括以下几种综合协调的方式：一是各项活动资源开发要综合协调，研究性学习、社区服务、社会实践、信息技术教育、劳动与技术教育和校内外其他活动的开展要综合考虑，相互协调，不得偏废，使各项活动都具有资源保障；二是不同年级综合实践活动资源开发要强调综合协调。各个年级综合实践活动资源开发的目标、方式等既要相互衔接，又要有不同要求。三是不同阶段综合实践活动资源开发要综合协调。从初中到高中，每个阶段的学生在年龄、年级、知识与经验技能水平等方面存在明显差异，因此，综合实践活动资源开发要调动各种力量参与，统筹规划、统一安排。四是传统活动资源开发和综合实践活动课程包含的新的活动资源开发要综合协调。例如，要发挥课外活动、周会、主题班会、班团队活动资源的积极作用，同时，要强调研究性学习、社区服务、社会实践、信息技术教育、劳动与技术教育等活动的综合协调，共同发挥育人作用。

综合协调原则要发挥作用，需要注意几个方面的问题。一方面，中学综合实践活动资源开发应分层次进行，注意寻找适合学生年级、年龄、知识技能水平的个性化的实施策略，初中阶段与高中阶段，低年级与高年级，理科生与文科生、体育生、艺术生应该在综合实践活动资源开发的目标、类型与方式等方面有不同要求。（1）阶段分层。初中和普通高中阶段，综合实践活动的目标任务、内容及方法不同，可以称之为阶段分层。初中生的活动在巩固小学阶段综合实践活动成果的基础上，在掌握常识性的知识与技能的基础上，应该掌握验证性的基础性的知识与技能，而高中阶段则应该达到专业性、探索性、创造性的知识与技能。（2）年级分层。不同年级，例如低年级、中年级和高年级，在统一规划和安排的情况下，综合实践活动资源开发的目标要求、内容和项目、活动方式也应有所不同。低年级学生参与的活动，高年级学生不一定适合，而高年级学生参与的活动，低年级学生可能无法参与。（3）内容分层。在高中阶段，学生选择的专业不同，有的学生学习理科、有的学习文科，有的学习体育，有的学习艺术，他们所参与的综合实践活动的目标、内容、方法应该体现专业差异。只有使年龄分层和内容分层结合起来，找到适合各层次特点的内容和方式，综合实践活动课程的实施才能取得实效。另一方面，综合实践活动资源开发应分类进行。综合实践活动各个部分内容具有不同的价值和作用，各种活动所需的资源的开发不能简单化地、一般化地进行，而应该根据各个部分的价值和要求，寻求具体的开发策略，分类进行。例如，初中生的社会实践活动资源丰富，除了组织学生参观科普展览、参加各种集会，组织学生认识本市的主要道路，了解本地在全国、全省的位置，了解本地主要的动植物资源等外，还可以通过社会调查、暑期社会实践、夏令营等活动进行。实践活动的内容可以是家庭活动，同伴互助活动，也可以是学校；可以是艺术活动、体育活动，也可以是科技活动、商业活动。高中阶段的社会实践活动应该强调专业性和高层次性，通过社会调查，了解社情民意、自然生态、地质地貌、气象水文等，了解城市化、信息化、工业化、农业现代化带来的新变化。总之，要统一规划，确立不同年级开发的重点，严格按照计划开发综合实践活动资源。

五、目标导向原则

综合实践活动是有目的、有意识的社会实践活动，综合实践活动资源的开发利用也是有目的、有意识的社会实践活动。因此，综合实践活动资源的开发与利用要有明确的目标，以目标为导向规范开发行为。目标是行动的指南，综合实践活动资源开发要体现时代性、趣味性、本土性、价值性、生活性和过程性。（1）时代性。综合实践活动要开发具有现代特点的新型的活动资源，从校内各种活动资源开发来说，要选择具有时代气息，学生喜闻乐见的各种活动资源，体现活动资源的先进性、科学性。例如，信息技术活动本身就是现代性特征鲜明的活动，无论活动内容与形式都具有时代特征。从校外各种活动资源开发来说，也要讲究时代性、科学性，例如社区服务活动，可以给独居的老年人提供现代信息技术、电子电器技术、娱乐与法律服务，帮助他们学会使用手机、学会上网聊天，减轻孤独感。（2）趣味性。综合实践活动资源开发要取得成效，就要使该活动有趣，吸引学生。要使综合实践活动资源开发具有趣味性，就要想方设法使活动的形式和内容既有重要的目标取向，又与学生的情趣、爱好紧密结合，使学生愿意参加，乐于活动，从中找到快乐。兴趣是最好的老师，只要学生感兴趣，他们就会主动参与到综合实践活动之中，这些活动就能取得意想不到的好效果。（3）本土性。综合实践活动不是书本知识的学习，强调的是学生在活动中的积极参与，因此，综合实践活动资源的开发要突出本土资源的重要价值，尽可能开发本土活动资源。一方面，学生对本地的各种活动比较熟悉，这些活动民众也熟悉，开展本土的活动容易得到本地民众的支持，活动的场地和各种器材也更为便利，活动资源的开发也相对容易。另一方面，这些活动资源是长期以来本地人民生产生活的表现，与学生的日常生活关系密切，承载着浓厚的地域文化和当地人民的精神风貌，对学生的意义重大。（4）价值性。综合实践活动的价值是促进学生积极参与各种活动，在活动中发展学生的创新能力和实践能力。综合实践活动的开展就是为了给学生提供了解社会、了解自然，参与劳动、参与实践的机会，使理论与实践相结合，掌握知识与形成技能相结合。丰富学生课堂学习之外的活动，让学生参与各种活动是综合实践活动的基本取向。因此，综合实践活动资源的开发要以促进学生发展为基本价值追求，想办法让学生活动起来，既增强体质，又锻炼意志；既增长见识，又训练技能。从价值的角度看，综合实践活动应该是健康的、环保的、道德的、文明的、向上的、具有正能量的，所开发的这些活动所运用的资源以及开发利用这些资源的活动本身应该是有价值的。（5）生活性。综合实践活动是生活的一部分，这些活动的开展应该是学生学习生活、社会生活与日常生活的重要内容。综合实践活动资源开发一定要接近学生生活，渗透学生生活，丰富学生生活，弥补学生学习生活的单调乏味。只有深入社会生活，综合实践活动才能与生活世界接轨，促进学生认识生活，认识社会，养成勇于克服困难，敢于迎接挑战，积极进取、主动适应生活的品质。（6）过程性。综合实践活动资源的开发要根据活动类型灵活组织，体现过程性。研究性学习可以通过建立研究小组、选择研究的问题、制订研究计划、到研究现场进行研究、研究资料的收集与分析、研究结论的得出、研究报告的撰写、研究成果的交流与总结等步骤实施，综合运用各种资源；社区服务可以采用选择服务对象、确定服务任务、准备服务器材、展开社区服务活动、服务工作总结、验收等步骤实施；社会实践可以根据具体实践活动的任务和形式，通过实践活动的准备、实践活动的展开、实践活动的总结等环节展开；信息技术教育可以通过掌握信息技术要领、学会信息器材设备的使用、了解服务对象需求、提供相关服务等形式展开，灵活开发和运用各种信息技术资源；劳动与技术教育则可以通过熟悉劳动任务、学会使用劳动工具、参加劳动以及劳动成效的检查等环节进行，通用技术与信息技术教育可以根据技术的类型灵活展开，重在帮助学生掌握基本技术要领，学会操作方法，形成创新能力和实践能力。

六、互惠互补原则

综合实践活动资源的开发要强调互惠互利，互惠是指综合实践活动资源开发一方面为学校引导学生参与各种实践活动提供各种便利；另一方面为活动资源提供者带来实际利益。互惠的根本原因在于需求的不同和利益的交会。从研究型学习资源的开发来看，可以研究的对象和问题是极为丰富的，但研究活动本身一方面能够帮助学生掌握研究的技能、学会研究的方法、体验研究的过程、获得研究的经验；另一方面也能够给研究对象提供研究数据、研究结论，所撰写的研究报告可以给相关问题的解决提供参考。社区服务更是互利互惠的活动，一方面，服务对象为学生的活动提供了服务内容、服务机会、服务资源，所进行的各种服务增强了学生的服务意识、服务能力；另一方面，对于服务对象而言，学生所提供的服务本身就是一种资源，一种有利条件，为服务对象带来了便利。例如给鳏寡孤独者打扫房屋、清洗衣物，是最容易开展的服务项目，这种服务为学生社区服务活动找到了资源，也的确为服务对象进行了服务，解决了一些实际问题，提高了他们的生活质量。至于法律服务、电气维修服务、家政服务、志愿者服务等，体现了服务的专业性，可以提供只有专门服务部门才能提供的服务。社会实践也一样，无论是工农业生产实践、社会调查，还是环保夏令营、暑期社会实践等，都是学生社会实践的重要方式。这些活动不仅有利于学校、学生，更有利于社会。从信息技术教育资源开发来看，参加各种信息技术活动，增长了学生信息技术知识和技能，也给相关人员提供了诸如缴纳电费、办理银行卡等各种服务。劳动与技术教育所体现的互惠性更直接、更显著。开发劳动与技术教育资源，为学生参加工农业生产劳动，培养各种劳动技能，熟悉生产流程，掌握生产工具的操作要领，形成热爱劳动、尊重劳动和劳动人民，珍惜劳动成果提供了体验、参与的机会，同时，直接参与劳动还可以创造价值，带来实实在在的经济利益，甚至解决劳动力不足等问题。当然，劳动与技术教育资源的开发不能把学生当成廉价甚至毫无价值的简单劳动力。学校之间也可以成为互惠的资源，学生对参与学校之间进行的各种活动的积极性高，学校之间相互提供实践活动支持，实际上也丰富了本校的综合实践活动形式。

综合实践活动资源的开发不仅具有互惠作用，还具有互补作用。互补就是不同地区和学校资源价值的互相补偿。一个地方、一个学校的资源是有限的，不可能拥有综合实践活动开展所需要的所有资源。不同的地方和学校只有互补，才能弥补自身资源的不足，实现综合实践活动对学生发展的综合作用。农村有农村的资源，这些资源表面看比较单调、原始，甚至落后和朴素，但正是农村相对的落后和贫穷帮助学生形成吃苦耐劳、艰苦朴素的优良作风，养成他们顽强的性格和坚毅果敢的品质。这些品质只要与良好的学习条件嫁接，与相对合适的工作岗位嫁接，就会迸发高涨的工作热情和良好的工作成效，为社会创造价值。农村学校和学生缺乏的是现代物质条件，但具备的是对人成长作用巨大的"逆境"，这种逆境，反而造成了学生良好个性的形成。城市学生所拥有的优越物质条件为他们从事各种社会实践活动提供了各种机会，如果这些学生再具备农村学生吃苦耐劳等品质，就会产生良好的综合效应，促进学生全面发展。

教育家语录

故天将降大任于斯人也，必先苦其心志，劳其筋骨，饿其体肤，空乏其身，行拂乱其所为，所以动心忍性，增益其所不能。

——孟轲

案例3-8

"变形记"

来自广东深圳的学生梁某，家庭经济条件优越，父母收入高，但工作繁忙，无暇顾及梁某的学习，只是给她大量的金钱和充分的物质享受，对梁某也是言听计从，要什么给什么，结果梁某养成了唯我独尊、自以为是的性格。由于没有养成好的习惯，梁某想吃什么就吃什么，结果严重发胖。而宁夏的山里孩子周某，家庭贫困，连蛋糕也没有吃过，对城市没有直观印象，由于在本地学习成绩好，经常受到老师表扬和同学的羡慕，有不知天高地厚的特点，但能干农活，也能帮父母做一些家务。活动的主要方式是两个学生交换生活在对方家里一段时间。刚开始，来自农村的学生与城市学生很难相处，学校组织的舞蹈节目演出排练，许多动作周某都做不上，言谈举止不注意形象。城市学生到农村后，不习惯农村生活，不喝农村的水，不吃农家做的饭，第一天夜里还偷吃自带的小吃，嚷着要回家，还哭哭啼啼。过了一段时间后，两位学生都发生了重大变化，来自城市的学生体会到农村生活的艰苦和辛劳，而来自农村的学生体会到城市生活的多彩，变得更加开朗。两个学生也逐步实现了"变形"。

资料来源：根据中央电视台农业军事频道2014年4月6日晚22时节目报道整理。

第三节
中学综合实践活动资源开发的模式

学习目标

明确综合实践活动资源开发的主要模式；熟悉中学综合实践活动资源开发各种模式的操作步骤和基本要求。

中学综合实践活动资源的开发模式是多种多样的，既可以从学生的能力培养出发进行，也可以从活动内容出发进行，既可以整体设计，也可以围绕个性化的活动展开，既可以通过学科教学进行，也可以借助于活动主题进行。只要是有利于学生全员参与，有利于学生全面素质的提高，各种资源开发模式都可以运用。

一、能力为本，整体开发模式

能力为本，整体开发模式强调，中学综合实践活动资源开发的目的是培养学生的实践能力和创新能力，开发过程要围绕学生综合实践能力的养成而展开，开发的效果要看学生的能力是否得到提升。例如，某中学综合实践活动资源的开发就是围绕以下几个方面能力的培养而进行的。该校把学生的能力分为八项关键能力，即创造性思维能力、组织与规划能力、合作能力、沟通与表达能力、观察能力、动手操作能力、收集与处理信息的能力、自我反思与管理能力[1]。这几项能力的培养要统一规划、系统设计，整体开发。要培养创造性思维能力就应该开发具有新颖性、变通性、敏捷性的各种思维训练资源，例如提出新奇、视角独特的问题，以培养学生的发散思维和批判性思维能力。要培养收集与处理信息的能力，就要注意开发与利用网络资源、图书馆资源，通过问卷调查、采访、社会考察、实验等方法进行。要培养组织与规划能力，就要开发相关的人力、物力、财力资源。要培养学生的合作能力，就要注意发现综合实践活动中有助于形成团队成员信任感和依赖感，增强学生团队意识，学会与他人共同学习、生活和工作的素材，帮助学生学会交往、分工合作，学会宽容和接纳别人，学会共享资源，担当责任，并逐步形成合作技能与合作精神。要培养学生沟通与表达能力，就要帮助学生学会倾听和理解别人，善于与他人主动交流和表达，学会用口头语言、写作、绘画、肢体语言等多种形式清晰地、灵活地、个性地表达，培养根据不同的场合和情境需要，选择合适的方式进行表达的能力，以及通过精细的知觉、分析、比较，进行选择的能力和定向注意能力。要培养观察能力，则应通过各种

1　万伟. 综合实践活动课程关键能力的培养与表现性评价. 课程·教材·教法，2014（2）：19~24

活动资源的开发，帮助学生形成观察的目的性、全面性、准确性和深刻性等特征。还要通过设计和产品制作，培养学生的动手能力；通过自我评价和反思，培养学生的自我管理意识和能力，帮助学生自我控制、自我调节、自我监督、自我约束、自我服务，完成自己应尽的义务和责任。

能力为本，整体开发模式的具体操作步骤是：第一步，确定能力的范围和类型，并对这些有价值的资源进行摸排，形成次序；第二步，制订有效的资源开发计划，并付诸实施；第三步，对开发过程和活动效果进行反思和评价，为进一步开发和促进学生能力发展积累经验。

🔍 **案例3-9**

在小组合作中培养合作能力

调查发现，某中学通过建立合作小组进行综合实践活动资源开发。通过向他人打招呼问候、自我介绍等培养学生的交往能力与合作能力。通过表达感谢和应答感谢、倾听、赞扬、耐心等候、求助、道歉、鼓励他人参与、提问、拒绝、给予指令、有礼貌地打断别人讲话、观察和评论小组活动等培养学生的小组活动能力。通过提建议、询问原因、寻求反馈、批评、有礼貌地表示不赞同、说服他人、妥协等方法培养学生交流思想的能力。

二、内容为本，分类开发模式

内容为本，分类开发模式强调，综合实践活动资源开发要根据活动的类型和特点，寻找适应性的活动主题、场所和方式，提高综合实践活动的效果。每一类活动的开展，都要开发与其相适应的资源。研究性学习要以问题为核心，社区服务要以服务对象的需求为核心，社会实践要以学生实践能力的发展为核心，而劳动与技术教育以养成劳动观念和掌握劳动技能为核心。在开发过程中应该注意，不能盲目地采用一种方法开发所有活动需要的资源，也不能将某一种活动资源开发的方法盲目地套用到所有资源开发上。

研究性学习是综合实践活动的重要组成部分，要求从初中阶段到普通高中阶段都要实施，并被确定为必修课。初中阶段研究性学习资源的开发，应在指导学生认识动植物的类型、增长各种知识，熟悉社区的各种环境，初步了解自然和社会的基础上，研究本地的各种资源和环境，以及学科教学中遇到的各种问题；高中生则可通过研究各种复杂的自然问题和社会问题，寻求这些问题的解决办法。

社区服务应该突出"服务"二字，初中生社区服务资源的开发应该鼓励学生参与力所能及的活动，重在自我服务、家庭服务。在自我服务方面，既可开展如整理床铺、书桌等活动，也可参加捡拾垃圾、清洁校园等服务活动，还可以进行洗衣、做饭、维修自行车等需要较高技能的活动。在社区服务方面，可以通过提供洗衣、打水、扫院子、擦玻璃、拖地板等服务来进行。高中阶段社区服务资源的开发，则可通过提供专业性的复杂的活动进行。例如，进行法制教育、国防教育，参与环境保护知识、科普知识宣传，电器、工具维修，体育竞赛志愿者服务等。

社会实践资源的开发，要根据不同年级学生的实际情况开展，帮助学生参与政治、经济、文化、科学技术等社会活动。每项活动都要有充实的活动内容。政治活动的开展，要帮助学生了解我国各项政策的特点及执行情况，了解我国社会主义建设的巨大成就，熟悉实现中华民族伟大复兴的中国梦的共同理想，熟悉我国的国体、政体，了解社会主义制度的优越性，熟悉国家政治治理体系的新特点、改革的新举措。经济活动的开展，要帮助学生了解我国经济建设的巨大成就和人民生活发生的巨大变化，熟悉人民对国家发展的期待，特别是经济体制改革和经济与产业结构转型升级的现实紧迫性。文化活动的开展，要帮助学生了解中华文化的特点、精髓，形成民族认同、国家认同，培养学生的爱国主义情感。科技活动的开展，要帮助学生掌握现代科学技术，提高科普意识，理解科教兴国的时代意义，提高全民族的科技意识和能力。

劳动与技术教育资源的开发要帮助学生树立正确的劳动观念、劳动态度与情感，还要帮助学生掌握现代工农业生产的基本技术。初中生的劳动与技术教育，除了要帮助他们进一步树立正确的劳动观念，形成热爱劳动的思想情感和尊重劳动、尊重创造、珍惜劳动成果的品质和习惯外，还要学会基本的工农业生产的技术和运用常用工具的技术，特别是学会收集、选择、处理和运用信息的技术。因为开设了技术类课程，高中生的劳动与技术教育要通过技术类课程进行，突出专业性和较高的层次性，使学生学会信息时代基本的信息知识和技能，成为适应现代社会需要的合格人才。

内容为本，分类开发模式的基本操作步骤是：第一步，确定每一类活动的目标取向，选择适合的资源类型；第二步，制订开发这些适应性的资源的计划，具体确定活动的时间、地点，需要准备的工具材料等，并付诸实施，将活动与资源开发结合起来；第三步，进行总结与评价，一方面看活动的效果，另一方面看资源发挥的作用，为下一个活动积累经验。

🔍 **案例3-10**

江苏省常州市某校综合实践活动课程内容

江苏省常州市某校综合实践活动课程内容安排

			综合实践活动课程具体内容
综合实践活动课程	研究性学习	自主研究	吴楚文化（东阳古城遗址、泗州城遗址、明祖陵等）
			科学技术（紫金山天文台）
			自然生态（铁山寺国家森林公园、八仙台、第一山公园）
			人文精神（诗词创作和研究、龙虾精神）
			社会生活（社会焦点问题）
			国际动态（最新国际问题、中东问题、中日东海问题、中美关系等）
		校园文化	运动周（结合学校每年一届的运动会）
			科技周
			艺术周
			各科学学科竞赛
			专题活动周（主题班会、学科活动等）
	社会实践		军事夏令营（暑期高一学生的军训）
			劳动实践（主要是夏秋收，宿舍管理）
			走进工厂
			走进革命博物馆（革命老区行）
			走进自然保护区（铁山寺国家森林公园、八仙台、第一山公园）
	社区服务		科技文化服务
			弱势群体服务（养老院、孤儿院、特殊学校）
			公众服务
			主题服务（奥运会、募捐救灾）

资料来源： 万伟. 综合实践活动课程关键能力的培养与表现性评价. 课程·教材·教法，2014（2）：19~24

三、个性为本，特色助推模式

个性为本，特色助推模式强调，在综合实践活动资源开发中要根据学校的特色，注意开发本地、本校的特色资源，彰显综合实践活动的个性。从我国中学的具体情况看，各个中学之间在具有相似性的同时，存在着巨大的差异，每一个学校都有特色，都具有独特的资源。农村学校要开发与利用本地本村所具有的资源，城市学校要充分开发和利用本市本校附近的各种资源。有的学校是具有悠久历史文化传统的百年老校，就要从百年老校的文化积淀中寻求对学生发展具有启发意义的各种资源，有的学校是在改革开放的大潮中兴办的新学校，就要充分开发和利用具有时代气息的各种现代化资源。如果是一所地方性学校，就要注意开发和利用本地的各种资源；如果是企事业单位办的学校或民办学校，就要充分开发利用企事业单位专业技术人员与设备等资源，有效推进综合实践活动的开展。这些资源必然是与本地、本校和学校周边的环境相融合的资源。只要找到了综合实践活动的各种资源，学校综合实践活动的开展就会如鱼得水，可以得心应手地进行。这些具有个性与特色的资源就能够助推综合实践活动的开展。

🔊 教育家语录

培养教育人和种花木一样，首先要认识花木的特点，区别不同情况、给予施肥、浇水和培养教育，这叫"因材施教"。

——陶行知

🔍 案例3-11

杏花村中学充分利用"杏花村"资源

安徽省池州六中（原名杏花村中学）坐落在古老的杏花村，周边有名不虚传的杏花村文化园，杏花村十里休闲景区。该校校长武宏才说，本校注意开发杏花村文化，开展具有个性的综合实践活动，挖掘整合杏花村传统文化资源，并将这些文化资源与现代教育有效结合，走上了文化立校的特色之路。该校重视校园文化环境的营造。学校自身不会自动生成文化，它需要校长带领大家有意识地去建设。各种综合性的活动资源不仅仅限于综合实践活动课程涉及的几个方面，还涉及其他方面。该校首先把研究性学习列入新课改，组织教师编写了《我的家乡美池州》《礼仪教育》等校本教材。通过读书活动、体育比赛和"红五月"艺术节、迎新春联欢会、科技节等活动开展丰富多彩的活动。校报《杏中学苑》和校刊《杏花苑》获得全国中小学校报、校刊评比"特等奖"，校歌《含笑的杏花》在校园热情传唱，含笑的"杏花"在校园里娇艳绽放。校报开辟专栏发表学生的习作，校刊在教师的指导下，由杏花文学社的学生组稿、编辑，学校广播站常年播音。本校独特的杏花村文化带动了以研究性学习为核心的综合实践活动的开展。（根据2014年安徽师范大学完全中学校长培训班杏花村学校校长的发言整理。）

个性为本，特色助推模式的操作步骤是：第一步，发现和凝练学校综合实践活动资源特色，为资源开发打基础；第二步，通过分析，对具有特色的综合实践活动资源进行分类排队，建设活动资源库，使师生对本校的综合实践活动资源状况了如指掌；第三步，根据学生的年级、季节变化、节日活动以及学科教学的进度，充分开发和利用具有特色的综合实践活动资源，开展个性化的综合实践活动；第四步，对开发和利用效果进行评价。

🔍 **案例3-12**

安徽省芜湖市华强中学的英语角

调查发现，安徽省芜湖市华强中学在英语课程教学中，注意开发各种活动资源，开展丰富多彩的活动，活动依托学科，学科教学依托校园开展的多重活动。该校在每一个教室内都布置了学习园地，在每个学习园地都安排了英语内容，有的是英语故事、有的是英语单词、有的是英语语法。在校园多处安排设计了英语角，英语角一方面指的是一个场所，该场所的布置处处渗透英语；另一方面是定期由教师和学生参与的英语交流活动，帮助学生提高英语口语会话能力。另外，该校定期举办英语演讲比赛、英语单词比赛，播放英语歌曲。英语实践活动和英语学科的教学活动互相呼应，共同提高学生的实践活动与交往能力提高，也相应地提高了学生英语水平。

四、活动为本，资源整合模式

活动为本，资源整合模式强调，综合实践活动资源的开发要注意各种资源之间的联系，发挥资源的综合作用，也要与学科教学紧密结合，提高学科教学质量，突出学科教学的实践性，发挥资源对多项综合实践活动的支撑作用。综合实践活动是由多种活动构成的重要教育教学方式，也是新课程提倡的重要活动课程，但综合实践活动不能成为与学生发展无关的任意而为的活动，而应该成为促进学生发展的重要组成部分。因此，综合实践活动资源的开发要以活动为本，推动学生充分参与实践活动，在实践中掌握各种知识和技能。学科教学中蕴含着丰富的综合实践活动资源，如果把这些资源充分地开发和利用起来，不仅能够直接服务于综合实践活动的有效开展，还能够促进学科教学的开展，丰富学科教学的方式，课内外结合，促进学生的全面发展。

🔍 **案例3-13**

安徽省望江三中的活动指导

安徽省望江县三中沈副校长说：要通过多种途径开展对学生的指导，举办校园文化活动，利用班会、升旗仪式、板报、校园广播、校园网、体育节、艺术节、科技节等各种载体，搭建学生展示才能的平台。这些活动都是在开发各种资源的过程中进行的。学校还举办专题讲座，内容包括生活技能、人际交往、灾害防护、法律常识、心理健康等生活指导专题。这些活动都有相关制度，这些活动的开展都需要各种资源的保障。还可以通过家校联系，内外互动，促进学生发展。（根据安徽师范大学2014年完全中学校长培训班座谈会上沈副校长的发言整理。）

　　活动为本，资源整合模式有几种途径：（1）综合实践活动资源开发与学科整合。例如，学校开展的英语角活动，既是一种研究性的活动，也是增长学生学科知识技能的活动，研究如何牢记英语单词；研究一个单词的词根、词性，既是一种研究性学习的方式，也是提高英语学科能力的方式。给村民撰写对联，既是一种社区服务的方式，也能帮助学生提高语言感知、理解和应用能力。组织高年级学生给居民提供法律服务、家用电器维修服务等既是社区服务的方式，也是增长学科知识和技能的有效方式。（2）综合实践活动资源开发与学校德育、智育、体育、美育等活动整合。通过主题班会、清明节祭扫等活动缅怀先烈，进行思想道德教育，通过观看图片、邀请老军人、老干部、老教师等讲革命故事，对比今昔，增强学生的社会责任感和使命感。而这些教育活动本身就是综合实践活动资源。例如，随着我国老龄化社会的来临，如何认识老龄化社会的特征，老龄化社会对我们有什么影响，在老龄化社会，我们应该承担什么责任，如何敬老爱老？这都是老龄化社会重要的教育内容。而老龄化社会本身成为综合实践活动的重要资源。例如，通过研究性学习活动的开展，研究老龄化社会的特征，研究老年人的需求、愿望、心理活动，发现老年人面对的各种问题，分析老年人遇到这些问题的原因，提出解决这些问题的办法。通过社区服务活动的开展，为老年人，尤其是孤独老人提供各种各样的服务，例如清洗衣物、缴纳水电费、理发、刮胡子、读报、讲故事等。也可以开展社会实践活动，调查统计本地老龄人口的学历、健康、生活状况、与子女的关系、居住状况等，使学生知老、敬老、爱老、助老。敬老爱老活动可以与劳动与技术教育融合，组织学生参与为老人服务等劳动，例如给敬老院打扫卫生、为老人整理床铺、给老人洗衣服，为老人缴纳电话费，帮助老人学习上网技术等。（3）综合实践活动资源开发与校本课程整合。校本课程是课程改革过程中提倡的新的课程形态，校本课程的开发必须要与校本课程资源的开发紧密结合。综合实践活动本身就是重要的校本课程形态，综合实践活动的开展只能通过校本化的形式才能进行，因此，校本课程开发与综合实践活动资源开发紧密相关，二者的整合是实现校本课程开发和有效开展综合实践活动的重要方式。通过综合实践活动资源开发与校本课程开发的整合，有效开展研究性学习、社区服务、社会实践、劳动与技术教育。

　　活动为本，资源整合模式的操作步骤是：第一步，明确综合实践活动的主要目标；第二步，评估哪些资源是综合实践活动可以开发和利用的资源；第三步，通过开发，实现不同资源的综合作用，实现资源整合；第四步，评估资源开发效果。

案例3-14

细雨湿衣看不见，闲花落地听无声：安徽省太湖二中构建"五线"德育工作网络

安徽省太湖县二中贾校长认为，该校在德育工作中充分开发利用各种资源，使活动顺利开展。构建了"五线"工作网络：（1）以校长、分管德育工作的副校长、政教处主任、年级部主任、班主任为主线的管理育人体系；（2）以党支部、行政会、团委会、学生会为副线的学生教育体系；（3）以政治课教师为主导的系列化政治思想品德教育；（4）依靠任课教师的引领，以课堂为阵地有机渗透的思想道德教育；（5）以教辅人员为辅助的服务育人体系。（根据2014年安徽师范大学中学校长培训班座谈会上贾校长的发言整理。）

五、发展为本，主题带动模式

发展为本，主题带动模式强调，综合实践活动资源开发要突出对学生发展的作用，通过有价值的主题带动各类资源的开发。综合实践活动的开展需要经过活动目标确定、活动类型与活动内容的选择、活动条件的准备、活动的开展、活动的总结与效果评价等多个环节。综合实践活动资源的开发相应地要围绕这几个环节进行。从综合实践活动目标确定来看，任何活动的开展都要为学生提供参与的机会，围绕发展目标的实现进行。从活动类型与活动内容来看，不同的活动对学生的作用是不一样的，为了促进学生全面发展，就要组织多种多样的活动，开发多种多样的资源，既要让学生认识和了解社会，也要让学生认识和了解自然，既要有思维活动，也要有情感体验。从活动的准备来看，任何活动的有效开展，都需要物质条件、知识与技能条件、组织与规范条件。这些条件就是资源。要根据活动的性质、任务，参与活动的学生的人数、年龄、知识状况、兴趣等心理状况，开发适宜的资源。活动的开展是综合实践活动的核心，目的是要帮助学生体验过程本身，从中积累活动经验，因此要从活动的样式、活动的量、活动持续时间的长短等多方面出发，开发活动资源。从活动总结与评价环节来看，评价不同的实践活动的资源是不一样的，要评价学生的道德就要征求社会成员和教师的道德评价意见，要评价社区服务的效果，就要从服务对象那里寻找素材。

要通过主题带动开发综合实践活动资源，就要选好主题，并要充分发挥主题的作用，通过主题带动，实现综合实践活动的价值。例如，清明节祭扫就是一个很好的主题，可以带动各项具体活动的展开和各种资源的开发。可以通过班会学习清明节的习俗，如清明扫墓、踏青郊游、寒食禁火、放风筝、荡秋千等；可以组织学生进行研究性学习，把清明节作为研究主题，研究其中的文化，体会清明时节万物复苏，清洁而明净、生机盎然的美；

可以组织学生到烈士陵园扫墓，缅怀先烈，介绍他们的事迹，歌颂他们的英雄壮举，感受烈士忠贞不渝的精神和视死如归的浩然正气，激发对先烈的敬仰之情；可以举行升国旗仪式，聆听国旗下的演讲，了解先辈的感人事迹，缅怀先烈浴血奋战的丰功伟绩，憧憬中华民族伟大复兴的梦想，对学生进行责任感、使命感教育；可以通过"清明时节雨纷纷，路上行人欲断魂""佳节清明桃李笑，野田荒冢只生愁""苟利国家生死以，岂因祸福避趋之""人生自古谁无死，留取丹心照汗青""埋骨何须桑梓地，人生无处不青山""桃花红雨英雄血，碧海丹霞志士心"等诗词的学习，把纪念先烈与语文学科的深度阅读结合起来，激励学生努力学习，珍惜美好时光，树立远大的理想，立志在未来自己的岗位上努力拼搏，艰苦奋斗，培养学生豪迈、自信、勇敢面对挑战的豪情，树立学生的浩然正气，教育学生改变自私狭隘、生活不满足的不良习气；也可以通过在烈士陵园祭扫，举行团员、党员入团、入党仪式或宣誓仪式，通过唱国歌、队歌、团歌、默哀、献花圈、重温入团、入党誓词、朗诵诗歌等活动进行。

发展为本，主题带动模式的操作步骤是：第一步，要确定综合实践活动资源开发的主题，可以根据重大节日、学校大型活动等来确定；第二步，要细化和排定围绕该主题可以开发的资源的类型，评估开发利用的条件；第三步，制订围绕主题进行综合实践活动资源开发的计划，并付诸实施；第四步，评估资源开发效果。

🔍 **案例3-15**

关于中学生上网情况的调查——研究性学习专题活动

一、活动背景

目前，关于中学生上网的情况众说纷纭，褒贬不一，由于上网而引发的刑事案件也频繁发生。由此"中学生上网究竟有何利弊"就成为本次研究性学习的主要任务。

二、活动计划

时间计划：5课时（4课时调查，1课时总结）

分组计划：分为3个小组，每组一个问题。

第一组题目：网吧是否应该存在。

第二组题目：中学生上网有何利弊。

第三组题目：中学生为何要上网。

所需用品：照相机、调查表、采访本。

三、活动方式与指导方法

1. 第一组：主要调查本地区尤其是学校附近网吧的数量。

调查一段时间内（如1小时）出入该网吧的人次，尤其是中学生的人次，并给中学生发放调查表（附表）。

强调：小组要有教师跟随，并把小组内成员再分成若干组，每一小组分配专门的任务（如发放调查表）。

2．第二组：主要走访公安、工商、税务部门。

调查因上网而引起的刑事案件；网吧经营者的成分、素质等；还要走访家长、教师、心理医生，调查他们对中学生上网的态度。

3．第三组：主要调查本学校及邻近学校的中学生。

调查他们对上网的态度，发放调查表。

4．要求：各小组在充分强调安全的前提下，要大胆、自信，充分发挥集体的作用，发挥小组内每个成员的优点，善于利用工具完成任务。

四、活动总结

要求：

1．各小组要拿出本组的成果，如调查表、照片、采访记录等。

2．各小组向全班同学介绍本组的活动纪实，形式不限。

3．教师对本次活动进行总结，并要求每一小组结合其他组的介绍，写一篇调查报告。

五、预期成果

一份有价值的来自中学生的调查报告。

资料来源：转引自"中小学校本课程资源开发的研究与实验"课题组．校本课程资源开发指南[M]．北京：人民教育出版社，2005：142~144

[本章小结]

中学综合实践活动资源是中学综合实践活动开展需要的各种人力、物力，以及自然资源和信息资源的总和，可分为研究性学习资源、社区服务资源、社会实践资源、信息技术教育资源、劳动与技术教育资源，以及中学校内外各种资源等多种类型。

中学综合实践活动资源开发的基本原则指的是在进行中学综合实践各项活动中所开发和利用各种资源应该遵循的基本规范和要求。中学综合实践活动资源开发应该遵循因地因校制宜、经济性、共享性、综合协调、目标导向、互惠互补等原则。

中学综合实践活动资源的开发模式是多种多样的，既可以从学生的能力培养出发进行，也可以从活动内容出发进行，既可以整体设计，也可以围绕个性化的活动展开，既可以通过学科教学进行，也可以借助活动主题进行。只要是有利于学生全员参与，有利于学生全面素质的提高，各种资源开发的模式都可以运用。综合实践活动资源开发主要有能力为本、整体开发；内容为本、分类开发；个性为本、特色助推；活动为本、资源整合和发展为本、主题带动等模式。

总结 >

Aa 关键术语

综合实践活动资源	资源开发
integrated practical activity resources	resources development
资源开发原则	资源开发模式
resources development principles	model of resources development

🔗 章节链接

在这一章，你读到中学综合实践活动的含义与类型	请思考第一章 综合实践活动概论，参考综合实践活动的内涵与性质。
中学综合实践活动资源开发的基本原则	第一章 综合实践活动概论，综合实践活动的特点为本章综合实践活动资源开发的基本原则提供了借鉴。
中学综合实践活动资源开发的模式	可以结合第二章 中学综合实践活动的实施，实施的特点、条件、模式、方法等。

应用 >

批判性思考

想一想，在你接触的中学综合实践活动中，学校是否对本校的综合实践活动资源进行了有效开发？如果是，学校是如何开发这些综合实践活动资源的？如果不是，请为该校提出综合实践活动资源开发的建议。

体验练习

结合重阳节，设计一个以敬老爱老为主题的资源开发活动。既可以围绕社区服务进行资源开发，也可以围绕社会实践进行资源开发，还可以围绕研究性学习进行资源开发，要求资源开发能够促进综合实践活动的有效实施。

案例研究

植树活动成了学生的攀比场所

调查发现，某校组织学生参加植树活动，帮助学生养成热爱自然、热爱劳动的习惯，培养学生认识自然、认识人与自然的关系，学会树木种植，掌握植树技能。然而，不少学生和家长却把这次活动看成比阔气、比排场的机会。家长为学生购置了大量的食物和饮品，学生也换上了比平时更炫的衣物。女生穿高跟鞋，男生穿名牌皮鞋；有的学生涂唇膏，有的画眼影。炫丽的衣物和奢侈的排场，冲淡了植树活动本身的意义。一到植树场地，有的学生不愿植树，怕弄脏了衣服，有的不敢下地，怕鞋子上落泥土。这样的植树活动与劳动无关，也很难达到教育效果。

（1）上述现象反映，在综合实践活动资源开发中存在什么问题？

（2）请为解决综合实践活动资源开发中出现的类似问题提出建议。

📓 教学一线纪事 |||||||||||||||||||||||||||||||||||||||||||||||||||||||||||||||||||||||||||||

"我是大海一滴水"主题班会纪事

笔者曾参与组织过一个主题班会。某中学某班为了加强集体主义教育，提高班级凝聚力，提高学生关心集体、热爱集体，为集体增光的意识，举行了"我是大海一滴水"的主题班会。该活动资源开发按以下几个步骤进行。

一是教室环境布置。学生利用多媒体手段在电子屏幕上设计艺术字"我是大海一滴水"主题班会字样，烘托气氛。

二是举行班会。主持人宣布主题班会开始，播放赞美集体精神的歌曲。

三是召开讨论会。主持人提问：请同学们列举出本班值得骄傲的十件大事。

四是继续讨论。主持人提问：请同学们列举本班令人痛心的十件事。

五是继续讨论。请同学们提出班级建设的意见和建议。

六是班会总结。主持人领读，全班朗读"我是大海一滴水"主题词。

拓展 >

☕ 补充读物 ||||||||||||||||||||||||||||||||||||||||||||||||||||||||||||||||||||||||||||||||||||

1   潘洪建. 中学综合实践活动指导. 北京：高等教育出版社，2011

　　该书体系完整，内容充实，是综合实践活动指导的代表性著作。

2   教育部基础教育司，教育部师范教育司. 综合实践活动的实施与管理. 北京：高等教育出版社，2004

　　该书内容精炼，便于短时间内学习和掌握，介绍的原理与方法操作性较强，是一个简易读本。

3　段兆兵，等．课程资源开发与利用——原理与策略．芜湖：安徽师范大学出版社，2011

　　该书从理论和实践两方面对课程资源开发与利用的主要领域进行了深入分析和探讨，体系完整、线索清晰，是一本具有探索性的教材。

📺 在线学习资源

1．国内外中小学综合实践活动课程的设计与启示　http://www.hlgsyxx.com/zhsj/ShowArticle.asp?ArticleID=1803

2．华罗庚实验学校综合实践活动方案设计　http://www.hlgsyxx.com/zhsj/ShowClass.asp?ClassID=140

3．新思考-综合实践活动网站：http://ipac.cersp.com/

4．人民教育出版社课程教材研究所 http://www.pep.com.cn/index1.htm

5．中国教育导航 http://www.jydh.com

6．教育部基础教材课程发展中心 http://www.ncct.gov.cn/Index.html

7．中国教师网 http://www.zgjsw.com

本章概述

　　本章以基础教育课程改革的热点问题——"研究性学习"为主题，主要涉及研究性学习设计与实施的重要内容，包括如何选择问题、设计研究方案、组织实施活动，以及学校如何设计整体实施方案等内容。通过本章学习，教师应能掌握：（1）引导学生主动选择有意义、可行的研究课题；（2）指导学生自主设计研究方案；（3）培养学生在参与研究性学习活动过程中逐步学会收集资料、分析资料、撰写研究报告、自我评价等方面的知识与技能；（4）协助学校设计研究性学习课程实施方案。

结构图

研究性学习的问题选择

ⓐ
指导学生选择有价值的问题

ⓑ
帮助学生将"问题"转变为"课题"

ⓒ
课题选择主体的确定

研究性学习的方案设计

ⓐ
研究方案设计的意义

ⓑ
研究方案设计的内容

ⓒ
研究方案的论证

1　2

**研究性学
习的设计
与实施**

3　4

研究性学习的组织实施

ⓐ
研究资料
的收集

ⓑ
研究成果的
总结与表达

ⓒ
交流与评价
学习收获

**研究性学习课程实施
方案的设计**

学习目标

学完本章，你应该能够做到：

1. 知道研究性学习的问题一般来源于哪些方面，能够指导学生将问题转变为课题；
2. 指导学生设计研究方案，并能组织学生有效论证研究方案；
3. 指导学生用不同方法收集研究资料，在分析资料的基础上形成研究成果；
4. 指导学生展示自己的研究成果并做好自我评价与改进；
5. 初步学会设计研究性学习课程实施方案。

读前反思

　　随着课程改革的深入，研究性学习已经在学校全面展开。研究性学习课程的开设，一方面给学校教学内容与方式变革带来了希望和曙光；另一方面由于学校管理者与教师未能充分理解研究性学习理念，在实践中出现偏差、感到茫然。在阅读本章前，请反思自己在指导学生进行研究性学习时遇到过哪些问题？需要什么样的帮助与指导？

1. 想想在指导学生选择课题时，可以怎样启发学生从日常生活中发现问题？学生们的选题通常怎样转化为研究课题？
2. 确立了研究课题仅仅是研究开始的第一步，这时需要周密设计课题的具体研究内容与研究过程，那么如何设计研究方案？研究方案中必须阐述哪些内容？
3. 收集研究资料是研究性学习的重要工作，教师们自己是否会查阅文献、设计调查工具呢？针对收集的资料如何指导学生整理、归纳并撰写研究报告？
4. 研究性学习的开放性决定了其评价主体、内容、方式的多元与丰富，教师如何组织学生交流研究性学习成果并给予评价呢？

第一节
研究性学习的问题选择

🎯 **学习目标**

研究性学习的问题一般来源于哪些方面？
如何变"问题"为"课题"？
谁来选择课题？

> 提出一个问题往往比解决一个问题更重要。因为解决一个问题也许仅仅是一个数学上或实验上的技能而已，而提出新的问题、新的可能性、从新的角度看旧的问题，却需要有创造性的想象力，而且标志着科学的真正进步。
>
> ——爱因斯坦

研究性学习活动的开展不仅能够丰富学生的生命体验，培养他们的健全人格、创新精神和实践能力，更有助于培养学生发现问题、分析问题与尝试解决问题的能力。因此，培养学生善于选择研究问题是研究性学习的首要目标。

问题是人们在各种活动中经常遇到的需要通过研究讨论并给予解决的矛盾、疑难，问题的产生使个体出现困惑、焦虑、探索的心理状态，这种心理又驱使个体积极思维，试图回答、解释疑难。因此，教师通过指导学生勇于提问，善于提问，随时反问，才能提高他们的认识水平。

选择研究问题是对学生发现问题、提出问题的训练，强化学生的问题意识，是培养学生创新精神的起点。在研究性学习活动开展过程中，要特别关注对学生"问题意识"的激发，使他们由原来接受性学习中只注意"学答"，逐步过渡到重视"学问"。本节重点讨论研究性学习中研究问题的提出，具体包括：教师指导学生怎样提出问题，怎样把问题转变为研究课题，问题由谁提出等。

一、指导学生选择有价值的问题

"问题"是研究性学习的核心。选择一个有价值的"问题"进行研究，能够有效促进学生发展。因此，在研究性学习过程中，能否提出有价值的问题，是衡量学生思维能力的重要指标，反映着个体在思维活跃性、深刻性、独立性和创造性方面的差异。那么，学生研究的"问题"主要从哪里来呢？一般来说，学生研究的问题主要来自他们的日常生活与学习内容。教师应当引导学生从多方面寻找有价值的研究问题。

（一）留心身边趣事与时事，寻常中发现不寻常

对学生来说，日常生活是获得研究问题的重要来源。生活中常常呈现许多奇妙的现象和

问题，在这种习以为常的现象中发现和提出问题，需要学生仔细观察、积极思维。研究性学习活动中的选题，就是要求他们能从寻常现象中发现不寻常之处、从看似已经解决的问题中找出未解之谜，这个过程既能培养学生的探究精神，又能增强他们的观察与实践能力。

例如，随着体育彩票和福利彩票在全国普遍发行，谈论彩票中奖日益增多，数学教师就可以引导学生运用概率统计的知识讨论彩票的中奖率问题。又如，某学校几名学生针对目前中学生手机拥有量逐渐增多的现象，以及中学生使用手机引起多方面关注这一敏感话题，在选题时提出研究手机对中学生的影响，他们期望通过调查本校学生拥有与使用手机的现状，收集真实数据并分析学生的想法，让学校与教师能够更客观看待中学生使用手机的现象，并对中学生群体使用手机提出了相关建议。类似的问题还有很多，人们在阳台晒太阳时有没有想过楼房的高度、楼间距与光照的关系？烈日下，遮阳棚的搭建方式与遮挡太阳光线的效果有关吗？这些问题都与学生日常生活息息相关，可以成为研究性学习的好素材，教师引导学生针对生活中的有趣现象、疑难问题等多思考为什么，不断激发学生的好奇心、求知欲，学生敢于提问、善于提问的品质就能够逐步形成。

（二）挖掘学科知识生长点与交叉点，在内容把握中引出问题

学生的最主要任务是通过书本掌握人类文明精华，教师不仅要引导学生把握书本知识，还要指导学生走出小课堂，由此及彼，深入研究，在把握学科内容的同时提出研究问题。可以从三个角度引出研究问题：第一，通过拓展、延伸学科知识的广度与深度获得研究问题。在学科教学中，由于教材内容、课时等方面的限制，课本中的某些内容不可能展开与延伸，这些内容就可以成为研究性学习的好素材，对这些内容的深入研究不仅可以深入理解相关知识，更能帮助学生掌握学科的基本思想方法，培养创新思维和能力。例如，数学教材中定义球面距离为："在球面上，两点间的最短距离，就是经过这两点的大圆在这两点间的一段劣弧的长度，通常把这个弧长叫作这两点的球面距离。"两点的球面距离为何最短，教材并没有说明，这一问题也是进行研究性学习可选择的较好内容。教师在组织学生讨论这个问题时，为了引发兴趣，首先提供新闻背景，中国某航空公司开辟极地航线，使得从上海到纽约的行程缩短近3个小时。而上海和纽约的纬度位置相差不多，为什么沿纬度位置飞行时间会长呢？对这个问题的探讨，加深了学生对有关数学知识的深入理解，还可以训练学生的思考问题的基本方法。[1]

第二，教师还可以从教材的习题中选择开放性问题作为研究课题。在体现新课程标准的新教材中，有一部分课后习题是开放性问题，开放性问题与研究性学习内容的特征相吻合，它是答案不固定或者条件不固定的问题。开放性问题具有发散性，学生可以在不同的经验和

1　何棋. 球面上两点间的距离为何以大圆劣弧最短. 中学生数学，2001（7）：23

能力水平上，多样化地提出解决问题的思路和方法，进而培养创新精神和创造能力。因此，开放性问题也是研究性学习的重要来源。如高中语文《鸿门宴》课后练习中的一个题目"有人说项羽不在席间杀死刘邦，表现了他的'妇人之仁'，但苏轼却说这表现了他的'君人之度'。试评论这两种说法"。教师可以以此为研究的问题，通过引导学生阅读史籍中的有关描述，了解刘邦、项羽的品格，让学生根据史实进行判断。也可以了解苏轼在什么背景下这样推断及推断的原因等。这种拓展与延伸不仅加深了学生对所学课本知识的理解，而且形成了一个很好的研究性学习课题。

第三，问题的来源不仅可以直接利用课本中的开放性问题，还可以对课本中一些封闭性问题进行改造，使之成为开放型问题。如[1]：高中《解析几何》课本上两个相似的习题：△ABC一边的两顶点是B（0，–6），C（0，6），另两边的斜率乘积是–94，求顶点A的轨迹。△ABC一边的两顶点是B（0，–6），C（0，6），另两边的斜率乘积是94，求顶点A的轨迹。在习题的基础上，将条件开放得到的一类轨迹探索问题：P点与两个定点D（–a，0），D′（a，0）的连线的斜率乘积为定值m，则P的轨迹是什么？学生观察通过《几何画板》软件所做出的轨迹，并证明结论，将椭圆和双曲线统一起来，得到了椭圆和双曲线的又一性质，既学到知识，又体验了探究轨迹的过程和研究的方法，培养了问题意识，提高了创新能力。

第四，从对书本知识的批判中生成问题。在批判书本知识中生成问题，是将书本的某些现成的理论、观点或规律作为对立面，反向思考、生成新的探究方向。它的存在前提就是认为人类已有的知识经验系统是不断修正和完善的动态变化系统，已有理论、观点或规律的科学性是暂时的，随着人类对自然和社会的认识能力与水平的不断提高，这些理论、观点或规律会不断地被修正，有时可能还会被推翻。在批判中生成问题，对于培养学生敢于质疑、善于质疑以及创新思维能力等品质具有重要的作用。例如，以这种方式生成的研究性学习课题可以是"旅游业是有烟工业，而非无烟工业""西北地区已经人满为患，而非地广人稀"等。

事实上，学习知识的最佳途径是由学生自己发现的，因为这种发现理解最深，也最容易掌握其中的内在规律和联系。学校教育的重要任务之一就是教学生学会发现问题。因为有了问题学生才会去思考，才会去研究，这是进行研究性学习的前提和基础，也是激发学生创新欲望的基础。

（三）关注重大事件与热点问题，从社会发展中提出问题

教师应引导学生在课堂学习之余多参加一些社会实践活动，多关注社会发展中的重大事

1　白雪峰. TI图形计算器给学生一个创造的机会——浅谈TI图形计算器在数学课堂教学中的作用. 教育科学研究，2001（5）：42

件与热点问题，在实践过程中发现一些有价值的研究问题。教师指点学生关注社会实践中的重大问题，既是启发学生发现问题的途径，也是培养学生关注社会意识的渠道。例如，"环境问题"是当前社会热点问题，关注环境就是关注人类生存的未来空间，因此，研究与环境有关的问题也是很有价值的课题，如："雾霾的频频发生""光污染""废旧电池对人畜的危害""水和土壤中的重金属对人体健康的危害"等。对社会热点问题的关注，既可以围绕科学技术发展的主题展开，也应该涉及人文和社会科学领域。例如，随着人们生活水平与生活质量的提升，在健康追求方面，不仅仅局限于没有疾病，而是更加注重日常的健康保健，这就涉及健康营养补品。补钙一直是持续的热点话题，市场上的补钙营养品铺天盖地，是不是所有补钙产品都有效果？哪些群体需要补钙？补钙产品不适合与哪些食品同吃？公众对这些产品是否信赖？价格是否影响产品的销售状况？为了满足学生的好奇心，教师可以指导学生以"钙与人体健康的关系"为主题，在学生中组织研讨性学习活动，指导学生将问题归类，并进行调查研究。

二、帮助学生将"问题"转变为"课题"

提出问题是开展研究性学习的第一步，但不是有了问题就可以开始研究。研究性学习中的问题不是一般的问题，而是能够适合学生进行研究的问题，即课题。问题是课题的基础，课题是问题的深化，课题是由一些有价值的问题进一步形成的。如课题"农村秸秆焚烧问题调查及对策"即由"农民为什么要焚烧秸秆""焚烧秸秆有什么危害""秸秆有哪些方面可以利用"等若干问题组成。课题还是有明确意义的科学问题。因此，在研究性学习选题过程中，另一个重要任务就是如何将"问题"转变为可研究的"课题"，即让学生在"问题"的基础上，通过进一步分析、加工形成"课题"。通过对问题的理性分析，如"我为什么要研究这个问题""我要研究的问题涉及什么范围或边界""我怎样开展研究才是合适的""通过我的研究能在多大程度上解决这个问题"等，可以构建适合研究的、合理可行的课题。因此，在研究性学习中教师不仅要引导学生善于发现问题，还应该引导学生在占有一定资料的基础上，对问题进行初步分析，确定适合学生研究的课题。这样的课题应具有两方面的特点：在内容上课题必须是成立的、合理的、可行的，可以从已知的条件展开实际的研究；在形式上必须是规范的，适合用科学的术语或通用的规则表述。

依据苏联心理学家维果茨基提出的"最近发展区"理论，教师在帮助学生确定课题时，要设计研究问题的深度和广度，使学生的思维活动处于最大发展区域，让学生感到通过努力可以填充"问题与问题解决"之间的空隙，因此，拟订课题时应注意以下几点原则。

1. 科学性原则。所确定的研究课题应该有一定的事实或理论依据，基本符合科学原理或事物的发展规律。科学性还表现在研究的过程应有助于学生养成科学态度、科学精神以及科学思维方式。

2．可行性原则。确定的课题要量力而行，从主客观条件考虑有没有实现的可能。一般从学生的实际情况、可能获得的研究资料、可能提供的物质条件等方面来考虑，从"小""实""易"的角度去挖掘研究课题。防止设定的课题范围过大或内容过于抽象，超出学生的驾驭能力，造成学生对问题解决一筹莫展，失去了参与研究性学习活动的热情和积极性。

3．需要性原则。一方面所选择的课题应尽量满足学生的好奇心、求知欲或探究需要，激发学生参与研究的自主性、创造性；另一方面课题的选择也应考虑密切联系社会、科技发展或现实生活中的实际问题，培养学生关注社会、关注自然、关注生活的意识与解决实际问题的能力。

4．适应性原则。课题的确定应该考虑学校所处的区域环境、社区条件、学校自身发展状况、学生的基本素质与需求等因素，使之能贴近学生的生活和他周围的社区生活，具有本地特色，这样的课题既能够借助环境资源顺利完成研究任务，又有助于所在社区、环境的建设。

5．综合性原则。所选择的研究课题，应使学生感受到解决问题需要多方面或跨学科的知识、技能、技巧才能完成，让课题研究促进学生新旧知识的联系和相关学科知识间的渗透，有助于他们融会贯通、多层次地思考问题。

6．安全性原则。所确定的研究课题应对学生的人身安全没有影响。学校或教师在审查学生课题时，应重点考虑通过外出调查、实验等方法收集资料和数据的过程以及学生参与的所有活动，是否存在明显的安全隐患、有影响到学生人身安全的情况。研究性学习以促进学生整体发展为最大价值，而学生安全是最基本的要素。

三、课题选择主体的确定

谁来选择研究性学习的课题？即课题选择的主体如何确定。在不同的学校、不同的学段，选择课题的主体各不相同。根据学生自主性发挥程度，可以将课题选择主体大致归为三类：学生自主选择课题、教师确定课题和师生合作共同选题。

（一）学生自主选题

学生自主选题，是指由学生个人或小组自主确定研究课题，学校或教师基本不参与。这种选题方式比较适合年龄较大、有一定知识与能力积累的学生。它不限制学生的选题空间，学生可以根据自己的兴趣、爱好自主选择研究内容，有助于充分发挥学生的主动性，积极性，有助于培养学生发现问题、提出问题的意识和能力。当然，这种方式在实施中也会遇到一些问题，如由于受到学校、教师等方面的主客观条件的限制，不少学生可能会提出很有价值但却很难解决的问题，如："雾霾的防治策略""清洁能源的利用""加入WTO之后的中国中学教育""食品添加剂对人体健康的影响"等。如何看待学生的这些"好高骛远"的选题，如何看待发现问题和解决问题的关系，爱因斯坦曾经有过一段精辟的论述"发现问题和系统阐述问题可能要比得到答案更为重要，解答可能仅仅是数学或实验技能问题，而提出新问题，新的可能性，从新的角度去考虑问题，则要求创造性的想象，而且标志着科学的真正进步"。传统教学十分注重学生对知识的识记、解题的技能技巧，而对学生独立观察生活和社会现象、提出问题并予以解决，却几乎没什么要求。久而久之，学生的视野狭窄，思维僵化，想象力萎缩，创造力下降。研究性学习正是因为有利于打破传统教学这一禁锢才备受推崇的。所以，只要学生能够积极、大胆地用"自己的眼睛"看世界，用"自己的脑子"想问题，不管提出的问题能否解决，不管解决问题的方法是否可行，都应当予以肯定和鼓励。那么，如何解决这类问题呢？一方面，通过指导教师与学生平等的对话、商讨，帮助学生区分问题的三个层面，即"是什么""为什么""怎么办"，让学生根据自身能力提出更适合他们水平、更容易成功的问题，有助于学生在成功中享受愉悦，在愉悦中增强自信；另一方面，当遇到学生的选题超出本学校教师的知识、能力范围时，很多学校会通过各种途径外聘指导教师，如大学、研究机构的人员、与课题有关的专业人员，或者邀请有指导能力的学生家长参与，使课题研究能够在相关人员的指导与帮助下顺利完成。这种多方面聘请课题指导者的做法，也体现了研究性学习的开放性。

（二）教师确定课题

教师确定课题，是指由教师根据学生的实际水平、兴趣状况等，提出供学生研究的课题，学生根据教师对课题的指导、说明进行课题研究。这种方式对知识、阅历不够丰富，难以自主提出课题的学生比较适宜，尤其初次尝试研究性学习活动，不知如何着手的学生，在教师的帮助下，感受发现问题、提出问题的过程，有助于培养他们逐步学会自主选题，由"他主"过渡到"自主"。

由于课题是教师提出的，因此教师对课题的指导，无论是方法、还是内容，都会比较得心应手，研究过程也会比较顺利。但是由于课题的提出者是教师而不是学生，学生可能对课题并不感兴趣，缺乏积极参与的热情，需要教师有效地调动学生的积极性。北京丰台二中的几位教师在课题指导中就曾遇到类似问题，但他们通过自己的努力，成功地引导学生积极参与课题研究。

🔍 **案例4-1**

在最初拟定课题时，我们4名指导教师不谋而合，想到了"丰台区的开发"一题。记得第一次与课题组同学见面，我便遭遇了一个"下马威"，同学们的热情普遍不高，以组员胡煜为首的一些学生竟提出选择别的课题。我沉住气，问他们为什么不愿意选择这个课题研究。他们给我的回答是这个课题离他们太遥远，跟他们没有关系。在了解学生的内心想法之后，我越发觉得有必要引导他们转变观念，去关注社会、关注生活。接下来。我给学生谈了我们指导教师确定这个课题的原因，我从联合国教科文组织提出的21世纪一个成功人士应具备的4个基本条件谈起，分析了"丰台区的开发"这一研究性课题在培养学生创新、合作、与人交流和社会责任感方面所具有的突出优势。此外，我也坦诚地告诉学生，研究性学习对于我们指导教师也是一个全新的课题，但我们会和他们共同学习，力求给他们提供最好的帮助。

在这以后，千方百计调动学生的积极性，让他们主动探究成了我们指导教师工作的重点，我们首先分阶段给学生布置任务，让他们自主完成，并不告诉他们解决的方法和途径。我们相信，只要他们参与了，就一定会有所收获。毕竟，研究性学习注重的是过程，而不是结果。记得第一次组内开题，我们几乎没有参与，只是告诉学生开题报告的基本要求，便让他们全员参与，自己去准备。结果，每小组都洋洋洒洒作了15分钟的陈述，连最不积极的胡煜小组也制作出了虽然内容空洞，但外观很漂亮的多媒体课件。事实证明，这种自己解决问题的方式更容易让学生体会到成就感，也就更能发挥学生的主动性。其次，抓住契机，真诚地表扬和鼓励学生，并适时给以指导。第一次的组内开题虽然出现很多问题，但我们仍真诚地表扬了每个同学的长处，最大限度地评估了他们的潜能，并不失时机地进行指导。也就是在这以后，课题组的同学在积极性方面有了很大的提高。胡煜在后来的随笔中写道"我现在认识到了进行这个课题研究的重要性，以及我们应该承担的社会责任[1]"。

（三）师生合作共同选题

师生合作共同选题是由指导教师与学生课题组经过共同讨论、协商后提出研究课题，或者首先由教师提出若干备选课题，学生根据个人的兴趣进行选择，最后师生在研讨的基础上确定研究课题。

🔍 **案例4-2**

2000年暑假，学校决定把激发教师参与研究性学习课程的积极性作为核心与重点。研究性学习的课程启动方式——"师生共同启动课程"。这种方式允许学生在选题内容和范围上有一定的自由，但把教师的发动看得比学生的发动更重要，同时主要不是通过学校而是通过教师去发动学生。这种启动方式的实施过程如下。

1 柴婵娟. 走进研究性学习. 北京教育，2002（8）：34

活动内容	要求	设计意图
由专家组和学校领导对教师进行动员和培训。	了解什么是研究性学习和学校开设的目的意义；有加入课程实验的积极要求和行动。	进行最初的思想动员。
组织教师学习有关文件、资料、兄弟学校的经验，讨论本校实施方案。	从各种信息资料中进一步了解研究性学习和其组织实施的办法与流程；了解学校开展研究性学习的要求和组织实施办法。	继续进行思想发动和初步的教师培训，让教师对研究性学习怎样操作和实施有所了解。
各班班主任首先邀请不同学科教师，组成课题指导小组。	班主任主要在高一年级组内自由选择教师；每组3~4人；组内成员必须是不同学科的教师。	由班主任出面组成课题指导小组。每个班主任带领一个课题组。
教师指导小组提出一个比较中观的研究主题，上报学校课程开发领导小组审核协调。	选题符合培养目标和教学计划的要求，适合学生已有知识和能力；选题尽量跨学科，使学生通过研究，将知识融会贯通并解决实际问题；选题能考虑校内外条件，有实施的可行性。	通过这种方式综合各学科知识，了解校内外教育资源；让教师先进入角色，开始进行准备。
教师课题指导小组对所提出研究主题进行第一次备课。	包括：选题说明、研究目标与内容、研究阶段与活动要点、研究手段、预期结果等。	教师小组对所选的主题进行总体设计和构思，让教师对即将开始的课题指导有充分的准备。
教师课题指导小组将选题通过板报或壁报向全年级学生公布。	介绍课题价值和研究目的；能言简意赅说明问题，吸引学生。	让学生了解他们可能要研究的领域；通过另一种形式发动学生；通过教师之间的竞争激发教师积极性。
在全年级学生会上，各教师课题指导小组轮流介绍自己的课题，吸引学生选择自己的课题。	介绍自己课题的价值和研究目的，介绍自己组内教师的长处；动员学生选择自己的课题。学生可向教师提问，填写简单的评价表和课题志愿表。	让教师处于被学生选择的地位，调动教师的热情；进一步发动学生，使师生共同进入课程启动状态；让学生选择他最感兴趣的研究内容。
学校管理部门协调学生志愿，公布参加每个主题研究的学生名单。	尊重学生选择，在可能的情况下满足学生的选择；使各组指导的学生人数尽量均衡。	让学生填三个志愿是为了留有互相调剂的余地；考虑学校活动场所的使用。
教师指导小组成员和学生见面。	老师具体介绍选题的意图和目的；提供已经掌握的资料或资料线索，让学生在阅读资料的同时，思考主题可以进一步研究的问题。	学生进入自己的选题阶段，在教师指导下按照科学的步骤首先学会提出问题。
教师鼓励学生提出个人研究想法。通过与学生协商共同确定子课题，组成学生子课题组并推选组长，进行组内的大致分工。	一方面教师给予学生充分表达自己想法的机会，同时用其事先考虑的子课题来启发学生；学生自由选择与确定子课题；学生民主选举组长和分工。	让学生在自由愉快的气氛中进入课题；学生选题的内容基本在教师指导小组事先设计的范围内，教师能比较主动地引导和帮助学生。

这种师生共同选题的方式有以下几个特点。

（1）确定研究主题不是一位教师，而是几位教师；选题主体不是学校，而是教师。这样师生选题之间建立了某种"责任制"，教师有了责任感，就会主动承担起指导学生的职责。

（2）首先进入选题准备的不是学生，而是教师。教师介入的时间提前，使教师可以有比较充分的准备时间。

（3）学生不是独自确定自己的子课题，而是在老师的指导下，在学习提出问题的过程中确定自己的研究目标，学生对自己要研究什么比较清楚，于是选择子课题的阶段便成为对学生训练的最早阶段，使研究性学习的全过程都能有效引导学生。

（4）由于每个小组的学生研究课题都在一个共同的研究范围内，对基础知识、共性问题和相关内容方面教师可以面对全组指导，可以节省教师指导的时间，适应于我国中学生班级人数日趋增多的情况。学生不同途径获得的信息资料可以共享，节省了学生的一部分时间。

（5）教师和学生双方的积极性在师生互动中都得到调动。教师课题指导小组间的竞争会促使老师努力做好自己的工作。

（6）每个课题指导组内的学生研究既有分工，每个子课题又从不同角度共同回答一个大问题，这对学生的竞争与合作精神的培养非常有益。

这种确定课题的方式得到的反馈意见是：教师非常投入，教师的准备情况比预计的要好，教师向学生公布课题的讨论场面非常热烈，在教师的带领下学生积极性非常高。[1]

尽管在研究性学习课程的实施中，选择课题的主体可以是多样的，但从研究性学习设置的根本目标来看，应该尽可能由学生自主选题。当然，在学生由于个人经验、知识、能力的限制而难以提出问题时，教师就应当充分发挥引导作用，帮助学生提出问题、确定课题。

两次获诺贝尔奖的巴尔丁博士曾说，决定一个研究能否取得成效，很重要的一点就是看他所选择的科研课题。研究性学习活动开展的第一步是选题，选题的目的是回答"研究什么""为什么研究"以及"研究的可行性"等，这个过程是学生学习、思考和创造的过程，也是培养学生创新意识与能力的重要环节，应该得到教师与学生的关注和重视。

第二节
研究性学习的方案设计

◎ 学习目标

什么是研究方案？
研究方案包括哪些基本要素？
如何组织研究方案的论证？

研究是一项有计划的活动，为了研究性学习活动的顺利实施，需要事先设计一个细致、周到的课题研究方案。研究方案是对选题工作的总结和再研究，是对研究目的和意义的具体分析，也是对研究内容的推敲和界定、对研究步骤与方法的设计与选择。在选定研究课题后，设计一个科学合理，又不失灵活、开放

1　霍益萍. 研究性学习：实验与探索. 南宁：广西教育出版社，2001：84～89

的研究方案，是研究性学习活动承上启下的重要环节。

一、研究方案设计的意义

什么是研究方案？研究方案就是在具体研究活动之前，研究者对研究过程的一个初步设想，是对整个研究活动中所运用的方法、花费的时间、人员的安排以及实施步骤等方面的全面规划。它是研究者基于自己对研究课题的初步了解，根据自己所掌握的研究方法、所拥有的时间、能力、研究条件等因素，为完成自己的研究任务而设计的一个初步的工作计划。因此，在研究性学习活动中，设计与制订研究方案，能帮助学生调控自己的研究过程，为学生的后续研究实践提供指导。

由于学生的研究活动是一个不断发现、不断变化的过程，在研究进程中根据实际情况，可以对事先设计的方案进行修改，因此课题研究方案的制订不可能是一次定"终身"，而是要根据具体情况做出相应的调整。任何一个研究都需要有方案设计，它是研究活动中不可或缺的重要环节，不仅为研究指明了方向，而且帮助学生预想今后可能发生的问题、遇到的障碍以及有可能采取的对策。因此，为了更加有效地指导学生的研究工作，教师需要指导学生通过小组讨论、交流等形式，构思与筹划课题的研究进程，使他们逐步明确个人在研究过程中需要完成的任务、使用的方法以及研究成果的形式，对课题的整个研究活动有一个清晰、全面的认识。课题研究需要一种比较开放的、灵活的、留有余地的研究方案。同时，也应该认识到，学生构思与筹划自己研究活动的过程，就是培养学生全面、整体地分析、规划活动的意识与能力的过程，这种训练有助于提升学生的素质。

二、研究方案设计的内容

课题研究方案主要包括如下几个部分：（1）课题名称；（2）研究的目的与意义；（3）研究内容；（4）研究基本步骤与研究方法；（5）研究结果的形式；（6）其他安排。

（一）确定研究课题名称

学生在选定研究问题后，需要对问题进行界定和表述，即确定研究的主题或提出课题名称。研究的主题应该是所要研究内容的高度概括，应该简洁明了，并能表明课题研究的主要论点。课题名称的表述既可以是陈述句，如关于核电的研究、对自来水净化的初探，也可以是疑问句，如：中学生午睡好吗？噪声对居民的生活有哪些影响？下面我们通过一个实例来说明如何提出与完善课题名称。

🔍 **案例4-3**

　　深圳市莲花中学初二年级的邱子维同学酷爱电脑，他在"聊天室"常常被一串串汉语、英文字母、阿拉伯数字组成的奇怪符号弄得莫名其妙，他想：自己这个电脑迷都不明白，对电脑不熟悉的人岂不是更不明白？使用不规范的语言，不仅使网络难以接近人们的生活，而且会制造沟通的障碍，这的确是一个值得探究的问题。他大胆向老师提出了自己的想法，得到了指导教师的肯定和赞赏。同时，老师还提出：可以适当扩大研究对象的范围，不要拘泥于网上的语言不规范现象，生活中常见的这类现象都可以作为研究的对象。

　　"一石激起千层浪"，同学们的思维被激活了，爱唱歌的张瑾说："对呀！好多歌曲里都有病句，以前不注意也跟着唱，现在想起来，问题还真不少呢！"另一个学生也说："我在街上也看到过好多有错别字的广告和商店招牌，这不是误导别人吗？"来自西安的苗露同学说："好多广东同学说的普通话我都听不明白，什么'给多张纸''不要搞事''吃饭盒'，饭盒怎么可以吃呢？"

　　生活中的语言规范问题引起了同学们浓厚的兴趣和深入的思考。于是，在讨论的基础上，学生们确定了自己要研究的课题——"对生活中汉语运用不规范现象的调查与思考"。[1]

　　在这个课题形成的过程中，学生们在教师的指导下，通过观察与分析，自己提出问题，经过充分的讨论，形成了明确的研究课题。需要指出的是，由于研究性学习活动的复杂性以及实际操作中的变化性，所确定的研究课题在研究进程中可能会被不断调整，这种情况是允许的，随着研究的深入，学生对问题的认识也会不断加深、拓宽，适当的调整有助于学生更有效的研究，这种对研究主题的适当调整反映了研究性学习的开放性。

（二）说明研究的目的与意义

　　在课题研究方案中，不仅要确定研究主题，还需要说明自己从事本课题研究的目的与意义。研究目的是指研究者从事某项课题研究的动机、原因和期望，这些目的可能因研究者个人的生活背景、自己所属的社会团体以及所研究的问题不同而有所不同。研究的意义是研究结果对有关人员、事项或机构的影响。有学者认为，研究的目的可以分为三类：个人的目的——研究主要是为了满足个人的兴趣、愿望；实用的目的——研究是为了解决某些有实际价值的问题；科学的目的——研究是为人类追求真理而探索有益的知识。事实上，许多课题的研究融合了这三方面的目的，只不过对某方面的侧重有所不同。

　　说明课题的研究目的与意义是伴随着课题确定过程的，因此在选题阶段，教师就应该引

1　"研究性学习实施指南研制"课题组. 初中研究性学习案例. 上海：上海科技教育出版社，2001：45～46

导学生认真思考所选课题的研究目的与意义，如：我们小组选择这个课题究竟是为什么？为什么我们对这个课题会感兴趣？我们希望通过这个课题的研究获得什么结果？这个课题的研究会对社会、对他人、对我们自己产生哪些影响？为什么我们认为这项研究有价值？当然，对目的与意义的确定，还需要学生查阅相关的文献资料，了解他人对此问题做过哪些研究以及研究的范围、成果等，从中发现以往研究中的不足，确认自己所研究课题的新意。学生对自己研究活动的目的与意义认识得越清楚，他们就越容易在行动中发挥自觉性、能动性与创造性，克服盲目性，提高研究活动的效益性。因此，认真思考课题研究的目的与意义有助于课题的顺利完成。

在上述"对生活中汉语运用不规范现象的调查与思考"的案例中，教师与学生们一起，就研究的主题进一步分析、思考，决定从四个方面搜集资料进行研究：（1）街头路标、招牌中的语病、错别字；（2）报纸、广告中的同类错误；（3）歌词中的不规范用语；（4）网上相关资料。在此基础上，他们明确了课题研究的目的及意义：鉴于生活中对汉语运用的不规范现象越来越严重，为保护祖国语言文字的纯洁性，避免因错误使用汉字对生活、学习乃至社会发展造成不良影响。因此，在种种不规范现象中，选择一些有代表性的对象进行调查和研究，并力争利用研究结果呼吁全社会重视这个问题，正确使用祖国语言。[1]

（三）界定研究内容

研究内容是研究方案的核心，确定研究内容就是要确定本课题在研究中需要完成的几个主要方面。一般来说，课程形态的研究性学习活动所选择的课题范围广、内容多，需要花费更多的时间、精力，因此为了系统地、有条理地实施研究活动，学生有必要在选题基础上，进一步仔细分析、推敲课题研究的内容。如问题的解决可以从哪些方面、哪个层面入手？以我们课题组现有的研究条件，我们能够从哪些方面、哪个层面完成研究任务？在一个课题研究周期内（通常是一个学期或一个学年），本课题有把握完成的研究工作是什么？即充分考虑研究的主客观条件，细分研究课题、确定主要研究内容。下面我们通过案例来说明如何确定研究的内容[2]。

1. 以"辐射"的方式展开内容。即以某一课题为核心，开展多种形式的研究活动，各种活动一般不存在先后顺序和逻辑顺序，可以独立进行。

以"无线电通信"为研究主题，可以设计多种形式的研究活动：① 专题报告：邀请专家或由教师介绍无线电通信的有关知识；② 文献调研：通过网络或图书馆了解无线电通信的发展史，了解为此做出重大贡献的科学家；③ 调查访问：了解周围人群使用的无线电通

---

1 "研究性学习实施指南研制"课题组. 初中研究性学习案例. 上海：上海科技教育出版社，2001：47
2 刘海顺，王欣. 研究性学习中课题的产生、扩展与选择. 学科教育，2002（1）：29～31，40

信工具（移动电话、传呼机、对讲机、无绳电话等）去电信部门了解本地无线电通信的发展史及现状，写出调查报告；④ 参观学习：参观微波通信站、广播电视发射中心；⑤ 学习使用：学习无线电通信工具的使用；⑥ 设计制作：研制无线电通信工具（如简单的对讲机）等。这种方式的突出特点是围绕主题，设计多种形式的活动，从初步了解有关知识到自己实际分析、研究，并设计制作，既有动脑，也有动口、动手。

2．以逐层"递进"方式展开内容。将研究主题由低到高分为若干层次，每个层次都与课题密切相关，且较低层次课题是较高层次课题的必要准备，较高层次课题又是较低层次课题的合理发展。一般来说，此方法适用于小制作、小发明等系列化研究活动。

如以"水火箭的制作"为研究课题，可以分为这样几个层次。

第一层次：学习原理——请指导教师介绍水火箭的力学原理。

第二层次：设计制作方案——根据水火箭的原理及教师提出的要求，学生广泛收集相关设计资料、访问有制作经验的老师、参观水火箭的模型，比较各种制作方法的优劣，确定自己的制作方案，并绘制图纸。

第三层次：制作"水火箭"——根据设计方案，制作"水火箭"，并不断调试与改进。

第四层次：成果展示——学校可组织"水火箭制作比赛"，决出优胜者，作为研究性学习活动的延伸。

这种内容展开方式强调层次的递进，由浅入深、由易到难，有利于学生根据自己的实际状况确定课题展开的程度。

3．以"分解"的方式展开内容。如果一个研究主题较大、涉及范围较广，可将其分解为若干子课题，学生根据自己的实际情况，自主选择合适的子课题进行研究。

例如：以"灶具"为研究课题的研究活动，可将这个大主题分解为几个子课题，每个子课题又可以进一步分解。

（1）灶具的原理与特点，它又包括柴灶的原理与特点；煤灶的原理与特点；油灶的原理与特点；电炉的原理与特点；液化气灶的原理与特点；太阳灶的原理与特点；微波炉的原理与特点；电磁灶的原理与特点等。

（2）灶具与社会生活，具体可以研究灶具与身体健康；灶具与环境保护；灶具与节约能源；灶具的安全问题等。

（3）灶具的演变历史，包括乡村地区灶具的演变历史；小城镇灶具的演变历史；大城市灶具的演变历史等。

这种方式注重从多侧面、多层次分解主题，对主题的考虑比较全面。

对研究内容的确定与课题的细分，有的学生愿意在研究方案中作为一个独立的部分单独阐述，也有的学生将它与研究目的、意义合在一起共同阐述。以哪种方式来表述是学生自己的事，但细分研究课题、确定课题研究的主要内容，则是研究方案中不可缺少的一部分。

（四）设计研究步骤与选择研究方法

一个研究性学习活动通常包括若干项研究内容，为了系统、有条理地开展研究活动，需要对设计研究活动的基本阶段或步骤、整个研究进程做出时间上的规划。一般而言，研究步骤应说明如下几个内容。

1．研究过程分为哪些步骤或分成几个阶段。

2．每一步骤或阶段要完成的研究内容、应该达到的要求。

3．每个阶段需要花费的时间。

4．每个阶段完成具体任务的人员分工与安排等。

这些安排不仅课题小组的成员要胸中有数，指导教师也应有所把握，以便依据步骤定期检查学生研究工作的进程，使研究活动有计划、系统地完成。

在课题研究方案中，伴随着研究步骤的设计与安排，所采用的研究方法也同样被确定下来。在学生的研究性学习中，经常使用的研究方法有文献研究、调查、观察、实验等。在研究方案中陈述研究方法的方式有两种：一是单独列出研究活动中所采用的各种研究方法；另一种是在每一个研究步骤或每一项研究内容中，列出完成具体内容的研究方法。我们以上海大同中学5位学生完成的研究性学习活动为案例，了解课题研究方案的主要内容。

课题名称：学校草坪为何不绿——施肥对草坪影响的研究

一、研究目的

对人工改造的草坪而言，施肥是管理的一项重要养护措施。施肥是为草坪提供养料的方式，它能使草坪叶色浓绿，生长繁茂，促进其平衡生长，增强草坪的抵抗能力。

本研究有两个目的。

1．通过实验研究，了解氮、磷、钾等几种主要肥料对草坪生长的影响，从而对学校草坪施肥情况进行评价。

2．通过搜集文献，了解合理施肥、浇水等草坪护理方法，从而对学校草坪护理提出建设意见。

二、研究方法

1．实验法：对十盆盆栽的草坪草苗进行施肥实验。

顺序为：① 只施氮（N）肥；② 缺氮肥；③ 缺磷（P）肥；④ 缺钾（K）肥；⑤ N、P、K肥具备，缺微量元素；⑥ N、P、K肥、微量元素具备；⑦ N、P、K肥、微量元素具备，加生长素；⑧ N、P、K肥、微量元素具备，加酸；⑨ N、P、K肥、微量元素具备，加碱；⑩ N、P、K肥、微量元素皆无。

2．文献研究法：通过多种途径，搜集草坪施肥及与施肥有关的培植草坪的正确方法。

3．调查法：对草坪护养员等进行访谈。

其中以实验法为主。

三、实验研究进程

11~1月：实验准备，设计实验计划。

2~3月：草苗培育，资料收集，调查访谈。

3~4月：施肥实验，资料搜集与分析。

4~6月：分析整理实验结果。

6月底：写出研究报告。

（五）预设研究结果的形式

学生在设计研究方案时，应该对预期的研究结果有一个初步的设想，对成果的表现形式有一个大致的规划，这样学生在课题研究进程中，就会有意识地朝这个方向努力。

研究成果可以多种多样，如调查报告、科研论文、文献综述、实验报告、发明作品、活动设计方案等。表现形式也很多，如文字、图片、网页、实物、表演、音像资料等。下面是一个课题研究方案中对预期成果及表达形式的设计[1]。

题目：原吴淞铁路上海车站遗址的考察和开发创意

课题背景、意义：略

课题实施过程：略

预期成果

1．考察报告

（1）考证"铁马商场"的由来

（2）"吴淞铁路是中国第一条铁路"的考证

（3）对现行历史教材中有关提法提出质疑

2．向有关部门递交史迹综合开发建议书

表达形式

1．文字材料

（1）考察报告及综合开发建议书

（2）通过各种途径搜集到的资料

（3）各种活动记录材料

1　"研究性学习实施指南研制"课题组．初中研究性学习案例．上海：上海科技教育出版社，2001：74~75

2．实物材料

（1）《中国第一条铁路——吴淞铁路上海车站遗址》标志牌设计图

（2）《铁路变迁》邮票设计图稿

（3）《百年铁路》地铁磁卡设计图

在上面的研究方案中，不仅对预期成果——考察报告的内容做出了比较细致的说明，而且对表达形式中文字、实物材料的具体组成也一一列出，这说明课题组成员是在认真分析、研讨了各方面的条件后，提出了研究成果的内容与形式。

（六）其他

课题研究方案除了应具备以上几个内容外，还可以根据某些研究课题的特殊要求，做出补充说明，如研究所要求的条件、研究中可能会遇到的问题以及解决的对策等。在上面提到的"原吴淞铁路上海车站遗址的考察和开发创意"课题中，学生们是这样分析研究条件的。

课题实施条件

1．遗址处在社区内，和我们学校在同一条塘沽路上，仅有300多米距离，便于考察、调查。同时由于我们对本地区的历史变迁有一种特别的亲切感和认同感，更有一种探究的兴趣和热情。

2．作为初二的学生，我们已经通过历史课学习了有关近代交通工具变迁的历史，掌握了一定的基础知识，为进一步探究打下了知识基础。

3．资料比较丰富。一个多世纪之前，摄影、电影相继问世，为我们留下了当年的照片和影片，真实地记录了社会的变迁。面临世纪之交，一些反映百年历史的老照片、老明信片纷纷出版；类似于《世纪回眸》《百年中国》《百年上海》之类的纪录影片也相继播出，学校均有收藏；一些书报杂志也相继发表有关世纪变迁的文章。这些都为本课题的研究提供了翔实的资料。

以上课题组的学生从实施研究的环境、个人的知识结构、当时的社会条件等方面分析了有利于课题研究的因素，认为在这样的研究条件下可以完成研究任务。

我们以陈经纶中学学生的课题为案例，展示研究性学习活动中比较完整的课题研究方案。

高中生消费状况之调查研究

课题组成员：略

指导教师：略

一、研究问题提出的背景

在经济飞速发展的今天，人们的金钱观、价值观、消费观发生了很大的变化。尤其是消费，它是现代经济的一个极其重要的部分；而在现实生活中，在校高中生几乎是纯粹的消费者，我们每时每刻都在消费。并且我们在教材《经济生活》中已经学习了关于消费的相关理论，所以我们决定以此为一个大的方向，开展研究性学习。

现在中学生消费状况是社会的一个热点话题。近期某些大城市出现了"日光族"消费群体（就是在一天内会把每月赚的钱都花光），这无疑是一个警告。由此也产生了一些问题：为什么会出现这种消费群体？

作为有创新意识与强烈求知欲的当代高中生，我们很想知道，当代高中生的消费欲望，消费方向是什么？影响因素又是什么？他们的理财能力怎么样？围绕这一系列的问题所以我们决定把"高中生消费状况之调查研究"作为我们的研究课题。

二、研究的目的和意义

1．研究过程是提高我们学习能力的过程

通过这次研究，可以培养我们组员的搜集和处理信息的能力、交际能力、合作能力、探究问题的能力和理论联系实践的能力等，从而提高我们的综合素质。

2．研究结果可能对高中生树立正确的消费观起到积极的促进作用

对当代高中生的消费状况与消费观念进行考察与反思，从而指出其中存在的问题，并就问题寻求解决方法给予一些切实可行的建议，帮助高中生树立正确的消费观，端正消费态度。

三、研究的可行性分析

1．贴近学生

我们身为高中生，从身边就可以开展调查研究及反思，比如消费心理、消费倾向、中学生消费主流商品的情况等。在调查时，我们能够很方便地找到所需要的调查群体，并且交流起来不太会有太大的困难。

2．贴近生活

此话题是当代中学生比较关注的问题，也是很多大人所关注并困惑的问题，相信会有很多人配合我们的工作。

四、研究的理论支撑

《经济生活》第三课《多彩的消费》：影响消费的因素；消费的类型；消费结构；消费心理面面观；做理智的消费者。

五、研究步骤和预期结果

流程步骤：确定课题→设计调查问卷→开展问卷调查→统计数据，分析问题→小组讨论提出看法→撰写研究报告。

预期成果：为了更加直观地表现我们研究的问题以及我们的研究成果，我们决定以调查报告的形式上交。

六、研究计划

准备阶段：在老师的指导下，先确定课题的研究方法及步骤，制订活动计划，确定要开展的活动，并合理分工，做好准备工作。

活动阶段：

1．查找资料：主要通过上网查找资料，对资料进行一定分析，以此对当代高中生的消费观念有初步了解，以便更好地开展研究工作。

2．问卷调查：根据查找到的资料，结合我们自身的消费情况，经导师指导和小组讨论，挑选20道左右有代表性的问题制作成调查问卷，并对部分高中生进行调查，统计百分比。

3．个人采访：在校内选取个别有代表性的同学进行采访，了解他们的消费状况及消费观念。

研究阶段：分析调查结果得出相关结论；就发现的问题和导师进行商讨，提出解决问题的方法。将得到的各项数据进行整理，结合采访专家的见解、同学讨论的结果与导师进行商讨，最后得出分组内没有异议的结果，并以此结果来商定后续问题的解决方案。

七、人员分工

拟定调查问卷：全组人员

开始调查：全组人员

搜集、整理数据：略

分析、调查资料、访问：略

得出结论：略

撰写调查报告：全组人员

八、预期成果

关于高中学生消费状况的调查研究报告

以上我们通过几个例子说明了课题研究方案的组成部分，以及各部分应包含的内容。课题研究方案制订主要由学生自己设计、完成，限于学生的知识、能力、经验等方面的不足，如何保证他们所选择的课题确实有研究的价值？如何进一步科学、合理地安排研究的进程，保障研究能够顺利、有效地实施？这需要借助集体的智慧共同分析、探讨课题研究的价值性、研究方案的可行性、有效性，而这个过程就是课题研究方案的论证过程。

三、研究方案的论证

课题研究方案的论证是研究性学习活动必不可少的环节，论证的实质是对课题的研究价值、研究的可行性、效益性做出判断与鉴定。通过方案的论证，不仅帮助学生进一步明晰课题研究的意义、价值，而且有助于研究方案的进一步完善。因此，课题的论证是保证研究活动顺利实施的重要基础。

研究方案的论证过程通常是通过"开题论证会"进行的。在论证会前，学生首先要做好课题的论证准备工作，如，设计并完善课题研究方案、选择介绍课题的形式以及人员搭配、将资料提供给课题评审人员等。在论证会上，学生简明扼要介绍课题有关情况，具体包括以下几点。

1. 课题研究目的：为什么研究这个课题？通过研究工作要解决什么问题？

2. 课题研究价值：所选课题研究对社会、他人、自己有哪些影响？有什么重要作用？

3. 课题研究主要内容、方法、步骤：以怎样的步骤、方法完成哪些主要研究内容？人员分工是否合理？

4. 研究条件分析：课题研究需要哪些条件？是否能够满足？课题研究中会遇到哪些困难？有哪些对策？需要学校和教师给予哪些帮助或指导？

5. 研究结果预测：预计得到哪些研究成果？以怎样的形式表现成果？

开题论证会一般采用公开的形式，因为这种论证过程同样是对学生的教育过程，所以许多学校在组织开题论证会时，不仅有课题组成员和课题评审人员参加，还会邀请或组织其他学生出席旁听。一般来说，课题评审组成员主要包括：与课题研究内容有关的专业人员（许多学校通过各种办法邀请校外专业人士参与学生课题研究的指导）、相关学科教师、学校领导等，有些学校还聘请学生参与课题的论证与评审，给予学生更大自主权和参与度。课题论证形式与内容根据不同学校、不同学段会有差异，但不可能缺少三个重要组成部分：阐述方案、质疑与答辩和鉴定方案。

阐述方案。学生个人或小组以多种方式，如口头讲解、实物展示、幻灯演示等，在指定时间内，向课题评审组成员阐述课题研究方案，包括研究主题、目的与意义、主要内容、方法与步骤、人员分工等。

质疑与答辩。评审组成员就方案或与之相关的内容提出若干问题，问题涉及的范围比较广泛，但基本上是针对方案中阐述不清晰、不明确的地方，学生回答这些问题，不管学生是否能完整、准确地回答问题，这种互动、交流的过程对所有学生，包括答辩者与旁听者，都有积极的影响。

鉴定方案。在论证会结束前，根据学生对课题研究方案的阐述以及答辩情况等，评审组应给予该课题一个综合性的评价或鉴定，包括对课题研究意义与价值的判定；对研究内容、方法、步骤、人员安排、实施条件、研究成果等方面的认可或改进建议；对整个研究课题的总体评价决定是否批准实施方案。

　　本节我们讨论了课题研究方案的设计与评审，研究方案是学生在具体研究活动前的计划，合理制订计划，有助于学生在课题研究中有条不紊地开展工作，可以帮助学生知道何时应该完成哪些任务？既可以督促急躁的同学静下心思考每一个阶段的研究效果，也可以督促懒惰的同学感知到时间的紧迫；可以在预知薄弱的环节或危险处提前防范，也可以针对可能出现的问题，提前着手应对。总之，科学、合理的设计研究方案是研究性学习活动中不可缺少的重要环节，教师应引导学生在充分占有资料、仔细思考的前提下，设计一个合理、有效、灵活的研究方案。

第三节
研究性学习的组织实施

🎯 学习目标

如何收集资料？
怎样总结与表达研究成果？
怎样展示与评价学习收获？

　　完成了一个研究性学习的方案设计，就进入到了活动实施阶段。学生在进行研究性学习时，必须参阅一定的信息资料，所以研究资料的收集是实施研究性学习的重头戏，并且贯穿整个研究活动。一切可以用作研究依据的材料都可称为资料，比如文章书籍、问卷调查所得的结果、访谈所得的记录、实验或观察所得的数据等都是资料。首先，我们将介绍研究性学习中经常用到的收集研究资料的方法。

一、研究资料的收集

　　研究性学习有两种实施类型：课题研究和项目（活动）设计，不论是采取哪一种类型进行研究性学习，都需要获取大量的资料。如果把整个研究工作比作建造"房屋"的话，收集研究资料实际上是为建造房屋打"地基"。因此认真收集资料是研究性学习活动中非常重要的工作。研究资料从何而来呢？一般来说，获取资料的途径有：文献查阅、调查研究、科学实验、观察观测、参观考察等。就目前开展研究性学习来看，大部分资料是从文献、调查中获得的。以下介绍这两类收集资料的方法。

（一）查阅文献获得资料

任何一项研究工作都需要以前人已进行的相关研究为基础，所以查阅文献资料是规范的科学研究活动的必要组成部分。有人曾做过初步统计：在科研活动中，查阅、收集资料的时间占总科研时间的50.9%，实验研究的时间占32.1%，思考、构思的时间占9.3%，撰写论文的时间只占7.7%。[1]这个时间分配表虽然不是绝对的，但由此可见查阅文献资料在科研活动中的重要性。研究性学习作为一种类似科学研究的学习方式，自然也离不开文献资料的查阅，而懂得如何查阅文献资料是学生需要掌握的基本技能之一。

广义的理解，"文献"就是记录知识的一切载体。它可以是已发表过的，或虽未发表但已被整理、报道过的那些信息，包括图书、期刊、学位论文、科学报告、档案等。

1. 文献资料的类型

文献资料的种类很多，按照不同的标准可以分为不同的类型。

根据载体不同，文献分为印刷型（图书、报刊等）、缩微型（微缩胶卷、微缩胶片和微缩卡片）、机读型（磁带、光盘等）和视听型（幻灯片、唱片、影片、电视片、录像带等）。

根据来源不同，文献分为一次文献（即研究者个人研究实践的真实记录和总结）、二次文献（又称检索性文献，是通过对一次文献整理、归类、浓缩而形成的，如书目、索引、题录、文摘等）、三次文献（即利用二次文献，通过对一次文献进行综合、整理、加工而形成的文献资料）。在研究性学习中，利用的文献资料如此之多，那么从哪里、怎么样才能查阅到自己所需要的信息？

2. 文献查阅的途径及方法

这里我们主要介绍两类主要途径，即图书馆与网络。

通常，图书馆是收藏文献资料最多的地方，也是收藏最有秩序的地方。到图书馆查阅资料要掌握一定的方法。主要有：（1）利用引文查找：它是基于已经掌握的文献中所列出的参考（或引文）文献作为线索来查找所需要的文献资料。（2）利用分类法查找：图书馆的书籍文献一般是按分类法来排列的，比较常用的分类法是《中国图书分类法》，学生只要知道课题所属的学科范围，所查找的资料大致属于哪一大类，就可以到这一大类中去寻找相关的文献资料。（3）利用检索工具书查找：检索工具书是专门用来查找文献的工具性书籍，它通常按特定的方法对文献进行编排。比如，按拼音、部首、分类、主题、地区、时间段等编排方法对文献进行整理。学生只需根据相应的检索方法，就可以查找到自己需要的文献。（4）利用电子检索法查找：目前，大型的公共图书馆或高校的图书馆都有计算机检索系统，计算机检索能够最大限度地查询有关某一主题的信息，它具有手工检索不可比拟的广泛性、快捷性

1　王升. 研究性学习的理论与实践. 北京：教育科学出版社，2002：246

和灵活性。操作时，可以采用主题词/关键词检索、书名/刊名检索、作者名检索、出版商检索等方式，只要学生知道了其中的一项内容，就能快速、准确地找到所需要的信息资料。

随着现代信息技术的广泛应用，网上检索、电脑光盘检索等方式已成为快捷、有效的查阅资料的方法。现在已有一些资料做成光盘（如"百科全书"）和数据库（如"人大复印资料"）的形式，实现了资源的共享。网络也将各个资料库连接起来，形成庞大的信息资源，只需登录相应网站（如，谷歌、百度，都是比较著名的搜索网站），输入关键字就可以得到自己所需要的相关文献资料。如果查询问题过于宽泛，查到的资料就有很多，其中有些可能与问题无关；相反，问题明确，查询效率就会提高。利用信息技术查找资料的优点是迅速、省时，能在极短的时间内查阅最多的资料。

3. 文献查阅的一般程序

我们通过例子来说明文献查阅的程序。

有学生想研究"冬季教室空气质量对学生疲劳的影响"这样一个课题。在仔细分析了课题名称所陈述的主要概念之后，提出了以下问题。

1．什么是空气质量？它由哪些因素决定？

2．一年四季教室空气质量变化的原因是什么？

3．什么是学生疲劳？学生疲劳由哪些因素决定？

4．空气质量的指标怎样测定？有无国家标准？

5．学生疲劳的指标怎样测定？有无国家标准？

6．"冬季教室空气质量测定与分析"专题有没有人研究？成果怎样？

7．"学生疲劳测定与分析"专题有没有人研究？成果怎样？

8．"冬季教室空气质量对学生疲劳的影响"专题有没有人研究？成果怎样？

9．有没有人对上述问题发表了看法？都有哪些看法？

上述问题可以分为三类：前三个为概念性问题，随后两个为标准化问题，最后四个是对已有研究成果的查询问题。前三个概念性问题可以从百科全书和有关专业词典等参考性工具书中查找；随后两个标准化问题应该尝试去查找《国家室内环境标准》等标准化手册；最后四个已有研究成果的查询问题则需要查阅已发表的研究文献，可以利用检索工具书《全国总目录》、《全国新书目》查找二次文献，或者上"中华环境网"和"国际环境网"，运用上述概念进行关键词检索。[1]

由此可见，文献查阅的一般程序是：（1）针对课题的主要概念提出一系列相关的关键问

1　周庆林. 研究性学习百法：研究性学习指导. 南宁：广西师范大学出版社，2002：123～124

题（内容），将这些问题分门别类排列，以确定其性质；（2）根据确定的性质选择恰当的检索工具（用什么检索）；（3）根据选择的检索工具决定检索途径；（4）根据检索途径决定检索方法（怎样检索、查什么时间段的、什么书籍或期刊）；（5）按照确定的检索工具、检索途径、检索方法进行查找。

（二）调查研究获取信息

在实施研究性学习时，有一些课题除了要查找文献方面的资料之外，还涉及对现实问题做调查，以获得直接的第一手资料，如，"中学生睡眠时间的调查及思考""中学生节日消费状况调查"等。应该如何开展调查呢？

调查研究是指研究者围绕某一特定问题，运用问卷、访谈等方式，有计划、有目的地收集有关研究对象现实状况和历史状况的材料，从而形成科学认识的一种方法。调查研究对调查对象没有任何干预、操作和控制，调查结果的可信度在一定程度上取决于调查对象合作与否。调查研究包括问卷、访谈等不同方式，尽管两者在程序上各有侧重，但一般应遵循四个步骤。

1. 调查前的准备工作

调查之前精心做好准备工作，可以使后续的调查顺利而有效地进行。

（1）确定调查课题及内容。首先，对自己的研究课题有一个明确界定，即调查目的、性质和任务是什么？其次，清楚调查内容，即这些内容可以分为哪些方面？每个方面可以通过什么问题反映出来？在此基础上设计调查工具。

（2）选取调查对象。调查对象是取得研究资料的主要来源，不同调查对象，得到结果会有所不同。因此，要根据调查目的、性质和任务以及调查类型来选择合适的调查对象，特别要对如何取样考虑清楚。

（3）制订调查计划。调查计划包括调查课题和目的、对象和范围、时间和地点、人员分工和调查步骤、报告完成的日期等细节问题。一般而言，调查计划要尽量具体详细，保证实施调查的有序性，提高调查结果的有效性。

2. 实施调查、收集资料

实施调查是调查工作的中心环节，它是调查者依据预先制订好的调查计划，运用适当的调查工具收集资料的过程。在收集资料时，注意将书面资料和口述资料都容纳进去。实施调查工作花费时间精力较多，涉及与他人合作、交往的技能，最终研究质量也取决于这一阶段的实施质量。

3. 整理、分析调查资料

利用各种调查方式收集到的信息资料有时是杂乱无章的，需要对它们进行整理、归类，进一步分析、提炼。例如，收回调查问卷之后，首先要排除无效问卷，然后统计调查结果。

统计方式可以选用SPSS等统计软件或直接计算进行统计处理，得出需要的数据；对于主观性题目要做定性分析，通过归纳、概括找出其中的相似点和差异之处。

4. 撰写调查报告

将整理分析好的信息资料提炼出结构，行之成文。调查报告一般包括引言、正文、结论三个部分，撰写时应先后有序、主次分明、详略得当。可以按调查顺序来写；也可以按内容的特点逐一叙述。可以先列出材料，然后进行分析推论，引出观点；也可以先表明观点，然后用调查得来的事实材料进行说明。

任何研究活动的开展都必须借助一定的资料收集方法，方法是研究活动得以有效进行的技术保障。对于参与研究性学习的学生而言，掌握一些基本的资料收集方法及其一般的操作要求，可以提高研究能力，提高研究性学习的有效性。

二、研究成果的总结与表达

在实施研究性学习的过程中，学生们在图书馆、博物馆，尤其是互联网上搜集到丰富的相关资料。通过观察、调查、实验、参观、实地考察等方法，搜集到大量的原始资料。在搜集资料的过程中，学生们占有较多的与研究课题相关的资料，然而学生也会发现这些资料是零碎的，甚至是杂乱无章的。只拥有资料说明不了什么问题。学生们还必须通过整理、分类、归纳、概括等活动，使收集到的资料能系统地反映客观事物发展的过程，也就是在分析研究资料的基础上得出研究的结论，这是研究性学习中重要的环节。

（一）整理与分析研究资料

面对研究过程中收集的资料，学生们经常感到这些资料内容虽然丰富，但是太多、太乱，不知道应该如何使用。教师应指导学生及时整理与分析收集到的各种资料。

1. 资料的整理

资料的整理主要包括两个步骤：鉴别和筛选；分类和汇总。

首先，学生要对收集的资料去伪存真，进行鉴别和筛选。研究性学习中，学生们经常会发现，大家通过不同途径收集的资料，有些内容是重复的，有些结论还是矛盾的。这就需要对资料进行鉴别和筛选。鉴别资料就是对搜集资料进行质量上的评价和核实，分辨出哪些资料是真实、准确的，对课题研究的价值比较大；哪些资料可靠程度不够，对开展研究帮助不大。然后再对材料进行一番筛选：寻找和保留课题所需要的真实可信的材料，随时剔除那些来源可疑，参考价值不大的资料。在鉴别和筛选资料的过程中，学生会加深对资料的认识，对资料的性质、真伪、价值等学会判断，这本身就是一个学习的过程。在筛选和鉴别资料过程中可以从以下两方面考虑。

第一，资料的来源。教师指导学生查阅文献资料时，始终要求学生注明资料的具体出处，便于以后查证。在筛选和鉴别资料的时候，学生注意尽量选择那些从原始文献中摘录或者来自于权威机构的资料。目前，学生通过互联网可以非常方便地搜寻到内容丰富的资料，这些资料的可靠性就更要进行查证和确认。因为网络资源虽然丰富多彩，更新速度很快，但是网络资源的管理和审查制度还不够严密，各种信息、观点很容易在互联网上迅速传播，但其中有很多内容是不够准确、全面，甚至是错误的。因此，学生上网查阅资料时一定要格外注意鉴别和筛选。教师要引导学生尽量从政府性、学术性机构的网站上下载具有权威性的资料，从那些生活性、娱乐性的网站上下载资料时则要慎重。当学生从网站上下载的资料与其他同学从正式出版的书籍、报刊中搜集到的资料不一致时，教师要提示学生尽量选用来自正规出版物的资料。

第二，资料获得过程。学生在研究性学习中通过调查、观察、实验等研究活动获得了很多第一手材料，实验、调查等研究活动的设计、实施过程直接关系到结果的准确性，对于这些数据、资料的真实性，则需要从研究过程的科学性、合理性上加以考虑。通过观察、实验得到的资料，通常都需要经过多次重复，仅仅一次观察和实验得到的结果是不足以说明问题的，要通过重复和比较对发现的问题进行核实。在研究性学习中，培养学生实事求是的科学态度和勇于探索的科学精神，比简单地得出一个研究结论，完成一次研究任务有着更为重大的意义。

经过筛选和鉴别后，还要检查一下资料是否已经按计划收集完整，有没有遗漏某些方面。如果发现在研究过程中还有遗漏之处，则应该尽量弥补。确保资料的完整性是学生研究性学习能够科学、规范开展的重要保证。

其次，资料的整理工作还包括分类和汇总。经过初步的鉴别和筛选后，学生还需要进一步整理资料：分类和汇总。科学的分类是研究的基础，当学生从多种途径获得了大量资料时，需要加以分类，这样能够使资料更加系统和条理，也便于学生对资料进行分析，得出研究结论。可以按照不同的依据进行分类，例如，按时间分类、人物分类、地点分类、现象分类、数量分类等。学生在具体实施时，要根据研究课题的内容特点和研究目的选择合理的分类依据。

确定了分类的依据，就可以对资料进行汇总和编辑。将挑选出的符合要求的原始资料按照分类的标准归在一起，对相近、重复的资料进行初步的整理。给各种资料加上标题，重要部分标上各种符号，按照一定的逻辑结构编上序号，并做好分类标志，这样就基本完成了整理资料的工作。

2. 资料的分析

学生完成了对资料的搜集和整理，接下来是对获得的资料加以分析和提炼，从中揭示研究问题的本质和规律，找到解决问题的办法，最终得出自己的研究结论。分析资料一般分为定性分析和定量分析。

定性分析的关键是把握事物规律性，在分析的过程中得出相对确定的结论、原则或做出判断，例如，对研究对象是否具有某种性质或确定引起某一现象变化的原因、变化过程进行分析等。通常使用的方法包括：分析、综合、抽象、概括、归纳和演绎等逻辑推理方法。定性分析主要用于差异描述、定性评价事物、记录过程性事实以及思想意识、观念等资料的分析。进行定性分析时，教师引导学生思考：核心概念是什么？主要问题有哪些？观察的现象说明了什么？事件原因是什么？几个事实之间有哪些联系？目前的现象会导致什么结果？

定量分析就是把研究问题数量化，通过对数据的统计、计算和推导，处理研究性学习过程中获得的资料，分析结果，推出结论。无论是社会科学，还是自然科学都普遍地运用定量分析方法，对搜集数据进行整理、计算、解释，得出有意义的研究结论。在研究性学习中，学生可以对实验、访谈、观察、问卷等搜集到的数据，用数学的方法进行统计计算、编制各种图表，从数量关系上认识研究对象的发展变化规律。因此，定量分析方法是研究性学习的基本方法。

（二）表达研究成果

在研究性学习过程中，无论采取什么方法进行研究，都要经历表达研究成果阶段。在这一阶段，学生将获得的信息进行归纳整理、总结提炼，从中找出规律性的东西，得出结论，提出建议，形成书面和口头报告材料。从而提升归纳、总结、推理和论述的能力。

1. 研究成果表达的方式

学生开展一个课题研究之后，能够形成多项研究结果，既有有形成果，又有无形成果。有形成果指学生通过研究撰写的各种论文、报告等文字类的成果，以及学生设计制作的展板、网页、模型、新产品等实物类的成果。无形成果是指学生在研究性学习中表现出来的乐于探究、勤于动手、勇于创新的积极态度；善于合作的团队精神；严谨、求实的科学态度和不断追求的进取精神；对社会的责任心和使命感以及在学习中自我管理的能力等。

研究成果的表达方式要根据学生课题开展的实际情况选择和确定，通过表达研究成果，尽量将学生研究方法和结果的创新之处展示出来。教师应提倡多样化的成果表达方式，并通过各种途径帮助学生选择恰当的表达方式，除了按一定要求撰写研究报告以外，还可以采取开辩论会或研讨会、出墙报、编刊物（包括电子刊物）等方式。

2. 研究报告的撰写

通过对研究性学习中搜集的信息进行分析和加工，学生要学会提炼研究成果，写出有说服力的研究报告，这是研究性学习表达与交流阶段的重要工作。研究报告是反映课题研究过程和结果的书面材料，是研究性学习成果的集中体现，也是研究性学习全过程的缩影。能否将课题研究的结果升华、提炼，用文字的形式表达出来，写出一份清晰、有说服力的研究报告，也是检验学生创造能力的过程。对中学生而言，学会写研究报告同样是十分重要的技能。

学生撰写研究报告的主要目的和意义在于：首先，学生在撰写研究报告时，要能够阅读研究范围中的重要著作和论文材料，通过归纳、概括、推理等方法提炼研究成果，有助于培养学生综合分析的能力。其次，在众说纷纭的观点面前，学会选择和取舍材料，决定研究报告怎样才能做到"言之有序"，明确表达自己的观点，提高逻辑思维能力和文字表达能力。此外，通过反思和总结自己的研究工作，撰写研究报告，提供对研究过程和结果的分析，有利于促进学生的交流与合作，使学生的研究不断深化，提高学生的研究能力和水平。

指导学生完成研究报告的撰写，可以参照以下步骤进行。

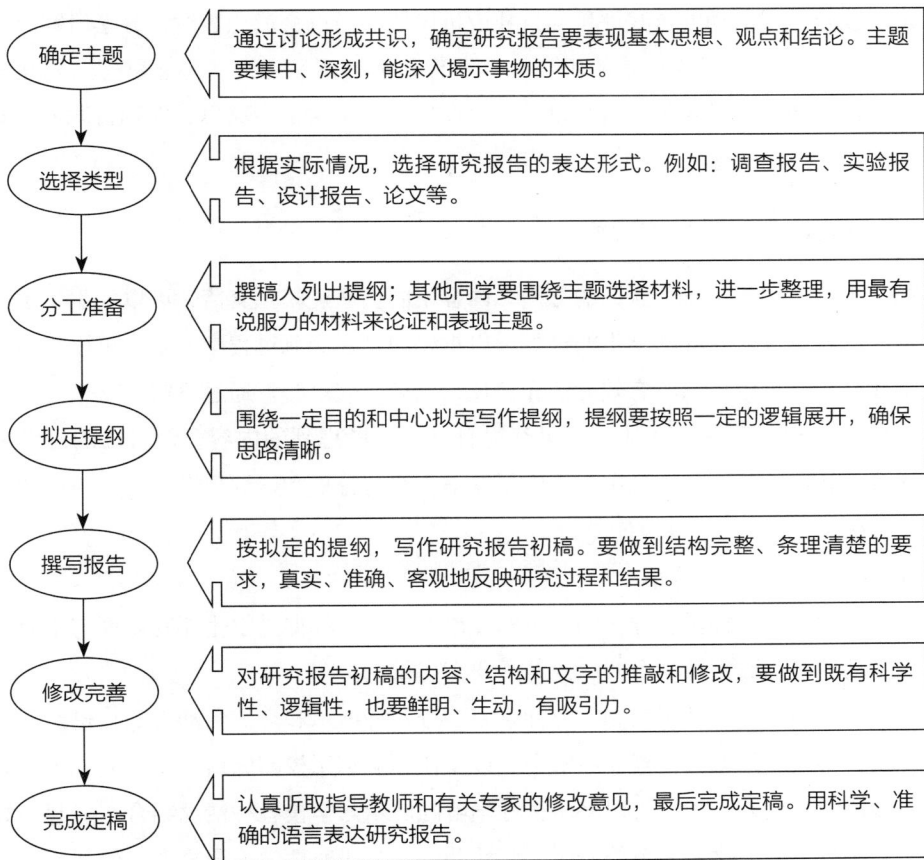

确定主题	通过讨论形成共识，确定研究报告要表现基本思想、观点和结论。主题要集中、深刻，能深入揭示事物的本质。
选择类型	根据实际情况，选择研究报告的表达形式。例如：调查报告、实验报告、设计报告、论文等。
分工准备	撰稿人列出提纲；其他同学要围绕主题选择材料，进一步整理，用最有说服力的材料来论证和表现主题。
拟定提纲	围绕一定目的和中心拟定写作提纲，提纲要按照一定的逻辑展开，确保思路清晰。
撰写报告	按拟定的提纲，写作研究报告初稿。要做到结构完整、条理清楚的要求，真实、准确、客观地反映研究过程和结果。
修改完善	对研究报告初稿的内容、结构和文字的推敲和修改，要做到既有科学性、逻辑性，也要鲜明、生动，有吸引力。
完成定稿	认真听取指导教师和有关专家的修改意见，最后完成定稿。用科学、准确的语言表达研究报告。

学生在撰写研究报告时可以参考学术论文的格式和写作要求，提高研究报告的科学性和规范性。由于学生开展研究性学习与科研人员进行研究的目标和要求有所不同，学生的研究报告也不需要完全按照学术论文的标准撰写。通常学生研究性学习的报告中只要包括题目、

引言、正文和结论几个基本部分就可以了。在研究报告中，学生要能够基本表述清楚自己研究的目的、意义，研究主要内容、方法和过程，以及通过研究最终得出的研究结论。总之，研究报告主要是学生向大家介绍自己的研究过程和结果的活动。撰写报告的目的是把事情表述清楚，只要是有利于表述就可以了，格式上是可以变通的，可以不需要拘泥于固定的格式。

三、交流与评价学习收获

很多学生认为，开展研究性学习只要最终写出一篇研究报告就算完成任务了。其实，研究报告只是完成课题的一种表现形式，一次研究性学习的完整过程还包括学生研究成果的表达、交流，以及学习活动的自我评价与自我改进阶段。通过交流、表达，分享研究成果，可以促使学生进一步检验研究成果的正确性、发现和弥补不足之处、沟通思想、相互学习借鉴、共同提高。通过自我评价和自我改进，使评价成为学生学会反思、发现自我、欣赏他人的过程。

（一）研究性学习成果的交流

不同学生选择和确定研究课题的方向和内容不同。通过相互交流，可以使学生了解其他同学研究的内容和成果，开阔学生的视野。更重要的是在交流过程中，学生可以学习和借鉴其他同学在研究过程中采用的有效方法和途径，拓展研究思路。通过答辩，学生还可以发现很多自己曾经忽视的问题，从他人那里获得自己没有考虑到的内容，使自己的思考更加全面。在交流、答辩、总结和反思中，可以帮助学生客观分析和辩证思考问题，更好地实现研究性学习目标。

1. 研究成果的展示与分享

学校应努力为学生提供多样化的展示和交流机会，不仅促进学生相互观摩与学习，也为学生更加主动地参与研究性学习，深入开展研究提供动力。

首先，学校和指导教师可以为研究性学习安排各种展示和交流活动，如在班级、学校中开展的开题、中期、结题的汇报或答辩会，以及让学生利用校园橱窗、宣传栏、板报等多种形式宣传和展示。此外，学校可以将研究性学习的展示与学校各种活动结合在一起。如在学校学术节、科技节和文化艺术节等校园文化活动中，为研究性学习安排专门的展示活动；在学校的开放日、校庆、毕业典礼、开学典礼等大型庆祝活动期间安排研究性学习的汇报；在学生家长会上，由一些取得突出成果的同学做汇报，更能得到家长对孩子进行研究性学习的支持。

与此同时，学校和教师还应鼓励学生将研究成果推向社会。研究性学习的课题很多来自于学生的生活实践，将学生的研究成果在社区中进行展示和宣传往往也能收到良好效果。教师和学校可以帮助学生与社区教育机构联系，由学生结合自己研究的专题在社区中进行宣传教育活动。对于一些真正有价值的研究成果，学校还可以帮助学生向社会媒体推荐，使学生的研究成果能得到进一步推广。这样不仅可以使学生感受到自己研究成果的价值，更能够在宣传过程中培养学生的社会责任感，这也是研究性学习课程开设的重要目标之一。

此外，积极推荐学生参加科技创新竞赛和各种创造发明活动，也是学校能为学生提供的展示研究成果的好机会。虽然在各种比赛中获奖并不是研究性学习课程设置的根本目标，但是参加竞赛活动无疑对学生继续开展研究，对学生未来发展起到积极促进作用。

教师要引导学生认识研究成果交流在研究性学习中的地位和价值。这是研究性学习一个不可缺少的环节，是学生分享成果、表现自我、体验成功喜悦的机会，因此每个学生都应该积极参与，认真对待。为保证学生研究性学习成果的展示效果，教师在学生表达和交流前应对学生进行必要的指导，帮助学生了解研究成果展示应注意的问题和技巧，尤其要注意以下几点。

第一，报告要层次清楚，主题突出，使听众能够明确报告的要点。

第二，演示的内容要直观、形象。尽量将搜集到的数据制作成图表，使人看起来一目了然。展示外出访问、社会调查时拍摄的照片，能够增加报告的可信度。

第三，展示的材料与观点要统一。整个研究报告应该是一个逻辑严密、层次分明的有机整体。呈现课题研究过程中搜集的资料，说明获得资料的方法和手段，以及资料所说明的问题。

第四，把握好报告的时间。要在规定的时间内尽可能简要、概括地将完整的研究过程呈现出来。

第五，最好全组同学共同参与汇报，展现大家的合作精神。

成果展示的形式多种多样，应根据课题内容和学校客观条件来确定。在交流的过程中，学生要把有关课题研究的一些基本问题展示清楚。

- 做了什么事情？（研究的题目）
- 谁做的？（课题组成员——课题组长、组员）
- 为什么要做？（课题的目的、意义、来源及背景）
- 怎样做？（课题研究的过程）
- 结果怎样？（课题研究的结果）
- 讨论或体会。（有哪些尚待解决的问题？有哪些想要交流和分享的感受？）

结题答辩是一种有效展示、交流、探讨研究性学习得失的形式，很多学校在开展研究性学习的过程中，都会安排学生进行结题答辩。通过结题答辩可以使学生了解科学研究中结题评审的一般程序，获得新的体验；训练语言表述能力；培养学生展现自我、交往沟通的能力；进一步巩固和深化对研究课题的理解；促进学生多方面品质和能力的提高。结题答辩主要程序包括：课题陈述、提问和质询、回应和答辩、结题评审等。

2. 研究过程的反思与收获

通过研究性学习成果的交流，教师要引导学生在分享成功喜悦，进行思想碰撞的同时，对自己和他人在选题、研究方法的科学性和正确性、研究成果的质量、研究过程的参与程度、合作意识、体验感受等方面的得失，进行全方位的反思。反思的目的在于引导学生归纳和总结自己在研究性学习过程中的成功与不足，并寻找和分析其中原因，强化学生的问题意识，帮助学生理解科学探究是永无止境的。学生可从以下几个方面进行反思。

研究阶段	主要问题
研究选题和计划阶段	• 选题是否合适？ • 本课题要解决什么问题？有能力解决吗？ • 研究计划是否合理？存在的问题是什么？如何改进？
研究实施过程	• 查阅文献资料存在的问题是什么？改进的办法是什么？ • 问卷设计是否科学？问卷发放和回收的可行性有什么问题？如何改进？ • 外出访问的过程中遇到困难了吗？是如何克服的？ • 实验是否达到预期的目的？实验设计存在的问题是什么？ • 在研究方法上存在哪些问题？假如重新做本课题的研究，该怎么做？ • 课题资料的搜集、整理、分析出现问题了吗？是如何解决的？ • 课题小组活动时，是否发生了不愉快的事情？是如何解决的？
研究结题阶段	• 本课题已解决了哪些问题？ • 还有哪些问题没有解决？没有解决的原因是什么？ • 本课题在研究的过程中又引发了哪些可以继续研究的新问题？ • 在结题答辩时，遇到了什么问题？是如何解决的？ • 实际研究内容与课题设计时制定的内容有何差异？原因是什么？ • 研究中还有哪些经验和教训？

在交流展示的基础上，引导学生对研究性学习全过程进行全面反思，可以促进学生对课题研究工作的深入理解。但是有些研究成果很难通过确定的形式展示出来，这些无形的研究成果通常表现为学生在研究过程中心智和能力等方面的成长、提高。这些无法物化的研究成果主要体现在学生通过亲身体验，加深对学习价值的认识，使学生的思想意识、情感志趣、精神境界等方面得到升华；学生通过自主学习、主动探索，了解了科学研究的方法，增强了问题意识和创新意识，提高了解决问题的能力，培养了科学态度和科学精神；同时学会了与人合作和沟通，增强了责任感和自我管理能力等。与那些有形的研究成果相比，学生经历研究性学习过程及获得的情感体验，对他们的终身发展，创新精神和实践能力的提高，显然更有价值，也更为重要。

教师要在学生表达和交流的过程中，有目的地引导学生对自己在研究性学习中的这些无形的成果和收获进行总结。如果学生能够把这种自主学习的方式主动迁移到学科学习中去，必然会取得理想的学习效果。

有些学生在参与过一次研究性学习之后，对学习有了很多新的认识和感受。[1]

"学习了这么多年，我第一次发现课本上的内容真的很有用！"

"我居然能为了找一条资料在图书大厦看了一上午书！"

"其实，很多问题要是我真的想知道答案，完全可以自己解决！"

"设计一个实验，要考虑那么多因素！"

"原来观察自然真是一件很有意思的事！"

"很多知识都和我们的生活有关！"

……

在日常生活中，学生也能将自己在研究性学习中形成的同学之间互相关心、合作的态度，以及一些行为规范、价值观、责任心等，以不同的形式表现出来。

不少家长发现自己的孩子通过研究性学习之后，在生活中的很多行为习惯发生了改变[2]。

"平时见到生人就脸红的孩子，居然能在街头对陌生人做调查！"

"我的孩子最不爱写作文，这次竟然写出了一份3000字的研究报告！"

"心中从来只有自己的孩子在研究了人口老龄化问题后，给爷爷做了一根多功能的拐杖，周末还陪着爷爷去散步！他真是长大了。"

"只对港台明星感兴趣的孩子，现在每天看新闻，要了解中美关系和外交政策！"

"看到以前上课很少发言的孩子，在报告自己研究成果时能够侃侃而谈，我的心里真的很高兴！"

……

研究性学习使中学生走出课堂，亲近自然，走向社会，认识生活，接触了鲜活的生活素材。通过总结和交流自己在研究性学习中的收获，有利于强化学生的成功感受；深化获得的体验和经验；激发学生学习的积极性、主动性；从而启迪学生的科学精神，激发学生的探究热情，促进学生的终身发展。

---

1 "研究性学习实施指南研制"课题组. 初中研究性学习案例. 上海：上海科技教育出版社，2001：254～268

2 "研究性学习实施指南研制"课题组. 初中研究性学习案例. 上海：上海科技教育出版社，2001：254～268

（二）研究性学习成果的评价

所谓评价，是人们对某一事物的价值判断，它伴随着人类一切有目的的活动。评价在研究性学习的实施中起着导向与质量监控的重要作用，研究性学习作为一种新的学习方式和课程形态，与传统学习方式和课程形态在教学方式、课程性质、内容结构上都有根本区别，这也对传统评价方法提出了新的挑战。

《基础教育课程改革纲要（试行）》中强调要建立"促进学生全面发展的评价体系"，评价不仅要关注学生的学业成绩，而且要发现和发展学生多方面的潜能，了解学生发展中的需求，帮助学生认识自我，建立自信。发挥评价的教育功能，促进学生在原有水平上的发展。研究性学习对学生学习收获的评价，目的是促进研究性学习活动的健康开展、研究性学习目的的真正实现。它以学生在研究性学习活动中的状态和成果为事实依据，对学生的研究活动做出价值判断和信息反馈的过程。针对研究性学习的探究性、实践性、开放性、综合性等特点，研究性学习评价应重在学习过程，重在知识技能的运用，重在亲身参与探索性实践活动而获得感悟和体验，重在学生的全员参与。研究性学习的评价要体现出形成性评价的特点，强调对过程的评价和在过程中的评价，评价要和指导密切结合；必须重视学生在学习过程中的自我评价和自我改进，使评价成为学生学会实践和反思、发现自我、欣赏他人的过程；要强调评价的激励性，鼓励学生发挥自己的个性特长，施展自己的才能，努力形成有助于学生积极进取、勇于创新的氛围。

1. 评价实质：自我展示和反思

研究性学习主要是激发学生的自主性和创造性，所以它的评价必然强调一种过程性评价和学生自我评价，如果过多借助于外在评价，仅仅依靠分数和奖惩来评价学生成绩，又走回了追求分数高低的老路，激发学生的内在动机便无从谈起；另外，研究性学习重点是要让学生学会合作交流和共同分享，所以这种自我展示必然是在小组、班级或全校这样的环境中进行，相应的评价也是在这样的展示过程中，得到其他成员、同学或老师的反馈，从而在以后的学习中加以总结和改进。学生通过自我评价和反思进行的"自我展示"主要表现在两个方面。

（1）学习过程和学习结果的展示

学习过程的自我展示，可以采用档案袋评价法等，学生通过对自己研究性学习中的成长记录来展示自我反思，或者在老师指导下进行自我评价；还可以采取写日记的方式，学生将自己在研究性学习进行中一些感触和体会写下来，在展示过程中通过对日记的反思和分析，从而对自己有一个比较详细和公正的评价。而在学习结果展示中，学生将自己或小组经过实践、体验所取得的收获进行归纳整理、总结提炼，形成书面材料和口头报告材料。这些表达方式除了按照一定要求撰写实验报告、调查报告以外，还可以通过多媒体、展板、墙报等方式给予表达。对于这些成果的自我展示，应该采取定性和定量相结合的评价方式。

（2）小组内、班级或校内等社会场合的自我展示

在这样一些场合中，学生可以采取演讲、报告或讲故事的方式，自我展示研究性学习成果。学生可以通过对自己研究主题的介绍，在研究性学习中遇到的问题的提出，在小组成员和老师、专家等人的帮助下，进行集体讨论、集体反思。通过展示来激发思维，通过展示来获取建议，通过展示来进行思想交锋，才能真正开拓学生视野、激荡学生思维、使其在社会交往中获益，在社会交往中成长。

总之，研究性学习评价的实质是学生的一种自我展示。因为研究性学习旨在让学生获得探究意识和创新精神，让学生学会分享与合作，培养学生的社会责任心和使命感。而这些情感或能力是否获得是不能仅仅靠外在的总结性评价或绩效评价来衡量的，应该注重学生的自我展示，自我展示就是一种对学生能力的相信，学生通过自我分析和反思加深了对研究性学习的认识，而通过自我展示，通过与其他人的合作与交流，学生自信心得到增强，思维和交往能力也得到了提高，并在其中获得更积极和丰富的内心体验。

2. 评价主体：多元化

传统教学评价中，评价者基本上都是各科教师或班主任，这种单一评价主体只能反映学生的学业成绩，缺乏从不同侧面的完整评价。在实施研究性学习过程中，应该着力构建学校、社会、家庭三者有机结合的评价主体，使教师、学生、家长和其他社会成员都参与到评价中来，形成多元化的评价主体。在研究性学习评价中，评价者可以是一个教师，也可以是由一群教师组成的小组；可以是学生个人，也可以是学生小组；可以是家长，也可以是与研究性学习开展内容相关的企业、社区或有关部门等。至于有的成果参加评奖或在报刊上公开发表，则意味着专业工作者和媒体也扮演了评价的角色。[1]

3. 评价内容：丰富性

评价研究性学习的内容主要有两种途径：一种是根据研究性学习过程；另一种是根据研究性学习目标。所以评价内容的丰富性既包括过程丰富性，也包括目标丰富性。以下从两个方面说明研究性学习评价内容的丰富性和灵活性。

（1）根据研究性学习过程，评价内容主要包括开题阶段的评价、实施阶段的评价和结题阶段的评价。

首先，开题阶段的评价是指在学生具体进入研究性学习之前所使用的评价方法和策略，以了解学生的准备状况或兴趣，进行选题和制订研究计划。要求教师与学生共同制定评价目标、评价手册，预先让学生知道如何评价。主要包括选题的科学性与可行性；开题报告（选题背景、研究目标、研究进度、人员分工、研究方法等）。

其次，实施阶段的评价是指在学生进入研究性学习实践活动中所使用的评价方法或策

1　严久. 着眼于学生学习方式的转变——关于研究性学习的若干问题. 全球教育展望，2001（1）：9～15，49

略，以记录学生学习探究过程，提供定期的反馈和调节，积累学生发展与进步的信息，让学生进行自我评估和调节。主要包括小组成员的考勤；小组活动记录（各种表格的记录是否完整、及时、准确）；小组团队合作精神；课题研究的进程（阶段研究目标的达成等）；个人研究记录（个人研究的体会、感受等）；资料收集（数量与质量、资料的来源与价值等）。

最后，结题阶段的评价是指在学生整理、加工和表达、交流研究性学习结果所使用的评价方法和策略，以总结和展示研究性学习结果，确定学生对信息、技巧、概念的理解和运用，分享学生的情感体验、展示学生的个性特点和团队合作精神。主要包括研究成果（成果汇报表、成果报告、实物或模型等）；结题答辩（仪表仪态、语气语速、合作情况、媒体运用、全员参与等）；成果展示（展示设计、成果创新、社会效益等）。

（2）根据研究性学习的目标，评价内容主要包括学生参与研究性学习的态度、收集与处理信息的能力、动手能力、人际交往和合作精神、成果的表达等。

学生参与研究性学习活动的态度，可以通过学生在研究性学习活动过程中的许多外显行为表现出来，如是否认真参加每一次课题组活动，努力完成自己所承担的任务，做好资料积累和分析处理工作，主动提出研究和工作设想、建议，能否与他人合作，采纳他人的意见等。

评价学生在研究性学习活动中所获得的体验情况，主要通过学生的自我陈述以及小组讨论记录、活动展开过程的记录等加以反映，在一定程度上通过学生行为表现和学习的结果反映出来。

评价学生学习和研究的方法、技能掌握情况，要对学生在研究性学习活动的各个环节中掌握和运用有关方法、技能的水平进行评价，主要包括：利用多种有效手段、通过多种途径获取信息；判断、识别、查阅和筛选资料；整理和归纳信息；资料归类和统计分析；恰当地利用新信息；使用新技术，对研究结果的表达和交流等。

评价学生的创新精神和实践能力的发展情况，要考查学生在一项研究活动中从发现和提出问题、分析问题到解决问题的全过程所显示出的探究精神和能力，也要通过活动前后的比较和几次活动的比较来评价其发展状态。主要体现在：自主发现和提出问题；设计解决问题的方案；收集和分析资料；调查研究；得出结论；进行成果交流活动；应用已有的知识和经验；学习和掌握科学的研究方法。

评价学生的学习结果，可以是一篇研究论文、一份调查报告、一场主题演讲、一次口头报告、也可以是一项活动设计的方案。[1]

4. 评价方法：多样性

研究性学习的评价可以采取教师评价与学生的互评、自评相结合，对小组的评价与对组内个人的评价相结合，书面材料的评价与对学生口头报告、活动、展示的评价相结合，定性

1 王升. 研究性学习的理论与实践. 北京：教育科学出版社，2002：278

评价与定量评价相结合，以定性评价为主等做法。由于研究性学习的目标涉及学生知识获得、实践能力增强、合作交流意识培养和道德情感提升等，其目标的广泛性决定了研究性学习评价方法的多样性。

研究性学习的三个阶段各有不同的评价方法。具体来说，开题阶段可采用预测、制图、调查表、观察、自我评估、提问、开题报告会等多种方法，对选题的可行性和新颖性，研究计划的合理性等进行选题指导和制订研究计划指导与评价；实施阶段可以采用会议、同伴评估、观察、讨论、提问、访谈记录、日志等方法，对研究性学习开展过程中遇到的问题、解决方法、学生参与活动的态度和情感体验、学生遇到困难的坚持程度、学生团体的合作情况等，予以具体而详细的记录，真实反映学生的主动探究过程和学习过程，并提供及时的调节反馈；结题阶段可采用实作展示、报告会、答辩会、学生评估、同伴评估等方式对研究性学习结果的科学性、实效性，参与过程的自主性、合作性、主动性、创造性等多方面进行展示和综合评价。研究性学习过程的复杂性和丰富性也决定了其评价方法的多样性。评价方法的多样性应坚持四个原则：坚持形成性评价与总结性评价相结合，以形成性评价为主；坚持研究资料评价与课题研究成果中个人贡献的评价相结合，以研究资料的评价为主；坚持自我评价与他人评价相结合，以自我评价为主；坚持定性评价与定量评价相结合，以定性评价为主。

5. 评价中应注意的问题

评价和反馈作为研究性学习重要环节，贯穿着整个研究性学习过程，直接关系到研究性学习质量。而评价方法的恰当性和科学性又决定了研究性学习的评价质量，所以评价范围的确立、评价方式、评价方法、评价工具选择，评价资料来源，评价者的专业素养和伦理，评价的可行性和有效性等都是评价过程中必须认真对待的问题。在评价过程中，需要认真考虑下面的问题。[1]

（1）对研究性学习的评价范围界定是否清楚？

（2）在所界定的范围内收集评价资料所花费的代价是否合情合理？

（3）评价方法是否有助于非预期结果的描述？

（4）对研究性学习的评价方式是否有清晰描述？

（5）评价方式是否适合研究性学习的特点？

（6）评价工具是否可靠？

（7）评价资料的收集工具是否适合于评价目的？

（8）研究性学习评价资料的信度是否有保证？

（9）评价信息的来源是否有效？对评价信息的来源有无明确规定？

1　Unruh, G. G. and Unruh, A. *Curriculum Development*: *Problems*, *Processes*, *and Progress*. New York: Macmillan Publishing Company，1984: 291～295

（10）影响研究性学习评价的各种因素是否清楚地予以了说明？

（11）是否具备完成评价所需的资源，包括时间、经费、人力等？

（12）描述资料收集方法是否清楚，能否最大限度地减少错误？

（13）评价者与被评价者关系如何？对被评价者是否存在偏见？

（14）评价的程序是否遵守专业的伦理标准？

（15）评价资料收集的方法是否切合相应的政治文化背景？

（16）评价结果是为谁服务的？是谁的评价？

（17）对于评价小组是否有适当的监督机制？

（18）评价是贯穿在整个研究性学习过程中还是只是某个阶段的评价？

（19）评价结果是否只是为了迎合某一预设？是否只是为了追求显著性水平？

（20）评价是否是切合实际并且能促使事物发生改变？

随着研究性学习的深入开展，相信上述问题会不断地得到解决，同时新的问题又会不断涌现出来。任何一种新事物的发展都要结合本地区本校实际，在不断提出问题中解决问题，这就要求我们在开展研究性学习过程中不但要有创新意识和实践能力，还要有敏锐的问题意识。这种问题意识不只是对研究性学习评价过程进行回顾和反思，对评价中涌现的新问题进行探索和思考，更重要的是实践者对自己方法和态度的回顾和重新思考。

第四节
研究性学习课程实施方案的设计

🎯 学习目标

通过学习一所学校自主设计的研究性学习课程实施方案，学会编制本校实施研究性学习的实施方案。

研究性学习活动的开展必须依赖于学校课程的整体建设，研究性学习课程的实施也需要根据学校的统一安排，有步骤、有计划、有组织的展开，因此，从学校改革与发展的理念进行全校层面整体规划与设计校本的研究性学习课程实施方案，成为研究性学习活动顺利实施的重要前提与保障。下面介绍北京市一所中学研究性学习的课程设计方案。

北京市陈经纶中学研究性学习课程实施方案

（2011年修订）

为了贯彻教育部和北京市有关研究性学习的文件精神，认真落实《普通高中"研究性学习"实施指南》条例和教育部颁发的《全日制普通高级中学课程计划》，并依据我校综合实践活动方案，经过三年探索，根据把研究性学习课程落实到位，教师指导到位，活动组织到位，过程管理到位的理念，特制订本方案，以规范教师的指导行为和学生的研究活动。

一、课程目标

研究性学习是综合实践活动的一部分，指学生在教师指导下，从自然、社会和生活中选择和确定专题进行研究并在研究过程中主动地获取知识、应用知识、解决问题的学习活动，学习过程主要以个人或小组合作的形式进行。通过研究性学习改变学生的学习方式，形成自己的学习方法；培养学生发型问题和解决问题的能力；培养学生收集、分析和利用信息的能力；培养学生科学的态度和精神。

二、课程的意义与设计思路

研究性学习课程设置的意义在于让学生通过亲身实践获取直接经验，养成科学精神和科学态度，掌握基本科学方法，提高综合运用所学知识解决实际问题的能力。研究性学习课程是国家规定的必修课程，也是陈经纶中学的特色课程，是学校"个性化"教育的一部分。

【分析】研究性学习课程作为国家规定的必修课程，其建设应该与学校的发展理念与课程思路息息相关，只有让研究性学习课程融入学校整体课程方案之中，才能真正将其落在实处，并发挥其独特的育人价值。

本课程设计意在通过"活动课程化、课程活动化"的思路，借助校内外丰厚的资源为课程平台，采取"与学科整合""与校本课程整合""与课外活动课程整合""集中与分散相结合"的课程模式，高一主要对学生进行科学研究方法和活动方案的设计培训，并进行一个课题的研究，高二主要利用各种校外资源场所进行集中外出研究考察并完成第二个课题研究任务。

【分析】这所学校在规划研究性学习课程设计思路时，特别强调"活动课程化、课程活动化"凸显其对研究性学习独立板块的理解——研究性学习既可以理解为教与学的方式，也可以理解为课程形态，通过课程形态的研究性学习的实施，让师生逐步熟悉、适应这种新的教与学方式，待时机成熟，研究性学习就可以成为任何教学过程、活动过程中可供选择的方式，而不必拘泥于固定的课程形态。因此，学校的课程设计还特别关注与学科、活动的整合。

三、课程内容

我校的研究性学习课程的内容主要分为四部分，即研究性学习方法练习、课题研究、班级主题活动项目设计和集中研究性学习。各部分的具体内容如下所示。

研究性学习方法练习

研究性学习方法练习主要包含五个方面的教学内容。

项目	内容
绪论	介绍研究性课程的相关基本情况，介绍陈经纶中学研究性学习课程开设的历史和当前安排，让学生了解在研究性学习课程中的学习职责。
提出问题和文献检索	要求学生能从平时关心的问题中提出有一定研究意义并具备研究条件的课题，通过对文献等资料的检索和分析，找出课题研究的创新点和技术路线。
观察	让学生了解观察的分类和基本途径，并自主选择对象或现象进行自然观察，最后撰写观察报告。
社会调查和问卷设计	要求学生了解社会调查的分类和主要方法，掌握一定的问卷设计的方法，能自主设计问卷并完成适当范围的社会调查，其后完成社会调查报告。
受控对比实验	要求学生了解受控对比实验的设计原理和设计方法，并亲自设计和实验一个受控对比实验，最终撰写受控对比实验报告。

研究性学习课题研究是研究性学习课程的主体内容，其过程主要包括以下几点。

项目	内容
选题意向	学生提出初始的选题意向，进行简单的预研究，撰写个人开题报告，在课堂集中展示。
分组	经过全班同学的展示和交流，在自愿的基础上形成课题小组，推选组长，明确个人的职责。
开题	进行小组课题的可行性分析，了解前人的研究成果，找出课题的创新点和技术路线，确定详细的研究计划，明确分工，撰写开题报告。
实施	进行课题研究，课题指导教师对其研究进程进行指导和监督，各小组之间进行阶段性展示和讨论，研学教师对各小组出现的共性问题组织集中点评和讨论。
结题	学生对其研究成果进行总结，撰写较为规范的结题报告，参加年级答辩或制作展板展示。

项目设计（与每年11月的科技节相结合）

在此阶段，学生以班级为单位选择与社会生活紧密相关的主题，并在力所能及的范围内研究该主题，而后能对社会回馈一定贡献。

项目	内容
选择班级主题	全班学生都对班级活动主题提出参考方案，在讨论中对主题进行筛选。
设计主题活动整体方案	成立班级主题活动的领导小组，组织全体学生对主题活动进行整体设计。
主题内分组	根据主题的需求把主题分成若干个子项目，子项目由各学生小组承担。
设计各小组的方案	每个小组进行各自项目的活动设计，撰写活动设计报告，并为整体方案的设计提供修改意见。
活动实施	分组活动，主题活动领导小组协调各小组进展。
阶段性评价	对活动进行阶段性总结和反思，依据需求改进活动方案。
结题	各小组总结活动成果，以班级为单位汇总成果，撰写实验结题报告，在年级进行答辩或制作展板进行展示。

集中研究性学习课程（与学校社会实践课程、校本课程、学科课程、科技活动、社团活动整合）要求

（1）外出活动前：完成选题、开题报告。

（2）外出活动时：实施课题研究。

（3）外出活动后：继续研究，完成中期交流及结题报告。

【分析】这所学校设计的研究性学习内容不仅丰富，而且形成了由浅入深、由易到难的梯度层级，有助于师生逐步完成研究性学习。

四、课程管理

研究性学习课程在学校研究性学习领导小组领导下展开，同时学校成立研究性学习课程指导中心负责具体实施。指导中心由教学处副主任亲自带领五名研究性学习专职老师和外聘三名具有博士学位的中科院研究员构成。联合特级教师、市区骨干、学科带头人组成的研学导师团队，由他们根据自己的课题来挑选研究性学习导师，导师可以是一个或多个。

在教学管理处领导下，专门具体负责学校研究性学习课程的推进与实施。并且通过多种方式争取家长和社会有关方面的关心、理解和参与，与学生一起开发对实施研究性学习有价值的校内外教育资源，为学生开展研究性学习课题研究提供良好的条件。

【分析】研究性学习作为课程改革的亮点，其顺利开展离不开学校领导的组织与支持，诸多学校的成功经验表明，组建专门的领导与管理机构，广泛联合校内外各种资源是该课程有效实施必须具备的条件。

五、课程实施环节与课时安排（集中与分散相结合）

（一）高一年级安排

高一全学年共228课时，每周3课时，其中集中教授时间1课时（进入课表），自主研究时间2课时；假期（十一、五一、寒暑假）学生活动不少于10天80学时，与学生科技节和学科整合不少于40学时。预期的教学进程如下。

高一前期主要方法指导：高一第一学期开学——期中考前。

第一个课题：高一第一学期期中考试后——高一第二个学期期末（包括寒假）。

第二个课题：高二一学年（包括寒假）。

时段	周次	1课时课内任务	2课时课外任务	备注
高一第1学期	1	研学课程介绍及课程要求（含成绩评定和学分评定标准介绍）	每位学生写自己的特长爱好，文理科学习倾向，课代表汇总并公示。	学生情况反馈表
	2	优秀案例介绍，让学生对研学过程及所交作业要求有基本了解		
	3	档案袋设计介绍	设计档案袋	
	4	文献综述指导	写一篇文献综述	
	5	社会调查类（访谈或问卷调查）方法指导	设计访谈提纲或调查问卷	
	6-7	实验探究类（控比对照实验或自然观察）指导，分两节课	写自然观察报告或实验设计	2课时
	8-9	项目设计类	进行一个项目设计练习	太复杂 2课时
	10	选题指导（每组准备3个以上课题）	选题，组成课题组，课代表汇总	课题小组电子表格
	11	期中考试		教师查看选题
	12	组织讨论，指导确定最终选题	确定选题	活动记录表
	13	方案设计指导	制定方案	活动记录表
	14	组织讨论，修改方案	修改方案	活动记录表
	15	开题报告word指导	撰写开题报告	
	16	开题报告ppt及答辩指导	制作开题报告ppt	师生评审表、给全体学生的问题建议表、活动记录表
	17	开题报告展示交流	修改开题报告、研究	
	18	开题报告展示交流	修改开题报告、研究	
	19	开题报告展示交流	修改开题报告、研究	上交开题报告word及ppt
	20	课题研究过程中可能出现的问题及解决方法	继续课题研究，把研究初步成果进行记录，并同时记录问题	活动记录表
寒假			继续课题研究	开学之前上交活动记录表（电子版），以后还要继续

时段	周次	课内任务	课外任务	
高一第2学期	1	教师点评活动记录		
	2	信息及资料处理分析指导		
	3	组织各组间交流遇到的问题及下一步解决方案	修正后继续课题研究	活动记录表
	4	组织各组间交流遇到的问题及下一步解决方案	修正后继续课题研究	活动记录表
	5	组织各组间交流遇到的问题及下一步解决方案	修正后继续课题研究	活动记录表
	6	中期交流	修正后继续课题研究	
	7	中期交流	修正后继续课题研究	
	8	中期交流	修正后继续课题研究	
	9	结题报告word指导	撰写结题报告	
	10	结题报告ppt及答辩指导	制定结题报告ppt	
	11	期中考试		
	12	往届优秀案例介绍	撰写结题报告	
	13	往届优秀案例介绍	制作结题报告ppt	
	14	结题报告展示交流	修改结题报告、研究	
	15	结题报告展示交流	修改结题报告、研究	
	16	结题报告展示交流	修改结题报告、研究	
	17	教师总结点评结题报告	修改结题报告	上交剩余所有作业
	18	优秀课题组及优秀个人评比	开展自评、互评、师评	
	19	教师总结点评公布结果	汲取他人经验	
	20	教师展示其他班优秀成果		
暑假				

（二）高二年级安排

高二学年集中考察不少于5天，40学时，考察前和考察后自主研究时间80学时，高二研学时间共120学时。利用校外丰富的课程资源集中外出考察，为"一日"和"三至五日"两个系列，每个系列每学期安排2~3个主题。在考察活动之前要完成选题、开题报告；在考察外出活动时就集中时间开展实施课题研究；考察外出活动结束后，继续研究，完成中期交流及结题报告。每个班可以从以下课程中自主选择喜欢的研究课题。

陈经纶中学"一日"主题活动课程开发系列

具体包括：（1）"走进清华大学"励志成才教育活动课程；（2）"先入咸阳者为王"北京雕塑园历史文化活动课程；（3）"欢乐英雄"定向越野科技活动课程；（4）"走进南宫地热科普园"科学探索活动课程；（5）"走进北京植物园"户外测向比赛活动课程；（6）"食神大赛"野外野炊生存教育活动课程；（7）"现金流"财商主题教育活动课程；（8）"知识守护生命"安全教育主题活动课程；（9）"走进中国陶瓷"动手实践主题教育活动课程。

2．陈经纶中学"三至五日"主题活动课程开发系列

具体包括：（1）"我眼中的贵州"精品摄影采风主题活动课程；（2）"跟着书本读桂林·狂欢冠岩"文化教育主题活动课程；（3）"走进华东六省一市"热爱祖国大好河山主题教育活动课程；（4）游"津"解史，览"街"赏民俗体验主题教育活动课程；（5）"西柏坡红色之旅"爱国主义主题教育活动课程。

六、学分认定和评价

1．学分分配（21学分）

阶段	项目	学分	阶段	项目	学分
方法练习（5学分）	创意制作档案袋	1	项目设计（2学分）	项目活动设计方案1篇	1
	文献检索1篇	1		收获与体会1篇	1
	自然观察报告1篇	1	集中外出考察（3学分）	考察报告	2
	调查问卷设计方案1篇	1			
	对比试验设计方案1篇	1			
课题研究（5学分）	开题报告1篇	2		收获与体会研究报告或作品	1 2
	结题报告1篇	2			
	收获与体会1篇	1			

2．评价内容

（1）研究性学习的参与度

（2）研究能力、创新精神的发展情况

（3）研究成果

3．学分认定方法

（1）有学时的保证（20%）

（2）有符合要求的课题研究方案或项目设计方案（10%）

（3）有研究过程的完整详细记录（30%）

（4）有学生课题研究成果报告或实物作品（20%）

（5）有学时自评互评、指导教师的评价记录和学校教务管理部门审核结果（20%）

学分认定工作有研究性学习教师、班主任以及课题指导教师共同承担，每个项目总评成绩超过60%者获得该学分。

一所学校实施研究性学习课程的设计方案主要包括上述案例的六大方面。当然，学校还可以根据自身发展阶段、发展需求做出适当的改进。但是，关于学校研究性学习课程设计的目的、思路、内容、组织实施以及相关管理、评价等部分，是研究性学习课程实施方案必须充分阐述的内容。

[本章小结]

本章以基础教育课程改革中的热点问题——"研究性学习"为中心，以研究性学习设计、实施中的重要环节——如何选择问题、怎样设计研究方案、如何组织实施以及学校应如何设计校本的课程实施方案等为核心内容，借助各种实际操作案例，具体、细致地阐述了研究性学习的实施全过程。通过本章的学习，教师们应能掌握：（1）引导学生主动选择有意义、可行的研究课题；（2）指导学生自主设计研究方案；（3）指导学生在实施研究性学习过程中学会收集资料、分析资料、撰写研究报告、自我评价等方面的知识与技能；（4）协助学校设计校本课程实施方案。

总结 >

Aa　关键术语

研究方案
research program

研究报告
research report

调查法
investigation method

自我评价
self-evaluation

🔗　章节链接

在本章中你读到研究性学习的设计时	第二章　中学综合实践活动的设计与管理，讲述设计的基本步骤、原则等。
关于研究性学习的组织管理	第二章　中学综合实践活动的设计与管理，关于学生、教师、学校等的管理问题。

关于研究性学习的组织管理	第八章　中学综合实践活动的评价，参考关于评价的理念、内容与方法。

应用 >

批判性思考

在指导学生选择研究问题时，一种情况是学生们没有什么想法，也几乎提不出问题时，作为教师，您觉得可以怎样引导学生呢？另一种情况则是每个学生都有不同的想法，大家在一起讨论研究选题时相互争执不下，这时又该如何指导呢？

体验练习

1. 组织研究性学习选题时，教师尝试组织学生以小组的方式讨论他们喜爱、关注生活中的热点问题，在不断讨论与对比中，引导学生逐步聚焦于某个既可行、又有意义的研究问题。

2. 学生小组确定了研究问题后，教师组织学生首先查阅与研究问题相关的资料，在初步了解该问题研究发展状况的基础上，引导学生讨论具体研究哪些内容？使用什么方法收集研究资料？小组成员之间怎样分工协作？研究的成果可能是什么？用什么形式来表达等？再将这些讨论的结果组织成课题的研究方案。

3. 研究资料的收集是研究性学习活动的重要环节，也是训练学生初步掌握研究技能的主要活动，因此教师需要手把手、一步步指导学生学会查阅学术性文献并从文献中获得所需要的信息、引导学生设计调查与观察工具，如问卷、访谈提纲、观察提纲等。请教师首先选择一个研究主题，自主完成查阅相关文献、设计调查工具等收集资料的工作，并体会过程的难点与关键点，从而确立在指导学生进行研究时应特别关注的重点。

4. 教师尝试着用研究报告的格式撰写个人教学反思或工作总结，把握其中的重点与关键。

案例研究

医生与药剂师经常遇到病人不服从或拒绝使用所建议药物的问题，结果往往造成很难治好病或达到预期的治疗效果。如果学生有一些基本的有关人体解剖结构、生理、调节、药物分类以及常见药物功能的常识，这无疑对他们及其亲属今后的生活是大有益处的。正是基于以上考虑，结合11年级化学课程内容，加拿大教师及图书管理员协会开发了与每一位学生的个人经验有关的涉及药物的使用、研究与生产等内容的学习单元。该单元的总目标：使学生了解人们在生活中使用药物的情况；区分为了治病还是出于个人理由而随意使用违禁药物；重点针对慢性病和急性感染，使学生理解与掌握如何正确使用药物。

📓 教学一线纪事 ||||||||||||||||||||||||||||||||||||||||||||||||||||||||||||||||||||||||||||||

我为老师的办公室出谋划策[1]

作为一个刚进入教育系统的老师，我非常幸运地参加了"学校改进与教师专业成长计划"课题研究。刚开始有点不知所措。对于课堂教学都还未能掌握自如的我不禁有些担忧。后来听说很多有经验的老师也是第一次参加这个课题，于是我也壮起了胆。

1. 课题的确立

研究一开始就要确立课题，学生会选择什么样的课题？让我大吃一惊的是几乎所有的学生对校园文化感兴趣而不是我预想的对动植物有兴趣。好大好深刻的一个题目，为了研究得更透彻，我们经过交流决定从校园文化的一个角度，即教师办公室文化入手。

很多学生觉得整个校园中，老师办公室是遥不可及的，让他们害怕。那么为什么会给学生这种感觉呢？学生心目中的办公室应该是什么样的？老师心目中的办公室又是什么样的？有没有可能结合双方的意见，打造出令所有人都满意的办公室文化呢？这样学生与老师应该会更融洽吧。最终我们确定了研究课题——《我为老师的办公室出谋划策》。

2. 课题研究的准备

为了学习研究的方便，我让20个学生自由选择分成四个小组，并选出组长，分别给自己小组起名。以后的研究课上每个小组都自觉地围坐在一起，互相帮助、互相研究，非常和睦。

3. 课题研究的过程

（1）参观调查办公室　对老师办公室进行初步的参观、调查，采访部分老师。这次采访有许多同学是第一次进教师办公室，既紧张又新鲜。意料之中，出现了很多问题，有比较胆小的缩在其他同学后面，有的觉得办公室很严肃进去后一言不发，转了圈又出来什么也没采访到的，更有觉得机会难得，进去大

1　朱弘. 我为老师的办公室出谋划策——一个研究性学习的案例及反思. 全球教育展望，2008（1）：88～90

声喧哗的。老师对于这群不速之客的反应也各不相同，以至于有的学生跑回来和我说，老师把我赶出来了，老师敷衍我等。我觉得这是一个很好的锻炼机会，既能锻炼勇气又能让他们知道任何事情不会是一帆风顺的。

（2）设计制作问卷　经过多遍修改层层筛选，才确定了问卷。我们在华师大王老师的指导下，在问卷前加了前言问候，结尾加了结束语。终于制成了一份完整有质量的调查问卷。经过这样一个过程每个学生对问卷调查的设计制作都有了一个真切的体会，相信下次碰到问卷的设计就会得心应手了。

（3）实施问卷调查　这次调查涉及全校所有的办公室，为了防止遗漏及重复问题，四个小组决定各负责一个楼层。尽管总结了采访的问题，并设立问卷调查的规定，但新问题又来了，学生进门后说明自己的来意，只是把问卷递给老师，等着老师填问卷。如果老师比较忙或不愿意看，他们就乖乖退回来也不争取。我给他们建议：首先你一进办公室就要用简练明确的语句说明你的来意，而不是站在边上等待老师去发现，不要处在被动位置。如果遇到拒绝采访或敷衍了事的，我们应该动动脑筋，怎样想办法让他们配合自己完成调查。并且我们更应该说明我们的调查是为了让老师的办公室文化变得更好，等老师了解你们调查的目的后都会支持的。经过一番讨论，学生第二轮的调查问卷非常成功。问卷调查的过程就是学习的过程，不怕有挫折有问题，有问题才会有改正有收获。调查的结果虽然重要，更重要的是在调查的过程中学生的勇气、主动、坚持等性格以及讲礼貌的习惯得到培养，这些才让他们受益匪浅。我相信这次调查的经历会让他们终生难忘。

（4）问卷汇总与交流展示　问卷调查结束后，每组做一份问卷汇总。初步总结出：师生喜欢的办公室环境是温馨的；有大部分的老师和同学认为办公室放东西的地方太少，应加一些书橱等。各组交流了研究结果之后，一起合作写了一份最后总结。

4．研究的反思

短短一个学期的研究性学习结束了，作为一个新教师，在指导他们活动的同时，我也学到了很多。研究性学习原来是老师与学生共同学习与进步的课程，我们一同策划、讨论、实施、解答、改进，取得了不少收获。学生孙嘉璐说"通过研究性学习，我明白了不少道理，想要研究一样东西一定要有耐心、信心、恒心、勇气与毅力，也少不了伙伴的帮助"。的确，这些正是教师最希望他们通过参与研究课后获得的能力和精神的财富。

拓展 >

补充读物

1　霍益萍. 研究性学习: 实验与探索. 广西: 广西教育出版社, 2001

　　本书以作者在不同学校开展研究性学习课程实验为基础, 系统全面介绍研究性学习的实施全过程, 为学校层面建构研究性学习课程提供了有效经验。

2　王升. 研究性学习的理论与实践. 北京: 教育科学出版社, 2002

　　本书全面阐述了研究性学习的历史与理论, 结合我国教育现状, 提出了实施研究性学习的模式与策略, 其特点是体系全面, 兼顾理论与实践。

3　余清臣. 研究性学习. 北京: 教育科学出版社, 2003

　　本书着眼于教育实践工作者的基础与需求, 全面介绍了研究性学习的过程与实施方式, 具有较好的操作性。

在线学习资源

1. 养正中学研究性学习网　http://yjblog.yangzheng.com.cn/index.html

2. 研究性学习　http://wlstudent.com/

3. 常州市研究性学习平台　http://rs.czyz.com.cn:89/xreport/main.do?method=center

本章概述

　　社区服务与社会实践是旨在帮助学生获得直接经验，发展实践能力，进而培养学生的社会责任感。作为综合实践活动的重要组成部分，它的设计与实施关系着整个综合实践活动的成效。因而，对社区服务与社会实践的特殊性质必须予以足够的重视，并以此来指导主题的选择，科学合理的选题不仅直接影响社区服务与社会实践活动设计方案的确定，而且也是社区服务与社会实践活动顺利进行的基础与前提。

结构图

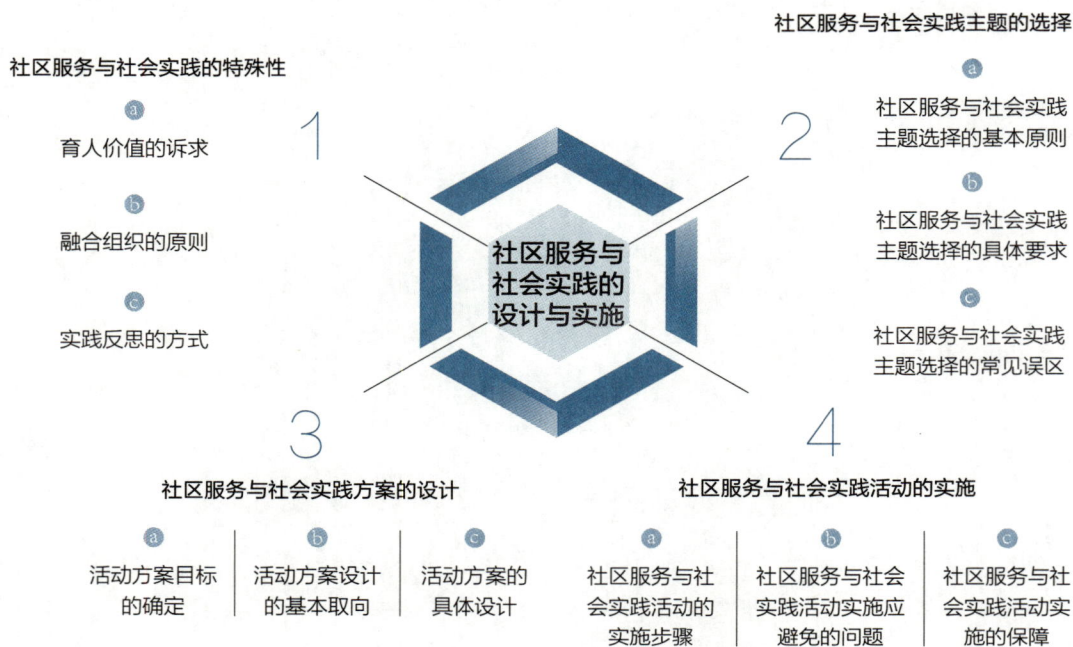

社区服务与社会实践的特殊性

ⓐ 育人价值的诉求

ⓑ 融合组织的原则

ⓒ 实践反思的方式

社区服务与社会实践主题的选择

ⓐ 社区服务与社会实践主题选择的基本原则

ⓑ 社区服务与社会实践主题选择的具体要求

ⓒ 社区服务与社会实践主题选择的常见误区

1 社区服务与社会实践的设计与实施

社区服务与社会实践方案的设计

ⓐ 活动方案目标的确定

ⓑ 活动方案设计的基本取向

ⓒ 活动方案的具体设计

社区服务与社会实践活动的实施

ⓐ 社区服务与社会实践活动的实施步骤

ⓑ 社区服务与社会实践活动实施应避免的问题

ⓒ 社区服务与社会实践活动实施的保障

学习完本章，你应该做到以下几点。

学习目标

1. 社区服务与社会实践重点培养学生哪些方面的素质；
2. 掌握社区服务与社会实践方案的设计过程；
3. 策划一个社区服务与社会实践活动方案，讨论如何实施。

读前反思

　　每个学期，学校都会组织同学去敬老院、孤儿院等公益性机构开展活动；同学们也会到社区进行学雷锋活动；在清明节去烈士陵园，祭扫英烈。在阅读本章前，请认真思考，学校组织开展这样的活动有什么样的意义和价值？这些公开性活动与其他社会活动有什么区别？

　　社区服务与社会实践，是将学习从校内拓展到校外，学生通过各种公益性活动体验生活，使课堂上学到的知识与社区活动中获得的技能之间能够协调平衡，并在体验性实践中，不断增强社会责任感。与综合实践活动的其他指定领域一样，社区服务与社会实践从课程设计到课程实施过程中都注重学习者的能力发展，通过培养学生的探究品性和批判精神，使学习者在自我、自然同社会的认知体悟和行动交往过程中，丰富内心经验，具备良好的问题意识和方法意识，形成"仰望星空"的科学态度，具备"脚踏实地"的实践品格。

第一节
社区服务与社会实践的特殊性

⊙ 学习目标

社区服务与社会实践与其他综合实践活动的不同之处表现在哪些方面？

社区服务与社会实践，被认为是一种融体验性与公益性于一体、课堂教学同课外实践相互渗透的"做中学"。对这一新型的学习领域的认识也是仁者见仁，智者见智，不同的立场形成了不同的视域。基于教育改革的立意，有研究者将其视为一种教育哲学，认为这是培养学生深刻理解民主意义和公民责任的途径，在培养勇于负责、富有爱心的公民方面发挥重要的作用；立足于教与学的视界，有研究者将其比喻为一种课程工具，认为课程是这种学习方式持续下去的载体和手段，因而有必要充分整合到课程之中，与课程标准相结合；契合于课程设置的形态，有研究者将其视为一种学习计划的设计，认为通过选修课的形式，来制订培养学生的关爱意识、亲近社会的短期课外计划。[1]尽管"社区服务与社会实践"这一综合实践活动被赋予了不同的表征和内蕴，但从其根本品质出发，予以考量，则是殊途同归——"本质上是服务学习"[2]。社区服务与社会实践，作为一种注重在活动中实现意义增值的学习领域，无论是价值诉求还是教育内容，与研究性学习等其他综合实践活动相比，都具有显著的特征。

一、育人价值的诉求

教育是自我建构的生命活动，是实现人由"自然人"向"社会人"转变的文化活动，是人获取知识、提升能力、培育心灵、陶冶情操的创造活动。然而，受制于传统应试教育体系的精致主义成才理念，学校只注重学生智力的增长，忽视了情商的发展；助长了为己的私利的膨胀，弱化了为公的向善的培育。对此，我们需要对学校教育进行拷问：教育到底是培养什么样的人？什么样的教育才是好的教育？教育的原点在于育人，教育的立场是人的立场，教育的基点是现实的人。[3]这个人，应当是完整的人，具有社会同情心的人，有诚信宽容精神、公共参与意识、服务并引领社会发展的"平民中的精英"。

（一）坚持实事求是的原则

社区服务与社会实践活动，是通过鼓励中学生走出课堂、走入社区，融入社会，从而丰

1　周加仙. 美国服务学习理论概述. 外国教育研究，2004（4）：14
2　张华. 论"服务学习". 教育发展研究，2007（9）：7
3　鲁洁. 教育的原点：育人. 华东师范大学学报（教育科学版），2008（4）：15～22

富学生所知所感的直接经验的活动。在人一生的求学过程中，自始至终都离不开两种最为根本的路径——"求实"和"应用"。前者讲求的是以客观存在的基本事实为准绳，尊重事情发展的客观规律，在以"事"为依据的前提下有所创新；后者注重的是学以致用，用行动的逻辑充盈头脑，并能够有效对知识进行技术转移，用来解决现实生活问题。

社区服务与社会实践活动的开展，以让学生亲近自然、体验社会的方式，培养并发展学生的动手能力和务实精神，在做的过程中激发学生自身的创造力。杜威在他的纲领性著作《我的教育信条》中明确提出："唯一的真正教育是通过对儿童能力的刺激而来的，这种刺激是儿童自己感觉到所在的社会情景及各种要求所引起的"，"如果从儿童身上舍去社会的因素，我们便只剩下一个抽象的东西；如果我们从社会方面舍去个人的因素，我们便剩下一个死板的没有生命力的集体"。[1]学生通过进行社会化的实践活动，在与外在客体进行双向互动的过程中，形成认知——领悟——推理——应用的学习方式，能够做到知其然并知其所以然，形成了事理研究的社会品格。即"以人类从自己赖以生活的活动中寻找研究对象，既研究事由与事态、结构与过程、目标与结果等一系列与事情本身直接相关的方面，也研究如何提高活动的合理性、效率、质量与水平。"[2]

（二）培养独立自主的品性

社区服务与社会实践活动，把学生从被动地知识授受中解救出来，赋予学生充分的自主性。学生在教师指导下，根据所要学习的主题内容和预设的学习计划安排，自主地选择贴切的活动场所，独立地完成任务。整个课程体系是以现实的生活素材为基础，通过对课程资源的充分挖掘和利用，以学生与自然、社会的交往过程为中心轴而建构起来的。学生通过亲身经历的实践活动，逐步学会从现实中发现问题并寻找答案。

需要注意的是，学生所参加的社会实践活动，应该是学生主动乐意去做的事情，是学生的兴趣使然。以往在教育教学活动中，我们往往看到，学校和教师为了社会影响，带领学生参加具有"表演""作秀"性质的社会活动，不仅不能激发学生主动参与活动的积极性，反而使学生学会了如何投机取巧，这很不利于学生的身心发展。这正如雅斯贝尔斯所反复强调的，无论从事什么活动，只有出于自己的意愿，从自己内心出发，才会发生某种正向度的改变；如果活动中掺杂了任何强迫命令的话，那么活动的积极效果就会丧失殆尽，显得毫无意义可言。

通过亲历实践活动，学生丰富了自己的思想世界，在对书本知识和教师权威的双重否定的同时，做到"不唯上，不唯书，只唯实"。这个"实"，是学生独立思考下批判地认识问

1　任钟印. 世界教育名著通览. 武汉：湖北教育出版社，1994：1073~1974
2　叶澜. 教育研究方法论初探. 上海：上海教育出版社，1999：323～324

题、发现问题的现实，是学生以理性客观的认知态度解决问题的现实。因此，学生通过参与社区服务与社会实践，不仅可以提高思考和解决问题的能力，而且可以在这种实践活动中，真正体会到自身所应具有的内在价值，从而促使学生更周详地研究问题；同时，以谨慎的态度来进行方案的策划，提高理性思考能力、理性批判能力以及理性解决问题的能力。[1]

（三）铸就勇于担当的气魄

增强学生的社会责任感，在物质生活相对富裕，但精神生活还相对贫乏的今天，显得尤为重要。通过社区服务与社会实践活动，可以使学生从小就能够把个人"小我"的进步与社会"大我"的发展紧密融合起来，增强集体荣誉感和社会责任意识，做一位勇于担当的社会公民。学生在参与活动中，通过与现实生活的接触，不断形成正确的人生观和世界观，学会以一种更加包容的心态，客观全面地分析和处理问题，并学会以"透过现象看本质"的思维方式，去发现显性事情背后所暗含的隐性价值和意义，审视问题出发点的大格调、大布局，这有利于学生公共精神的培养，有助于学生主动地把"自我"作为社会大家庭的一员，并增强自身的责任感。

参与一种有共同利益的事，每个人在自己行动时必须考虑别人的行动，参照别人的行动，从而使自己的行动有意义和有方向，这样的人在空间上大量地扩大范围，就能打破阶级、种族和国家之间的屏障。[2]中学生在社区服务与社会实践活动中，通过参加植树活动、照看社区老人，可以培养关爱他人、关爱社会的情感，加强与同伴之间的合作互助；通过参观故宫、科技馆等，可以领略国家悠久的历史和日新月异的科技发展，树立民族自豪感；通过祭扫英烈、瞻仰革命纪念碑，可以牢记先辈为赢得民族独立、国家和平、人民安康而抛头颅洒热血，深知今天的幸福生活来之不易，从而做到有所为有所不为，为人民谋福利。

🔊　**教育家语录**

千教万教，教人求真。千学万学，学做真人。

——陶行知

二、融合组织的原则

人类教育的发展经历了从自然零散状态到制度化的过程。在制度化的教育系统中，各级

1　叶飞. 公民教育方式的建构——基于"服务学习"的理念. 思想理论教育，2012（4）：22
2　[美]约翰·杜威. 民主主义与教育. 王承绪，译. 北京：北京人民教育出版社，1990：97

各类教育活动的组织和实施，都按照预先规定的程序循序渐进地开展。这在一定程度上降低了教育成本，促进了教育公平的局部实现。然而，在教育制度化过程中，由于标准性、划一性和机械性，导致整个学校教育出现了危机，"表现为人的物化（使人不成其为人，而成为零件、工具、对象）、功利化（不断制造人的需要，使人丧失对生命意义的追问，沉湎于物质享受）、匿名化（使人丧失自我特性，成为芸芸众生中同质的一员）和等级化（使人和人相对立，并在人们之间建立一种依附关系）"。[1]针对学校教育走向制度化的弊端，教育作为一种规定性活动，正在悄然发生变化——教育正日益关注整个社会和人类终身的发展，教育不再囿于学校围墙之下，正在走向一种自主性的"后制度化"教育时代，这是无体系的教育，又称教育的"非制度化"。即"未来的学校教育必须把教育的对象变成自己教育自己的主体。受教育的人必须成为教育他自己的人，别人的教育必须成为这个人自己的教育……我们不仅必须发展、丰富、增加中小学和大学，而且我们还必须超过学校教育的范围，把教育功能扩大到整个社会的各个方面……"[2]

社区服务与社会实践是促进教育"制度化"和"非制度化"相互衔接的有效途径，有利于实现1+1＞2的功效，从而发挥教育的最大效能。

（一）体现显性教育与隐性教育的紧密结合

显性教育是学校为了教育学生而明确计划和组织的教育活动。隐性教育作为一种教育性经验，偏重情意方面的非学术性内容，但也不排除学术性内容。它是可计划的，对学生发挥着有意或无意的影响。同时，它也是无处不在的，既存在于校内也存在于校外。[3]随着社会的发展，特别是在知识大爆炸的时代，在学校课堂上学到的知识是有限的，从某种意义上说，隐性教育是对班级授课制为主要形式的显性教育的一种有益补充。

社区服务和社会实践活动，是综合实践活动中与校外社会生活联系最密切的一个领域，它一方面反映了学习是没有边界的活动；另一方面也体现出教育是一种情感活动。学生通过活动，在周边环境的潜移默化之中，从单纯地觉察，到一定动力转化，最终达到行为的表现。既丰富了自我的道德感、理智感和审美感，又反作用于自己的学习过程中，以更积极的姿态投入到学习之中，促进身心的全面发展。[4]

（二）实现教育由"外铄"到"内化"的过程

传统的教育是一种程序化的教育，在封闭的环境中，按照既定的要求，进行规范的活

---

1 康永久. 教育制度的生成与变革——新制度教育学论纲. 北京：教育科学出版社，2003：96
2 联合国教科文组织. 学会生存. 北京：教育科学出版社，1996：200～201
3 靳玉乐. 潜在课程论. 南昌：江西教育出版社，1996：33
4 靳玉乐. 潜在课程论. 南昌：江西教育出版社，1996：215

动。整个教育过程不容许有失误。而为了保证教育的准确，相应的制度应运而生，一切知识都是事先准备好的，教育成为一种预设的精确活动。然而，教育不是一叶孤舟，学生也不是孤立地生活在世界上的人。教育离不开学生成长的自然环境。大自然是一本书，是思维的摇篮，它具有一种奇怪的特性：学生发现得越多，他们因思维获得的快乐就越大。他们逐渐发觉未知的越多，因而问题越多：这是什么？这是怎么回事？这是什么现象？于是，他们的精神力量就越执着地专注于求知和解疑。对大自然进行思考的水滴就可以汇成浩瀚的思维之河。[1]社区服务与社会实践，丰富了学生的阅历，让学生在亲身体验中增长知识、丰富情感、提高能力，使学生在这种"颠覆性"的教育活动中，由"要我学"的外在压制变为"我要学"的内在追求。

（三）促进教育的专业性与公共性的有效结合

教育的专业性，主要是指人们通过学习科学知识，来实现自我的提升，突出教育"传道授业解惑"的真意。然而，事实上，教育从"育人"活动的第一天开始，就表明它是一项实践性的公共活动。一味地把规则、概念、判断等抽象化，只会消弭教育原初的"实践理性"，使教育显得无所适从。"教师在缺乏任何统一教育思想的情况下强化着自身的努力；论教育的新书层出不穷；教学技巧持续地扩充……一种尝试迅速地为另一种尝试所取代。教育的内容、目标和方法不时地被改变。这是一个对自身没有信心的时代，它焦虑地关注着教育，仿佛在这个领域中有可能再次从虚无中创造出某种事物来"。[2]

社区活动的开展有利于加强学校教育与社会生活之间的联系，充分实现信息资源的共享。社区向学校开放展览馆、纪念馆、图书馆、活动中心等公共场所和德育示范基地的同时，学校也向社区开放一系列文教系统和多媒体系统等硬件资源。学校之门向家长开放，使家长能够更好地理解究竟什么是教育；同时，教师带领学生深入社区，通过开展一系列公益活动，帮助学生启迪智慧、陶冶情操，使教育在学校与社区的相互促进中，逐步唤醒学生的内在发展潜能。

三、实践反思的方式

社会实践活动，离不开活动者在具体行动中的反思。正所谓"吾日三省吾身"。反思是在生活世界中的反思，其素材来源于现实。对真实境遇的取材、素描，有利于实现"意义的追求"。反思需要超出现世生活，追求可能生活，实现人的成长，推动社会进步。反思的价

---

1 蔡汀等. 苏霍姆林斯基选集（第五卷）. 北京：教育科学出版社，2001：789
2 徐继存. 教育学知识的限度及其意义. 教育学报，2011（1）：27

值，不仅仅体现在它是学习的基础，是推动体验升华、知识生产、思维发展和思想成熟的方式；更为重要的是，它是把握、改进和完善活动过程的认识要素。[1]杜威指出反思需要建立在经验的基础之上，人们在活动过程中所做的事不仅能够被意识到，并且把事物变化所产生的一系列联系与之前所做出的意识紧密联系，进而能够影响人类自身的活动，具有连续性、联系性、意义性的特征。杜威进一步指出，作为反省的思维要素，主要包括"第一，学生要有一个真实经验的情境——要有一个对活动本身感兴趣的连续的活动；第二，在这个情境内部产生一个真实的问题，作为思维的刺激物；第三，要占有知识资料，从事必要的观察，对付这个问题；第四，他必须负责有条不紊地想出解决问题的方法；第五，要有机会和需要通过应用检验他的观念，使这些观念意义明确，并且让自己发现它们是否有效"。[2]

反思不但是社区服务与社会实践的一个重要环节，而且是渗透贯穿于服务和实践整体活动过程的一种基本学习要素和方式。[3]反思的开展，则一般从实践活动过程、活动的对象、活动的主体等维度展开。

（一）对实践活动过程进行的反思

反思性的实践活动，可以区分为"在行动中反思"和"对行动的反思"。前者强调的是边做边思，后者则是事后思考的过程。在社会参与过程中，学生通过了解社会组织机构的组成及运行情况，将之与课堂教学和日常行为准则紧密相连，使教育环境真实化，使教学活动贴近现实生活，有利于学生认知能力的提升，人际关系的处理。由于对实践活动过程的反思，是对活动本身的反思，学生在活动参与过程中，主要思考他能做什么，做了什么，属于一种事实层面的平面性思考。

由于实践活动是动态的活动过程，现实的活动场景充满了种种不确定性，偶然事件时有发生，而学生身心发展特点又决定了他不可能独立进行逆向的抽象性思考。因此，学生需要在教师的有效指导下，以科学而公正的态度、切实可行的方法对整个社会实践活动进行深刻理解，并在此基础之上建立起相关的认知结构体系。需要注意的是，这一思维逻辑结构不是固定不变的，而是随着活动的进行，通过对已有行为和观念的审视，不断除旧布新的过程。

（二）对实践活动对象进行的反思

把握活动对象，学生思考的是这样做对他人、对活动客体所带来的影响，属于价值层面的思考。表面上看，这是在静态的、"离线"状态中进行的，其实，它也是以"在线"的研

1　潘洪建. 中学综合实践活动指南. 北京：高等教育出版社，2011：196
2　[美]约翰·杜威. 民主主义与教育. 王承绪，译. 北京：北京人民教育出版社，1990：162～174
3　潘洪建. 中学综合实践活动指南. 北京：高等教育出版社，2011：196

究为支撑的，在线的研究构成了其验证和辩护的主要焦点。[1]学习者在活动过程中，通过与所接触的活动对象（人或物）进行"对话"，并及时进行组织反馈，以获取当下有价值的信息，其整个过程就是"情境回应，实践者倾听，对所听到的东西流露出欣赏等感情，对情境进行二次重组。"[2]

在实践活动中，我们需要不断观察考察的对象，并做出意义性的评判。经验既在自然之内，也是关于自然的。被经验到的并不是经验，而是自然——石头，植物，动物，疾病，健康，瘟疫，电力等。以某些方式起着相互作用的事物，乃是经验；它们是被经验到的东西。当它们以另一种方式与另一些自然对象——人的机体——发生联系的时候，它们也是事物怎样被经验到的情况。经验就是这样达到自然内部的；它有深度也有广度。而且在广度上有无限伸缩性。它伸张着，那种伸张就造成了推论。[3]逐渐地，经验具有了特定的普遍性，以由此及彼、由表及里、去粗取精、去伪存真的方式，内化于学习者的日常实践中。

（三）对实践活动主体进行的反思

通过对活动主体——自我进行反思，学生思考的是经过活动，自己究竟从中学习到了什么（包括成功和失败），对自己价值观的形成以及学习方式的改变具有哪些重要的影响等问题，这不仅仅是对自我进行的价值透视，更是指向于未来该如何发展的远景性思考。对于个体而言，反思的意义在于它能够使人避免盲目过大，更好地认识自我；能够使人以深思熟虑、目的明确的方式去行动；能够使人从常规性的、墨守成规的行为中解放出来；能够使人更独立、更自主、更具有主体性。[4]

对实践活动主体的反思是通过对自己的表现进行自我评价、自我诊断，来改进不良行为，优化方式方法，提高能力水平的过程。例如，通过对安徽歙县的民居、祠堂和牌坊的考察，领略到精湛、细腻的徽派艺术；驻足于林林总总的歙县古村落建筑群，通过古村落的布置，感悟到徽州人天道法人的理性实用思维。外在的美丽风景、悠久的历史文化，对于尚处于成长中的学生来说，意味着努力提高自身文化修养，在热爱大自然、珍惜历史遗迹的同时，也要做一名自然环境和传统文化的守卫者。这就要鞭策自己不断奋发向上，勇于求索。整个反思过程中，既包括自己对自己的评价，又包括别人对自己的评价，通过自评和他评相结合的方式，提升自己的思想境界和认知水平，进而增强决策力和行动力。

1　洪明. 反思实践取向的教学理念——舍恩教学思想探析. 外国教育研究，2003（8）：16
2　D.A. Schon. *The reflective practitioner :How professionals think in action*. New York: Basic Books.1983：131～132
3　[美]约翰·杜威. 杜威教育论著选. 赵祥麟，王承绪，编译. 上海：华东师范大学出版社，1981：267
4　姚林群. 论反思能力及其培养. 教育研究与实验，2014（1）：41

第二节
社区服务与社会实践主题的选择

🎯 **学习目标**

能够正确选择社区服务与社会实践的主题。

合理而有效的主题选择，需要妥善兼顾现实生活中个体、知识和社会三方面的协调发展，综合考虑地方文化特色、实际需要、主题利用的可持续性和经验衔接等具体要求。

一、社区服务与社会实践主题选择的基本原则

（一）立足于学生身心发展的现实水平，促进学生发展

综合实践活动作为中小学校的必修课程，其根本目的就是促进学生的发展。中学社区服务与社会实践作为综合实践活动的一个重要领域，主要目的是促进中学生的身心发展。

中学阶段的学生，其认知发展水平已经从具体运算阶段过渡到形式运算阶段。主要特征就是学生的推理能力逐步提高，能够对事物的发展做出某种前提性预设，能够尝试运用逻辑推理能力解决现实中的问题。在好奇心的驱使下，学生在与大自然和社会的交往过程中，表现出了浓厚的兴趣，求知欲不断增强。此时，各种社会活动的进行，需要关注学生内在心理的变化，在"自我"心理发展不断成熟的过程中，教师需要引导学生学会由己及他，学会移情，从而能够善待他人，关心他人。

与此同时，学生的发展又处于角色混乱时期，无论是心理还是认知水平的发展层面都相对较低，面对信息社会的知识爆炸与价值多元，必然产生诸多的困惑和迷茫。因此，不断加强学校与社会、学校与社区的联系，让学生在开放的世界中，通过人际间的沟通交往，使学生在力所能及的范围内做些有益于社会的事情，将会帮助他们发现人生的意义，有利于自身的角色定位。尤其当学生的实践活动得到社会与他人的认可和尊重时，也增进了自我与他人、自我与社会之间的沟通交流，加强了不同文化之间的理解，有利于消除文化隔阂和学生的相对剥夺感，进一步增强其自我认同。

在参与社区服务，促进学生发展方面，格林的一项调查研究较有代表性。这一研究的具体步骤是：（1）学生被分成实验组和控制组。其中，实验组学生透过"服务学习"的方法，参与社区服务，分别关注老年人问题和残疾人问题；控制组学生同样关注这两个问题，但是采用常规的教学方法。研究的目的是考察学生的道德推理能力和心理发展能力是否受到社区参与的影响。（2）对实验组学生和控制组学生的行为进行持续性跟踪观察。（3）结果发现，与控制组相比，参与社区服务学生的道德推理能力和人际关系的差异并不显著。然而，做过"服务学习"的方案设计，并参与社区服务的学生的社会心理却有了很大的变化和发展。这

些学生对自己的服务体验所付出的投入感可以说是前所未有的，而且他们和服务对象之间形成了一种互惠性的关系。学生们能够充分肯定服务体验的教育意义，这加深了他们对社会多样性的认识，亦加深了他们关注服务对象的生活质量问题。[1]这说明，合适的社区服务与社会实践主题选择有利于学生的身心发展。

（二）适应社会发展的现实要求，解决现实的社会问题

社区服务与社会实践活动，作为课程改革的一个崭新领域，重要的是通过教师引导学生积极参与到社会活动之中，从现实生活中发现问题、解决问题，丰富学生的情感体验。在活动主题的选择过程中，要兼顾以下几方面内容：（1）服务社区；（2）走进社会；（3）珍惜环境；（4）关怀他人；（5）善待自我。可以围绕下列几个主题进行选择：（1）人类生活的基本活动或社会运作的基本方式；（2）人类社会当前面临的共同问题和所发生的重要事件；（3）社区群众共同关心的话题；（4）社区主要成员的社会角色及其职业；（5）不断扩大的社区范围。[2]无论如何，活动主题的选取，都不可脱离当地发展的实际情况，为了一时赶时髦、追时尚而进行。

现实是思想萌发的土壤。"从一种即使是正确的教学思想或理论出发，以思想或理论剪裁教学现实，用思想或理论规范教学现实，都将使我们难以避免教条主义的窠臼，造成唐吉诃德式的历史闹剧"，因为"陷入自我构造的教学观念世界的教学论研究者会有意或无意地遗忘了教学生活世界，容易把教学论研究当成了一种纯粹知识的追求，而不是当作一种知情意相统一的智慧探索活动"。[3]这就需要我们改变传统意义上的"知识人"的教育信条，认识到"人是为了生存、生活才去索取知识的，生活才是第一性的，知识只是生活的手段和工具。对于一个现实生活中的人而言，是生活规定了他对于知识的态度和追求，而不是相反"[4]。

选取的活动主题或者素材不仅要源自生活，而且需要能够解决生活中的实际问题，具有可操作性，满足社会现实的发展需求，具有强烈的实效性。对此，我们也可以从陶行知的"生活即教育"的思想中略见一斑"生活教育是给生活以教育，用生活来教育，为生活向前向上的需要而教育。从生活与教育的关系上说，是生活决定教育。从效力上说，教育要通过生活才能发生力量而成为真正的教育"[5]。只有从生活中寻找问题，分析问题，才会加强学校与社区、社会之间的有机联系，彼此之间达成协作共赢。

1　Greene (1996). *Moral Reasoning, Student Development, Reciprocity and Quality of Life in a Service Learning Experiment[Unpublished Dissertation]*. Fort Collins: Colorado State University, 1996
2　张传燧. 自主，实践，生活，综合——综合实践活动课程破解. 湖南师范大学学报（教育科学版），2002（3）：89
3　徐继存. 教学论导论. 兰州：甘肃教育出版社，2001：192
4　鲁洁. 一个值得反思的教育信条：塑造知识人. 教育研究，2004（6）：3～4
5　陶行知. 陶行知教育文选. 北京：教育科学出版社，1981：56～57

（三）尊重学科逻辑体系，体现教育教学规律

社区服务与社会实践活动，作为教育教学的"第二课堂"，必须要与"第一课堂"的教学知识紧密结合，相互渗透。这不仅需要加强学科知识之间的内在关联，妥善处理同一学科内部以及不同学科之间的逻辑架构，实现知识的重新组合，而且学习者通过活动参与建构知识的过程，也实现了自我知识的进化。

在活动主题的选择过程中，需要兼顾"知识科目"与"实用科目"二者之间的内在关联，进行组合。"知识科目"有着自己独立的学科逻辑体系，如语文、数学、英语、历史、化学等；"实用科目"则是与社会生活、实践活动等紧密相关的科目，如纺织、烹饪等。两种不同逻辑体系的知识范畴进行整合时，也要注意彼此之间的目标指向、范畴体例和逻辑运演，从而能够进行意义性统整。[1]在此，我们需要打破对课程知识孤立看待的原子化思维，改变将知识无限割裂的碎片化认知方式，合理运用有意义的认知关联，对知识体系优化组合，在实践的基础上进行有意义的建构。

值得注意的是，在这种意义性建构过程中，我们应当以课程标准规定的大纲为框架，不可以任意跳出或者缩小这个范围。因为课程标准是国家根据青少年的认知发展水平和社会生活的实际需要而制定的，具有一定的科学性，是合乎时代发展需要的。我们所做的是，怎样在保证知识"核芯"不被改变的情况下，采用更科学有效的形式向学生呈现，从而使学生更容易理解和把握知识的深层内涵。如果"第一课堂"与"第二课堂"之间缺乏彼此关照，就会挫伤学生的学习积极性，使之产生厌学情绪，难以达成知识的"意义化、内化、类化和简化"[2]。

二、社区服务与社会实践主题选择的具体要求

（一）考虑实际需要

社区服务与社会实践活动主题的选择，应该建立在现实的基础之上，具有一定的针对性与情境性。教师就像建筑工程师，在正式施工之前，先提前画好图纸，对整个施工的布局和设计有一个前提性的预期，从而保证整个活动的计划性、针对性。然而，任何活动的开展都不可能按部就班地依照预设的方案进行，所选择的活动主题也是随着现实情境的变化而不断发生变化的。

因此，社区服务与社会实践的主题选择既要关照学生的发展水平，又要确保与实际生活的紧密连接。就前者而言，就是活动主题的选择，在符合课程标准的同时，也要考虑到学生

1　张华. 综合实践活动课程研究. 上海：上海科技教育出版社，2007：119
2　蔡清田. 课程统整与行动研究. 台北：五南图书出版股份有限公司，2004：5

的身心发展水平，学生作为"生活中有待发展的个体"，具有丰富的个体差异性，不可拔苗助长。就后者而言，就是保证主题的选择与学生生活紧密相关，而不是一系列抽象的命题。如果把活动过程想当然地理解为"输入→加工→输出"的简单线性的控制过程，会使整个实践活动僵化而无活力，学生的创造性和主题的情境性也将遭到破坏，无法彰显社会实践的丰富内涵。

（二）体现地方文化特色

社会实践活动主题的选择，必须要在考虑现实需要的基础上，突出文化特色。这需要客观认识当地的人文地理面貌、经济发展水平等社会历史背景，利用当地的教育资源，充分考虑学生的整体学情以及指导教师的专业发展水平等。如果在主题选择时未能有效结合当地以及本学校的具体情况，而照搬或照抄其他地区和学校所提出的先进经验和发展模式，往往会因未能充分考虑东西部地区、发达与贫困地区、城乡地区等的差异，而出现"橘生淮南为橘，橘生淮北为枳"的现象。这种舍近求远式的主题选择不仅湮没了当地文化的特色，而且也会使学生日渐沦为家乡文化的边缘人。

不可否认，适当的借鉴是必要的，但问题在于我们在实践过程中应该注意目的与方法。借鉴的目的是为了更好地发展自己，而不是亦步亦趋地跟在别人的后面，让自己学校沦为先进经验的试验田。我们需要借鉴和学习的是先进的思路与方法，并以地方文化为土壤，将所学灵活运用，而不是简单地将自己的活动套入现成的活动模式之中。言下之意，理论必须有适合其生长的土壤。古语有云"金针度人"，我们需要学习的是"他者"的"针法"，而不是将"他者"的五彩霞衣披于身上。一种理论一旦离开它赖以生存的土壤，去作用于另一种环境，很容易在时空差异"变器"中将自身降格为材料。因此，社区服务与社会实践的主题选择需要考虑文化的内在特色与差异。

（三）坚持主题利用的可持续性

活动主题的选择，需要在现有资源之上挖掘特色，这是对选题合理性的要求，但仅有合理性是不够的，还必须关注选题的可持续性。可持续性的主题选择首先要具备审慎的态度，并不是所有的主题都适合社区服务与社会实践，对列入选择范畴的主题通过合理性（现实需要、本土特色）的筛选之后，还要将主题的可持续性纳入考量范围。在固定时间（每月或每周）更换主题是一种形式主义的做法，更是社区服务与社会实践选题不可持续的重要表现，出现这种情况有两种可能性，一是不深入，二是不科学。学校"在活动选择过程中必须考虑社会的、文化的、学习过程的、个人发展的以及学科的特点；学生参与社会活动不是从一个目的的表述到进入现场、学习经验获得再到评价这样一个线性的过程，而是一个与新的教育目的相联系的过程"[1]。不可否认，可持续的选题是以现实合理性为前提的，除此之外，最重要的还在于选题的科学性，只有科学的知识才具备纵深探讨的条件，随着主题的深入，必然伴随着其内涵与外延的扩展，不断衍生出新主题，这是实现选题可持续发展的关键。

试想，如果学校始终不停变换主题，势必会在无形中消耗过多的成本，最关键的是到学期结束时才发现过于频繁的主题转换让学生如蜻蜓点水，对哪方面都没有深刻的认识和体验。不可持续的选题不仅使学校难以形成自身的特色，而且耗费了学校大量的人力、物力和财力。在主题选择时，一定要充分考虑主题的生命力，以保障主题的可持续利用。

（四）重视经验的衔接

直接经验与间接经验的有效衔接，是知识系统化的必要前提，也是选题可持续性的重要保障。在参与社区服务与社会实践活动中，学生是在已有间接经验的基础上，不断体验、丰富自己的直接经验。获得直接经验的目的是巩固和内化间接经验，直接经验与间接经验是在相互碰撞中不断深化的，并不存在重要性上的等级关系。因而在主题选择时充分考虑经验之间的衔接性问题，是社区服务与社会实践的题中应有之义。但在现实的主题选择中，很多学校认为社区服务与社会实践就是以获得直接经验为主要目的，对直接经验与间接经验之间的相互促进关系认识不足，无意识地把间接经验降至次要位置，甚至没有考虑已有间接经验的结构性特征。在主题选择过程中对间接经验的忽视，必然带来社会实践活动的低效或无效。关于"经验"的认识，杜威已经有过很好的论述，"经验不仅是某种偶然加诸自然之上的外在的东西，而且它构成了一种隔膜和屏障，它会阻断我们与自然的联系，除非我们能够以某种方式将它'超越'"[2]。诚然，"做中学"的思想，使学生在社会实践中获得的丰富的直接经验，有利于学生探究大自然的奥秘；在人与人的交往过程中，关爱他人。但是，直接经验如果缺少间接经验的必要依托，不能超越直接经验自身，就很难内化到认知结构当中，只能呈现为碎片化、浅表化的状态。

学生在实践活动中所得到的直接经验丰富了学生已有的认知世界，这些直接经验在与间接经验的砥砺中，实现了对本身的超越，催发了学生的问题意识，也深化了学生对知识的认识和理解。从这个意义上说，间接经验在社会实践中，是直接经验的有益补充，在主题选择时要充分考虑两种经验的有效衔接，以发挥二者的相互促进作用。

---

1 孔企平. 对西方学者课程目标模式讨论的述评. 华东师范大学学报（教育科学版），1998（4）：36
2 [美]詹姆斯·坎贝尔. 理解杜威：自然与协作的智慧. 杨柳新，译. 北京：北京大学出版社，2010：74

三、社区服务与社会实践主题选择的常见误区

主题选择的科学性与合理性，直接关系着社区服务与社会实践活动实施的成效，但认识的偏见却常使我们陷入蒙昧而不自知，因而在选题时我们应尽量克服主观臆断，避免下面几个比较常见的误区。

（一）学生在主题选择活动中拥有绝对自主权

教师需要激发学生的活动兴趣和课程意识，倡导学生积极主动地参与选题过程。必须承认，学生在活动参与中，需要具有一定的活动自主权，并做出独立自主的判断，但这并不意味着，学生想做什么就做什么，毫无任何约束可言。由于学生的心智发展还尚未成熟，对一些活动或事物的认识，缺乏整体把握，只局限于眼前，缺乏长远规划。因此，学生需要在教师的指导下进行主题选择，并从中体验参与的意义。如果对学生过分信任，教师不给予有效指导，学生容易盲目运用手中的权力，最常见的是把社区活动简单化理解为"郊游""赶集市"，所以在选题上也是以兴趣和热闹为指标，造成社区服务与社会实践活动表面轰轰烈烈，但喧嚣过后却收效甚微的状况。

（二）教师在主题选择活动中的独断专行

学生参加社会实践活动，需要教师的指导，但这并不是说教师就可以独断专行，擅自利用手中的权力，不充分考虑学情，就代替学生做出选择，并擅自制订学生的活动计划。或者教师在学生的主题选择过程中干预过多，影响了学生选择的积极性；部分教师甚至把个人意志强加于学生思想活动之上，压缩了学生的独立思考空间。在这样的主题选择中，也许可以保证主题选择的内在关联性和可操作性，但问题在于学生只能做呈现出备选答案的"选择题"，而不能发挥自己的能动性，做可以抒发情怀、发挥想象力的"论述题"。主题选择没有真正的自主可言。

（三）主题选择缺少计划性与可行性

不同的主体对主题的选择必然存在一定的差异，相对而言，学生的主题选择更倾向于兴趣和需要，而教师的主题选择则侧重于考虑现实水平或知识结构。主题选择要尊重学生的兴趣和需要，但切忌放纵学生沉溺于虚幻的空想，因为综合实践活动的目的是基于生活、在生活中、为了生活，一味地鼓励异想天开意味着鼓励哗众取宠，并把胡思乱想、胡说八道合理化，结果可能会促成某些儿童将来有原创性的成就，然而若习惯成自然，也可能成为儿童通往科学道路的障碍。[1]

1　张华. 综合实践活动课程研究. 上海：上海科技教育出版社，2007：73

过分依从学生可能会造成主题选择上的随意性，但如果教师在选择主题时倾向于简单化处理，不顾系统关联而有意避免繁杂，同样会造成主题的计划性缺失，因此教师要合理规划，既要对学生的选题进行适当干预，也要对自己的意向有所省思，以保证选题的系统性和可操作性。例如，如果学生决定要考察野生动物园，但是所在社区甚至所在城市都没有野生动物园，则考察活动缺乏必要的依托，活动也就没有可行性。[1]此时，教师可以略加引导，如选择观察身边的小动物，既避免了选题过程中的两种极端化倾向，又使选题变得切实可行。

第三节
社区服务与社会实践方案的设计

学习目标

掌握如何进行社区服务与社会实践方案的设计？

一、活动方案目标的确定

社区服务与社会实践，立足于知识与能力、过程与方法、情感态度和价值观三个维度，提出注重学生的社会适应能力、社会参与意识和公民责任感及创新意识的培养的总目标。中学阶段的具体目标[2]主要涉及：统整各科知识，增进思考、判断、应用与创造能力；扩展生活领域，养成乐观向上的生活态度和习惯；广泛参加社会活动，增强民主法治观念与互助合作品质；乐于服务社会，具有服务意识和奉献精神；增强环境保护意识，提高环保能力，养成环保习惯；逐步了解自我，充分施展才能，合理设计未来。

国家层面目标的确立，只是一个大体方向。具体到不同地区，又会呈现出不同的特点，表现出国家顶层设计，地方具体落实的特点。以浙江省为例，活动设计的架构，就是在凸显课程的实践性和社会性的总目标下，确立"认识自我""融入社会""尊重自然""探究世界"四个维度的二级目标，并侧重于实践过程中情感、能力、态度与方法的培养，在四个二级课程目标基础上，设置了十二个三级课程目标，并将每一方面的目标从基本方法、技能、经验和规则等方面具体化、层次化，以便学校和教师在课程实施中梳理不同目标之间的关系，明确教育内容，设计课程方案。

1　潘洪建. 中学综合实践活动指南. 北京：高等教育出版社，2011：196
2　郭元祥. 综合实践活动课程与教学论. 北京：人民教育出版社，2013：226～227

浙江省教育厅·初中综合实践活动课程实施指南			
一级目标 （课程核心目标）	培养学生的创新精神和实践能力		
二级目标	I 认识自我	II 融入社会	III 尊重自然	IV 探究世界
三级目标	I a 自我探索 I b 自我管理 I c 自我展现	II a 与人沟通 II b 社会参与 II c 文化理解	III a 安全防护 III b 环境保护 III c 珍爱生命	IV a 提出问题 IV b 分析问题 IV c 解决问题

二、活动方案设计的基本取向

活动方案目标的确定，为社区服务与社会实践活动的有效开展提供了宏观层面的坐标指引。但方案的具体落实过程中，由于教师课程理解的差异，导致不同的教师在方案设计过程中可能秉持不同的操作取向。

（一）技术取向

秉持技术取向的教师，在活动方案设计时，通常采用"研究——开发——传播"（RD&D）方式，具体说来，就是严格按照课程标准进行设计，假定学生在学校中会形成共有的价值观念和行为方式，学生在社会活动过程中会遇到相似的问题而设计的一套活动方案，认为学生根据此方案，就能解决所有问题，达成预期的目标。[1]整个活动方案从活动主题到活动设想，无一遗漏，系统完整，以线性一体化的逻辑序列呈现出来。表面看来，这样的方案设计是好的设计，因为它规范整齐，符合纲要规定的基本要求，而且各个环节部分都已经做出了明确说明，师生只需要按照要求予以执行即可。

实际上，技术取向的活动方案难以承载丰富多彩的社区活动。它仿佛印刷机，复制出千篇一律的学生，毫无个性，遑论创新；它又好似罐装机，加工出一个个被塞得满满的罐头，用自己的大脑装载着别人的知识。这种技术取向的活动方案，只会将社区服务与社会实践活动变相地退化成为另类的知识灌输式课程，失去了"活动"的真谛，远离了生活世界。

（二）伦理取向

伦理取向对活动的情境性格外关注，认为活动方案的设计不是一劳永逸的，而是随着活动的开展不断调试的过程，活动方案设计者和具体实施者之间不断地进行着互动。尤其是在社区服务和社会实践活动这样的公益性活动中，活动设计过程是以"爱"为核心来组织的。其理论依据是诺丁斯所提出的"关心教育"。在她看来，整个活动设计应该呈现出围绕"关

1　尹弘飚，李子建. 再论课程实施. 高等教育研究，2005（1）：69

心"的晕轮结构，即"关心自我，关心周围的人，关心陌生人，关心动物、植物和自然环境，关心非生命的物品和器具，以及关心意识形态领域的知识"[1]。

由于人是一种关系式的存在，一切知识都是在人际交往中产生的，在我国这样一个强调伦理结构的社会，尤其如此。这就意味着教育不能仅仅传授给学生知识，还要使他们学会了解和认识自己以及他们所处的世界。在很大程度上，鼓励学生参与社会活动，就是要让学生在社会交往中学会学习，这种学习能够触及心灵，进而带来价值观层面的深刻变革。伴随着学生对社会实践和交往活动的初步认知，他们会形成一定的情感，并逐步凝练为一种对学习的态度。我们并不是只想通过社区服务来培养孩子们一些简单的服务技巧，我们的目的是培养他们关心自己、关心他人的态度。即"社区服务必须是一种倡导关心的实践。因此，服务活动必须从关心的角度来安排"[2]。随着关心角度的不同，活动的主题目标可以定位于认识自我，亦可以定位于尊重自然。

（三）文化取向

活动方案设计的文化取向认为活动过程中既有冲突也有融合。由于活动参与者的价值观、心性各异，很难在活动中轻易达成共识，并采取步调一致的行动。面对不同群体的文化冲突，我们需要在活动中进行文化的"二次再生"。即教师在以课程标准为蓝本的基础上，对预设的活动方案予以重新思考，综合考虑人文地理、民俗风情、学生心智发展水平、教师队伍建设、课程资源开发等多方面因素，尽可能地满足多数人的不同需求。

此时，按照杜威的说法，"学校就是一种社会组织。教育既然是一种社会运作过程，学校便是社会生活的一种形式。在这种社会生活的形式里，凡是能有效培养儿童分享人类所继承下来的财富以及为了社会的目的而运用自己的能力的一切手段，都被集中起来……教育是生活的过程，而不是将来生活的预备……学校生活是如此简化的社会生活，它应当从家庭生活里逐渐发展出来；它应当开展并继续儿童在家庭里已经熟悉的活动"[3]。学校通过与社会建立起一种新型"互构"系统，加强彼此间的沟通、对话和交流，形成兼具渗透性、共有性和继承性的社群文化，从而发挥整合效应。因此，这种取向之下的活动设计主要定位于该如何有效融入社会、实现文化理解。

三、活动方案的具体设计

活动主题的确定与设计取向的澄明，是活动方案设计的前提条件。在进一步将活动目标

1　[美]内尔·诺丁斯. 于天龙，译. 学会关心——教育的另一种模式. 北京：教育科学出版社，2003：93
2　[美]内尔·诺丁斯. 于天龙，译. 学会关心——教育的另一种模式. 北京：教育科学出版社，2003：35
3　[美]约翰·杜威. 学校与社会：明日之学校. 赵祥麟，等译. 北京：人民教育出版社，2004：3

校本化的过程中，明确的活动方案设计内容应当包括：活动目的、活动主题、内容要求、活动准备、活动项目、活动时间、活动对象、活动地点、活动意义等。值得注意的是，在设计这些内容之前，需要做两件事情：第一，要有一个活动进度安排，以此来保证活动的有条不紊、按时按质完成；第二，对将要进行的这项活动进行全面了解，通过网络新闻、实地分析、调查问卷等多种方式做一个前期考察，做到心中有数，明白这项活动是否可行（一般以活动进度的方式呈现出来）。

在此，我们以"除了家，我们还能在哪儿停留[1]"为案例来进行说明。

暑假来临，学校给学生们布置了系列实践探究类作业，其中一项就是"社会小调查"。要求学生从身边的生活中发现问题，并由小组合作完成调查。由于龙湾区属于城市化进程中的城镇，同学们若要去温州市区的影院或市图书馆或市展览厅看电影、听讲座、欣赏艺术作品，即便有家长送，每一趟来回也需要两三个小时的车程。同学们为什么不就近到龙湾区的文化场所参加这些活动呢？基于这样的思考，他们确定了对龙湾区公共文化场所的建设和使用情况的"社会小调查"。

活动任务是明确的，要围绕这一任务展开调查，就需要首先制订一个活动进度安排，并进行预测。

调查时间：8月—12月

进度安排：活动主要分四个阶段进行。

（1）学生凭直觉把主题定为"龙湾区的公共文化场所为什么这么少"。随后，开始搜集资料，主要通过网络、问卷调查、走访大型文化场所等方式展开，并对收集的资料进行统计分析。

（2）开学后，在老师的指导下，学生重新对资料进行分类统计和分析。在老师的点拨中发现龙湾区的公共文化场所挺多的，原来以为"龙湾区的公共文化场所太少"的结论完全被推翻。受思维定式的影响，学生们有些茫然、不知所措。

（3）在老师的帮助指导下，学生把调查研究的主题调整为"为什么我们不去龙湾区的公共文化场所参加各类文化娱乐活动"。并且老师要求他们利用周末或课余时间。自己解决交通问题到家附近的图书馆、博物馆、影剧院深入了解各种情况，如翻阅各场所的访客记录、留言簿、向管理人员咨询等。

（4）随着各种材料的不断积累，学生对问题的认识日益明晰，对各类现状的分析也愈客观，所提的建议和问题解决的设想也愈科学。"除了家，我们还能去哪里"的研究水到渠成。

通过预调查，发现龙湾区的公共文化硬件设施不少，但是活动的人却并不多，还存在很大的开发空间，这一情况说明在此开展社会实践活动是可行而有意义的。为此，我们需要根据要开展的具体活动设计出如下活动方案。

1　本案例由浙江省温州市龙湾区实验高中提供。

龙湾区图书馆寒假活动筹划方案

一、活动目的：随着社会的发展，图书馆不再只是一个专门收集、整理、保存、传播文献的机构，它还承担着满足社会对文化娱乐的需要，丰富和活跃人民群众的文化生活的作用。

寒假即将到来，为了更好地发挥它的用武之地，同时也为放假在家的学生提供文化生活和学习的平台，我们与龙湾区图书馆及附近学校的社团合作，共同创办"龙湾区图书馆寒假系列活动"。我们希望更多的学生参与到这个活动中来，以充实寒假生活，提高社会实践能力，并通过了解中国传统春节的文化，培养学生健康的情趣和良好的修养，丰富社会文化生活，推动文化事业的发展。

二、活动主题：精彩寒假，青春风采

三、内容要求：本次活动着力于展现中小学生热爱祖国、朝气蓬勃的精神风貌，努力学习、勤于探索、敢于创新、乐于弘扬中华民族优秀文化的青春风采。

四、活动准备

1．邀请图书馆和周边学校共青团、少先队的老师和同学设计活动项目；

2．向各中学的学生会、团委招募志愿者，海选项目活动负责人；

3．放假前在附近的学校和社区发放活动宣传海报。

五、活动项目

1．在龙湾区图书馆开展年画制作活动；

2．在龙湾区图书馆开展书写对联活动；

3．邀请专家到图书馆开展有关文学阅读和春节习俗及礼仪规范的系列讲座；

4．举行以"过年"为主题的征文比赛。

六、活动时间：2011.1.10—1.30.（除夕和初一休息）

七、项目说明

1．年画制作：（略）

2．春联书写：（略）

3．开展讲座：（略）

4．举办征文比赛：（略）

这次活动，可以丰富同学们的寒假生活，让同学们了解到更多的传统民俗。孩子在图书馆，家长们也放心。请同学们周密计划，精心组织，切实承办好各项活动。预祝龙湾区图书馆寒假系列活动圆满成功。

以上实例，展示了社区服务和社会实践活动方案的设计内容与基本结构。在不同学校的实践中，教师和学生可以根据各学校的具体情况设计更加灵活的社会实践活动方案。

第四节
社区服务与社会实践活动的实施

🎯 **学习目标**

如何将社区服务与社会实践活动落到实处？

课程实施是落实课程计划，达到预期效果的关键阶段。已经设计好的社区服务与社会实践活动方案，只有真正落实到实践中，才能够发挥促进学生发展的价值。

一、社区服务与社会实践活动的实施步骤

社区服务与社会实践活动，作为综合实践活动的重要领域，在按照国家规定将课时开足开齐，并使之生活化、常态化的前提下，具体实施过程中，需要合理有序，彰显出实际效益，彰显规范化、科学化、效用化。在此，我们以"都是雾霾惹的祸[1]"这一课题为例，详细展开论述。

（一）制订实施计划

制订计划是活动实施的基本前提。教师首先要和学生一起制订一个具体的实施计划大纲，初步明确先做什么后做什么，做到"心中有数"。需要注意的是，这个大纲只是在活动开展过程中起到方向引领的作用，必要时会根据活动开展的情况进行调整。

实施计划主要包括具体活动的主题、时间、地点、参与者、活动内容、组织形式、所需要的设备以及评价方式等。

活动背景

进入12月份，江苏省连续雾霾天气，13个城市达到了中度污染三级以上，气象部门发出橙色警报。南京中小学全部停课，常州的学校也取消了室外体育课。据悉，全国重度污染的城市越来越多。雾霾天气对人类的生存提出了严峻的挑战。

雾霾是怎样形成的？对人类生活带来了哪些危害？我们能为清除雾霾做些什么？作为未来的小公民，应该对这种不正常的天气有所了解，为根治雾霾天气贡献自己的一点力量。

活动目标

1. 通过各种途径，了解雾霾是什么，是怎样形成的？
2. 通过调查，了解雾霾天气对人类生活带来的各种危害。

1　徐锁平．都是雾霾惹的祸 http://zhsjhd.jssjys.com/Html/Article/1317/

3．从现在做起，动脑筋想办法，为根治雾霾出谋划策。

活动地点：社区广场。

活动方式：调查、走访、访谈。

活动设备：PM2.5检测仪、显微镜等。

（二）开展活动

教师带领学生走出课堂，走进社区、公园等活动场所，进行观察、访谈、实验、记录等多种形式的活动，让学生在活动中体验。学生需要带着问题以一种积极的方式进入现场开展活动。在活动过程中，教师要注意激发学生的兴趣，使学生对整个活动保有好奇心和求知欲；另一方面，教师需要根据学生的认知、情感变化，适当地调整活动的难易度；此外，在活动过程中，教师要时刻注意学生的人身安全，防止学生开展危险的户外活动。

学生在教师的带领下，定期到活动场所进行观察和检测。教师尤其要引导学生观察与研究与主题密切相关的现象，如在冬天下雪后，为什么课本上学到的是皑皑白雪，而实际上雪并不洁白，上面附着灰尘等颗粒状浑浊物？为什么很多行人戴着口罩？这种口罩和我们常规的口罩有什么不同？它有什么作用？

带着问题，学生们将天上落下的雪花放到显微镜下对比、观察，分析其内在的结构；同时还要对路人的口罩进行比较研究。

（三）总结交流

由于每个人的认知水平不一样，所以不同学生的关注点和所获得的信息也会有所差异，内心体验亦是大相径庭。教师需要鼓励学生在活动结束后进行"头脑风暴"，将活动过程中的所知所感与大家交流分享，使学生在将自己的活动成果展示给大家的同时，提高合作意识，增进合作能力。

观察活动结束之后，同学们聚在一起，共同围绕主题展开讨

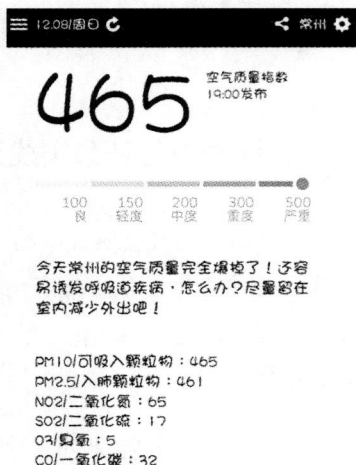

论交流，探讨雾霾对人体的危害，容易引发疾病的时节等问题。

（四）反馈评价

社会活动的结束并不意味着关于这一研究的社会实践活动已经结束。活动经历只是为自己的观念转变提供了一个途径和平台，真正实现价值升华的过程其实是反馈评价。通过评价，我们对整个活动进行了全局性的反思，使活动从"外向性行为"转变为"内向性学习"。

需要注意的是，评价的重点在于学生是否积极参加、亲历活动与实践，在于学生是否在活动中形成积极体验，获得真实感受，并增强其社会责任感，而不在于学生掌握了多少具体知识。[1]整个评价过程可以在教师与学生之间、学生与学生之间、家长和社区有关人员中进行，不仅仅可以围绕活动的主题进行评价，也可以对活动方案、实施情况、取得的活动结果等各个方面进行评价，具体的评价形式也要突破纸笔测试的局限，以一种更为开放的方式进行。

1．通过让学生撰写反思日志，了解学生在活动过程中是否都有所收获？自己觉得还有那些不足？

2．通过召开家长会、家访等正式或非正式形式，向家长了解学生发生的变化。

3．让学生提交观察记录表，尝试撰写相应的调查报告。

4．可以鼓励学生以小组为单位，自编自导，通过小品、绘画等不同形式展示对活动主题的认识和感受。

二、社区服务与社会实践活动实施应避免的问题

社区服务与社会实践活动，在注重学生社会化，培养学生社会性方面，具有一定的积极促进作用。但是这种"新兴"的课程形式还并不完善，在具体实施过程中，会出现一些不同的问题，尤其是形式化和虚无化的问题。

（一）形式化

社区服务与社会实践活动实施的形式化主要表现在两个方面。

一方面，教师和学生对社会实践活动缺乏兴趣，内心有排斥感。在中学的活动安排表上，密密麻麻地印刻着教师的日常教学事务和进度安排，备课、上课、批作业、处理班级事

1　钟启泉，崔允漷，张华. 为了中华民族的复兴，为了每位学生的发展：基础教育课程改革纲要（试行）解读.
上海：华东师范大学出版社，2001：161

务、召开大大小小的会议等。教师犹如教学岗位上的"永动机",忙碌地做着重复的事情，根本无暇考虑如何科学有效地指导学生实施社区服务与社会实践活动。除此之外，学生的压力也没有因为一道道"减负令"而有所缓解，反而是书包越背越沉。各种辅导班、课后习题册接踵而来，课业负担的不断增长让学生体会不到求知的快乐，背上不断加重的负荷随时有可能成为"最后一棵稻草"，将学生彻底压垮。正是在这样的重压之下，学生的学习积极性不断下降，好奇心逐步泯灭。在这种情况下，一些学校的社区服务与社会实践活动成为师生不愿参与但又迫于管理部门压力无奈之下举行的活动。这种活动，从形式上也许看不出什么问题，但在本质上并不能促进师生的发展。

另一方面，中学的社区服务与社会实践活动课程往往是统考必修科目的挤占对象。在实施过程中，我们经常会发现，许多学校在课程设置与实施时，常常出现"挂羊头卖狗肉"的现象，即借"社会实践活动"之名，行学科课程之实，利用活动时间，硬性地安排补习语数外等必修科目；或者说，在实践中，教师强迫将形式多样的实践活动，变成了单向的知识灌输过程。最后在学校对社区服务和社会实践活动进行检查的时候，教师则让学生到相关的社区开具证明材料，蒙混过关。

（二）虚无化

教育作为"育人"活动，是一件"百年大计"的"慢"工程。教育，尤其是像社会实践活动这样的公益性活动，它的社会作用是潜移默化的，是在学生的主动践行过程中，逐步完成对学生的行为规范和引领，并逐级内化为一种思想观念，积淀下来，达到人格的提升。

然而，对部分学校来讲，社会实践活动存在的必要性与合理性，还一直停留在理论层面。这是因为，诸如"社区服务与社会实践活动"这种新思想、新观念的教育活动往往由于难以取得立竿见影的成效，而在实施过程中被否定和消解。与此同时，从学校到家庭，无不弥漫着"学而优则仕"的功利化心态，这种全民实用主义的价值取向不断强化着学生作为知识人的观念。在学校，教师对以考试为主的教学评价进行"过度诠释"，客观上助长了"考试考什么，教师教什么"的不良教学风气，直接将与考试无关的科目"取缔"；家庭则将考试视为孩子出人头地的捷径，给孩子从小灌输"吃得苦中苦，方为人上人"的偏执化思想。社会实践活动所强调的传情达意的价值认同感，在过分注重"智识"的传统教育文化面前，逐步缺失。

三、社区服务与社会实践活动实施的保障

辛德等人综合了有关课程实施的主要研究成果，把影响课程实施的主要因素归纳为四

大类，分别为：（1）课程改革本身的性质，包括改革的必要性、清晰程度、复杂性、质量和实用性等；（2）学区的整体情况，包括地方、学校和教师对改革的需要程度等；（3）学校的影响因素，包括校长的作用、教师个人的特征和教师集体的因素等；（4）外部环境，包括社区、家长、政府部门和社会团体的影响。以上这些因素在不同的水平上，以不同的程度影响着课程的实施。[1]

（一）突出教育价值观的地域特色

具有地域特色的教育价值观，即代表"该地域社会的教育需求"，呈现出该地域当前社会所面临的经济或社会问题。由于我国幅员辽阔，社区和学校的分布所在地各有特色，因此我们首先要突出教育的个性化特征和教育的真实性面貌，打破以往的教育同质性，显示出教育的多元色彩。因此，教育价值观理应具有地域性特色。

（二）保持规范与文化的适度张力

从学校文化的角度思考，可以粗略认为，规范就是体制。[2]从这个意义上说，学校文化建设就是变革学校规范背后所隐藏的管理体制。当然，学校中体制的确立会受到立场与价值观的影响与制约，但反过来，体制的修订与完善也会对立场与价值观起到强化作用。体制虽然是学校文化中相对外在的因素，但却不容忽视。体制的变革是对文化主体之间利益关系的重新分配，这个过程中必须关注均衡点的问题，以确保规范与文化之间适度且积极的关系。一方面它要立足以人为本的民主理念，摆脱专制文化的束缚；另一方面也应发挥其自身的规范作用，为学校文化的重建提供制度上的保障。要让体制与规范发挥积极作用的前提是组织成员在心理上对其认可和接受，不但要了解它的作用及其背后的价值观念、前提假设；而且在按照这些规范、体制行事的同时要意识到义务与权利的对等关系。

（三）发挥教师的教学领导力

在社区服务与社会实践活动中，教师要发挥积极的教学领导作用。针对综合实践活动的独特性质，教师的教学领导中"领导"的含义不同于我们平时所讲的"带领并引导朝一定方向前进"的含义。这里的"领导"具有更加丰富的内涵，并主要表现为以下几方面：（1）是一个团体，而非个别的领导者，且组织内的每一个成员都应具有成为领导者的潜能和权利。（2）团体内的所有成员通过一起学习、一起合作来建构意义和知识，领导在这其中有利于学

1　钟启泉. 课程论. 北京：教育科学出版社，2007：207～212
2　Douglass North，*Stucture and Change in Economic History*. New York：Norton，1981：201

习过程建设性地发生。（3）在形成共识的前提下，反思工作并给工作赋予意义。（4）要求权力和权威的再分配，共同承担责任或共享学习。[1]教学领导要求的是教师逐步由单方面的控制式权威，走向与教学团体之间的权力分享，实现共谋。尤为强调的是，教学团体的形成，也要实现内在民主化的宗旨，是吸收包括家长在内的社区人员参与进来，从而教师在与社区达成的"共谋"中实现领导。

（四）建立以学生为中心的学校和社会之间的理解和信任

学生的发展是学生、学校和社会三方成员共同作用的结果。要在社区服务与社会实践活动中有效促进学生的发展，需要三方面的积极配合。首先，对教师来说，要相信社会人员的参与、学生的能力和教师教授责任的重要性；其次，对学生来说，要与社会人员交流学校中的事情、对自己的学习能力有信心、珍视学校对个体未来发展的重要性，要积极与教师合作；最后，对社会人员来说，要重视学校教育，对学校组织的社区服务与社会实践活动持一种欢迎的态度，要积极与孩子交流学校中的事情。[2]也就是说，让校外社会人员积极参与到学校的课程实施中时，各方面人员彼此要以诚相待，积极交流讨论，尤其要怀有对教师的宽容和理解，给予教师充分的信任，相信教师能够教好学生。与此同时，我们的社会也要对自己的责任有所担当，为学生的发展打造良好的社会氛围，而不应事事问责于学校，对教师求全责备。

本章小结

社区服务与社会实践活动，旨在通过学生直接经验的获取，发展学生实践能力、增强社会责任感，使学生在增长知识的同时，提升自己的精神境界、道德意识和实践能力。与其他综合实践活动相比，社区服务与社会实践从价值诉求、教育内容、教育方式等方面都有其特殊性。在活动主题的选择过程中，需要妥善兼顾现实生活中的个人、知识和社会三方面，综合考虑实际需要、地方文化特色、主题利用的可持续性和经验的衔接等具体要求。一个完整的活动方案设计需从活动目标的确立到活动所产生的影响都进行详细说明，活动方案随着活动的进行也要不断做出调整。在方案实施过程中，不仅应当避免形式化、虚无化倾向，而且需要有相应的活动保障。

1　钟启泉. 课程论. 北京：教育科学出版社，2007：258
2　Coleman, P. Parent, *Student and Teacher Collaboration: The power of three*. Thousand Oaks, CA: Corwin Press, 1998：14

总结 >

Aa 关键术语

社区服务	社会实践
community service	social practice

🔗 章节链接

在这一章，你读到社会实践活动的特殊性	第一章 综合实践活动的特点
社区服务与社会实践活动主题选择的方式	第四章 研究性学习主题怎样选择
社区服务与社会实践活动实施应注意的问题	第九章 综合实践活动实施中存在的问题

应用 >

批判性思考

有的学校按照国家规定，对综合实践活动中的"社区服务与社会实践"极为重视，规划了详细的学习指南，并由老师带领开展相关活动。但年终的全市综合考试排名却相对靠后，有人认为原因是学校在学科教学上投入的时间和精力没有其他学校多。对此你怎么看？你认为该如何处理综合实践活动和学科课程二者之间的矛盾？

体验练习

社区服务和社会实践活动是与学生的现实社会生活密切联系的活动，这种活动既可以由学校或班级等组织较大规模的统一活动，也可以由某位老师或几位同学组织小范围的实践活动。请结合你周围的社区条件，设计一个学生小范围的社区服务或社会实践活动的具体方案，在设计时要注意加强方案的针对性和可行性。

🔍 案例研究

水生类萤火虫的生长离不开健康的河道生态环境。近几年来，新农村建设中的河道改造优点是：整洁了村容村貌，便于村民用水活动，便于清理和管理。存在的问题是：严重破坏了水生萤火虫的生长环境，河岸基本水泥化，岸上的生态环境被破坏严重；河堤基本用石块垒砌成90°堤墙，土壤基本消失；水质清澈、干净的河道很少，附近居民密集的河道容易产生富营养化现象；外来生物破坏了河道的生物链。政府、居民、大众媒体都要承担起相应的责任，关爱萤火虫，关心农村生态环境的建设，做到人地和谐。

（1）请以"萤火虫，你在哪里"为主题，进行社会实践，并写出活动方案设计和实施进程。

（2）通过对萤火虫所生存的环境因素进行探究，树立起保护环境的意识，并说明我们该如何保护环境？

案例来源： 本实例由舟山市定海六中提供。

📔 教学一线纪事 ||||||||||||||||||||||||||||||||||||||||||||||||||||

中学生社会实践活动基地建设的思考

为期三天的社会实践活动结束了，但是这次经历却是难忘的。社会实践活动的地点是设在江苏省宜兴市张渚镇的"无锡市中学生社会实践活动综合基地"（以下简称"基地"），该"基地"是在正被撤并的宜兴市善卷中学的基础上改扩建而成的。"基地"配有专门的老师在技术上负责对学生的实践指导。学生们三天的活动是充实的。

1. 走进自然，亲近自然

学生在"基地"的三天中有两天多是在室外度过的，除了学茶艺、陶艺，搭建多米诺骨牌三项活动安排在室内外，其他活动如：采茶、攀岩、登山、参观"竹海"等都是在室外野外进行的，就是晚上看电影也是"露天"的。这让连早读都必须集中在室内进行的学生来说，实在是一次难得的对大自然的体验。

2. 动手实践，体验生活

所有的活动都是以学生动手为主，比如，学茶艺和学陶艺是学生在老师的指导下，自己按一道道的"工序"进行实际操作，完成"作品"，并从中感受茶艺、陶艺的文化内涵。再如，包饺子和野炊，学生完全是"自给自足"，尤其是野炊，连做饭的柴火都得自己到山上捡。采茶则是唯一"有偿"的活动，同学们腰酸背痛地辛苦半天下来，按当地通常的劳动价格计算，一位同学的劳动"报酬"最多也就几块钱。同学们第一次切身体验到了学艺之不易，生活之艰辛。

3. 团队合作，融入集体

这次活动只有攀岩和采茶的"记录"是个人的，其他活动都是在团队合作下完成的。搭建多米诺骨牌是几十个人几万张牌的"大集体"活动。这个活动不仅需要耐力，更要有合作精神和集体荣誉感。尽管每个班都有同学不小心弄倒骨牌的（最多的同学失败了7次），但没有一个同学中途放弃的，而且所有的班级都在规定的时间内取得了成功。在每个班的第一张多米诺骨牌倒下的时候，所有的学生、老师都在呐喊、鼓掌。野炊是8人一组的"小集体"活动，对那些生来只会"吃饭"的学生，这次要成功地把饭吃到嘴，洗锅抹碗，生火炒菜，就得群策群力，分工协作。在活动中，学生的集体意识被一次次唤醒，团队精神得到培养和发扬——这对在过分强调竞争的应试教育环境中长大的学生来说实在非常太重要。

活动过程中，我们收获良多，也引发一些思考。

1. 国家《普通高中课程方案（实验）》及《江苏省普通高中课程改革实施方案（试行）》明确规定，"社会实践"是必修课程（其学分与物理、化学、历史等学科等值），学生每学年必须参加1周的"社会实践"。"无锡市中学生社会实践活动综合基地"2003年开办的时候，要求学生高中三年中在"基地"参加活动时间不少于5天。尽管学生高中三年仅有一次，但仍有不少学校以种种理由要求减少学生在"基地"活动的天数，到今年普遍只有三天或两天半了。这样下去，将来会不会出现有些学校"只点卯不出勤"的现象？有关部门能像抓高考那样来抓学生社会实践活动吗？

2. 学生三天的费用为每人185元（教师费用另付），尽管"基地"服务周到，食宿条件较好，从商业的角度看确也物有所值，但三天185元（5天应在300元左右）无论如何是太高了。如此"高价"的社会实践活动是难以在欠发达地区推行的。

3. "基地"没有把社会调查以及环境教育纳入学生社会实践活动的内容。宜兴境内多山，近年来有不少山体遭到了严重破坏。在"基地"的四面都能看到伤痕累累的山，其中有些山已基本被挖平。而到处挖山取石最能感觉到的直接后果之一，便是当地的空气质量变差，能见度低。再者，宜兴以紫砂陶瓷闻名于世，但由于保护不力无序开采，导致紫砂资源日渐稀缺。而与此同时"基地"周边的市场上又到处充斥着劣质的紫砂陶瓷。这次活动学生去了著名的善卷洞风景区、玉池山（江南第一峰）、"竹海"（万亩竹园）等景色壮观或植被保护很好的地方。社会实践活动是可以与春（秋）游合而为一的，但社会调查、环境教育比春（秋）游意义更大。激发学生热爱祖国（家乡）的大好河山的感情是重要的，但就现实来说，培养学生保护环境资源的紧迫感和责任感更为迫切。

案例来源：梁国祥. 社会实践活动用什么来保障——中学生社会实践活动基地建设的思考[EB/OL]. http://jxjy.com.cn:88/Article_Show.asp?ArticleID=2984

拓展 >

☕ 补充读物

1　约翰·杜威．民主主义与教育．北京：人民教育出版社，2001

　　本书为教育学经典著作，人民教育出版社多次再版。内容全面，条理清晰，结构合理，融科学性、系统性、理论性及学术性为一体，能够为我国今天的教育改革与发展提供有益的历史借鉴。

2　靳玉乐．现代课程论．重庆：西南师范大学出版社，1995

　　本书作为高等学校出版的教育学教材，定位高、内容新颖独特，对课程中的相关内容和问题进行了系统全面的梳理和反思。

3　潘洪建．中学综合实践活动指南．北京：高等教育出版社，2011

　　本书为高等院校教师核心课教材，体例完整，体现了《教师教育课程标准》的精神、以新时期教师必备的专业素养为核心、对教师教育课程模块进行有机整合、构建了开放型的教师教育课程体系。

4　张华．综合实践活动课程研究．上海：上海科技教育出版社，2009

　　本书是当前较有影响的比较权威的教育学教材，它可以帮助读者在全球教育改革的背景下打开视野，以坚定的信念和饱满的热情，正确对待综合实践活动课程，促进课程的发展。

🖥 在线学习资源

1．综合实践活动网 http://www.zhsjhd.cn

2．社区服务网 http://www.mhsq.org/

3．人大学生社会实践网 http://sp.ruc.edu.cn/

4．社会实践网 http://bbs.dddxs.com/forum.php

第六章
劳动与技术教育的设计与实施

本章概述

　　劳动与技术教育的设计与实施一般包括确立活动主题、设计主题活动方案、开展实施活动、对活动实施评价等基本环节。本章主要介绍了劳动与技术教育主题的设计、劳动与技术教育主题活动方案的设计、劳动与技术教育活动的实施、劳动与技术教育的评价四方面的内容。

结构图

ⓐ 主题活动方案设计的意义　ⓑ 主题活动目标的设计　ⓒ 主题活动内容的设计

ⓐ 劳动与技术教育主题的选择依据　ⓑ 劳动与技术教育主题的内容框架　ⓒ 劳动与技术教育主题的确定步骤

ⓓ 主题活动实施的设计　ⓔ 主题活动评价的设计

劳动与技术教育主题的设计

劳动与技术教育主题活动方案的设计

1　**2**

劳动与技术
教育的设计
与实施

3　**4**

劳动与技术教育的实施

劳动与技术教育的评价

ⓐ 劳动与技术教育实施的基本原则　ⓑ 劳动与技术教育实施中的教师指导　ⓒ 加强设备和基地建设

ⓐ 劳动与技术教育评价的原则　ⓑ 劳动与技术教育评价的主体

ⓒ 劳动与技术教育评价的内容　ⓓ 劳动与技术教育评价的方法

学习目标

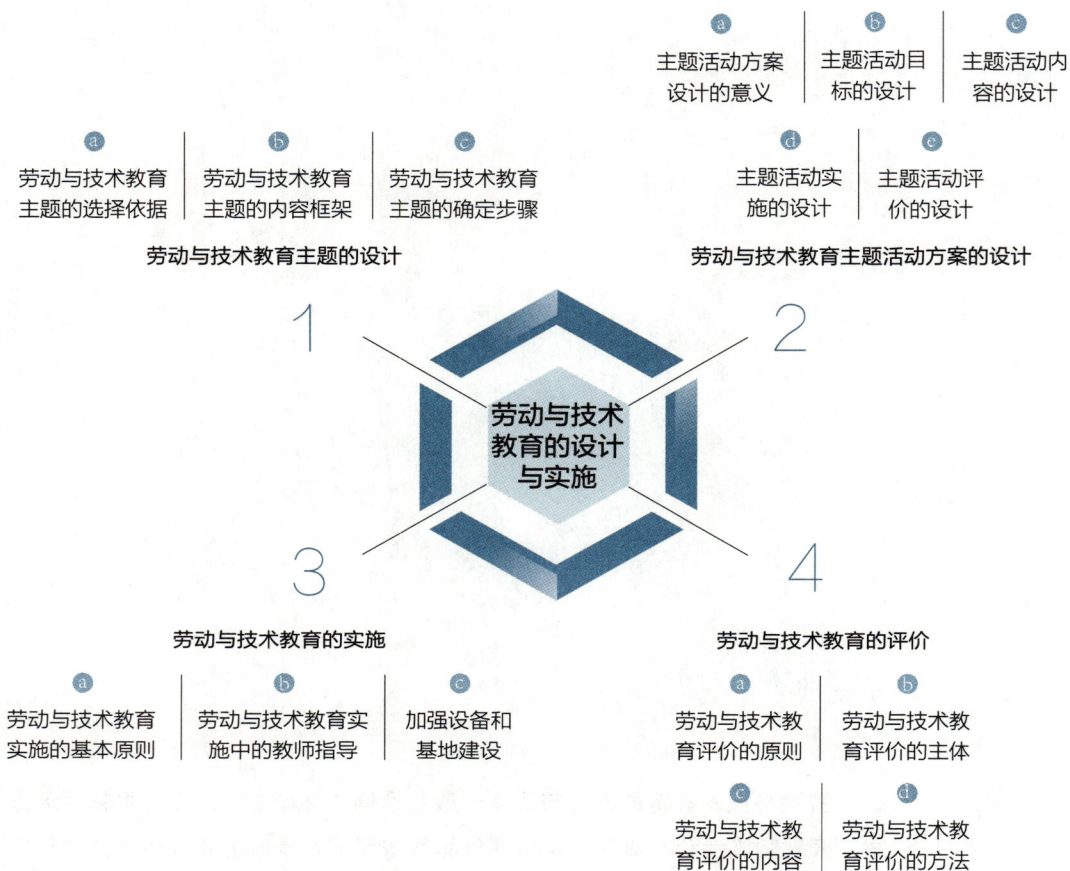

学完本章，你应该做到以下几点。

1. 掌握劳动与技术教育主题的选择依据，了解劳动与技术教育主题的内容框架，理解劳动与技术教育主题的确定步骤。

2. 体会劳动与技术教育主题活动方案设计的意义，掌握主题活动方案设计的基本内容。

3. 掌握劳动与技术教育活动实施的基本原则，明确实施中教师指导的主要内容。

4. 理解劳动与技术教育的评价原则，了解评价主体的构成，明确评价的内容，掌握评价的方法。

读前
反思

　　随着信息化和经济全球化的发展，世界劳动力市场的开放，人的全面素质中劳动与技术素质将越来越重要。无论发达国家还是发展中国家都把加强劳动与技术教育作为教育改革的重点，非常重视技术立国和技术强国。我国新一轮课程改革也将劳动与技术教育纳入义务教育阶段的综合实践活动课程的指定领域之中，并在普通高中设置专门的技术学习课程。新一轮课程改革赋予劳动与技术教育新的教育教学理念，它是以学生获得积极劳动体验、形成良好技术素养为主的多方面发展为目标，且以操作性学习为特征的学习领域。它强调学生通过人与物的作用、人与人的互动来从事操作性学习，强调学生动手与动脑相结合。通过该领域使学生了解必要的通用技术和职业分工，养成良好的劳动习惯，形成初步的技术意识和技术实践能力。在中学阶段实施劳动与技术教育对培养学生成为未来的合格劳动者，提高整个中华民族的科学技术素养，促进经济与社会的可持续发展具有十分重要的意义。

　　劳动与技术教育的设计与实施一般包括确立活动主题、设计主题活动方案、开展实施活动和评价等基本环节。本章主要介绍劳动与技术教育主题的设计、劳动与技术教育主题活动方案的设计、劳动与技术教育活动的实施、劳动与技术教育的评价等方面的内容。

第一节
劳动与技术教育主题的设计

学习目标

掌握劳动与技术教育主题的选择依据，了解劳动与技术教育主题的内容框架，理解劳动与技术教育主题的确定步骤

一、劳动与技术教育主题的选择依据

一般而言，劳动与技术教育的主题是指通过概括的形式反映学生生活、社会科技发展的综合性问题。"主题"是劳动与技术教育各种具体活动的核心问题，主题的性质、涵盖范围、对知识和技能的涉及程度，都会对活动的效果产生直接影响。选择合适的主题是开展劳动与技术教育的首要任务。主题的范围很广，如何从中选择"对学生发展有益、对未来生活有用、与科技发展有关的内容"，这就要求我们预先形成相关的主题选择视角。选择主题主要依据以下几个方面。

1. 以《纲要》《指南》和《课标》为基础

综合实践活动是由国家设置，由地方和学校根据实践开发的课程，因此，国家着眼于宏观指导而研制综合实践活动指导纲要，地方和学校根据《纲要》所设定的基本框架规划开发。按国家课程计划统一制定的《国家九年义务教育课程综合实践活动指导纲要（7–9年级）》（以下简称《纲要》）是综合实践活动课程实施的指导性文件。《纲要》阐明了综合实践活动课程的性质及7–9年级的具体目标，规定了课程的内容领域，并对实施、评价及管理提出了指导性的意见及建议。《纲要》体现了国家对课程的统一要求，也是衡量综合实践活动课程教学质量的重要标准，是教师开发课程的直接依据。

《7–9年级劳动与技术教育实施指南》（以下简称《指南》）作为目前劳动与技术教育的指导性文件，指出了本课程的性质，阐述了课程理念、课程目标、课程内容、实施以及评价等，具有切实有效的纲领作用，所以在初中劳动与技术教育主题的选择过程中，应吃透《指南》精神，以之为基础，注重所选主题的时代性、综合性、生成性。

普通高中技术课程是与九年义务教育中的信息技术教育和劳动与技术教育相衔接，以提高学生的技术素养为主旨，以设计学习、操作学习为主要特征的基础教育课程，是国家规定的普通高中学生的必修课程。《普通高中技术课程标准》（以下简称《课标》）的通用技术部分由课程理念、课程设计思路、课程目标、内容标准、实施建议及案例等部分组成。内容标准是从课程理念和目标出发，依据通用技术的特点和我国的教育现状提出的学生学习内容及其要求的基准。通用技术课程内容标准以模块中的每一个主题为陈述的基本单元，每个主题的内容标准由若干个具体条目组成。《课标》是普通高中技术教育实施的纲领性文件，在高中技术教育主题的选择过程中，应以《课标》为依据，紧密联系学生的生活实际，努力反映

先进技术和先进文化。

2. 以区域特色为核心

我国地域辽阔，地方差异、城乡差异极大。这一特点决定了劳动与技术教育不可能有全国统一的教材，应根据各地区、学校具体情况选择地区性课程资源，自主确定有地方特色的活动主题。劳动与技术教育一般以当地的经济、社会和技术环境为背景，在现实生活中选择那些对学生发展有益、对未来生活有用、与科技发展趋势有关的主题作为核心来设计和组织学习活动。在学习过程中要引导学生联系生活实际，把所学知识与技能广泛应用于生活，更好地为当地经济建设服务。不同地区优势不同，条件好的地区，资源丰富，学校所处的社区往往有博物馆、展览馆、科技活动中心、大型企业、科研院所等单位和设施，这些资源都有利于选择劳动与技术教育活动的主题；农村地区、边远落后地区、少数民族地区的学校则自然资源十分丰富、民族传统文化资源优厚，这些地区的学校完全可以将劳动与技术教育的开展同当地的社会经济建设、生产劳动技术、科学技术应用以及民族传统文化等活动结合起来进行，选择具有区域特色的活动主题。

3. 以学生需要为宗旨

学生的需要是确定劳动与技术教育活动主题的关键依据。劳动与技术教育要将学生的需要、动机和兴趣置于核心地位，充分发挥学生的主动性和积极性，鼓励学生自主选择活动主题。劳动与技术教育之所以没有固定的教材，是因为不同学校、不同地区的孩子感兴趣的内容不一样。主题只有符合学生的需要，学生才会有不断探究、积极参与的内在动力，否则，学习将会变成枯燥乏味的事情而难以维持下去。

在劳动与技术教育主题设计中，必须明确学生是主体，必须考虑中学生的年龄特点、原有知识水平、能力发展状况、兴趣与爱好、文化教育背景、技术知识基础、设计和制作能力等情况。在确立活动主题上，教师的主要任务是组织和指导，要克服主观性、盲目性和随意性，把选择权交给学生，发挥他们的自主性。为了解学生的需要，可以采用观察、调查访问等方法，通过资料分析、学生座谈等多种途径了解学生的需要。根据学生的兴趣爱好和年龄特点确定主题，尽可能地使活动主题集中在《指南》和《课标》要求、区域特点、学生需要三者的复合点上。

二、劳动与技术教育主题的内容框架

劳动与技术教育课程虽然在设计上打破了系统学科知识体系的限制，采用主题的方式组织课程内容，给每一位学生提供选择、实践和参与活动的机会，为学生个性的发展提供充分的空间，但是课程是计划化的学习经验，在保证选择性的同时，学校必须重视系统规划，有效开发，努力使之与学校的办学特色、学生的发展水平、个性特点以及不断提高的教育要求相适应。初中和高中的劳动与技术教育主题应分别依据《7-9年级劳动技术教育实施指南》和《普通高中技术课程标准》进行设计，形成一个体系。

依据《7-9年级劳动与技术教育实施指南》，7-9年级劳动与技术教育主题包括技术基础、家政和职业引导等方面。技术基础包括传统工艺、信息技术、基本技术等内容。传统工艺包括印章、雕刻、陶艺、编织、刺绣等，选学其中一个项目；信息技术包括操作系统、文字处理、网络基础及应用等；基本技术包括木工、金工、电子电工、简单机械维修、农机具使用与维修、缝纫、农作物栽培技术、花卉栽培、摄影、养殖技术、农副产品贮藏和加工、农作物良种繁育、树木种植等，选学其中的两个项目。家政包括营养与烹饪、家用器具使用与保养、家庭理财与购物等，可选择其中1~2项。职业引导可结合学生的毕业教育、社会调查和技术基础学习确定具体内容；同时应结合课外活动、社区活动安排一些力所能及的公益劳动。各地区、各学校应根据实际情况在上述指定内容中确定具体项目，同时适当补充具有地方特色的技术学习内容。根据年级的不同，教育内容的安排应有所侧重。[1]

依据《普通高中技术课程标准》，通用技术课程设9个模块，其中必修模块为技术与设计1、技术与设计2、选修模块为电子控制技术、建筑及其设计、简易机器人制作、现代农业技术、家政与生活技术、服装及其设计、汽车驾驶与保养。技术与设计1模块由技术及其性质、设计过程、设计的交流、设计的评价4个主题组成；技术与设计2模块由结构与设计、流程与设计、系统与设计、控制与设计4个主题组成；电子控制技术由传感器、数字电路、电磁继电器、电子控制系统及其应用4个主题组成；建筑及其设计由建筑与文化、建筑结构及其简单设计、建筑材料及其加工、建筑构造及其设计4个主题组成；简易机器人制作有单片机及其控制程序、单片机与控制电路、单片机与传动机械3个主题组成；现代农业技术由绿色食品、品种资源的保护和引进、无土栽培、营养与饲料、病虫害预测级综合治理、农副产品的营销6个主题组成；家政与生活技术包括家政概述、家庭管理、家庭理财和家庭保健四个主题；服装及其设计由服装与材料、服装与文化、着装设计、服装设计4个主题组成；汽车驾驶与保养由汽车构造与工作原理、汽车驾驶有关法规、汽车驾驶技术、汽车例行保养4个主题组成。《课标》规定，修完必修的2个模块并获得4个学分，是高中毕业的最低要求。在此基础上，学生可以根据自己的兴趣和未来就业或升学的需要修学选修模块。建议具有工科、农科取向的学生在获得必修的4个学分之后至少再选修4个学分，即共获得8个学分。[2]

以上是中学劳动与技术教育主题的内容框架，各学校应以此为依据，结合当地条件及学生的不同兴趣和不同发展需要开设多样化的课程，进一步提高学生的劳动技术素养，发展他们的特长。

1　7-9年级劳动与技术教育·信息技术教育实施指南 http://wenku.baidu.com/link?url=7W5JK8a3KXEiAkM6axzSNsm0RzBc0mr8VFNAMQuD0HlsGWE3u7C3lzpJE3d_WM-7OIW78G7Rds6u08w8HhwgTvEhACjLlliYYvS5Ay1tq9e

2　普通高中技术课程标准（实验）http://www.ycy.com.cn/Article/kcbz/gz/200608/8543_9.html

三、劳动与技术教育主题的确定步骤

1. 学校进行序列化设计

《7-9年级劳动与技术教育实施指南》和《普通高中技术课程标准》为初中和高中的劳动与技术教育主题的选择提供了内容框架。在此基础上，学校应当结合当地的资源条件、学校的条件和学生的兴趣需要进行规划，制订出学校的总体计划和各年级的计划。在计划制订方面，要注重全员参与。学校确定活动的大主题和大目标后，要把开发和实施的权限下移到年级组层面，让年级组自主选择活动主题和活动内容，年级组根据自己年级的学生特点、教师特长、家长资源进行整合设计活动，更能贴近学生和教师实际，也增强了年级组的自主开发意识和积极性。

2. 教师指导学生自主确定研究主题

劳动与技术教育有着丰富的教育理念，有着广泛的教育内容，也有着多方面的教育追求。在其实施过程中，不能面面俱到，平均用力。应紧紧围绕学生的创新精神和实践能力的培养选择活动主题，要精选最富有教育价值、最具有典型意义的、并与学生身心发展特点相适应的主题。在学校计划的基础上，要重视学生的参与，通过问卷调查、座谈等方式，了解学生的发展需要，指导学生自主确定研究主题，使学生通过一系列的主题学习得到全面的发展。

主题确定阶段教师指导重点是创设问题情境，激发内在动机；引导聚焦问题，形成活动主题。主题确定阶段学生的主要任务是在生活情境中发现问题，确定活动主题。

主题，来源于问题。这里所说的问题首先是真实的，来自于学生真实生活的真实问题。教师要依据学校计划精心创设一定的问题情境，引导学生提出问题。如教师可以带领学生观察日常生活，引发他们对生活中现象的关注，从而激发兴趣，培养问题意识。教师也可以有意识地布置学生开展自己感兴趣的调查活动，在实践中发现问题，提出问题。在学生自主提出问题的同时，教师也可以提供一些问题引发学生的思考，这些由教师提供的问题，应该是教师对学生生活深入观察后提出的，通过一定的形式转化为学生能够接受的共同关注的问题，只有这样的问题才能成为形成主题的依据。

当然，问题并不等同于研究主题。学生产生的问题，往往是"原始状态"的问题，表现出多、杂、乱、不成系统的特点，有些问题过于深奥或不具备研究的条件，有些问题又太过浅显不具备研究的价值，此时，教师需要引导学生将提出的问题整理、筛选、归纳，转化为有价值和可操作的活动主题。比如召开问题交流会，让学生自由交流感兴趣的问题，从而在某些问题上达成共识，经过归纳整理，形成活动主题。

第二节
劳动与技术教育主题活动方案的设计

学习目标

体会劳动与技术教育主题活动方案设计的意义，掌握主题活动方案设计的基本内容

一、主题活动方案设计的意义

"主题活动"是劳动与技术教育实施的基本形式。"凡事预则立，不预则废"。在各主题活动实施之前，教师要设计好整个主题活动的方案。劳动与技术教育"主题活动"方案的设计实质上是对某一个主题活动进行开发的过程，是指教师个体或指导小组对某一主题活动的目标、内容、实施以及评价的建议等进行具体的预设，形成一个具体的主题活动实施的总方案。一般情况下，主题活动方案包括一般性项目和主体内容两个部分。一般性项目包括主题名称、教学材料、授课课时和指导教师、授课对象等内容。主体内容部分主要包括四个元素：活动目标、活动内容、活动实施和活动评价。

主题活动方案相当于一次主题活动实施的蓝图，对于主题活动的开发起到了提纲挈领的作用。设计主题活动方案，有利于教师从整体上规划、设计一次主题活动，对于该主题活动要达到的目标、所要选择的内容、具体如何实施、如何进行评价等方面进行设计，这样有利于避免主题活动实施的盲目性和随意性。设计主题活动方案也有利于学生明确活动的总体目标，把握学习内容的逻辑框架，了解本次活动的教学安排和评价要求，从而积极主动地进行活动和学习。主题活动方案还也有助于学校对主题活动进行审议与管理，避免课程管理的形式化、行政化的倾向。

由此可见，"主题活动方案"对主题活动开发的作用不容忽视，它在某种程度上决定了主题活动开发的质量。目前在主题活动开发中出现了一些偏差，如主题活动内容出现纯知识化的现象；主题活动实施随意，教学方式与学科课程雷同，学生自主实践活动不足，难以根据自己的需要与兴趣自主选择研究主题；主题活动评价不受重视等。究其原因，在很大程度上是因为对"主题活动方案"的设计重视不够，没有充分发挥"主题活动方案"在主题活动开发中应有的作用。那么，如何设计"主题活动方案"呢？下面就"主题活动方案"的主要内容——活动目标、活动内容、活动实施和活动评价的设计进行探讨。

二、主题活动目标的设计

这里的主题活动目标是指向学生发展的，说明通过主题活动的实施，学生的发展应达到什么样的水平。主题活动目标是"主题活动方案"的重要内容，主题活动目标的设计是"主

题活动方案"设计中最重要的环节之一。但在"主题活动方案"设计中，往往最容易忽视的就是主题活动目标的设计，一些教师只列出了学生要学习的内容，而恰恰没有确定主题活动目标，这极易导致主题活动开发和实施中的盲目性和随意性。可见，要加强主题活动开发中"主题活动方案"的设计，首先应当从主题活动目标的设计入手。

从当前"主题活动方案"设计的现状出发，设计主题活动目标应注意以下问题：

1. 高度重视主题活动目标的设计

主题活动目标可以说是"主题活动方案"中的纲要，贯穿于活动运行的全过程。其主要功能体现在三个方面。第一，为活动内容的选择提供依据。活动内容是为实现主题活动目标服务的，活动内容的选择必须依据主题活动目标。第二，为活动实施提供依据。活动实施过程在某种意义上正是创造性地实现主题活动目标的过程，因此，主题活动目标必然是活动实施过程的重要依据。第三，为活动评价提供依据。活动评价是用一种标准对主题活动开发过程及结果进行价值判断，而主题活动目标则是这种价值判断的基本标准。主题活动目标不是可有可无的，需要我们重新认识其意义和价值，从思想上高度重视主题活动目标的设计。

2. 完整地把握主题活动目标的内涵

主题活动目标涉及的范围应包括知识与技能、过程与方法、情感态度与价值观三大领域，要防止只重视知识与技能方面的目标而忽视其他目标的做法。当然在"主题活动方案"的设计过程中各个维度的目标应体现各个主题活动的特点，三维目标要具体化，注重发展学生的特长，彰显学生的个性。

3. 恰当地表述主题活动目标

主题活动目标的表述是非常重要的，它直接为选择内容和经验提供依据，并为教师组织活动实施和继而进行的活动评价提供基本准则。主题活动目标表述正确、清晰就为主题活动目标的实现奠定了坚实的基础。如果目标表述不当，则对活动实施产生误导。从教师们设计的"主题活动方案"来看，在主题活动目标的表述上有以下几方面的偏差：有的目标太抽象，以普遍性的教育目的代替某一次主题活动的目标，如"使学生成为德智体全面发展的人"；有的使用动词太空泛，目标设定可行性不足；有的行为主体是教师，而不是学生，如"培养学生健全的人格和良好的个性心理品质"。

常用的主题活动目标的表述方法有以下三种：行为目标的ABCD表述方法，表意目标的表述方法，内部过程和外显行为相结合的表述方法。不论采用何种方法表述，主题活动目标的行为主体必须是学生而不能是教师或教育工作者，因为主题活动目标是一种预期的学生学习结果；主题活动目标的表述必须是确定的而不能是模棱两可的；主题活动目标的表述应有层次性，能适应不同学生的学习需求。

三、主题活动内容的设计

主题活动目标的实现需要借助一定的内容，活动内容是实现主题活动目标的载体和手段，活动内容的设计将直接影响到主题活动目标的实现，直接关系到主题活动实施的质量，所以活动内容的设计是"主题活动方案"设计的重要一环。

劳动与技术教育应以实际技术项目为载体，注重技术活动全过程的课程内容设计。劳动与技术教育是通过设计一个项目、完成一件制作、满足一种需求的形式，来组织相关的主题活动内容，实现主题活动目标的。例如，初中"烹饪"主题中突出创意和个性的技术活动，让学生用同一种原料制作成不同菜肴，展示自己的创造潜能。再如，高中通用技术中简易电梯的设计、制作、调试和改进等。

在活动内容的设计上，主题活动和国家课程有所不同，主要体现在主题活动内容的设计不过于强调知识的系统化。但是有不少教师在设计主题活动内容时仍然受传统的课程观的影响，只是依据自己的主观意愿列出了学生所要学习的知识要点，至于学生对这些内容是否感兴趣缺少认真的思考。这样必然导致学生对主题活动不感兴趣，无法取得良好效果。针对这些现象，借鉴已有的研究成果，教师在设计劳动与技术教育主题活动内容时应遵循以下原则。

1. 兴趣优先

"主题活动方案"的设计要充分考虑学生的兴趣与需要，坚持以学生发展为本。就活动内容的选择而言，要最大限度选取与学生的现实需要、生活经验和文化背景相契合的内容，活动内容要体现灵活性和多样性，学生可以根据自己的兴趣爱好选择相应的设计内容。这样的内容才能引发学生的兴趣，促使学生主动学习。

🔊 教育家语录

对所学知识内容的兴趣可能成为学习动机。

——赞科夫

2. 活动主导

在"主题活动方案"的设计中，学生自主的学习活动应占据主导部分，坚持活动第一、感受第一和体验第一，让学生在活动中感受，在活动中体验，在活动中发现问题、分析问题和解决问题。劳动与技术教育以学生亲身实践、亲手操作、手脑并用为基本特征，但劳动与技术教育并不只停留在单纯的操作技能的训练上，还应注重操作活动中学生对技术原理与方法的追思、学生对技术学习方法的体悟，以及学生良好的劳动习惯与技术能力的培养等；应注重技能训练中学生创新精神和实践能力的培养，力求技能掌握、态度养成、能力发展的有机统一。

3. 资源为本

"主题活动方案"的设计要求教师在选择活动内容时不局限于某一教科书或配套的教参，或某一个别学科的知识体系，而是要充分开发和利用校内外广泛的活动资源，没有广泛的活动资源支持，再好的"主题活动方案"也很难变成实际的教育结果。

四、主题活动实施的设计

活动实施是为实现主题活动的目标而开展的一系列教学活动。活动实施是实现主题活动目标的基本途径，是"主题活动方案"的重要组成部分。但从已有的"主题活动方案"来看，大多数没有设计活动实施，相当部分教师认为只要有了内容，就可以按部就班上课了。这样导致主题活动实施中出现了一系列的问题，如教学模式仍然是传统的"教师讲、学生听"，以教师为中心，以学科为中心，以课堂为中心，只是向学生传授某方面的系统知识，进行单纯知识教育，这在一定程度上削弱了主题活动的作用。因此必须重视"主题活动方案"中活动实施的设计。

1. 实施要以活动设计为主要形式

劳动与技术教育的实施要以活动为主要形式。活动设计时要从中学生的生理和心理特点出发，以培养学生的创新精神和实践能力为重点，因地制宜地确立活动目标，在保证基本知识、基本技能、基本态度的教育目标实现的基础上，尽可能提供更多自主学习的舞台和自主探索的机会。同时，要把形成积极的劳动与技术态度和正确的劳动与技术价值观渗透到整个活动中去。

设计是技术活动中的核心过程。在教学中，应让学生亲历由一系列环节组成的设计活动。首先，教师要重视学生的全员性参与。教师应密切结合学生的生活经验，重视改进教学方法，激发学生对技术问题的兴趣和研究愿望，并注意发挥每个学生的积极性，最大限度地开发每个学生的潜能，促使其主动、有效地参与设计过程，获得直接经验。其次，要强调学生的全程性参与，即每个学生都必须经历设计方案的形成过程、方案转化为产品的过程、交流和评价的过程。为此，教师应注意保持学生学习兴趣的稳定性和持续性，引导学生从多个角度提出问题，用多种方法解决问题，运用各种技术交流和评价手段丰富设计过程，以使学生获得比较完整的体验。

🔊 **教育家语录**

教学的目的是培养学生自己学习，自己研究，用自己的头脑来想，用自己的眼睛看，用自己的手来做这种精神。

——郭沫若

2. 活动的类型要多样化

活动设计时应根据主题、目标和条件等因素的不同，以及学习环节和阶段的区别，选择不同的活动类型，给学生创设获取各种经历、各种体验、各种感受的机会，使学生劳动与技术的学习过程成为一个生动活泼、多姿多彩、充满乐趣的过程。劳动与技术教育的活动类型主要有：手工制作、模型装配、作品评价、产品推介；信息搜集、实地考察、参观访问、讨论与辩论、见习与模拟；技术设计、技术试验、技术幻想、技术作品鉴赏等。

在高中阶段要重视技术试验。技术试验是解决技术问题的一个重要方法。要像物理、化学和生物课程中重视实验一样，把技术试验认真地落实到教学过程中。技术试验有多种作用。例如：对不同的材料进行强度试验，其作用在于选择符合设计需要的材料；使用青霉素前先要进行药物反应试验，其作用是对治疗疾病的可行性方案进行选择；汽车驾驶员安全装置的模拟撞击试验，其作用是改进和优化设计方案。技术试验有多种方式，在教学中常用的有试用、试运行或用相似原理建立的模拟试验等。例如在使用农药前，先要对配制方案进行试验；在编制工艺流程时，先要进行流程运行试验；在确定某个设计方案前，可以采用建立模型的方法进行试验。因此，教学过程中要加强对技术试验的具体指导。

实施条件较为困难的技术项目，可以根据教学实际，结合当地的具体情况，采用模拟试验的办法。条件较好的学校要鼓励学生使用计算机进行仿真技术试验。比如，使用EWB软件建立电子工作平台，搭建晶体管放大线路，对晶体三极管的工作点进行调试，从而确定偏置电阻的大小。技术试验往往会遭遇失败，教师要指导学生分析失败的原因，鼓励学生克服困难完成试验。

3. 学习方式应多元化

技术课程的学习方式是丰富多样的，有个人的独立操作学习、小组合作学习；有模仿和研究等不同的学习方式。要针对不同的学习主题和学生差异，选择不同的学习方式，促进学生在教师指导下主动地学习。

个人的独立操作学习有利于发展学生独立思考和独立解决问题的能力。中学生已经具备了较强的社会活动能力，在劳动与技术教育活动的实施过程中，应当允许中学生独立进行活动并完成活动任务。学生个人完成活动后应积极与他人交流分享。小组合作学习是劳动与技术教育活动最基本的学习方式，应特别重视合作学习方式在技术教学中的应用。小组的构成由学生协商确定，教师不要过多介入他们的选择。小组成员的组成不限于班级内，为使实践与设计走向深入，允许并鼓励各班之间、不同年级之间、甚至不同学校、不同地域之间学生的组合。可以让学生分工协作设计某个产品或组成模拟生产线来完成某个技术任务。在合作学习过程中，要注意调动每个学生的主动性与积极性，注重分工的合理性和均衡性；发挥小组全体成员的作用，形成优势互补；激发每个小组团体成员的集体荣誉感，加强成员之间、小组之间的及时沟通和交流，培养人际交往和沟通能力，形成与他人协作、分享的态度和团队精神。

模仿是一种学习方式，它在操作技能等的教学中有着广泛的应用，但要防止把它作为唯一的教学方式。要积极渗透研究性学习的方式，改变以往教学过于偏重接受性学习的倾向，促进课内外的沟通，加强学生学习的自主性，提高学生的技术探究能力。

五、主题活动评价的设计

主题活动评价是"主题活动方案"的重要组成部分，通过对学生的评价可以了解主题活动实施的效果，了解主题活动目标的达成情况，了解活动内容的设计是否合理，了解活动实施过程中存在的问题，为"主题活动方案"的修订提供有效的反馈信息。但是在实践中主题活动评价的设计并不受重视，有的"主题活动方案"中就没有主题活动评价，有的"主题活动方案"中虽有对学生的评价设计，但评价方法单一，以书面考试形式为主，只强调结果评价、成绩量化评价、知识评价、教师单方评价，使评价缺乏全面性、教育性、多元性、发展性、过程性，因而不具备科学性。还有的"主题活动方案"中虽有评价部分，但在实施计划后并不十分重视评价工作，不能有计划地实施评价。活动评价是实践中最薄弱也最迫切需要的一个环节。

设计"主题活动方案"中的学生评价方案时首先要明确：主题活动评价的核心理念是促进学生的全面发展，而不是给学生排位、贴标签。为了使每一个学生获得最大的发展，必须发挥评价的激励和发展的功能。在设计学生评价方案时要注意以下几点。

1. 评价内容的全面性

主题活动目标是对学生评价的依据和标准，评价的内容应与主题活动目标一致，评价不仅要关注本活动实施后学生在知识与技能方面的提高，还要重视综合能力，尤其是情感、态度与价值观等方面的综合评价；不仅要关注学生学习结果的评价，更要强调对学习过程的评价，重视学生在学习过程中的表现，如态度、积极性、参与状况等；不仅要关注学生达成主题活动目标的情况，还要关注学生在某些方面的特别收获，顾及学生的个别差异。总之，一切以促进学生的发展为宗旨。

2. 评价主体的多元性

现代教育评价强调评价主体的多元化，尤其是强调被评价者作为评价主体参与到评价过程中，注重评价各方的对话、协商。主题活动实施中的学生评价应是一个民主开放的信息流动过程，是在多元主体的多方面参与下进行的，它需要学校教师、学生、学生家长及社区代表共同参与，需要从多种渠道获取信息、建议和意见。特别要重视学生的自我评价，让学生成为评价主体，彻底改变评价主体缺失的状态，让学生对自己的发展变化做出充分的、自主的评判，让学生自己真切地体验自身的发展，体验发展中的快乐。评价主体间应进行双向的、多向的交流，让评价成为师生共同合作的有意义的生命发展过程；使评价结果在最大程度上为学生所接受，以发挥评价的最大效益。

3. 评价方法的多样性

定性评价和定量评价应该结合，既可以采用常规的纸笔测试，又可以采用成果展示、汇报演出、观察法、面谈法、作品分析法、情景测验法、行为描述法、个案研究法、档案袋评定法等评价方式。

在具体实施评价方案时，要采取多种方式、通过多渠道获得反馈信息，利用评价结果改进"主题活动方案"，使评价能促进学生的全面发展、教师的不断提高和学校活动实践的不断完善。

"主题活动方案"不仅是教师的教学方案，也是学生的学习方案。"主题活动方案"设计出来后，要让学生充分阅读和讨论，使学生了解教师的期望和意图。学生还可以提出他们的意见和建议，充分发挥学生在"主题活动方案"形成过程中的作用。"主题活动方案"也不是一成不变的，因为主题活动要随着科学的发展、社会的变化而不断改进。因此，每个学期结束时，教师都要在一个学期活动实施的基础上修订"主题活动方案"，使其不断完善。

第三节
劳动与技术教育的实施

🎯 **学习目标**

掌握劳动与技术教育实施的基本原则，明确实施中教师指导的主要内容

一、劳动与技术教育实施的基本原则

1. 教育对象的全体性

劳动与技术教育是初中阶段每一个学生都必须接受的教育，同时接受正常的劳动与技术教育也是每个中学生的基本权利。劳动与技术教育的实施应以体现义务教育的普及性、基础性，服务于全体学生的全面发展、主动发展、生动活泼的发展为根本出发点。在实施中，应注重学生

基础能力和基本态度的培养，使学生通过丰富多彩的学习活动，掌握技术学习的一般方法，获得可持续的、终身的技术学习能力。

普通高中阶段的技术课程属于通识教育范畴，是以提高学生的技术素养为主旨的教育，是高中生的必修课程。通用技术课程必须面向全体学生，必须为每一个学生拓展技术教育学习经历、行使受教育权利提供机会和条件。要充分考虑到高中学生在兴趣、生活经历、地域特征、文化背景等方面的差异，在课程、教材、教学及其评价等方面鼓励多样性和选择性，以满足不同学生的不同需要，促进学生的个性发展。通用技术课程应当避免机械的、单一的技能训练，强调学习中学生技能的形成、思想方法的掌握和文化的领悟三者之间的统一，注重在拓展学生技术能力的同时，促进学生共通能力的发展。

2. 实施过程的综合性

一是注意劳动与技术教育不同实施途径的沟通与结合。劳动与技术教育的课堂学习要与课外活动、常规指导、校外实践、家庭教育等途径相沟通、相结合，以形成合力，共同实现劳动与技术教育的目标。如家政部分的学习应当与家庭教育紧密结合。

二是注意综合实践活动课程内各领域学习活动的统筹规划和有机协调。也就是注意将"劳动与技术教育"与"信息技术教育""研究性学习""社区服务与社会实践"等领域整合起来进行设计。如公益劳动可以与"社区服务与社会实践"结合起来，技术项目的学习过程应当体现研究性学习的思想等。

三是注意劳动与技术教育中劳动、技术、家政、职业引导几方面内容的渗透和融合。要注意将劳动教育贯穿到技术基础、家政和职业引导的学习过程中。

四是注意劳动与技术教育各个具体主题项目之间内容的联系与年级之间的衔接。

3. 活动组织的科学性

学生的劳动与技术学习过程应是主动建构知识、不断拓展能力的过程，也是富有生机、充满探究、生动活泼的活动过程。在这个过程中，学生是学习的主体，教师是学习活动的引导者、帮助者。在实施过程中，应当从学生的实际出发，精心设计和组织学生的学习活动；根据学生的身心发展规律和技术学习特点，指导学生采取自主学习、合作学习、网络学习等多种学习方式，提高学生的探索能力、形成积极的情感态度与价值观以及发展终身学习能力。此外还要注重各年龄段教育在内容上的衔接和方式上的协调。如初中阶段，学生的形象思维已有较好的基础，抽象思维也得到初步发展，耐力、平衡性、协调力以及对技术对象的控制性、技术原理的理解力都有较大的发展。要充分考虑到学生生理、心理上的这些变化，同时要遵循技术教育的基本规律，科学地设计、组织学生的劳动与技术学习活动。

4. 教育结果的实效性

劳动与技术教育是一个与当地经济、社会条件，与学生的生活经验和现有基础联系非常紧密的学习领域。中国幅员辽阔，人口众多，各地社会与经济发展具有极大的不平衡性。城市与农村之间、城市与城市之间、农村与农村之间，劳动与技术教育的实施背景和实施条件差异很大。因此，在实施过程中，各地区、各学校要注意从本地区、本校的实际情况出发，选取活动主题，确定活动方式，安排实施计划。有条件的地区应充分利用各种教育资源进行活动设计，开发活动软件，把计算机辅助教学引入劳动与技术教育，并加强计算机在技术设计学习上的应用。要从促进学生技术素养形成这一基本目标出发，组织和实施课程，尽可能发挥各地资源优势，形成本地区、本学校劳动与技术教育的传统和特色。

技术是不断发展变化的，具有鲜明的时代印记。通用技术的选题应紧密联系学生的生活实际，在注重基础性、通用性的同时，努力反映先进技术和先进文化；应注意从学生现实生活所接触的技术内容向现代技术和高新技术延伸，使学生有机会了解现代工农业生产和日常生活中技术发展的最新成果和未来走向；应让学生在掌握基础知识和基本技能的同时，有机会接触到最新的发展成果和技术信息，从而领略到技术发展的内在动力和文化意义，增强对当代先进技术及其文化的理解。

二、劳动与技术教育实施中的教师指导

劳动与技术教育实施过程中，教师的根本任务是为学生的技术学习和技术探究提供有效的指导和优质的服务。教师要明确自己的定位，敢于和善于发挥自己的作用。作为学习活动的指导者、组织者、参与者和服务者的教师，不仅要创造条件，使全体学生能够在活动中进行自主探究，还要在学生学习和问题解决的过程中，适时引导他们克服困难，创新思维，实现个性的发展。教师对学生进行学习指导时应注意以下几点。

1. 面向全体学生

教师要尊重学生的个性、自主性、创造性，使所有学生都能成为劳动与技术学习的主人，都能成为活动的受益者。

教育家语录

当教师把每一个学生都理解为他是一个具有个人特点的、具有自己的志向、自己的智慧和性格结构的人的时候，这样的理解才能有助于教师去热爱儿童和尊重儿童。

——赞科夫

2. 加强对学生的个别辅导

由于技术课程内容之间的联系十分紧密，同时学生的接受能力也各有差异，所以学生在

学习过程中，容易出现分化现象。特别是操作技能的练习中，有些学生如果得不到教师的及时辅导和具体帮助，往往会中断学习，甚至还会干扰正常的教学秩序。因此，在技能操作方法教学和学生动手实践过程中，教师要加强巡视，注意教学信息的及时反馈，根据不同情况，采用小组辅导、个别辅导和学生之间互帮互学等多种方式，及时给有困难的学生提供帮助。在辅导过程中，要重视对所出现的技术问题的分析和方法上的指导，防止出现教师代替学生操作的现象。在制作过程中，有的学生如果提前完成任务，教师可以及时聘请他当"小老师"，辅导有困难的学生，分析出现问题的原因；或者对这些学生提出更高的要求，让他们继续研究和改进。

📢 教育家语录

我们教书，是要引起学生的读书兴趣，做教员的不可一句一句或一字一字都讲给学生听，最好使学生自己去研究，教员不讲也可以，等到学生实在不能用自己的力量去了解功课时，才去帮助他。

——蔡元培

3. 做好劳动保护。根据中学生的性别差异控制好学生的劳动强度，做好劳动保护。应要求学生严格遵守劳动纪律和安全规程，注意劳动卫生、劳逸结合，确保学生安全。

三、加强设备和基地建设

劳动与技术教育具有很强的实践性、技术性，这是由其本身的性质、特点和课程目标决定的。劳动与技术教育作为一个实践性很强的活动领域，需要必要的投入。但实际情况是，各学校普遍存在基地、设备、工具严重不足的问题。有的学校对现有设备管理不善，使用不当，导致劳技设备损害、流失，难以保证教学的正常开展。个别学校甚至设备短缺，劳动与技术教育无从谈起。投入不足，设备短缺，成为制约劳动与技术教育有效实施的瓶颈。

1. 完善劳动与技术教育的设施设备

首先，要加强学校教学仪器设备资源的有机整合，只要品种和规格基本相符，在不影响其他学科开展实验活动的前提下，充分利用学校现有的器材设备，如游标卡尺、千分尺、钩码等。例如实验室的示波器、信号发生器、万用表、电烙铁等工具完全可以用到通用技术选修模块中的电子控制技术教学中。其次，中学要在教育部门的支持下，通过各种渠道筹措资金，并利用本校有限的教育资金，购置开展劳技教育所需的设备、工具、材料，因地制宜地安排与落实劳动技术教育的专用教室或场所，可以是综合性的操作室，也可是按某类项目设置的专用教室。专用教室中应配备基本的仪器、设备、工具，并尽可能考虑到使用现代教育技术手段。同时，必须配备基本的安全防护措施（如医药箱、灭火器等）。多渠道解决劳动与技术教育的设施、设备、仪器、工具的配置问题。最后，结合主题活动内容，因地制宜地自行制作工具器材（如钢丝锯等）或设计类似的试验项目来替代，尽可能让更多的学生有机会参与试验。

2. 建立劳动与技术教育中心或基地

有条件的地区可以建立劳动与技术教育中心或基地。中心或基地的建设应当注重项目结构的优化，注重多方面功能的良好发挥，应当以服务劳动与技术教育事业、促进学生健康发展为宗旨，不断提高管理水平和教育效益。这些地方应当创造条件在节假日向中学生开放。

3. 建立广泛的社会教育基地

加强学生的劳技教育，有必要建立广泛的社会教育基地，使学生能尽可能多地在社会的熔炉中得到锻炼和发展。学校应该利用劳动与技术教育与生产、生活紧密联系的特点，让学生走到街道工厂、乡间田野，引领学生逐步接触社会，正确认识社会，勇于参与社会，强化学生将自我完善与社会发展紧密结合的观念，把学生锻炼成为将来能够用双手支撑生活并创造生活的栋梁之材。

家庭是学生最重要的活动场所，家庭教育对学生的发展起着至关重要的作用，学校应动员和引导家长关心劳动与技术教育，并在对劳动与技术教育的认识上达成共识，配合学校在家庭生活中对学生进行劳动与技术教育。尤其是家政与生活技术教育的实施，家庭可以发挥不可替代的作用。家庭中的劳动与技术教育应使学生逐步养成必需的生活自理能力，使其能主动参与家务劳动，参与处理家庭事务，承担与家庭有关的社会责任，理解和尊重家庭成员，能为家庭成员做一些力所能及的事情。

德国中小学劳动技术教育专用教室建设和实习制度

德国中小学劳动技术教育的专用教室，不仅设备齐全，而且设计讲究。如柏林蔡斯中学的烹饪专用教室，整套的烹饪设备、器具应有尽有，而且专用教室设计了U形、Y形、块形、条形四种不同形状的厨房格局，这四种格局的厨房是德国厨房（包括家庭厨房）的四种基本形式。这种设计使学生今天的学习与将来的真实环境联系起来。据介绍，全德国有五种劳动技术专用教室，即金加工、木加工、烹饪、办公室管理、缝纫和编织。这说明德国比较重视培养学生的动手能力。

德国中小学除了在学校专用教室开展劳动技术教育外，还有一个很有特色的实践环节——到企业实习。一般安排在八或九年级，一共三周时间，学生到工厂和工人一起上下班，做一些简单的工作，目的在于了解工厂、职业。老师一周去看两次学生，了解情况。实习结束后，学生汇报自己的体验，老师总结学生表现。学生自己联系实习的工厂，这也是一种锻炼。据介绍，学生实习对工厂是个负担，但是工厂为了物色未来的学徒，又愿意接受学生实习，让其了解本厂，希望这个学生将来成为本厂的一名学徒。

资料来源： 傅国亮. 德国中小学的劳动技术教育. http://www.edu.cn/ta_shan_zhi_shi_254/20060323/t20060323_20183.shtml

第四节
劳动与技术教育的评价

学习目标

理解劳动与技术教育的评价原则，了解评价主体的构成，明确评价的内容，掌握评价的方法

一、劳动与技术教育评价的原则

劳动与技术教育的评价包括对劳动与技术教育主题活动方案的评价、对教师的评价、对学生的评价等方面的内容，本部分主要介绍学生评价的有关问题。

劳动与技术教育的学生评价是指对学生在知识与技能、过程与方法及情感态度与价值观等方面的学习过程和发展状况进行定性、定量的描述。合理的评价可以使学生了解自己在劳动与技术学习中的特点、已有成绩和不足之处，也可以帮助教师调整和改善教学行为，进而促进学生和教师的共同发展。劳动与技术教育的学生评价应该遵循下面四个原则。

1. 发挥评价的激励和发展功能

在评价功能上，应强调评价的激励和发展功能，弱化评价的甄选功能，要注意发挥评价的激励功能。凡是参与劳动与技术的学习和实践过程，完成或基本完成所规定的学习任务的，都应当给予肯定。对那些设计与制作成果特别优秀，或有所创新、发明者，应给予特别鼓励。评价时，要注意通过多种方式和手段关照不同水平的学生在不同方面的发展，增强学生学习的兴趣和积极性，避免用一把尺子、一个标准衡量学生。

劳动与技术教育学生的评价应以发展性评价为主，评价应以学生学习过程中的点滴成长为依据，展现学生成长的轨迹，让学生看到自己的成长和进步，激发他们的学习动力。劳动与技术的学习评价并不着眼于对学生学习结果和发展水平的区分，而是在于用评价指导学生的学习，促进学生的发展，而不是给每个人贴上一个好或不好的"标签"。在具体实施过程中，我们不能用甄选的眼光看待学生，而应该用发展的眼光看待学生的每一次试验、每一个作品，对学生每一个微小的进步都应及时给予鼓励。

2. 过程评价与结果评价相结合

劳动与技术教育的评价不仅要处理好过程与结果的关系，关注学生劳动与技术学习的结果，更要注重学生在技术活动过程中的收获和对技术思想与方法的理解及体验，应把学生在劳动与技术学习过程中的参与程度、参与水平和情感态度等作为评价的重要指标。要评价学生在整个活动过程中的参与情况：包括选题阶段中学生的问题意识，主题确立阶段中学生对问题的分析与界定能力，主题实施中学生的合作意识、研究方法的运用、解决问题的能力、活动的体验等。只要学生在活动过程中形成一定的技术素养，对自我形成了一定的认识，获得了真实的体验、经验，学到了实实在在的本领，即使"成果"是欠缺的，或者经历的是受挫的体验，教师也要引导学生从中总结宝贵的经验，给予积极的评价，肯定活动价值。

3. 全面评价与单项评价相结合

劳动与技术教育的评价是全面评价。评价不仅关注学生劳动与技术知识和技能的获得情况，更关注学生学习的过程与方法、情感态度价值观的发展状况。评价中要突出对学生技术实践能力和技术创新意识等方面的内容。在评价中要注重多方面的评价以促进学生的全面发展。与此同时，应根据不同的课程模块、不同的技术学习内容、不同的技术学习阶段确定不同的评价项目，以提高评价的针对性和有效性。如花卉生长条件和管理技术主题的评价目标为：掌握花卉植物对水、肥、气、热、光需求的一般规律；掌握浇水、施肥的基本要领；了解修剪、摘心、除芽、削蕾与花卉生长发育之间的关系。

4. 阶段性评价与日常性评价相结合

对学生的劳动与技术的学习既要有统一的、阶段性的评价，如某一模块教学结束之后的测试或对作品的评价、学期考核和学年考核等，又要在学生的学习过程中根据具体情况予以日常性的随机评价。在学生学习过程中，教师对学生的微小进步、对学生的特殊表现予以及时、适当的评价，往往有意想不到的效果。教师在学生的技术学习过程中要善于捕捉评价的最佳时机，要关注学生在设计和制作关键环节中的表现，要关注学生在技术设计、技术试验或技术制作中的独特想法、取得的重要进展，并采取相应的评价措施。

二、劳动与技术教育评价的主体

劳动与技术教育的学生评价主体（评价者）主要有教师、学生、家长、实验基地人员、校外技术人员，以及校外考试机构等。要发挥不同评价主体在评价中的作用，将教师的评价与学生的自评、互评、家长的评价、校外技术人员的评价等有机结合起来。

1. 教师是各类评价主体的组织者。教师应根据不同评价内容协调有关人员参与评价，切实发挥各类评价主体在评价中的作用。

2. 使学生成为评价的主人。在传统的劳动技术教学中，对学生的评价大多以教师评价为主，学生很少参与对同学和自我的评价。新课程理念下的劳动与技术教育的评价要发挥学生自我评价的作用，学生既要评价同学，又要接受同学的评价，有机会进行互评和自我评价，使评价过程成为学生再一次受教育的过程，同时也成为学生主动学习的过程。以小组形式进行的活动，可以由学生之间互评，将评价项目和标准等制成表格形式，学生互相评价后填写。在小组内互评的过程中，同伴的学习、活动的习惯、态度，以及做出的努力和贡献，将成为评价的重要内容。

3. 吸引家长以及其他人员积极参与评价。劳动与技术教育一个重要的特点是和生活相结合，由于有些实践活动是在家中进行的，要争取家长的配合，在家中创设条件，检查督促子女适时、适量参加力所能及的家务劳动；在成果汇报课时，可以邀请一些家长参加，让家长对学生在课外或家中的表现给予评价。这样，家庭学校同步进行评价，更有利于教师对学生的全面了解，从而有的放矢地对其进行教育。家长或其他人员介入评价，可由校方提供评价项目、评价标准和具体要求，由家长或其他人员对学生进行客观性评价。需要强调的是，家长或其他人员介入评价，不管是哪种评价主体，都要运用激励性评价机制，以指导和鼓励为主，帮助学生不断对课程产生兴趣。

三、劳动与技术教育评价的内容

劳动与技术教育的学生评价是对学生多方面发展目标的整体性评价。评价要体现劳动与技术教育的基本理念、课程目标和内容标准。评价内容要关注三维目标的落实，可以从知识与技能、过程与方法及情感态度与价值观等方面了解学生对劳动与技术的理解和运用状况，进行劳动与技术学习水平的评价。

1. 知识与技能

对学生学习劳动与技术知识的评价，不是看其直接记忆了多少知识，而是应根据技术的陈述性知识和程序性知识等类别，对学生的技术学习进行评价。不同知识类别的评价方法应有所不同，对于陈述性知识通常要求学生在理解的基础上记忆，对于程序性知识则要求学生在技术的实践过程中融会贯通，在问题的解决和实际操作中正确运用。

对技能学习的评价主要从学生使用工具和设备的技能、试验技能、交流技能、评价技能等方面进行。评价应从某一技能本身的操作要点和规范出发，依据课程目标进行，倡导和鼓励有新意的技能、方法，对学生的操作要从正确性、速度、协调性等方面及时地进行评价。例如，在"结构与设计"主题中，评价学生检测某种结构物体的强度和稳定性的试验技能，首先要看学生能否从物体的受力和结构特性等角度合理设计试验方案；其次要看学生是否能够正确使用有关仪器和设备，试验的过程是否符合规范，对试验过程的观察是否仔细，所记录的试验数据是否准确等。

2. 过程与方法

对过程与方法的评价，重在评价学生解决实际问题的能力、技术的决策能力和创造能力。评价的内容和维度主要包括主题提出能力、活动主题计划能力、情报或信息收集与处理能力、问题解决能力、表达能力以及与同伴合作解决问题的能力等方面。

对于不同的技术学习内容，学生经历技术学习过程的感受也不同，要根据内容特点确定过程与方法方面的评价重点。

例如，评价"控制与设计"主题的练习"自动计时装置的设计方案及模型制作"，应着重评价学生的设计方案的技术原理是否有独到之处（如有的同学利用了"沙漏"计时、有的运用"虹吸现象"计时、有的采用数字电路脉冲计时等），设计方案是否比别人的简单有效，是否将所学的理论知识综合运用到设计之中，是否选择了物美价廉的制作材料，制作工艺上是否有创意，以及作品能否满足设计要求等。

3. 情感态度与价值观

情感态度与价值观的评价应着重从学生参与劳动与技术学习的态度是否积极主动；在技术学习中，是否具有精益求精、实事求是的态度，是否具有克服困难的勇气和决心，是否具有良好的合作精神；技术作品能否体现关爱自然、珍视生命等积极向上的情感等方面进行。

技术学习过程中，对于技术文化的理解是体现学生价值观的重要方面。评价者要通过与学生的交流，发现并记录学生在技术学习过程和作品中所表现的丰富的精神内涵、独特的美学视角和富有魅力的个性展示，以及对中西方文化的理解，并及时给出描述性的评价意见。例如，对"居室门厅方案设计"的评价除了考虑能实现一般的门厅所具备的功能外，还要评价学生设计方案中体现的环保、审美、个性化追求等，从正面引导学生对设计作品的高尚文化品位的追求和向往。

需要强调的是，在对学生的学习进行评价时，知识与技能、过程与方法、情感态度与价值观三者不是孤立的、机械分割的，而是一个有机的整体，应将三个方面有机融合起来，灵活运用各种评价方法对学生进行全面的评价。

例如在八年级《照明电路》的教学中，"电路安装"一节的评价，可以从"电路安装的规范程度、电路安装布线的合理性、工具使用的规范性、工具的爱护、导线的节约、操作环境的爱护以及同学间的互动状况、合作情况等几方面内容"来实施评价。通过这种有效的评价，可以提高学生的学习积极性，促进学生的个性和潜能的发展。

四、劳动与技术教育评价的方法

劳动与技术教育的学生评价应选择什么样的评价方法？这是当前劳动与技术教育评价

面临的困境。理想的状况是，在中考、高考的选拔性评价中就体现出评价改革的趋势。从国际经验来看，大多在进行纸笔测试的基础上，采用作品实作、设计项目、设计日志等评价方法。

劳动与技术教育的评价是开放、灵活的，评价方法多种多样，可以有书面测试、方案及作品评析、产品展示、撰写心得体会、考核、专题活动、相互交流、自我评价、作品评定、日常观察、过程记录卡、访谈、活动报告等。这些评价方法各有特点，适合不同的评价对象，评价者要根据具体的评价目标、具体内容，客观分析并灵活运用这些评价方法。

1. 书面测试

选取来自生活和社会实际的问题分析、案例分析、产品设计和分析等题型，考查学生对技术原理的理解、技术方法的综合应用以及将技能方法迁移到新问题情境中的能力。

2. 方案及作品评析

对学生制作的产品、产品模型、设计方案和技术图样、说明书、设计制作报告等进行评价。对学生作品的评价要突出创新点和技术含量。

在对方案及作品等进行评价时，要特别注意不要以成败为评价的唯一标准。对于成功（达到设计要求）的方案和作品，要从其创意是否新颖，各种指标是否合理，制作是否精益求精，是否找出了成功的原因与不足等方面进行综合评价；对于不成功的方案和作品，要着重评价设计中的合理之处和有价值的地方，看其是否有新的思想火花和新的思路，设计、制作是否认真，特别要看其是否找出了失败的原因，以及可供继续设计和制作的教训。对不成功的方案与作品，要允许学生重新设计或制作，并重新评价。

3. 访谈

与学生面谈，了解学生阶段性学习状况、对自己的期望、满意程度、存在的问题和困惑等，便于教师有针对性地掌握学生的学习情况，及时解决学生的问题。

4. 技术活动报告

由教师和学生分别记录。教师记录全体学生在技术学习过程中有价值或有意义的信息；学生记录技术学习的内容和学习过程中的感受，技术试验过程中遇到的问题及其解决策略，设计、制作中的独到或有创意之处，对作品或方案的评价等过程性资料，从而形成学生的技术活动档案袋。

5. 档案袋评价

档案袋评价，又称卷宗评价，或文件夹评价，是指通过对档案袋的制作过程和最终结果的分析而进行的对学生发展状况的评价。档案袋又称学生的成长记录袋，它是有目的地收集有关学生学习情况的材料，表现学生在较长时间内在课程的一个或多个领域中所做出的努力、获得的进步和学业成绩。对于劳动与技术教育来说，档案袋评价就是收集学生劳动与技术主题活动期间内的典型作品，以这些作品为依据对学生的学习表现进行评价，其评价的目的在于促进学生的能力、情感和知识在原有水平上的持续发展。

　　档案袋评价是劳动与技术教育活动评价中不可缺少的评价方式。通过档案袋的运用，可引导学生将活动过程记录下来，并可将其作为总结性评价的依据。怎样引导学生创造性地使用好档案袋，通过它的使用引导学生进行过程性评价呢？具体做法如下。

　　第一步，指导学生在档案袋中放入自己的作品。档案袋中放入的材料与劳动与技术教育活动实施达到的目标密切联系，主要关照的行为目标的基本要素有：收集、分析和处理信息，发现问题与问题解决，项目设计与动手操作，社会实践与表达交流，情感、态度与价值观。教师要根据这些行为目标，确定学生劳动与技术教育活动档案袋中要放入的材料内容。如可以放入活动方案、活动照片、专题小报、调查记录、观察记录、实验过程、实验现象、收集整理的资料、设计或制作的作品、体会与反思记录、实施过程中发现的新问题及采取的方法措施等，或教师的评价、自我评价、家长的评价等，记录成长的足迹。

　　指导教师要对学生放入的作品提出一定的要求，让学生根据教师的要求有选择地放入一些作品，引导学生学会审视评判自己的作品。如让学生明确档案袋需要放入的材料为如下几类：展示过程与方法，展示成果，展示创造性，反思自身的变化与成长，显示自身所冒的风险等的材料。

　　第二步，制定档案袋的评定标准。评定标准的制定是档案袋评价的重要依据。在制定档案袋的评定标准时，要确定评价的维度、指标及评定等级。前面所谈到的评价内容可作为依据之一。档案袋评价标准应由教师和学生一起商讨来制定。学生在制定评价标准的过程中，会非常清楚他们在主题活动实施过程中应该做什么，怎样做才能更好。首先，教师要清楚地告诉学生劳动与技术教育活动的档案袋评价的基本要求是什么，为他们讲解不清楚的地方。其次，教师要充分地调动学生的积极性，使他们参与到档案袋评价标准的制定中来，在原有的基本要求上添加一些结合自身实际情况的标准。这样做的好处在于能够更好反映出学生的学习水平。

　　第三步，对档案袋进行评定。在对档案袋进行评定时，一般是作为一种终结性评价，通过它的评价来评估学生的发展水平。如学生综合运用学科知识的能力、实践能力等方面的目标可通过档案袋中收集的作品进行整体评定。

英国国家技术教育课程评价

　　英国的国家课程分为核心和基础两种，其中英文、数学和科学是核心课程，"设计与技术"与"信息技术"于1988年开始列入7门基础课程之中，2003年成为全国统一的法定课程。虽然2007年英国对课程计划进行了重新修改，即从2011年开始，设计与技术对于14~19岁学生来说不再是必修课程，但学校必须提供这一课程供学生选择。

　　英国的技术教育课程评价自20世纪80年代就开始起步，且经历了一个不断精细化的演进过程，正如英国长期参与国家课程和评价制度的专家金贝尔（Kimbell）所言，对于技术教育来说，常模参照评价既不可靠也无益处，因为常模参照不能清楚描述学生能够做什么，充其量只是指出学生在团体中的位置。所以他强调技术教育评价应基于课程标准进行评价的办法。目前英国将5~16岁义务教育阶段按照学生年龄分为5~7岁、7~11岁、11~14岁、14~16岁四个关键期，每个关键期结束时需要参加国家考试，当然技术课程也包括在内。国家技术考试包括8个难度依次增加的等级水平，另加一个特别等级（优异表现）。每一等级均从辨认需求和机会、发展设计、规划与制作、评价、信息技术等方面清晰描述了评价的目标和内容。前三个关键阶段为基础阶段，参加"标准水平考试"；第四个阶段结束时需参加普通中等教育证书考试（General Certificate of Secondary Education，简称GCSE）。

目前，为英国GCSE提供试题、评卷和反馈的技术教育课程评价机构主要有3家：评估资格联盟考试中心，牛津、剑桥和RSA考试委员会以及英国国家学历及职业资格考试委员会。其成绩评定等级由3个部分组成，包括课程专题、笔试、考试组合指定任务等，其中课程专题或组合指定的任务占60%，笔试占40%，课程专题和考试组合指定任务大多各需20小时完成，笔试时间为2小时。

在课程专题或考试组合指定任务方面，由于国家课程标准希望学生具有设计作品（如户外餐桌）、系统（如电脑资料库）和环境（如办公室）的经验，以及在下列五种情境中发展设计和想法：家庭、学校、休闲、社区、工商业。作品的类型通常是三种设计和五种情境的结合，在总结笔试方面，问题的类型有简答、结构化简答和开放性问题。

资料来源: 陈向阳，冯蔚蔚，邵健伟. 国际技术教育课程评价：困境、经验与启示. 外国教育研究，2011（10）：60

本章小结

劳动与技术教育是中学综合实践活动的重要领域，对帮助学生获得积极劳动体验、形成良好技术素养具有重要作用。要有效开展劳动与技术教育，需要做好劳动与技术教育主题的设计、劳动与技术教育主题活动方案的设计，并进行科学的实施和评价。劳动与技术教育主题应该以区域特色为核心，以学生需要为宗旨。在主题的确定过程中，首先学校应该进行序列化设计，然后是教师指导学生自主确定研究主题。劳动与技术教育主题活动方案的设计主要包括活动目标、活动内容、活动实施和活动评价四个方面的设计。劳动与技术教育活动在实施中应遵循教育对象的全体性，实施过程的综合性，活动组织的科学性，教育结果的实效性等原则，在实施过程中，教师要面向全体学生，加强对学生的个别辅导，并做好劳动保护。同时，为了保障劳动与技术教育活动的顺利开展，各级教育管理部门和学校应加强劳动与技术教育的设备和基地建设。在劳动与技术教育活动中对学生进行评价，可以通过教师、学生、家长、实验基地人员、校外技术人员，以及校外考试机构等多元主体进行。在评价中要注意发挥评价的激励和发展功能，过程评价与结果评价相结合，全面评价与单项评价相结合，阶段性评价与日常性评价相结合。在评价内容方面，应该关注学生多方面发展的整体性评价。评价的方法可以灵活多样，如采用书面测试、方案及作品评析、访谈、技术活动报告、档案袋评价等。

总结 >

Aa 关键术语

劳动与技术教育	主题
labor and technical education	theme
设计	实施
design	implement

章节链接

在这一章，你读到劳动与技术教育主题的设计时	请结合第五章 "社区服务和社会实践的设计与实施"其中讲述了社区服务与社会实践主题的选择原则、要求与误区。
关于劳动与技术教育的实施	请结合第四章 "研究性学习的设计与实施"，其中讲述了研究性学习的组织实施问题。第五章"社区服务和社会实践的设计与实施"也分析了社区服务与社会实践活动实施的步骤及保障。
关于劳动与技术教育的学生评价	请参考第八章 "综合实践活动的评价"，其中比较详细地分析了综合实践活动评价的理念、内容、指标与方法。

应用 >

批判性思考

1. 在有些学校，为了应付督导评估检查，会临时安排几节劳动与技术教育课，让学生头脑中有开设劳技课的概念即可，检查过后，劳技课就不上了；还有些学校，在总课课表中有劳动与技术的课程安排，实际上根本没有上，被"语、数、英"所谓的主课占用。你怎么看待这种现象？

2. 在综合实践活动课程中，劳动与技术教育有什么特点，怎样实施才能符合课程特点和要求？结合所在地区的具体情况，谈谈在当地实施劳动与技术教育的具体办法。

3. 我国制定了义务教育阶段的《综合实践活动指导纲要》，设计了劳动与技术教育的目标；我国的高中技术课程已有课程标准，且在知识性目标、技能性目标、情感性目标三个方面有相关规定。但从我国劳动与技术教育评价的实际来看，初中学校对学生的劳动与技术教育的成绩评价，尚未形成完整的系统，随便马虎地给一个分数了事，致使学生对劳动与技术不重视，造成劳动与技术教育教学质量低下；也只有少数省份将技术课程列入学业水平测试或小分值与高考挂钩，总体上劳动与技术教育还在基于"校本"层面上进行评价，缺乏国家层面的质量检测体系，这也直接导致了劳动与技术教育在实践中处于"低地位"的状况。从已有的国际经验来看，如英国、美国、荷兰等国家均高度重视国家教育质量监测体系的建立，即使是实施分权制的美国，也在2012年将技术素养纳入到国家教育成就评价（NAEP）之中。国家质量监测体系之所以可行，就在于有一个清晰的目标、内容和一致的认知要求，因而评价标准的设立就显得尤为重要。虽然我国的高中技术课程已有课程标准，但从评价的角度来看，表述比较笼统、模糊，还缺乏像英国标准那样通过丰富多样、清晰明确的行为动词精确地阐述对不同等级学生的学业期望。因而在当前情况下，如何将课程标准转化为清晰可行的评价标准，将总目标具体细化成可操作性的目标，如何对不同的活动主题或活动项目的目标进行具体化，是我们必须关注的问题。你认为应该如何解决这一问题？

✎ 体验练习 ┈┈

以下的一些自测题有利于了解您对于劳动与技术教育设计与实施掌握的情况，请从A、B、C、D四个选项中选出合适的选项。

1. 劳动与技术教育是在 ＿＿＿＿＿＿ 的引导下并围绕 ＿＿＿＿＿＿ 展开的实践活动过程。

  A. 知识   B. 主题

  C. 技术   D. 经验

2. 劳动与技术教育主题的选择依据有 ＿＿＿＿＿＿ 。

  A. 以《纲要》、《指南》和《课标》为基础

  B. 以区域特色为核心

  C. 以学生需要为宗旨

  D. 以教师兴趣为中心

3. 劳动与技术教育"主题活动"方案的主要内容有 _____。
   A. 活动目标　　　　　　　　B. 活动内容
   C. 活动实施　　　　　　　　D. 活动评价
4. 实施劳动与技术教育活动的基本原则有 _____。
   A. 教育对象的全体性　　　　B. 实施过程的综合性
   C. 活动组织的科学性　　　　D. 教育结果的实效性
5. 劳动与技术教育的评价应遵循的基本原则有 _____。
   A. 发挥评价的激励和发展功能　B. 过程评价与结果评价相结合
   C. 全面评价与单项评价相结合　D. 阶段性评价与日常性评价相结合

🔍 案例研究

设计制造一辆自行车拖车

　　美国的小学生经常需要做一些手工制作的项目，这些项目要送到学校去参加评比，一般情况下是父母帮忙运送，但有时父母比较忙，学生一觉醒来发现父母都不在身边，这时自己必须骑自行车上学，又要带一个大的项目到学校去，出现这种情况怎么办呢？于是两位学生想到，要是自行车有拖车就好了，为什么不动手做一个呢？因此他们准备设计制作一辆自行车拖车及其制作指南，从而在方便自己的同时也可以为其他同学提供帮助。这种想法是切实可行的，两位学生在两位校外木匠专家的帮助下完成了任务。这个方案耗时一年，每周占用两天，每天大约一个小时。

　　（1）试运用本章所学习的理论对此案例进行分析。
　　（2）本案例对你有何启示？你认为我国的劳动与技术教育应如何实施？

📝 教学一线纪事

"能吃上自己种的菜，感觉真好！"
——记江西省崇义县中小学劳技教育实践基地建设

　　江西省崇义县是全国重点林业县，享有"竹子之乡"的美誉。近年来，崇义县中小学利用丰富的山地资源，创办劳动与技术教育实践基地，构建素质教育平台，探索出一条成功之路。

一个"吃菜"难题

2004年9月，县政府领导来到横水、杰坝等乡镇调研农村教育工作。当他们在住校生的寝室里看到大罐小罐的干菜，得知大部分住校的农家孩子都从家里带来咸萝卜、腌菜等干菜，一吃就是一周时，心里很不是滋味。

孩子们在学校读书"日日干菜"，长此以往身体怎能健康？如果天天买菜吃，农村家庭又负担不起。到底有没有办法破解山区学生"吃菜难"问题？

为此，县政府召开了专题办公会议，决定先在横水中心小学和过埠中学两个学校进行试点：由乡镇财政出钱，为学校租赁一定面积的土地，建立劳动技术教育实践基地，用来种植各类蔬菜、瓜果供学生食用，确保住校生每天至少吃上一餐免费的新鲜蔬菜。县政府还决定一年后，全县中小学劳动技术教育基地建设由点到面，遍地开花。

一种运作模式

横水中心小学住校的农村学生比较多，学校想办法筹集了3万元启动资金，建起了铁架大棚、猪圈、防护栏等基础设施，菜地种上了茄子、西红柿、南瓜、树椒、西葫芦等20多个品种的蔬菜，饲养了80多头生猪。基地的日常管理以管理员为主，根据农事季节的需要，组织学生利用劳动课或课外活动来菜地拔草、浇水等。从去年4月1日开始，基地每天向学校供菜50公斤，到目前为止，基地共生产蔬菜约2.7万公斤。学生能够每天吃上新鲜蔬菜，师生们个个笑逐颜开。

过埠中学把劳动与技术教育纳入学校教学计划，每周每班一节劳动与技术课，一周上理论课，一周到基地参加实践劳动。劳动基地配备了两名懂技术、会管理的后勤人员为专职教师，负责管理劳动实践基地。学校把基地划成13块，每班管理一块，对学生的劳动出勤、纪律、劳动任务的完成等逐项进行考查、登记，并按照劳动技术基础理论知识占50%、实际劳动技术占30%、劳动态度占20%的评分标准进行评定，期终同其他学科成绩一样载入学生学籍档案。

各学校根据本校的实际采取不同管理方式，但不管采用哪一种管理方式，都能够做到学校不花钱，学生能够吃上新鲜蔬菜，学生还能够得到锻炼。

一条育人之路

近两年来，全县建立了31个劳动技术教育实践基地，面积达260多亩，收获各类品种蔬菜达76500公斤，受益学生8500多人，取得了良好的社会效益、经济效益和育人效应。

学生廖为花的母亲罗冬兰掩饰不住自己的喜悦，劳动实践基地的建立，减轻了她家里的经济负担。"一年下来可减少支出200元左右，我们农民打心眼里欢迎建劳动基地。"罗冬兰说。

通过几天的采访，记者感到，劳动基地的创办，除了解决学生"吃菜难"的问题外，更重要的是能够让学生在劳动中收获思想的果实。

横水中学校长廖春生说："以前学生食堂乱倒饭菜的现象很普遍，浪费严重。开办劳动基地以后，学生参加劳动后方知一粥一饭来之不易，乱倒饭菜的现象销声匿迹了，学生们还自发地组织起来捡矿泉水瓶等废品卖钱资助困难学生。"

在横水中学食堂，正在排队打菜的一位学生对记者说："真想不到现在能吃上自己亲手种出来的菜，这种感觉真好！"

资料来源：《中国教育报》2006年11月25日 第2版

拓展 >

补充读物

1 田慧生. 综合实践活动课程的理论探索与实践反思. 北京：教育科学出版社，2007

本书是关于"综合实践活动课程的理论探索与实践反思"的研究专著，具体包括了：对综合实践活动课程开设目的与意义的再认识、对综合实践活动内容领域的理解与实施、学校对综合实践活动课程的规划与管理、正确处理综合实践活动课程实施中的几个关系等方面的内容。

2 郭元祥，伍香平. 综合实践活动课程的理念. 北京：高等教育出版社，2003

本书从综合实践活动课程的基础、综合实践活动课程的特征与价值、综合实践活动课程的核心理念、综合实践活动课程的基本要素等6大专题入手，以17个核心问题为线索进行论述。

3 陈树杰. 综合实践活动课程引论. 北京：首都师范大学出版社，2010

本书主要内容包括：综合实践活动课程的理念和教育功能、综合实践活动课程的教育理论基础、综合实践活动课程中的研究性学习、综合实践活动课程中的劳动与技术教育、综合实践活动课程中的信息技术教育、综合实践活动课程中的社区服务与社会实践等十章。

在线学习资源

中国劳技教育信息网 http://www.laojijiaoyu.cn

第七章

信息技术教育的设计与实施

本章概述

　　本章主要介绍在新课程改革背景下，信息技术教育的定位、内容选择、组织实施等问题。其中定位部分主要介绍信息技术教育的课程定位、价值定位、目标定位和功能定位；内容的选择部分主要是依据培养学生信息素养的目标，从信息技术教育的大众化、开放性和社会化三个特征入手选择信息技术教育内容；内容的组织部分则主要介绍了信息技术教育内容的组织原则和方式；信息技术教育的实施主要有三种途径，分别是单独开设信息技术课，信息技术教育与综合实践活动其他组成部分之间整合，信息技术与学科课程整合。

结构图

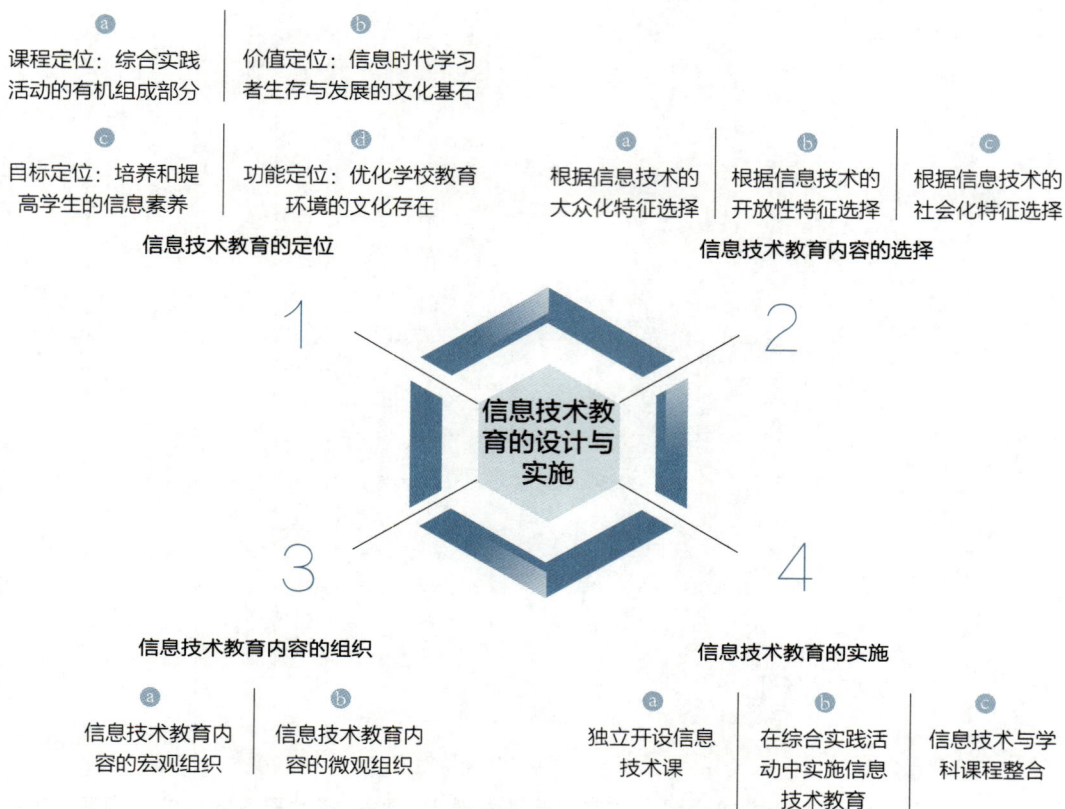

ⓐ 课程定位：综合实践活动的有机组成部分	ⓑ 价值定位：信息时代学习者生存与发展的文化基石
ⓒ 目标定位：培养和提高学生的信息素养	ⓓ 功能定位：优化学校教育环境的文化存在

信息技术教育的定位

ⓐ 根据信息技术的大众化特征选择	ⓑ 根据信息技术的开放性特征选择	ⓒ 根据信息技术的社会化特征选择

信息技术教育内容的选择

1 2
信息技术教育的设计与实施
3 4

信息技术教育内容的组织

信息技术教育的实施

ⓐ 信息技术教育内容的宏观组织	ⓑ 信息技术教育内容的微观组织

ⓐ 独立开设信息技术课	ⓑ 在综合实践活动中实施信息技术教育	ⓒ 信息技术与学科课程整合

学完本章，您应该能够做到以下几点。

1. 了解信息技术教育在新课程体系中的定位；

2. 了解如何选择信息技术教育的内容；

3. 了解信息技术教育内容的组织形式；

4. 了解信息技术教育实施的策略和注意事项。

学习
目标

信息技术教育教师、综合实践活动教师，以及使用信息技术进行学科教学的教师往往在进行信息技术教学，或使用信息技术进行学科教学时遇到无法使学生深入掌握信息技术知识和技能，或无法恰当发挥信息技术的优势为学科教学服务等困境。在阅读本章之前，请反思自己在进行信息技术教学或使用信息技术进行学科教学的过程中，存在哪些问题？

1. 在进行信息技术知识和技能的教学过程中，是否充分将其与学生的生活和兴趣相结合？所教授的信息技术知识和技能对学生的学习和生活有无实际价值？

2. 综合实践活动实施中，是否充分发挥了信息技术教育的优势？是否充分体现了综合实践活动的综合性？是否将信息技术教育与综合实践活动其他组成部分进行了恰当的整合？

3. 综合实践活动中，信息技术教育的定位是什么？信息技术教育中遇到的问题是什么？如何解决这些问题？

4. 信息技术教育的实施途径有哪些？信息技术与学科课程整合在信息技术教育实施中的作用是什么？

2000年，教育部召开了全国中小学信息技术教育工作会议，颁发了《中小学信息技术课程指导纲要（试行）》，将原来的"计算机课"改为定位更加准确的、含义更加广泛的"信息技术课程"，并将其列入中小学必修课程。2001年，我国新一轮基础教育课程改革拉开了序幕。2001年6月，教育部颁布了《基础教育课程改革纲要（试行）》（以下简称《纲要》），规定"从小学至高中设置综合实践活动并作为必修课程，其内容主要包括：信息技术教育、研究性学习、社区服务与社会实践以及劳动与技术教育"。将信息技术纳入综合实践活动，意味着信息技术已经不再仅仅是一种手段，而应该成为人们生活中的一个基本要素，因为随着信息技术的发展，人们生活的方方面面都发生了变化，比如互联网已经成为人们生活和工作中不可或缺的重要因素，互联网的使用已经大大改变了人们的交流和工作方式等。就像读写能力不仅可以在语文课中获得提升，而且也可以在诸如数学、物理、化学、政治和历史等其他课程的运用中获得提升一样，信息素养的提升也不再是单独某门学科所承担的任务。鉴于信息技术应用的广泛性、影响的深远性以及信息技术本身的实践性等特征，《纲要》决定将信息技术教育纳入综合实践活动，并强调信息技术应该与学科课程整合。

第一节
信息技术教育的定位

🎯 **学习目标**

理解信息技术教育在新课程体系中的定位是什么？

2001年，教育部颁布了《基础教育课程改革纲要（试行）》（以下简称《纲要》），决定从小学到高中设置综合实践活动并作为必修课程，信息技术教育被规定为综合实践活动的内容之一。而在此之前，教育部规定在中小学开设独立的信息技术课程，并对信息技术课程的性质、任务、目标、课时安排和评价等做出了比较明确的规定。如今，《纲要》又将信息技术教育纳入综合实践活动中，引起各方有关信息技术教育定位的讨论。在新课程体系中，应该怎样定位信息技术教育，不仅事关信息技术教育的地位，而且也关系到信息技术教育的开展和实施。这些问题困扰着教育研究者和一线教学实践者。因此，有必要首先明晰信息技术教育的定位。

一、课程定位：综合实践活动的有机组成部分

在发达国家，计算机成规模地进入教育领域始于20世纪70年代，此时，计算机语言教学是其主要教学内容。到了20世纪80年代中期，随着家庭计算机逐渐增多，软件开发速度逐渐加快，计算机作为工具的观念逐渐流行。20世纪90年代后，多媒体和网络技术获得了空前发展，加上人们对计算机辅助教学软件应用效果的反思，促使人们提出了信息技术与学科课程整合的概念。

虽然我国的信息技术教育起步较晚，但是也基本走过了从强调计算机语言学习到把信息技术作为工具，再到注重信息技术与学科课程整合的历程。2000年11月，教育部颁布的《中小学信息技术课程指导纲要（试行）》正式确定将信息技术作为中小学的必修课程，并指出要注意培养学生利用信息技术学习其他课程的能力，努力创造条件，积极利用信息技术开展各类学科教学。2001年6月，教育部出台的《基础教育课程改革纲要（试行）》则更进一步，决定不再单独开设信息技术课程，而是在综合实践活动必修课中设置信息技术内容。仅仅半年多的时间，信息技术从国家规定的一门单独开设的必修课程变成综合实践活动中的一个组成部分。这并不表示国家不再重视信息技术教育，也不意味着信息技术教育对学生发展方面影响力的降低。它意味着信息技术不仅仅是一种手段，而且应该成为人们生活、工作和学习过程中一个基本要素、一种基本素养；它意味着信息技术教育并不是一门单独的学科课程，它应该和其他学科课程相结合，尤其是要融合到综合实践活动中。

二、价值定位：信息时代学习者生存与发展的文化基石

虽然知识是已经发生了的，也是稳定的，但是知识的关联却是未来的或前瞻性的，因为知识为还在进行中的事情和将要做的事情提供理解或给予意义。比如医生查阅病人的记录，之所以具有意义，是因为它为医生对症下药提供了一些启示或方法。当我们说知识对人有价值时，更多是指对仍在进行中或即将进行的事情有用。教育中，无论知识对知识发现者有多么重要，若是不能在学生的生活、学习以及发展中起作用，那么这种知识对学生而言就不是真正的知识，或者不能够引起他们兴趣，不会促使他们认真去学习和掌握。这提醒我们，教育应该尽量使学科知识贴近日常生活，恢复知识的鲜活性和生动性。这也正是开设综合实践活动课程的意义。作为综合实践活动组成部分之一的信息技术教育，除了在信息技术知识教学过程中尽力恢复知识的鲜活性外，更应该在促进综合实践活动和学科课程与社会和生活的联系中发挥作用。

信息时代，学生生活的世界不仅仅包括现实社会，还包括由网络等建构的虚拟世界。数字化、网络化、信息化使人们的生存方式发生了巨大变化，并由此带来一种全新的生存方式。数字化生存的概念最初是美国学者尼葛洛庞帝（N. Negroponte）在《数字化生存》（*Being Digital*）一书中提出。他认为人类生存于一个虚拟的、数字化的生存空间，在这个空间中，人们运用数字技术（信息技术）从事信息传播、交流、学习等活动，这便是数字化生存。[1]由于信息技术已经渗透到生活的方方面面，所以我们无不被裹挟进数字化生存空间中。为了在数字化生存空间中更好地生活，也为了处理好数字化生存空间与现实生存世界的联系与区别，我们必须具备一些数字化生存能力，即能够适应数字化环境的千变万化和虚拟特征，在数字化环境中生活和交往。这些数字化生存能力的学习和掌握是信息技术教育义不容辞的责任，为此，信息技术教育应该教授学生最基本的信息技术知识和技能：运用信息技术解决实际问题的能力，掌握数字化生存空间的行为能力和有效交往技能，以及遵守数字化空间伦理规范，具备数字化伦理道德的相关知识等。

随着以计算机和网络为核心的信息技术的高速发展和普遍运用，人类社会生产和生活领域发生了许多深刻的变革，信息技术已经成为人们生产和生活领域不可或缺的重要因素，并逐渐影响了人们的生产、生活和学习方式，甚至也影响和改变了人们思考和解决问题的方式。正是信息技术具有如此强大的影响力，人们将信息技术与传统的读、写、算等并列为最基本的文化素养。按照文化学的观点，我们可以将文化的形态分为物质文化、行为文化和精神文化。物质层面的信息文化主要包括各类信息工具、信息产品和设施等；行为层面的信息文化主要包括人们在生产、生活和学习过程中应用信息技术获取和处理信息等过程中的行为

---

1 [美]尼葛洛庞帝. 数字化生存. 胡泳，译. 海口：海南出版社，1997：7

及方式；精神层面的信息文化主要包括人们在搜集、处理、运用、传播和交流信息过程中的信息意识、信息伦理等。在信息技术已经深入社会生活方方面面的背景下，熟练掌握上述三种形态的信息文化已经成为人们必备的文化素养。进行信息技术教育时，既要教授最基本的信息技术知识，也要教授何时使用以及如何正确使用信息技术等技能，还要培养学生正确的信息伦理，三者缺一不可。就像读、写、算等基本文化素养的教授和学习一样，信息技术最初也需要有专门的课程进行教授，但是随着学生掌握基本技能，其最终融入其他课程中。信息技术教育除了开设专门的信息技术课程以帮助学生掌握基本的信息技术知识和技能外，更应该将其融入其他学科的教学过程，并且从长远来看，信息技术教育必将最终融入其他学科教学过程中，不需要再单独开设专门课程。

三、目标定位：培养和提高学生的信息素养

信息技术作为智能化的技术，既包括物化形态的技术，也包括智能形态的技术（蕴含着人类高级智慧），是尖端技术与人类高级智能的融合，是我们准确地把握客观世界、揭示客观规律、认识人类自身的重要技术。[1]与黑板、粉笔等技术主要应用于课堂教学不同，信息技术的应用范围更加广泛。它已经渗透到人们生产和生活的各个层面，成为日常生产和生活中必不可少的组成部分。从其对人类生产和生活的影响范围和程度来看，信息技术与语言、文字的相似度更高，它们都既是人类生产和生活的中介或工具，也已经成为人类生产和生活的一部分。

随着信息技术的发展，信息技术已经深入生活的各个领域，它不仅形成了独特的计算机程序语言，而且也通过网络互动，创造着网络化的语言。信息技术走入千家万户，成为人们日常生活不可或缺的组成部分，它已经深深影响了人类的交流方式和思维方式，并且在这些交流中创造着人类生活的意义。由此可见信息技术已经逐渐成为一种类似于语言和文字一样的特殊文化。对应于符号元素，学校信息技术教育不仅要促进学生掌握最基本的信息技术知识和技能，也要积极促进信息技术与其他课程的整合，积极发挥信息技术在搜集信息、优化教学过程等方面的作用；对应于行为要素，学校信息技术教育要积极促进和培养学生的信息化生存能力，强调学生把学校中学到的信息技术运用于生活中，解决实际问题；对应于意义要素，学校信息技术教育要积极帮助学生内化信息的文化价值，提升学生的信息素养，即培养和提高信息文化环境中学生的信息意识、信息道德、信息伦理和社会责任。

---

1 张定强. 信息技术在数学新课程体系中的定位研究. 电化教育研究，2004（8）：66

四、功能定位：优化学校教育环境的文化存在

当今社会是信息技术社会，信息技术的普遍运用大大缩短了信息传递的时间，改变了人们交往的方式，使人们的存在方式发生了翻天覆地的变化。信息技术已经不再仅仅是一种单纯的应用工具，而已经成为现代社会和未来社会文化的最基本组成部分之一。学校不应该仅仅把信息技术作为一种工具，而应该将其作为优化学校教育环境的一种文化存在。学校教育实质上是一项充满人文精神的活动，旨在通过变革为人的成长创设能够自由生长的文化生存环境，提高学生和教师的生命质量，促进人的全面发展。我们不应该仅仅把信息技术定位为教学的工具，而应该将其视为促进师生生命质量的教育文化环境。信息技术不仅仅是一种技术，更是一种文化，它不仅有技术的特征，还在更广泛和深刻意义上对人类的生命和生存状况进行关注。信息技术首先应该关注的因素是人，是以生命活动方式存在的学生和教师。从尊重师生生命的高度来审视信息技术，信息技术就成为促进师生精彩生命历程的重要组成部分。因此，关键并不仅仅在于我们是否应用了计算机、网络等新型教学设备，还要看是否尊重了师生作为生命个体的生命活动，提高了他们生命存在的质量。

📢 教育家语录

信息化从技术层面开始；改进和功能的扩展使其逐步渗透到社会各个领域，带来社会结构性变革，使社会呈现信息化特征；与此同时，它又直接且越来越广泛地影响到生活在信息社会中的生命个体，使个体的生命实践呈现信息时代特征，并且，信息成为一种影响人的生命发展的重要力量，呈现出生命特征。

——叶澜

以往，人们更侧重把信息技术作为单纯的技术手段，忽视了信息技术的文化内涵，忽视了信息技术在创造有价值的教育文化环境中的作用，忽视了信息技术在学校教育中所体现的不同文化碰撞对师生发展的作用。信息技术是人类的一种文化财富，它在凝结一定的原理和方法，体现科学性的同时，携带着丰富的文化信息，体现着一定的人文特征。技术课程不仅用技术内在的神秘感、创造性和独特力量吸引学生参与，而且用技术所蕴含的艺术感、文化性、道德责任打动学生的心灵。学校教育对信息技术的应用，不应该仅仅停留在技术层面，而应该关注和发挥信息技术的内在文化精神，使信息技术真正融入教育的全过程，与其他教育因素组成和谐共生的整体。

第二节
信息技术教育内容的选择

◎ 学习目标

如何选择信息技术教育的内容？

以计算机和网络为代表的现代信息技术正在日益深入生活，成为人们日常生活不可或缺的重要组成部分，即信息技术正在不断演绎着它的大众化历程。信息技术依托日渐丰富的计算机硬件和互联网，以及越来越具有交互性、人性化的软件开发，不断满足了人们多样化、友好交互的需求，逐步走向大众化。大众化是与精英化相对而言的，仅仅在十几年前信息技术还是一种精英文化，只有极少数人才能拥有电脑；而如今，电脑已经成为家庭必备电器，人们工作、休闲不可缺少的重要设备。信息技术的广泛应用也必然导致信息技术的开放性和社会化。与信息技术大众化主要强调电脑和网络等技术的发展不同，信息技术的开放性主要强调的是信息技术进步的一种内在精神，信息技术的社会性强调的是信息技术在社会交往中的价值。信息技术内容多样，而中学教学时间有限，因此我们不可能将所有信息技术内容都纳入教学内容体系中，于是信息技术教育内容的选择成为一项重要工作。选择信息技术教育内容首先应该根据培养学生信息素养的目的，尊重信息技术内容自身的性质和特征。以往我们在选择信息技术内容时，或者采用试图将所有知识点都纳入信息技术教育内容体系的做法，或者反其道而行之，完全不考虑信息技术本身的性质和特征，只按照某种外在的目的选择信息技术教育内容。前者因为无所不包，容易导致内容庞杂，加重学生的学习负担。后者以主题形式展开，能够比较好地考虑学生发展的需要，且以主题来组织内容，能够比较好地促进学生对知识的掌握，但是它也可能由于过于强调用外在目标选择信息技术教育内容，而忽视了信息技术自身的性质和特征，从而导致所学的知识缺乏系统性和整体性，割裂了知识之间的联系。因此，信息技术教育内容的选择应该既尊重学生身心发展的特征，以充分发展学生的信息素养为旨归，并遵循信息技术自身的性质和特点来选择信息技术教育的内容。只有如此，纳入教学内容体系中的信息技术才可能具有系统性和逻辑性，才能够充分体现信息技术知识之间的联系性和整体性。

一、根据信息技术的大众化特征选择

与语文、数学等学科的知识体系发展相对完备且稳定不同，信息技术正处于高速发展时期，其内容的变化非常迅速，不仅各种交互软件层出不穷，而且计算机语言技术也变化迅猛。与语文、数学等学科课程知识体系相对稳定的特点不同，信息技术内容更替非常迅速。

几年前的信息技术知识体系与现在的信息技术知识体系之间可能就存在巨大的差异，这种差异往往达到若是几年不接触信息技术就无法理解现在的信息技术知识的地步。当然，这并不意味着我们无法掌握信息技术，因为尽管信息技术硬件和软件设备不断地更新和变化，计算机语言也层出不穷，但是计算机和网络工作的基本原理并没有多大变化，而且对于中学阶段的学习来说，最主要的是掌握与生活相关的基本的知识和技能，学会运用计算机和网络促进学生更好地学习和生活。这就决定了在中学阶段我们应该选择那些具有基础性、常用性和通用特征的信息技术教育内容。

（一）选择基础性的信息技术教育内容

基础性主要考虑两个方面，一是根据中学教育作为基础教育重要阶段的特点，选择那些具有基础性的信息技术知识，包括信息技术所涉及的基本概念、基本结构和基本科学规律，为学生打下深入学习的基础；二是指这些知识的选择应该以学生的经验为基础，不要脱离学生的实际接受水平。比如让学生学习计算机工作的基本原理、了解生活和学习中经常用到的硬件和软件，而不应只追求高深和先进。

（二）选择常用性的信息技术教育内容

常用的内容主要是指那些在生活和学习中经常用到的计算机软件工具及其操作方法。比如让学生熟悉不同的操作系统，了解不同格式文件之间的相互转化，做好计算机及个人信息和资料的安全防护等。

（三）选择通用性的信息技术教育内容

信息技术种类繁多，内容复杂，而教学时间有限，学校的信息技术教育不可能把所有信息技术内容都纳入教学内容体系中，要提高信息技术教育的有效性和实用性，就必须选择应用范围广、便于迁移的通用性内容。如不同的计算机硬件和软件之间有许多相似的特征，即有许多通用的元素、功能、操作和过程。将这些通用的元素、功能、操作、过程纳入信息技术教育，学生学会后就可以比较自如地掌握和操作多种计算机软硬件。

二、根据信息技术的开放性特征选择

信息技术的开放性是指信息技术的知识体系仍然处于不断更新和变革之中，且这些不断更新的信息技术应用于生活的速度也非常快，因此学校信息技术教育内容的选择与更新应该充分考虑信息技术的开放性。为了适应信息技术的开放性，信息技术教育内容的选择应该遵循以下三个标准。

（一）选择范例性的信息技术教育内容

实际上，没有一个有计划的教学过程可以穷尽整个精神世界，没有人能够毫无缺漏地掌握某一门学科的全部知识，更何况信息技术的更新速度如此迅速。要应对这一问题，有效的方式是选择那些具有范例价值的内容，即有一定代表性，能够典型地反映或体现知识特点的内容。通过对范例的学习，学生可以在较短时间内获得本质的、结构性的、原则性的、典型的知识。掌握了这种范例性内容后，学生就能够理解并解决一些结构相同或类似的问题，从而达到举一反三的效果。

（二）选择拓展性的信息技术教育内容

拓展性内容一方面是为了促进那些学有余力的学生获得更大的发展；另一方面是为了提升学生的综合能力。拓展性内容通常从发挥学生主体作用的角度出发，以学生的现实生活为载体，选择学生熟悉的、能直接引起学生兴趣的、具有典型教育意义的内容，通过丰富多彩的活动加以实现。比如选择与学生生活密切相关的"信息技术主题活动"，让学生了解信息技术的发展历史，信息技术与社会生活的密切关系，通过调查、探究和体验等活动让学生认识到信息技术对现实生活的巨大作用，培养学生综合应用信息技术解决问题的能力。

（三）选择多元化的信息技术教育内容

一方面，多元化是指信息技术内容的选择不应该仅仅局限于某类知识，或者单纯强调知识的某个方面，而应该从学生发展的实际需要出发，从优化教育系统的角度出发，选择多种类型或综合性的信息技术知识以促进学生信息素养的全面提升；另一方面，多元化还指为了让学生充分认识某个问题，不应该局限于一种看法，一个标准答案，而应该为学生提供多种看问题的角度，通过多层面看待某个信息技术现象，探讨信息技术问题，达到全面深刻理解的目的。

三、根据信息技术的社会化特征选择

随着知识的积累，人们已经不可能再通过简单的口耳相传将前辈们积累的知识完整地传授给后辈了，于是知识与生活之间的割裂逐渐加深，知识越来越脱离儿童的生活，越来越成为枯燥、无趣、没有生命力的东西，越来越成为装点门面的装饰品，失去其与生活联系的鲜活性。失去与生活的密切联系的知识即使再系统，也是无源之水、无本之木，注定无法真正深入学生内心发展的深层，即便它可以侥幸促使学生获得了某种外在的"装饰性"的知识，也无法真正促进学生身心全面和谐的发展，通过这种知识的学习虽然可能培养出熟练的技术工人或者从事文字抄录工作的抄写员等，却很难培养出身心全面发展，具有高度创新性的人才。解决这个问题一方面需要教师在讲授知识时，努力建立知识与生活之间的紧密联系；另一方面需要在知识的选择过程中，注意选择那些与生活紧密相关的知识，使学生了解知识与生活的紧密联系。现代信息技术的发展仅仅经历了几十年的历程，从其产生和发展的简短历史来看，其发展是与社会生活紧密相关的，因此，信息技术教育内容的选择应该密切联系生活，注意选择那些与生活密切相关的知识。

（一）选择生活化的信息技术教育内容

学生学习信息技术的主要目的是为了应用，是为了更好地适应信息化社会生活的需要，我们应该选择那些与生活紧密相关的信息技术知识。比如，在日常生活中我们常用的电子邮箱、聊天工具、文字处理软件、信息检索工具、电子阅读、互联网购物等的基本原理和操作技能应该被纳入信息技术教育内容体系中来，通过这些学生几乎每天都在使用的软件或工具的学习，不仅可以促进学生更好地掌握这些软件或工具，而且以这些软件或工具为例来学习基本的原理比单纯的抽象学习更加生动和鲜活，更容易被学生接受。

（二）选择整体性的信息技术教育内容

选择信息技术教育内容时，一方面要注意信息技术内容本身的整体性，考虑不同章节内容的相关性和协调性；另一方面要考虑我们所选择的信息技术内容是否恰当地反映了生活的完整性，是否有利于促进生活的完善和发展。此外，我们还需要考虑信息技术知识与其他学科知识之间的联系，将信息技术知识纳入到其他学科内容的教学中，或者在信息技术教学过程中纳入其他学科知识的内容。信息技术教育的主要目的在于培养和提升学生的信息素养。《基础教育信息技术课程标准（2012年版）》规定学生的信息素养主要体现在利用信息技术工具获取、加工、管理、表达和交流信息的能力；对信息活动的过程、方法、结果进行评价的能力；在熟悉并利用技术条件和环境的基础上发表观点、交流思想、开展合作与解决学习和生活中实际问题的能力；积极探究技术应用给社会生活带来的变化，遵守相关的伦理道德与法律法规，形成与信息社会相适应的价值观和责任感。为了全面提升学生的信息素养，信息技术教育内容的选择必须充分考虑信息技术教育目标的全面性，从整体上考虑和选择信息技术教育内容，不能顾此失彼。

第三节
信息技术教育内容的组织

🎯 **学习目标**

了解信息技术教育内容的宏观组织形式和微观组织形式。

再好的教育内容，若是没有科学、合理的组织，也很难达到目的。内容的组织能够使选出来的内容有机地联系在一起，有利于增强学生学习的兴趣，增加学生学习的有效性。所以，从某种意义上说，信息技术教育内容的组织是实现信息技术教育目的的关键所在。我们可以根据信息技术教育内容组织对象的范围大小将其分为信息技术教育内容的宏观组织和微观组织。前者强调的是如何从宏观上对信息技术内容进行组织，比如整个中学阶段信息技术教材的组织等；后者强调的是如何从微观上对信息技术的具体内容进行组织，比如对于某个信息技术知识点的组织等。

一、信息技术教育内容的宏观组织

虽然信息技术教育内容的组织并没有固定的形式，但是作为综合实践活动的重要组成部分，其内容的组织应该遵循一些基本的组织原则。

（一）纵向组织与横向组织相结合的原则

所谓纵向组织，又称序列组织，就是按照某些准则顺序排列组织课程内容。加涅认为人类学习任何一种新的知识技能，都是以已经习得的知识技能为基础。按照学习的复杂程度可以将学习分为八个层次：刺激–反应学习，动作连锁学习，言语联想学习，辨别学习，概念学习，规则学习和问题解决学习。课程内容应该按照上述顺序进行组织。

从课程的组织来看，在世界范围内，20世纪中叶以前，课程内容的组织形式主要是纵向组织。进入20世纪下半叶后，一些教育家开始强调课程内容横向组织的重要性，他们强调仅仅关注内容发展的时间顺序，并不足以充分认识内容之间的联系性以及内容与生活之间的关系。为了增加学生学习内容的兴趣，提升学生对内容的整体关注，恢复内容的生活性和鲜活性，他们积极主张应该充分关注内容的横向组织。正是在这些学者的倡导之下，从20世纪中叶开始，世界各国开始关注课程的横向组织。

实际上，内容的纵向组织和横向组织并非对立的，它们各有利弊。比如纵向组织比较容易发挥内容的逻辑性和系统性特征，但是容易造成不同内容之间的割裂，缺乏内容与生活之间的融合；横向组织虽然有利于凸显知识的鲜活性和生活化，有利于形成学生对知识的整体性认识，但是容易造成知识的非系统化和孤立化。

从信息技术的特征来看，经过几十年的发展，信息技术已经形成了比较完整的知识体系，且已经深入人们生活的方方面面。在这种情况下，信息技术内容的组织应该兼顾纵向组织和横向组织，充分发挥两种组织形式在凸显信息技术内容的系统性与生活实用性方面的优势，从而实现信息技术教育对学生信息素养的全面提升。

（二）逻辑顺序与心理顺序相结合的原则

所谓逻辑顺序，是指按照学科本身的系统和内在联系来组织课程内容，它有利于促进学生对知识体系的系统掌握。所谓心理顺序是指按照学生心理发展的特征来组织课程内容，它重视学生身心发展的特征、兴趣、需要和经验等，有利于充分调动学生学习的积极性。

在教育发展史上，曾经出现过注重内容的逻辑顺序和注重学生发展的心理顺序相对立的阶段，甚至有些人把注重内容的逻辑顺序和注重学生发展的心理顺序的组织形式作为"旧教育"和"新教育"的典型区别。不过，随着对教育理解的深入，人们逐渐认识到，逻辑顺序和心理顺序并非对立，而是统一和互补的。一方面，学科体系本身是有内在逻辑关系的，只有把握了这一逻辑关系，才能对某一领域有深入和系统的了解与认识；另一方面，课程内容是为学生安排的，不符合学生身心发展特征的内容难以被学生接受，组织再科学，再符合学科发展的逻辑，也无济于事。课程内容的组织应该兼顾学科发展的逻辑顺序和学生身心发展的心理顺序。信息技术教育内容的组织也应该充分兼顾信息技术内容发展的学科逻辑和学生发展的心理顺序。只有尊重内容的逻辑顺序，学生学到的信息技术内容才是系统的，而不是零碎的；只有尊重学生身心发展的心理顺序，信息技术内容的学习才不会因为过于简单而不能发挥促进学生发展的作用，或因为过于困难而让学生无法理解和接受。

（三）直线式与螺旋式相结合的原则

直线式就是把一门学科的内容组织成一条在逻辑上前后联系的线，前后内容基本上不重复。直线式组织形式认为教师所讲的内容，没有必要重复，重复会浪费学生的时间和精力，甚至造成学生厌烦。课程内容的组织应该是线性的，没有必要原地踏步，重复相同的内容，只有对学生而言是新的内容才能充分调动学生学习的积极性和兴趣。螺旋式则要求课程内容在不同阶段上重复出现，并逐渐加大重复内容的难度和深度。持螺旋式结构观点的学者认为，学生的发展是不断提升的，知识之间具有密切联系，并且同一个知识的掌握也是有层次的，最初学生可能只是浅层次、单方面地掌握知识，而随着学生年龄的增长，知识的丰富，理解力的提升等，对知识的理解会不断加深，更加全面。

一般来讲，直线式可以避免不必要的重复，促进学生逻辑思维的发展；螺旋式则更容易照顾到学生的认知发展特征，比较容易促进学生对一个问题的逐渐深入的认识。因此，直线式和螺旋式并没有绝对的优劣之分，而是各有优势。在组织信息技术教育内容时，应该根据实际情况，灵活地选择内容的组织形式，比如对于一些比较简单，或者逻辑性较强的知识，可以采用直线式组织形式，而对于那些有较高难度，比较注重知识之间的整体性和联系性，以及知识与生活之间联系比较紧密的知识则宜以螺旋式组织为主。

二、信息技术教育内容的微观组织

在信息技术教育内容的宏观组织上应该强调将纵向组织与横向组织、逻辑顺序与心理顺序、直线式与螺旋式相结合。在信息技术教育内容的微观组织上则更倾向于将以知识点为主线的组织形式与工具性组织形式和主题性组织形式相结合。

信息技术教育内容最早采用知识点的方式进行组织。这种组织方式在信息技术教育启蒙过程中确实发挥了积极作用，但是其精英主义取向、远离生活实际、割裂知识的整体性等局限性随着时代的发展而受到越来越多的批判。这种类似于将大学的计算机专业知识简单移植的做法，从根本上是与基础教育的教育宗旨背道而驰的。基础教育阶段的教育目的主要是为了使学生在品德、智力、体质等方面全面发展，为提高全民素质和培养有理想、有道德、有文化、有纪律的社会主义人才奠定基础。基础教育阶段选择的内容应该具有基础性，它不同于高等教育阶段的教育内容主要是以培养某个领域的专业人员为旨归的。基础教育阶段教育内容的组织方式也不应该像高等教育阶段那样主要强调知识的系统性和逻辑性，更不应该主要以知识点的方式进行组织，而应该尽量体现知识与生活之间的紧密联系，更多从促进学生整体发展的角度考虑内容的组织问题。

在对知识点为主线的组织形式进行批判的基础上，人们提出了"工具性"组织形式，这种观点主要强调信息技术的工具价值，认为信息技术不过是现代社会中信息处理和传播的工具，学生只要学会操作和应用信息技术就可以了。这种学以致用的观点有其合理性，它能够激发学生学习和应用信息技术的热情，也推动了我国信息技术教育的大面积实施。但是单纯强调应用的信息技术组织形式无法满足信息技术教育提升学生信息素养的目的，也无法满足全面实现培养学生的知识与技能、过程与方法、情感态度与价值观的三维目标，而且容易落入单纯技术训练的窠臼。

随着新课程改革的深入，人们越来越认识到增加知识与生活之间联系的重要性。课程开发者们认识到信息技术内容应该超越技术本身，增加其与生活之间的联系，增强其解决实际问题的能力。在这样的背景下，人们越来越强调信息技术内容的组织应该围绕某一主题展开，以主题为核心将信息技术内容进行组织，增强信息技术与生活之间的联系。然而以主题为核心的组织方式也有一些问题。比如，主题性组织方式虽然加深了信息技术与生活之间的联系，但是却不易构筑完整的知识体系，学生学到的知识往往是零碎而不系统的，学生难以对信息技术知识有一个全面的认识和了解。而且，主题性组织方式具有非常大的难度，选择哪些主题来组织知识，这些主题之间的内在联系是什么，每个主题应该包括哪些内容等都是非常复杂的问题。

实际上，并没有一种十全十美的内容组织形式。以知识点为核心的组织形式、强调工具性的组织形式和主题性组织形式等都各有利弊，不能简单地说哪种组织形式是完美的，哪种组织形式就一定比另一种组织形式优越。实际上，一种组织形式的好坏主要取决于它所组织的内容的性质，如果这些内容主要是一些偏重记忆性的内容，则以知识点形式进行组织也无可厚非；如果这些内容主要是一些偏重工具性的技术内容，那么以工具性组织形式进行组织可能会更有利于内容的掌握；如果这些内容比较复杂，其涉及的理论知识难以理解，那么通过主题性的组织形式，增加这些内容与生活之间的联系，从而更有利于学生对这些内容的掌握，那么主题性组织形式就是最佳选择。不过，现实中的很多内容都是同时具备上述三种特征的，因此，在现实的信息技术教育内容的组织中，我们不应该仅仅局限于一种组织形式，可以根据内容的性质灵活地选择组织形式，而不用拘泥于某种组织形式。

第四节
信息技术教育的实施

🎯 **学习目标**

了解信息技术教育实施的三种方式。

与综合实践活动其他组成部分不同，中小学信息技术教育的实施曾经主要是通过开设独立的信息技术课程得以实现的。它不仅曾经是中小学校单独开设的一门必修课程，有专门的教科书，而且高校专业设置中也有专门的信息技术（教育技术）专业。即便是现在信息技术教育已经被定位为综合实践活动的组成部分之后，很多学校仍然是由专门的信息技术老师通过信息技术课的教学来实施信息技术教育。信息技术教育内容的实施不可能像综合实践活动其他组成部分那样主要以主题的形式对内容进行组织和实施，而应该首先从信息技术的存在形式进行划分，然后再根据具体内容的性质和特征不同选择合适的实施方式。从目前我国信息技术教育实施的途径来看，主要有三种实施方式：开设独立的信息技术课、在综合实践活动中实施信息技术教育、在学科课程中纳入信息技术教育内容。信息技术教育实施的三种不同方式，各有特色。

一、独立开设信息技术课

（一）独立开设信息技术课的必要性

20世纪末，世界各国、各地区陆续推出了课程改革举措，所呈现出的共同趋势是倡导课程向儿童经验和生活回归，追求课程的综合化。在这种大背景下，世界各国、各地区的信息技术教育也纷纷向与学科课程整合的方向发展，一改以往开设专门的信息技术课程，培养学生基本的信息技术知识和技能为主导的模式，开始积极主张将信息技术与学科课程进行整合，以此达到教学内容的呈现方式、学生的学习方式、教师的教学方式和师生互动方式的变革。我国自教育部《关于在中小学普及信息技术教育的通知》（2000年）中明确提出信息技术与课程整合以来，信息技术与课程整合成为我国教育实践和研究领域的一个热点，并取得了一些实践和理论成果。然而，从国内外信息技术教育的现状来看，尽管各国或地区都强调将信息技术与课程整合，但是在实践中，大多数国家和地区仍然开设着信息技术课程。以美国为例，美国是最早强调将信息技术与学科课程进行整合的国家，在这一领域，美国进行了大量的理论和实践探索。[1]提出了诸如WebQuest，TELS和TPACK等多种信息技术与课程整合的模式。美国的教育实践中，也比较注重信息技术与课程的整合，在各学科教学中广泛应用信息技术。即便如此，美国大多数州的中小学也仍然开设有专门的信息技术课程。与美国类似，英国虽然也加大了信息技术与课程的整合力度，但是在英国，从小学到高中，信息与通信技术是所有年级的必修课程，其中信息技术基础知识和技能是其学习的最核心部分。

西方国家之所以仍然开设信息技术课程（有些单独开设信息技术课，有些放在技术课程中，有些是信息与通信技术课程），是与信息技术的性质有很大关系的。信息技术既是一种工具，也是一种文化。从工具视角看，信息技术有着自己固有的秩序，这种秩序的规则不允许随意改变，无论是计算机还是网络都有一些固有的使用方式和程序，若是违背这些方式和程序，不仅不会达到预期的目的，还可能会损坏电脑和网络。这些规则和基本知识、技能的掌握是需要开设信息技术课程来教授的。尽管从长期的发展来看，计算机和网络等信息技术将日益普及，人从出生一刻起便被裹挟在信息技术的海洋中，甚至在未入学之前儿童可能已经掌握了大量的信息技术知识和技能。但是从目前信息技术在我国家庭中的运用来看，仍然处于比较低的水平，很多家长对信息技术的掌握水平较低，大都停留在使用简单的聊天工具、看电影等层次，对于如何使用学习软件，以及有关信息道德和信息伦理等知识则较为欠缺。在现阶段，学校开设信息技术课程有其必要性。

从文化视角看，信息技术与文字和语言相似，即便我们不使用，我们也已经处在它的包围之中。随着信息技术的深入发展，它必将深入人类生活的各个方面，无论是工作还是休

1　何克抗. TPACK——美国"信息技术与课程整合"途径与方法研究的新进展（上）. 电化教育研究，2012（5）：5

息，信息技术无处不在，成为人最基本的生命存在和活动。信息技术已经成为一种深刻影响人类生活的文化，成为人类生产和生活所必备的文化素质。课程内容来源于文化，是经过筛选的文化，那些与人类生活越密切的文化内容，越应该成为课程内容。鉴于信息技术作为一种文化在人类生活中的广泛性和深入性，相关教育应该成为学校教育的有机组成部分。由于信息技术是相对较新的一种文化存在，不同于文字和语言可以完全渗入其他课程中进行教学，在人们还没有深入全面地掌握信息技术的基本知识和技能之前，需要开设专门的信息技术课程进行教学。

（二）利用信息技术课全面培养学生的信息素养

随着信息技术教育研究的深入，信息技术教育研究者和实践者，大都比较一致地认为中小学信息技术课程的目标是培养和提升学生的信息素养。具体而言，在知识与技能维度，强调让学生了解和掌握信息技术的基本概念、原理、思想以及常用工具、手段和技术的基本操作与应用；在过程与方法维度，强调通过具体操作或应用过程，在实际体验中掌握利用信息技术解决实际问题的方法，并逐步养成良好的学习习惯；在情感态度和价值观维度，强调理解信息技术的技术思想，在应用信息技术的具体过程中，形成积极的技术观和价值观，对信息道德、信息伦理、信息文化产生感悟和内化，养成利用信息技术促进学习和改善生活的意识和态度，积极、负责、安全、健康地使用信息技术。

然而，在信息技术课程的教学实践中，由于人们认识的偏差和现实条件的限制等多种因素的影响，信息素养提升的三方面目标并没有得到很好的实现。实践中经常出现什么实用教什么，只见技术不见人等现象。信息技术课上，教师只注重让学生记忆知识点，或者就某一个应用软件的功能从头到尾详细演示，然后让学生从头练习一遍，以掌握简单技术为第一要义，重视离散的、孤立的技能训练，相对忽视学生的能力发展及健康的情感态度的养成等。[1]这种认识没有站在促进人的发展的高度，或者全面提升学生信息素养的高度去看待信息技术课程，仅仅强调知识和技能的作用，忽视了学生信息素养培养的过程与方法维度和情感态度与价值观维度。这种"只见技术不见人"的做法，使得信息技术课把人训练成技术的附庸，人成为信息技术要加工和改造的对象。在这种情况下，学生的信息素养发展仅仅停留在知识和技能的量的积累上，信息技术教育窄化为一种信息技术知识和技能的培训。

为了突破这种"只见技术不见人"的困境，我们需要一种机制来保证信息技术课程目标的实现。从价值平衡角度来看，信息技术课程目标实现的机制主要是技术的自然属性和社会属性之间的平衡。随着技术不断发展和其作用的扩大，人们逐渐开始关注技术的自然属性，而渐渐忽视了技术的社会属性，形成了技术中立主义思潮。这种思潮认为技术只是达到目的

1　朱彩兰，李艺. 信息技术课程技能化倾向原因分析与对策研究. 教育探索，2005（3）：20～23

的工具和手段，其本身与社会因素和价值无关，没有善恶对错之分。即作为实体领域的技术只指向"能做"，至于是否"应该做"以及"如何做"则是由属于其他领域的人所决定的。[1]然而，从辩证的观点来看，技术不仅具有物质性而且具有精神性。正如马克思所言"技术展现了人对自然的能动关系，展现了他的生活生产的直接过程，因而也展现了他的社会生活关系及由它而产生的文化表现"。[2]所以，技术既有自然性，也有社会性，在看得见、摸得着的技术现象背后，隐含着人与人之间的关系，有着丰富的价值内涵。马尔库塞指出"技术始终是一种历史和社会的设计，技术理性的概念，也许本身就是意识形态。不仅技术理性的应用，而且技术本身就是对自然和人的统治，就是方法的、科学的、筹划好了的和正在筹划着的统治。统治的既定目的和利益，不是'后来追加的'和从技术之外强加上的；它们早已包含在技术设备的结构中"。[3]德国思想家卡西尔则从文化的视角将技术作为文化的组成部分，认为技术是以"技术文化"的角色存在于文化之中的。

要改变现在信息技术课程中存在的过分功利化的弊病，首先需要从观念上改变对信息技术的认识，认识到信息技术本身就是一种文化，信息技术本身既有自然属性，又有社会属性。只有这样，我们才能对信息技术有一个全面的认识和了解，才能从根本上消除仅仅将信息技术视为手段和工具的思维模式，才能在课堂教学中全面考虑信息素养的三个维度，实现对学生信息素养的培养。

📢 教育家语录

我们处于这样一个历史时期，在这个时期，教育应该进行彻底的变革，并且这种变革是可行的。在这个变革过程中，以计算机和网络为核心的信息技术可以起到巨大的作用。

——桑赫尔兹

仅仅观念层次的改变还不足以真正实现学生信息素养的培养和提高，还需要将观念落实到实践中去。首先，信息技术课程的教学内容不应该仅仅局限于信息技术知识和技能方面，同时还应该充分发掘信息技术的文化属性和价值，将信息技术知识和技能融于信息文化之中。教师通过创设优质的数字化学习环境，让学生在实际使用信息技术的过程中体验信息文化，在理解的基础上掌握信息技术知识和技能，养成利用信息技术的兴趣和意识，以及良好的信息技术使用习惯。其次，应该尽量将信息技术教育与学生的实际生活相联系。任何知识的产生和发展都是同人类生活息息相关的，信息技术也是随着社会、科技和生活的发展而诞

1　李芒. 论信息技术的教学价值. 电化教育研究，2007（8）：5
2　马克思. 资本论（第一卷）. 北京：人民出版社，1975：410
3　[德]哈贝马斯. 作为"意识形态"的技术与科学. 李黎，等译. 上海：学林出版社，1999：40

生与进步的。在信息技术教学中，教师应努力恢复信息技术知识的鲜活性，让学生了解信息技术发展对自己生活和社会发展的影响，让学生真实感受信息技术在生活中的存在。信息技术课程中的技术，应该是内涵丰富的技术。无论是基于网络的信息获取、多媒体信息的表达和加工，还是借助程序设计解决问题，都是源于生活及工作的实际需求。在教学中，应该为学生提供真实体验信息获取、加工、传输和交流的机会，让学生在实际运用中，感受信息文化、增强信息意识、内化信息伦理，学会理性地看待信息技术能力，以更负责任、更有远见、更有道德的方式使用信息技术，并增强使用信息技术的情感，积极探索使用信息技术为生活和社会服务的能力和热情。

二、在综合实践活动中实施信息技术教育

《基础教育课程改革纲要（试行）》指出，新一轮基础教育课程改革的目标之一是要改变课程结构过于强调学科本位、科目过多和缺乏整合的现状，并为此设置了综合实践活动，而信息技术教育是综合实践活动四大指定领域之一。综合实践活动的四大指定领域在逻辑上并不是并列的关系，更不相互排斥，而是相互联系的统一整体。信息技术既是学习综合实践活动其他领域内容的重要工具，也是综合实践活动的重要内容之一。

（一）为综合实践活动其他组成部分的学习提供技术支撑

信息技术的发展带来了丰富的学习资源、先进的学习技术和多样化的学习方式，为综合实践活动其他组成部分的开展提供了一个良好的契机。在综合实践活动其他组成部分的学习中，信息技术的技术支撑作用主要体现在学生学习的技术环境、资源环境、虚拟环境的创设方面。

技术环境是指为综合实践活动其他组成部分的开展提供技术支持和保障的环境。计算机网络是核心的技术环境平台。利用网络环境可以实现教学和学习的多维化、多元化、多媒体化、自动化、智能化和立体化，使教育活动打破时空限制，为综合实践活动其他组成部分的学习提供得心应手的工具。比如，在开展研究性学习的过程中，可以使用信息技术工具帮助记录、整理和分析各种数据，从而达到多快好省的效果。[1]在开展劳动与技术教育时，可以使用计算机软件提示和帮助学生熟悉制作的过程，如在制作木工时，可以通过光盘或者网络视频了解木工制作的流程，再进行实际操作。在制作过程中遇到困难时，可以重放光盘或视频，也可以通过网络寻找相关技术信息。在社区服务与社会实践中，可以使用计算机软件将社会调查的数据进行统计和处理等。

1　陈树杰. 综合实践活动课程引论. 北京：首都师范大学出版社，2010：130

资源环境是指以互联网丰富的资源为基础，通过对网上资源进行利用或开发所形成的环境。网络资源环境中的信息密度高、容量大，便于传递和重复使用，这为综合实践活动其他组成部分的开展提供了丰富的资源。比如，在开展研究性学习时，可以借助网络收集信息，以便确定研究选题，并围绕需要解决的问题通过网络查找需要的材料；在开展劳动与技术教育时，可以从网络上搜集各种劳动与技术的图文和视频资料；在社区服务和社会实践中，可以通过网络寻找服务和调查对象，并通过网络获得关于他们的尽可能详细全面的信息。

信息技术不仅可以提供各种活动开展所需的资源和技术支持，而且还可以提供虚拟现实环境，为师生提供现实中无法体验的情景。利用电脑模拟产生的三维虚拟世界，可以为师生提供一个类似于现实的虚拟环境，让师生身临其境，并且可以不受时空限制地观察三维空间内的事物。比如，在做有关恐龙灭绝的研究性学习主题时，就可以通过虚拟现实技术，模拟恐龙繁盛和灭绝时期地球的环境，让学生感受地球环境的巨变对恐龙生存的影响。在进行复杂、精细的劳动和技术教育，或者参与某项不熟悉的社区服务和社会实践之前，可以通过虚拟现实技术，让学生在模拟环境中提前体验和练习，从而为更好地深入真实环境奠定基础。

（二）以综合实践活动其他组成部分为途径实施信息技术教育

在信息技术教育与综合实践活动其他组成部分之间进行整合时，信息技术不仅可以起到提供技术支撑的辅助作用，也可以成为整合的主体，这主要体现在以研究性学习方式开展的信息技术知识和技能的学习、以劳动和技术教育为手段增进信息技术知识的技能学习、以社区服务和社会实践为依托增长信息技术知识和技能的学习。

研究性学习作为综合实践活动的基础，倡导探究的学习方式，这一方式渗透于综合实践活动的全部内容之中。[1]在进行信息技术教育时，教师可以利用研究性学习方式进行教学，以课题或问题研究为中心，组织学生进行信息技术知识和技能的学习。比如，在教授Excel有关的知识和操作技能时，教师可以改变以往讲授的方式，让学生自己研究制作一份本班学生信息表，并进行相关的信息统计。在这一过程中，研究性学习与信息技术教育充分融合为一体化的活动。

在信息化时代大背景下，信息技术和劳动与技术教育的联系也越来越紧密。实际上，随着技术的发展，人类的劳动方式正在发生深刻的变革，许多过去属于专业人员技能的信息技术内容，正在成为普通大众应该掌握的通用技术。例如，了解主板、CPU、内存、光驱、硬盘等硬件的基本知识，掌握计算机组装的要领，选择零件进行实际组装，对现在的中学生不是过高的要求。在中学开展以计算机组装、操作和各种工具软件的安装与使用为内容的教育

---

1 张华，等. 综合实践活动课程研究. 上海：上海科技教育出版社，2007：9

教学活动，自然也就使信息技术和劳动与技术教育全方位地融合在一起了。[1]

通过社区服务和社会实践将学生掌握的信息技术知识和技能进行运用，可以起到巩固所学的良好效果。在这一过程中，信息技术不仅作为工具，还可以作为内容。例如，组织学生向社区民众进行计算机知识和网络知识的普及教育活动，宣传打击网络诈骗和网络赌博等活动。这对提高学生和民众的信息技术素养都具有重要意义。

三、信息技术与学科课程整合

虽然，通过单独开设的信息技术课可以为学生系统地掌握信息技术知识和技能提供必要的保证，通过综合实践活动可以使学生更好地在活动中，通过亲身实践提升其信息素养。但是，由于信息技术应用的普遍性，它已经深入学校教学的各个环节，而在学校中学科课程与教学是学校的主要活动，信息技术与学科课程整合，既是学科教学的基本需要，也是充分开展信息技术教育的有利条件。可以说，信息技术与学科课程的整合是实施信息技术教育不可或缺的重要途径，是提升学生信息技术素养的重要手段。正因如此，《基础教育课程改革纲要（试行）》中大力倡导信息技术与学科课程的整合，并在全面提升学生信息素养的同时，逐步实现教学内容、学习方式等的整体变革。

（一）信息技术与学科课程在工具层面的整合

虽然信息技术与课程整合是实现信息技术教育的重要途径，但是我们必须明确信息技术与学科课程整合的根本目的并不是为了实施信息技术教育，而是为了促进教学系统的优化。所以，在教学中引入哪些信息技术、如何引入信息技术、信息技术与学科课程整合的具体方式等都应该以优化学科教学为主要目的进行，而不应该将信息技术与学科课程整合仅仅理解为信息技术在学科课程实施中的简单应用。

当然，这并不意味着，在信息技术与学科课程的整合中，提升学生的信息素养仅仅是副产品，是只能顺其自然的事情。实际上，整合意味着成为一个整体，指把原来具有内在联系而被人为分割的内容重新融合为一个整体。这种联系是自然的、真实的，而非人为的，整合的过程既是此事物整合于彼事物的过程，也是彼事物整合于此事物的过程，它们最终形成一个统一的整体。因此，信息技术与学科课程的整合不是信息技术与学科课程的简单叠加，也不是仅仅把一方视为手段，另一方视为目的，而是充分考虑二者的特征及其内在联系，根据培养人的总目标，将二者进行深度的融合。这种经深度整合不仅包括教学方式的整合，如信息技术可以为教学创设逼真的情境，可以把知识产生、形成和发展的过程充分地展现给学生

---

1 陈树杰. 综合实践活动课程引论. 北京：首都师范大学出版社，2010：130

等，也包括内容的整合，包括利用信息技术对课程内容进行信息化处理，对学科知识进行重组，还包括将信息技术内容与学科内容之间相似或相联系的内容进行整合等。

教育家语录

整合意为融入、融合、同化、结合、合并，使构成整体。

——郑金洲

（二）信息技术教育与学科课程在文化层面的整合

随着信息技术在人们生活、工作等领域的越来越广泛应用，信息技术对人们的影响已经远远超越了工具层面，成为当今社会文化生活的重要组成部分。在这一背景下，学校的信息技术教育，也不应该只关注学生对技术或技能的掌握，还要引领学生去感受和领会信息环境下技术与人、社会、文化之间的相互作用关系，让学生在认识到信息技术工具性价值的同时，也认识到信息技术的文化价值，从而形成良好的信息素养。要做到这一点，不仅要在思想观念上将信息技术视为一种文化现象，同时要在实践中把信息技术文化融入学科课程与教学的全过程。从根本上说，信息技术与学科课程都具有文化的属性，二者具有整合的先天优势。信息技术与学科课程整合就是围绕共同的文化价值内核来统摄信息技术和学科课程的各要素的过程。要实现二者在文化层面的有机整合，我们不仅要考虑信息技术文化和学科课程文化的承载物，如具体的教学工具、内容等的整合，同时要清楚，文化整合的效果从根本上说取决于文化活动的主体，以及主客体之间的相互作用和关系。只有教师首先具备了文化整合的意识和能力，才能推进信息技术教育与学科课程在文化层面的有效整合。

（三）信息技术教育与学科课程整合的模式

信息技术教育与学科课程整合是教学活动系统的解构与重组的动态过程，其效果体现为教学系统的整体优化。因此，信息技术教育与学科课程的整合，需要从优化整体教学系统的角度出发。这就要求教师一方面要充分关注教师与学生的具体特点和水平；另一方面要全面考虑教学目标、内容、方法之间的整合协调，努力实现教学的最优化。因为二者有机整合涉及多方面的主客体要素，而不同学校环境条件、师生水平与特点各不相同，因此，要找到信息技术教育与学科课程整合的有效的模式是不现实的。虽然，当前的相关研究中，也提出了一些二者整合的理论模式，但大部分脱离信息技术教育与学科课程整合的具体情境，难以在实践中有效应用，也难以被一线广大教师接受。对此，需要在理论和实践之间，在专家和教师之间寻求整合的切入点，消除阻碍整合的绊脚石。一方面，从事信息技术教育与学科课程整合的专家应该尽量深入教学一线，充分了解教师、学生、学科内容、信息技术等，将这些因素置于教学系统中进行全面的研究，然后再提出既能满足教学实践需要，又具有理论创新性和前瞻性的整合模式。另一方面，在对教师的培训中，应该尽量分学科培训，针对不同学科与信息技术的整合提出有针对性的模式和策略。同时，一线教师也需要全面提升自身素质，这种提升不仅仅是学习一些信息技术知识和技能，还包括观念的转变，尤其是认识到信息技术与学科课程整合不同于信息技术在教学中的简单应用，而是要通过信息技术与课程的深度融合，达到促进教学系统优化的目的。

本章小结

综合实践活动是在新课程改革背景下，为了克服原有课程忽视知识与其产生的鲜活社会和生活背景及其与学生的生活和兴趣相隔离的弊病而提出的。信息技术教育作为综合实践活动的重要组成部分，不应该仅仅被定位为一种技术手段，而应该从教学系统最优化的角度去考虑信息技术在教学中的作用，并且随着信息技术教育的深入，它已经成为教学文化的基本组成要素，对师生的数字化生存起着非常重要的作用。由于我国信息技术的发展相对较晚，并且信息技术正处于高速发展时期，因此有必要开设单独的信息技术课对学生进行有关信息技术知识、技能和信息伦理的教学。同时，作为综合实践活动重要组成部分的信息技术教育，也承担着将知识与生活相联系的重要任务，因此非常有必要将信息技术教育与综合实践活动其他组成部分和学科课程进行整合，充分发挥信息技术教育的优势，促进教学系统的整体优化。

总结 >

Aa 关键术语 ||||||||||||||||||||||||||||||||||||||||||||||||||||||||||||

信息技术教育	基础教育课程改革	信息素养
information technology education	curriculum reform of basic education	information literacy
信息文化	信息伦理	教学系统
information culture	information ethics	teaching system
信息技术与课程整合		
integration of information technology and curriculum		

章节链接

在该章中我们从多个角度对信息技术教育的内涵进行了论述和探讨。	在本书第一章中，明确给出了信息技术教育的定义。
本章讨论了信息技术教育与综合实践活动其他组成部分之间的整合。	在本书第一章有关综合实践活动各组成部分之间关系的论述中，您也将看到有关各组成部分之间关系的论述。另外，在本书第四章、第五章和第六章中也对信息技术教育与综合实践活动其他组成部分之间的关系进行了探讨。
本章指出应该从系统优化的角度去定位和评价信息技术教育的价值。	在本书第八章有关综合实践活动的评价部分，也涉及一些有关的内容。
本章提到了信息技术教学中存在着诸多问题，比如信息技术教学过程中过于注重信息技术知识和技能的教学，忽视信息伦理。另外在信息技术与学科课程整合中，过于强调信息技术的工具性，而忽视信息技术的人文性等。	在本书第九章有关综合实践活动存在的问题与反思中，也涉及一些相关的内容。

应用 >

批判性思考

信息技术本身不能自然而然地引发课程变革，但却是课程变革的有力促进因素。但信息技术要发挥促进课程变革的作用，不是仅仅将信息技术作为手段引入课程中，将课程内容信息化，用信息技术替代黑板和粉笔就可以实现的。信息技术在教育中的广泛应用并不必然导致学生学习效果的提升，也不必然导致师生民主关系的建立和课堂教学观念的变革。师生民主关系、教师教学理念等的变革并不是信息技术一个因素就可以达成的，也不是仅仅通过将信息技术应用于课程中就可以实现的，而是多种教育因素共同起作用的结果。

体验练习

在学校中，信息技术的学习不仅体现在专门的信息技术课上，也可以融合在其他学科教学中进行。请结合自己的兴趣和知识经验，选择一门中学信息技术课之外的学科课程，设计一个教学方案，使学科课程的学习与信息技术的学习相辅相成。

案例研究

近年来，我国地震频发，尤其是西部地区出现了几次大的地震，死伤人数非常多，给社会造成了巨大损失。尽管初中地理课本中会学到一些有关地震的知识，然而由于学生缺乏鲜活的体验，仍然无法全面了解地震的危害，有关防灾减灾的措施也因为过于抽象而无法真正引起学生的注意。同时，由于安全和经费等考虑，我们又无法大批组织学生去震区参观。因此，中学地理课中有关地震知识的部分虽然非常重要，但是却往往由于其缺乏生动性，而无法使学生真正了解，也无法真正将有关的措施落实到实处。信息技术能够将抽象的知识生动化，能够通过网络、视频等方式为学生提供身临其境的感觉，可以很好地弥补地理课内容的抽象性。

（1）请以地震教学中信息技术的应用为主题，进行信息技术与地理课程的整合，并写出整合的具体方案和实施进程。

（2）通过对地震的研究，树立防震减灾的意识，并说明我们应该如何防震减灾。

教学一线纪事

未来产品广告设计

《未来产品广告设计》是一节利用网络环境进行自主学习、协作探究、广告创作的一种信息技术与作文课教学整合的典型案例，其教学过程包括如下环节。

1. 创设情境，激发兴趣，诱发创新动机

通过学生观看网上视频图像，广告精品及教师的引导，激发学生喜欢广告，激发学生乐意展开理想的翅膀，"发明"未来广告的动机。

2. 网上学习，协作探究，启迪发明创意

通过学生网上自主学习未来科技信息，启迪新思维，促使学生展开丰富的联想，结合实际，协作探究出拟"发明"的未来产品的创意。

3. 网上再学，群组交流，获取广告信息

让学生在自主学习网上"广告资料库"内容的基础上，群组交流，互相帮助，建构意义，获取知识。

4. 继续上网，参考信息，口头表述广告设计的构思

让学生参考网上"广告精品库"提供的现实，未来产品广告范例，重温广告的有关知识，运用所学知识，通过口头表述，拟设计未来产品的广告词，再进行集体的交流评议，为下一步的书面创作打下基础。

5. 网上协作，分工合作，进行广告综合设计

让学生在网上发挥创新精神，求异思维，运用信息工具，动手综合设计创

作未来产品的广告。包括进行版面的美术设计与加工，并输入广告词。

6．推荐产品，集体评议，反馈修改

让学生对所设计的未来产品的广告进行自我评价，鼓励作者向全班同学进行宣传推荐，利用网络功能把部分同学设计的未来产品广告传送给大家共同欣赏，并进行评析，及时反馈修改。

案例来源：李克东《信息技术与课程整合实践案例》

拓展 >

补充读物

1　陆秀红．数字化变革中崛起的新信息文化．北京：人民出版社，2007

本书以信息技术与文化的互动关系为研究的逻辑起点，在现实与虚拟共生的两个平台上反思数字化背景下的信息文化并进行系统思考。

2　张俐蓉．信息技术与学校教育关系的反思与重构．北京：教育科学出版社，2007

本书致力于回答信息技术究竟应不应该被应用于教育？如果应该，为什么应该？它与教育之间是什么样的关系？信息技术在中小学教育领域的应用应该注意些什么？等问题。

3　顾小清．主题学习设计——信息技术与课程整合的实用模式．北京：教育科学出版社，2005

本书以信息技术与课程整合的理论和实践为研究基础，介绍了如何以主题学习模式这样一种综合性的课程框架作为实现有效整合的起点，在信息技术的支持下，将跨学科的、由多样性活动组成的课程单元组合起来。

在线学习资源

1．信息技术与学科课程整合培训交流论坛　http://ict.baiyun.edu.cn/bbs/

2．信息技术与学科教学整合有效性的研究专题网　http://xkzh.xbedu.net/

3．金钥匙信息技术与课程整合平台　http://key.stedu.net/

第八章
中学综合实践活动的评价

本章概述

　　本章主要介绍了与中学综合实践活动评价相关的内容，包括中学综合实践活动评价的理念、中学综合实践活动评价的内容、中学综合实践活动评价的指标体系以及中学综合实践活动评价的方法。其中中学综合实践活动评价的理念主要介绍了综合实践活动评价的内涵、理念、目标与原则；中学综合实践活动评价的内容与指标主要介绍了综合实践活动评价的内容与评价的指标体系；中学综合实践活动评价的方法具体介绍了对学生、教师和学校这几个主体的评价方法。

结构图

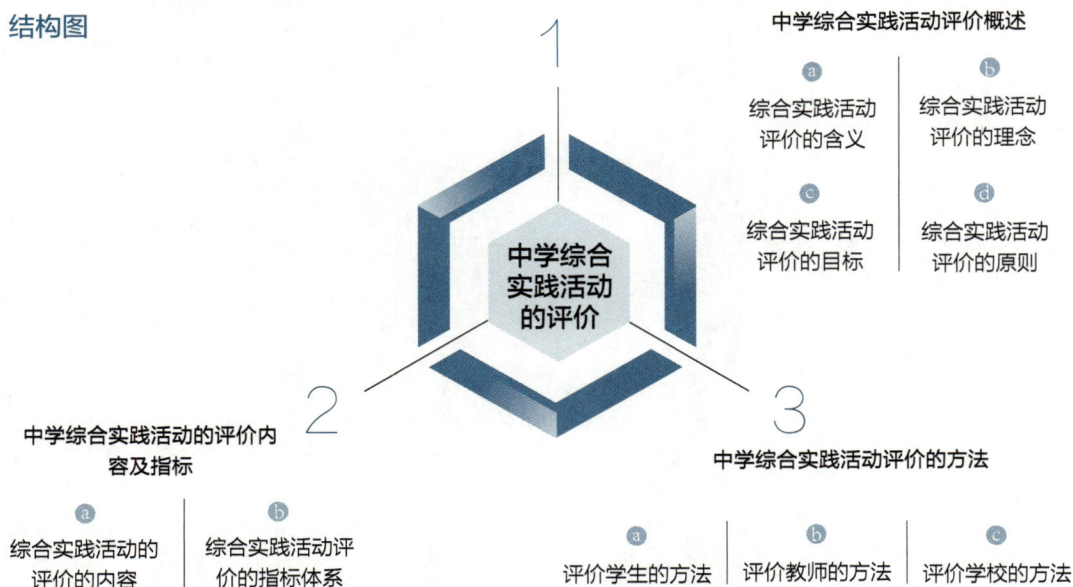

中学综合实践活动评价概述

1

中学综合
实践活动
的评价

- a 综合实践活动评价的含义
- b 综合实践活动评价的理念
- c 综合实践活动评价的目标
- d 综合实践活动评价的原则

2

中学综合实践活动的评价内容及指标

- a 综合实践活动的评价的内容
- b 综合实践活动评价的指标体系

3

中学综合实践活动评价的方法

- a 评价学生的方法
- b 评价教师的方法
- c 评价学校的方法

学习
目标

学完本章，您应该能够做到以下几点。

1. 了解综合实践活动评价的理念、目标与原则；
2. 熟悉综合实践活动评价的主要内容；
3. 掌握综合实践活动的评价指标体系；
4. 学会综合实践活动评价的方法。

读前
反思

　　综合实践活动是以培养学生对外界、对自我的一种整体认识，发展学生的合作精神和创新意识为目标的课程，并不是严密逻辑体系的书本知识，所以在评价的过程中没有固定的格式可循，这就导致在对综合实践活动进行评价时出现了诸多问题。在阅读本章之前，请反思一下在综合实践活动进行评价的过程中自己是否存在以下问题？

1. 在对综合实践活动进行评价时，是否依据了一定的原则？综合实践活动评价范围是否界定清楚？
2. 评价工具是否可靠？对评价者是否存在偏见有无认真考察？评价的程序是否遵守专业的伦理标准？
3. 综合实践活动评价是否具有明确的指标体系？是否达到了预期的评价目标？
4. 对综合实践活动主体进行评价时，分别使用了哪些评价方法？在使用各种评价方法时还存在哪些问题？

综合实践活动评价是判断活动价值、改进课程实践、促进整体发展的过程。这一过程的实现取决于衡量活动的价值尺度，"价值的真正尺度，照一般的说法，是不可能有争论的"。[1]然而，实际上却不然，争议的焦点不仅取决于"尺度"的合理性和公正性，更取决于运用这些尺度的"主体"。因此，综合实践活动评价的有效实施至少需要回答以下问题：何谓综合实践活动评价，谁来评价，评价什么，采用什么标准进行评价，如何评价？本章试图回答这些问题。

第一节
中学综合实践活动评价概述

🎯 **学习目标**

综合实践活动的评价理念、目标及原则分别是什么？

中学综合实践活动的评价是中学综合实践活动实施的重要环节，对综合实践活动的开展具有目标导向、过程激励、问题反馈、优化发展等多方面作用。然而，到目前为止，学界关于综合实践活动评价问题的研究成果很少。综合实践活动的设计是否合理?其实施效果究竟如何?其功能是否得到最佳发挥?这些问题的解决必须求助于对其内涵与理念的正确理解。

一、综合实践活动评价的含义

自20世纪30年代"评价"这一概念进入教育视野开始，学界就有不同的定义，如泰勒在《课程与教学的基本原理》一书中指出："评价过程在本质上是一个确定课程与教学计划实际达到教育目标的程度的过程。"[2]斯塔弗尔比姆也曾提出"评价最重要的意图不是为了证明，而是为了改进"。1981年美国教育评价标准委员会（Joint Committee on Standards for Education Evaluation）对评价进行了定义："评价是对某些现象的价值，如优缺点的系统调查。"[3]可见，评价是一种评定人或事物价值的活动，是在特定信息的基础上，对事物某种属性的价值判断。评价体现着评价者的价值观念和主观愿望，不同的评价主体因其自

---

1 [英]赫·斯宾塞. 教育论. 胡毅，译. 北京：人民教育出版社，1992：2

2 [美]泰勒. 课程与教学的基本原理. 罗康，等译. 北京：人民教育出版社，2008：96

3 瞿葆奎. 教育学文集·教育评价. 北京：人民教育出版社，1989：18

身的需要和观念的不同对同一事物或活动会产生不同的判断。课程评价的对象包括"课程的计划、实施、结果等"诸种课程要素。也就是说，课程评价对象的范围很广，它既包括课程计划本身，也包括参与课程实施的教师、学生、学校，还包括课程活动的结果，即学生和教师的发展等。

综上所述，我们认为，综合实践活动评价是课程利益攸关者对综合实践活动整体系统及各个组成部分进行的价值判断活动。科学地认识与有效地实施综合实践活动课程评价，是综合实践活动课程有效开展的重要条件。

二、综合实践活动评价的理念

（一）综合实践活动评价的整体性

综合实践活动评价的整体性就是在综合实践活动评价中把课程、教学和评价进行统整，然后贯彻到活动进行过程中。在综合实践活动中，对学生的评价就是对学生学习活动的整体性评价，包括活动的过程和结果等，使之融合为一个有机的整体，从多角度评价每个学生的活动。在衡量学生的综合实践活动学习情况时，一方面，要以学生学习的多种表现形式为依据，如学生在综合实践活动中的各种表现和活动产品，包括模型、研究报告、主题演讲、建议书等；另一方面，对综合实践活动的评价不只是对学生单方面的评价，还应该包括对教师指导活动及其专业发展等的评价。

（二）综合实践活动评价的发展性

综合实践活动评价的主要目的在于促进每个学生在原有基础上获得新的发展，促使学生不断进步。所以，对综合实践活动的评价要以发展性评价为主。评价的发展性不仅表现在促进学生的学业进步、身心发展，也表现在学生情感、价值观的发展，而且，还包括促进学生的社会性发展，使其形成良好的心理素质。综合实践活动的评价不仅要评价学生，还应基于促进学生发展的目的，有针对性地培养学生进行客观准确地自我评价的能力。

（三）综合实践活动评价的过程性

针对传统教育教学过于强调结果的弊端，综合实践活动作为一门经验性课程更关注学生参与的过程，包括学生参与的积极性、主动性、创造性等。综合实践活动反对通过量化手段对学生进行分等划类的评价方式，其不仅关注终结性评价，更关注形成性评价，既关注学生学习过程中的设计、操作，也关注学生学习过程中的学习态度、情感、价值观、创新能力及合作能力的发展和变化。虽然综合实践活动评价不排除终结性评价，但更强调把评价贯穿于整个活动，活动最后的成果可以作为评价时的参考依据，但主要的依据应来自活动过程中学生的策划、参与、组织、体验、表现、感悟的情况。即使学生最终的活动结果失败了，只要学生参与并经历了活动的过程，在活动中得到宝贵经验，对于人文、社会、自然等形成了一定的认识，就应该给予学生积极的评价。

（四）综合实践活动评价的多元化

综合实践活动评价强调多元价值取向和多元标准，重视多元化的评价方式。这种多元化主要表现在三个方面。第一，评价主体的多元化。在综合实践活动评价中，对学生发展的评价不仅由指导教师来完成，还应积极鼓励学生自主评价、小组成员间及小组间相互评价，有效利用学生家长的评价、社会有关人员如学者、专家的评价等。学生自评是学生依据学校或者教师所提出的各项评价指标，以及学生所处年级的评价重点、学生的实际情况等，对自己的学习发展情况做出正确、中肯的评价。小组互评是指几个同学分成一组，组内成员对其他成员做出的评价。教师要依据评价的相关要求和项目标准，结合学生课上表现、学业成绩表现以及学生自评和小组互评的结果，综合学生各方面的表现，给予学生一个客观、公正、全面的评价。学者、专家评价是指在评价综合实践活动中涉及专业问题时可以请相关学者、专家参与，进行有针对性的评价。家长也应该根据自己所了解的孩子在综合实践活动中的表现和发展变化，做出客观的评价。

第二，评价内容及标准的多元化。受传统评价观的影响，人们往往很容易只将学生活动的结果作为评价的全部内容，而实际上，从不同的角度分析，综合实践活动的评价包含的内容非常广泛。从综合实践活动评价的对象出发，可以分为对学生的评价、对学校的评价以及对教师的评价。对学生评价的内容一般包括探究与创造性、社会责任感、劳动服务与生活、信息能力、社会交往与行为、个性品质、学习能力与成绩等。对教师评价的内容主要从教师内在素质和教师职业行为两个方面进行。教师内在素质包括教师专业成长资源、教师的自主发展和教师动力三个方面，教师职业行为包括课堂教学行为、对学生的辅导行为以及教师的组织管理行为。对学校的评价侧重于对学校落实综合实践活动状况的评价，主要集中于学校具体保障措施的实行，如对教师安排、课时安排、场地安排、设备配套、相关管理制度的制定、课程实施管理等方面。由于综合实践活动的评价主体和内容都具有多元性，评价标准也相对地具有多元性的特点。例如不同的评价主体在评价综合实践活动的实施情况时也具有不同的标准，教师、家长考虑的多是综合实践活动是否有利于孩子的全面发展，而社会相关人员的标准则更多地关注其社会价值。

第三，评价方式的多元化。综合实践活动评价的方式应灵活、多样，打破原有评价只重纸笔测验的局面，实行多元评价方式，让每一个学生都有机会成才，真正促进每一个学生综合素质的全面发展。如从评价内容呈现方式上看，可以分为成果汇报、作品展示、研究报告答辩、竞赛、专家审议等；从组织形式上看，可以分为个人汇报、学生小组评定、评定小组综合评定。而最常用到的具体评价方法有成长记录袋评价、个人汇报、量表评价、专家审议会等。

教育家语录

　　学校中过分重视学生积累和获得知识资料，以便在背诵和考试时照搬。知识常被视为目的本身，于是，学生的目标就是堆积知识，需要时炫耀一番。这种静止的、冷藏库式的知识理想有碍教育的发展。这种现象，不仅放过思维的机会，不加利用，而且有败坏思维的能力。在乱糟糟地堆满废弃破烂的场地上，没有人能建造房屋。学生脑子里装满了各式各样从来不用的材料，当他们想要思考时，必然受到障碍。

——杜威

三、综合实践活动评价的目标

　　早在20世纪末联合国教科文组织就曾建议，未来的教育不应仅限于培养学习者坚实的知识和对继续学习的兴趣，还应培养学习者的行为和能力，并深入精神生活之中，包括明智、责任感、宽容或敏锐、自立精神在内的行为与包括洞察实质、确切概括、区分目的与手段和确定原因与结果等的智能同样重要。[1]未来学家德雷伯·考夫曼就全球社会改革对中小学课程的影响做了很好的概括，认为课程必须有利于培养学生收集信息和利用信息的能力、清晰的思维能力和分析解决问题的方法、对未来的预测、对人类环境深刻的理解力、社会交际活动的能力以及理解人类和社会的能力。知识经济时代教育目标更为明显地凸显了人们20世纪的预测和展望，更加注重从知识和技能向洞察力和智慧培养的转向。[2]基础教育课程改革强调培养学生的探究、实践意识和创新能力，强调对基础知识与技能、情感、态度、价值观与过程方法的关注和整合，不仅允许对问题的解决有不同的方案，而且表现形式也可以丰富多样。从世界范围内教育发展的趋势和我国基础教育课程改革的理念来看，综合实践活动评价的目标应重点关注学生以下四个方面的发展。

（一）亲身参与实践的体验

　　综合实践活动强调学生的亲身经历与实践，注重让学生在活动过程中获得亲身体验、产

1　S·拉塞克，G·维迪努. 从现在到2000年教育内容发展的全球展望. 马胜利，译. 北京：教育科学出版社，1996：144

2　S·拉塞克，G·维迪努. 从现在到2000年教育内容发展的全球展望. 马胜利，译. 北京：教育科学出版社，1996：145

生积极的情感态度、激发探索精神和创新精神。同时，综合实践活动积极关注学生在活动过程中学会与他人合作与交往，能够协调人际关系，妥善处理人与人、个人与集体的关系，并能够在合作中体验到活动的乐趣。

（二）收集和分析利用信息的能力

综合实践活动的开展通常需要围绕一个学生感兴趣的实际问题展开，但是解决这一问题所需的各种资料，如各种数据资料、事实事例等，都需要学生自己去寻找、查阅、搜集、筛选、分析等。收集和分析利用信息的能力应是学生必备的能力。

（三）发现问题和解决问题的能力

综合实践活动最大的特点就是从学生的实际出发、从学生的兴趣出发，重视学生从生活中发现并思考问题，通过自己的实践，在活动中积极探索，寻找解决问题的途径。在这一过程中，教师要重点培养学生发现问题的能力和解决问题的能力，积极鼓励学生进行自主学习，尝试动手探究，最终自己得出结论。

（四）科学的态度与责任感

综合实践活动着重培养学生的创新精神，而一个人的创新精神，只有同科学的态度与道德观统一起来才会形成对个人和社会发展有价值的结果。在探究活动中，学生要逐步养成严谨、认真的科学态度，锻炼勇于克服困难的意志，并最终得出科学的结果。在综合实践活动中，学生不但要提高自己多方面的探究、创新等能力，还要学会关心社会的进步、环境的保护、经济的发展以及国家的前途等。在综合实践活动中，学生积极发现自己感兴趣的社会问题或政治问题，在教师的引导下，独立自主探究解决，有助于其将国家的前途与个人的奋斗紧密联系在一起，从而树立正确的人生观、价值观和世界观，提高对国家和社会的责任感。

四、综合实践活动的评价原则

为了最大限度地发挥评价的作用，结合近几年综合实践活动实施的经验，在综合实践活动评价中，应遵循以下基本原则。

（一）激励性原则

综合实践活动作为一门新兴的课程，其评价目的不是为了甄别与选拔，而是为了推动每个学生在原有水平上有新的发展。在评价过程中，要及时发现学生在活动中出现的闪光点并给予鼓励，从而给学生营造一个比较宽松、自由的活动空间。综合实践活动评价主要采用个人内差异评价方法，注重学生自身的优点和与自己过去相比的进步状况，重视对学生进步的肯定。综合实践活动通过采用多元化的评价标准，对不同的学生进行不同内容与方法的评价。在评价过程中，要突出肯定性和激励性，不仅关注最终成果，更关注过程性成果，要注意保持学生的参与热情，激励和维持学生在活动过程中的积极性、主动性和创造性。

（二）过程性原则

综合实践活动与传统课程相比，更强调过程性原则，这与综合实践活动本身的特点密切相关。综合实践活动的目标是全面性的，不能仅关注学生认知能力方面的发展，更要关注学生参与活动的态度、创造性的发展和解决问题能力的发展等，所以评价时不应过于看重学生获得知识的多少、作品的优劣。特别在具体操作中，教师可以通过观察，采用及时评语的方式记录学生在综合实践活动过程中的行为方式、情绪情感、参与程度、努力程度等表现，并将其作为评价学生的重要依据。不论最终结果如何，只要学生在活动过程中对自然、社会和自我形成了一定的认识，获得了实际的体验和经验，就应该给予学生积极的评价。

（三）差异性原则

综合实践活动在不同的区域、不同的学校、不同的师生活动中都有不同的表现形式与特征，综合实践活动评价应充分考虑到这种差异性，要根据不同的区域、环境、学校、教师、学生以及活动的内容与特点，采用不同的评价标准和评价措施。比如对学习有困难的学生，或者对课程实施处于起步阶段的学校和教师，在评价时标准可以适当降低，评价方式也应当以正面评价为主；对于探究和学习能力较强的学生或者已有初步发展和经验的学校、教师来说，评价标准则应该适当提高，从而激励他们向更高水平发展。

（四）真实性原则

真实性原则是指综合实践活动的评价应在学生学习的自然环境中进行，考查学生在自然环境中的真实反应，并依此作为评价的参考依据。传统的学科课程评价多为纸笔测验，所体现的对问题的解决也多是以虚拟化的命题来实现，这种测验忽视了现实生活情境的复杂性以及对学生动手实践能力的考查，容易造成学生的"高分低能"。综合实践活动的评价贯穿在活动过程中，评价的过程就是学生解决问题的过程，是对学生在真实环境中的真实表现的评价。综合实践活动评价的真实性体现在活动情境的真实性、资料的真实性以及活动结果的真实性等方面。通过真实性评价能更好地考查学生的实际能力与发展状况。

第二节
中学综合实践活动的评价内容及指标

🎯 学习目标

综合实践活动的评价内容和综合实践活动的评价指标体系是什么？

"评价什么"及"如何评价"是综合实践活动评价的重要内容，对于这一问题的研究成果较少，而这一问题的澄清对于课程开发、课程实施具有重要意义。关于"评价什么"的问题，从不同的视角可以划分为不同的内容；对于"如何评价"的问题，则需要根据"评价什么"所包括的内容来具体阐述。

一、综合实践活动评价的内容

在综合实践活动课程开发过程中，人们往往将活动的结果作为评价的唯一内容，或者将综合实践活动开设过程中某一特定活动范围的结果作为评价的内容。例如有些学校将"研究性学习"活动结果等同于综合实践活动评价的内容。这样评价是对综合实践活动的窄化。事实上，我们可以从不同的视角将评价的内容进行分类：从活动开发的过程上，可以分为活动设计评价、活动过程评价、活动结果评价；从活动效果的表现载体上，可以分为学生发展评价、教师发展评价、学校整体发展评价和课程发展评价；从课程评价的方法上，可以分为评价手段和工具的质量评价、评价者的评价。对于中学综合实践活动评价，我们主要从活动效果的表现载体来分析其具体内容。

（一）对学校的评价

学校是开发、实施与管理综合实践活动的基层组织。学校对课程实施的投入、组织和管理是综合实践活动顺利开展的保证。对学校创设的综合实践活动开设条件和采取的具体措施进行科学、合理的评价对实施综合实践活动十分必要。综合实践活动的学校评价就是对学校领导和教师对综合实践活动的认识水平以及学校所进行的关于综合实践活动的规划与管理情况等的评价。通过评价，可以提升学校及教师对课程的认识，强化学校对综合实践活动的管理，保障综合实践活动的顺利实施。

1. 学校组织机构的建立

综合实践活动的顺利实施首先需要有明确的组织管理机构。学校相关组织机构是否设立，机构的人员结构是否合理等直接影响着综合实践活动的实施。一般来说，学校可以设立专门的综合实践活动工作小组，工作小组的成员应该包括校领导、班主任以及各学科教师、学生家长、社会有关人士等。对学校组织机构的评价主要包括是否建立了专门的组织机构，这一组织机构是否发挥了课程领导与管理的核心作用，学生及其家长的参与程度，是否有效发挥了教师的作用等。

2. 学校管理制度的实施

撰写并落实科学的学校管理制度是保障综合实践活动有效实施的重要条件。对学校综合实践活动管理制度的评价考核主要关注两个方面：一是学校与综合实践活动配套的课程管理制度是否健全以及是否科学有效、是否可操作和连贯；二是这些制度的实际执行程度及其对教师和学生的激励情况。在实际评价中，重点要关注学校是否建立了相应的管理制度、各相关人员的工作职责是否分明、是否将综合实践活动的实施纳入学校正常的教学计划、教师的岗前培训与学习制度是否完善、是否充分考虑了对师生活动情况的奖惩等。

3. 学校师资队伍、文化氛围的建设

学校综合实践活动师资队伍的建设、文化氛围的营造都应作为学校评价的重要内容。教师的思想政治觉悟、综合实践活动理念以及相关的专业素质和教育科研能力是实施综合实践活动的重要条件。学校应加强本校师资队伍的建设，并根据学校实际情况采取相应的人才激励策略，有效促进综合实践活动教师素质的全面提升。积极、健康的校园文化氛围以及良好的竞争环境能够促进学生的发展。对学校文化氛围的评价主要从观念文化、物质文化、制度文化以及教育行为文化等方面进行。

4. 学校综合实践活动的开设及其实施情况

学校综合实践活动的开设情况包括是否按国家课程计划的要求进行设置、课程的安排是否合理、课时数是否恰当等。同时，还应从是否制订了学期综合实践活动计划、是否制订分年级的计划、制订的计划是否体现学校特色等方面进行具体评价。

（二）对教师的评价

在综合实践活动中，教师角色从传统的知识传授者转变为学生活动的组织者、协调者，课程的开发者与研究者，学生学习的合作者、指导者和自我反思者。对教师的评价主要包括以下几方面内容。

1. 教师的自身素质

教师对综合实践活动的理解与把握直接决定着教师在课程实施中的教学行为，而教师的自身素质决定着教师对课程的理解程度。所以，评价教师首先要评价教师的素质，主要包括教师的知识结构和教师的教育教学研究能力。具有深厚的专业知识以及广博的科学文化知识，以极大的热情和责任感投身于课程实施中，才能把握综合实践活动的方向，促进学生的全面发展。教师的教育教学研究能力是新一轮课程改革对教师提出的新要求，提高教师的教育科研能力与水平对提高教师的自身素质和课程实施的质量有很大帮助。

2. 教师的组织、管理和协调能力

综合实践活动的实施需要教师具备相应的组织、管理与协调能力，这主要表现为：一是一定的设计与规划能力，包括选择活动主题、制订教学目标、设计活动方案以及预测活动情境的能力等；二是具有较强的管理、协调和处理各种突发事件的应变能力；三是协调学生、学校、家长以及各任课教师的能力，在活动中需要协调好校内外、指导小组间及教师间各方面的关系。

3. 教师的指导能力

综合实践活动的主体是学生，但学生的活动离不开教师的指导，没有教师的指导，再好的活动也很难达到预期的效果，所以教师在综合实践活动中仍处于主导地位，要根据学生的活动需要有目的、有针对性地指导学生进行探究实践，以保证活动的顺利有效进行。在这一过程中，教师要对学生的兴趣、问题意识、活动进程等进行引导和调控，并及时处理活动中出现的各种突发性、临时性问题。对教师指导能力的评价要重点关注教师是否根据学生的活动需要实施相关的指导；是否采用新型的教学方法对学生进行引导，如探究式教学和启发式教学等；是否在活动开展前进行了预先设计和规划；是否在活动过程中灵活处理情境性问题等。

4. 教师的评价能力

综合实践活动体现出人才培养中新型的人才观和评价观，教师的评价对活动的开展具有重要的反馈和指导作用，能够促进学生活动的有效进行，教师应经常对学生活动的过程与结果进行测量与评价，所以教师必须具备进行科学评价的能力。教师的评价能力包括对学生参与活动的主动性进行评价、对学生在活动中的表现进行评价、对学生的活动结果进行评价等。

（三）对学生的评价

综合实践活动最根本的出发点是促进学生各方面能力的发展，是对学生参与综合实践活动后获得发展的水平与效果的评价，这也是对综合实践活动进行价值判断最重要的依据。综合实践活动的学生评价不仅要对学生学习和活动的直接结果进行评价，而且要对学生在综合实践活动开展过程中的态度、感受和具体表现进行评价。对学生的评价主要考虑以下几方面内容。

1. 学生的参与态度

综合实践活动的开展是通过学生的主动参与和自主探究而实现的，是一种经验性的课程。学生的活动兴趣、对活动过程的参与程度、承担活动任务的积极性以及与小组成员的合作程度等都应该成为评价的对象。

2. 学生的活动体验

学生在活动过程中是作为有丰富经验和情感体验的个体来学习的，其在活动中的体验是评价的重要内容之一，包括学生的情感、态度、价值观方面的体验以及在活动中围绕活动主题对解决问题方法的体验。前者可以使学生自觉形成对他人、对社会、对自我的认识，后者

是学生在解决问题过程中获得的关于方法与意识方面的经验与感受。

3. 学生各项能力的发展

学生在综合实践活动中需要锻炼多种技能，包括收集、处理信息的能力、合作学习的能力、探究能力、社会实践与交往能力、设计和操作技能等，在评价时需要针对各项能力对学生进行综合、全面的评价。对收集、处理信息能力的评价主要从学生收集信息的多少、采用的方法、信息的有效性等方面进行；对学生在活动中的合作能力的评价主要从学生是否乐于帮助同学、能否与同学积极配合，倾听同学的意见和建议，对班级以及小组活动做出的主要贡献等方面进行。对学生探究能力的评价主要从是否敢于提出问题并以独特的思维方式解决问题，是否善于观察记录，采用多样的方法表达活动过程以及成果等方面进行；对社会实践和交往能力的评价主要关注学生协调各种关系的能力；对学生设计和操作技能的评价主要从劳动与技术教育和信息技术教育两个方面进行，既要考虑学生利用技术进行设计与操作的过程，也要考虑学生设计制作的作品与成果。

4. 学生的创新精神和实践能力

综合实践活动的重要目的之一就是通过学生真实的参与，培养学生对各种知识与技能的应用能力，进一步提升学生的创新精神与实践能力。对于中小学生的创新精神和实践能力不应该提出过高的要求，但应针对不同学段的学生进行不同标准的评价，鼓励学生形成个性化的见解、敢于挑战权威、善于用事实说话的精神与态度。可以通过学生在实际解决问题的过程中表现出来的创新思维、动手操作情况等方面进行评价，也可以对学生所采用的学习方式和方法进行评价。

5. 学生的活动成果

综合实践活动是一门注重过程的经验性课程，但是如果过于重视过程而忽略结果，很容易挫伤学生参与活动的积极性与主动性，对每一活动，在活动结束后都应及时给予学生反馈与评价。因此，评价活动成果也是对学生评价的一个重要方面，要给学生提供各种表达、展示与交流的机会，以此来激发和维持学生的主动性积极性。

6. 学生的劳动态度和习惯

学生在劳动过程中所表现出的认真负责的态度以及遵守纪律、团结互助和爱惜劳动成果的行为等都可以作为对学生评价的内容。

📢 教育家语录

儿童在学校里便知和行合一，修养和生活合一。他们的本质是创造的，进化的，所以教育愈进步，他们便养成更健全的人。

——叶圣陶

二、综合实践活动评价的指标体系

评价指标体系是指由表征评价对象各方面特性及其相互联系的多个指标所构成的具有内在结构的有机整体，一般由评价项目和评价权重两个方面构成。评价指标是评价内容的具体化和系列化，评价内容主要考虑学校、教师、学生三个方面，所以评价指标的设计也主要从这三个方面进行。此外，还应结合综合实践活动自身的性质特点进行综合考虑。

（一）根据综合实践活动的性质设计评价指标

在进行综合实践活动评价指标体系的设计时，要综合考虑综合实践活动的课程性质。如根据其整体性，评价指标要包括学生综合运用学科知识的能力，能从多角度提出问题的能力，活动过程中全面的体验与感受等内容。根据综合实践活动的自主性，在评价时，要重点关注学生是否主动参与活动，包括学生是否主动积极参与活动、是否自主选择活动主题、目标、内容、方式、是否积极克服障碍完成活动任务等。根据综合实践活动的实践性，在评价中要重点关注学生在实践中的表现，指标设计可以从学生是否形成实践意识与活动能力、是否有创新成果、能否获得丰富的情感体验等方面进行。而因为综合实践活动从内容到形式都具有多元化的特点，所以在评价时，也要尽可能全面地考虑多方面的内容和多种评价方式与方法，要将学生之间、师生之间、学校与社会之间的交往状况、活动内容及成果的形式多样等作为评价的重要依据。

（二）根据活动参与者的发展设计评价指标

基于综合实践活动本身所具有的实践性、开放性、自主性、生成性等特征，对综合实践活动的评价也应呈现多样化、多指标的趋势，但是目前尚未形成明确、系统的评价思想与指导原则，关于综合实践活动评价什么、如何评价、谁来评价等方面的问题缺少系统理论建构和基础研究；尤其缺乏基于学生发展的评价指标体系，未明确与中小学综合实践活动相关联的学生发展领域、指标和具体表现水平。

学生的发展是学校所有课程的根本目的，综合实践活动也不例外。建立综合实践活动的评价指标体系也应以此为核心展开研究。首先，要能够促进学生的发展；其次，要融合多学科的协作力量，以心理学为主导，教育学为基础，统计学为保障进行设计；再次，要立足国际前沿，批判性整合国内外的教育评价模式，选择性借鉴国际评价项目的已有经验；最后，要立足国内现实，结合我国的实际设计评价指标。

1. 学生发展评价指标体系

根据国家关于学生发展的基本要求和综合实践活动的特点，学生发展领域的评价指标分为七个一级指标，主要为：探究与创造性、社会责任感、劳动服务与生活、信息能力、社会交往与行为、个性品质、学习能力与成绩。

（1）探究与创造性

在活动过程中表现出的探究精神、好奇及创造性。这一指标又分为主动性与探究精神、问题意识、问题解决中的创新性、创造性思维、创造性人格五个二级指标。

（2）社会责任感

对社会、社区、他人以及自然的关心、关注，具有良好的公民品质。这一指标分为社会服务行为、责任意识、道德品质三个二级指标。

（3）劳动服务与生活

自我服务、自力更生以及为他人服务的能力与意识。这一指标主要分为生活技能、劳动态度、职业意识与能力三个二级指标。

（4）信息能力

掌握现代信息技术，利用不同信息工具和渠道获取、识别、加工处理信息。这一指标分为信息技术知识和信息能力两个二级指标。

（5）社会交往与行为

喜欢与人交往，具备良好人际沟通能力与冲突解决能力；行为符合社会规范。这一指标分为合作和人际沟通能力两个二级指标。

（6）个性品质

具有良好的自我认识、评价的能力，拥有积极的个性品质。这一指标又分为自我、个性品质两个二级指标。

（7）学习能力与成绩

这一指标分为对学习的兴趣与态度和学习成绩两个二级指标。

学生发展评价指标体系

一级指标	二级指标	指标说明	评价主体	评价方式
探究与创造性	主动性与探究精神	活动过程中的兴趣以及积极参与和投入程度。	教师	行为观察，成长档案袋，作品展示。
	问题意识	活动过程中发现问题、提出问题的意识与能力。		
	问题解决中的创新性	活动过程中的变通性、流畅性、独特性。		
	创造性思维	一般的创造性思维特征，表现为变通性、流畅性、独特性。	教师、家长、专家	测验与问卷，作品分析。
	创造性人格	好奇心、内部动机、质疑与批判性、开放性、自信心、坚持性。		

续表

一级指标	二级指标	指标说明	评价主体	评价方式
社会责任感	社会服务行为	志愿服务、环保行为、助人与捐赠行为。	教师、自我、家长、社区	行为观察、问卷、成长档案袋。
	责任意识	权利与责任意识、法律与规则意识、志愿精神、环保意识。		问卷。
	道德品质	公正、同情心、诚信、宽容、感恩。		
劳动服务与生活	生活技能	生活自理能力、家务劳动、生活实践技能。	教师、家长、自我	行为观察、问卷、成长档案袋。
	劳动态度	爱劳动、对劳动者的尊重。		
	职业意识与能力	对职业的了解，职业兴趣，初步的职业能力。		
信息能力	信息技术知识	了解和掌握现代信息技术知识。	教师、家长	问卷与测验、行为观察、成长档案袋。
	信息能力	具备信息技术使用技能，使用信息技术获得、加工各种信息，良好的信息技术使用习惯。		
社会交往与行为	合作	在活动以及日常生活中表现出合作精神，组织协调、决策乃至团队管理与领导能力，能够与他人及团队一起合作完成任务或解决问题，达到预定目标。	教师、家长	行为观察、问卷、成长记录袋。
	人际沟通能力	在活动中以及日常生活中表现出良好的语言沟通与表达能力；人际沟通与交往能力，包括人际冲突管理与解决能力。		
个性品质	自我	自信、积极自我概念、自我管理与调节。	教师、家长	行为观察、问卷、成长记录袋。
	个性品质	坚持性与抗挫折能力，乐观积极。		
学习能力与成绩	对学习的兴趣与态度	对学习、学校以及知识的兴趣与态度。	教师、家长	行为观察、问卷与测验、成长记录袋。
	学习成绩	学科知识掌握和理解程度及成绩。		

2. 教师评价指标体系

教师是教育活动的另一个主要参与者，在综合实践活动中，对教师的评价，也对课程的良好实施起着重要的作用。对教师的评价主要从教师内在素质和教师职业行为两个方面进行。

（1）教师内在素质

教师内在素质主要包括教师专业成长资源、教师的自主发展和教师动力三个方面。

（2）教师职业行为

教师职业行为是指教师的课堂教学行为、对学生的辅导行为以及教师的组织管理行为。此项指标又分为课堂教学、教师对学生的辅导、教师的组织与管理行为三个二级指标。

教师发展评价指标

一级指标	二级指标	指标说明
教师 内在素质	教师专业成长资源	教师职业知识，专业发展环境支持，教师效能。
	教师的自主发展	自我职业生涯管理，心理弹性，教学方式，教学自主性，压力应对等。
	教师动力	教学动机，职业承诺，专业发展能动性等。
教师 职业行为	课堂教学	教学行为表现，教学监控，对学生的反馈等。
	教师对学生的辅导	辅导个别学生的技能等。
	教师的组织与管理行为	教育方式，奖惩观念等。

3. 学校评价指标体系

学校是综合实践活动实施的主要场所，对综合实践活动的实施起着保障作用，对综合实践活动进行科学评价不可避免地要从学校的角度进行。对学校进行评价的指标主要有教育资源、规章制度、课程三个方面。

（1）教育资源

教育资源主要是指教学场地与设备，师资以及经费匹配情况，又可以分为管理部门与人员、师资、教学场地与设施和经费匹配四个二级指标。

（2）规章制度

规章制度的评价主要是对课程管理与教师管理制度两个方面的评价。

（3）课程

对课程的评价主要是对课程理念、课程目标、课程内容和课程开发四个方面进行评价。

学校发展评价指标

一级指标	二级指标	指标说明
教育资源	管理部门与人员	专门的管理部门，管理人员等。
	师资	教师的专职与兼职，教师数量，教师培训情况，师资稳定性等。
	教学场地与设备	相应的活动器材设备，课程教学与场地等。
	经费匹配	学校拨款、教育行政部门拨款等。
规章制度	课程管理制度	课程开设的学时规定、课程评价办法、学时考核办法等。
	教师管理制度	教师的工作量计算办法，职称评定办法等。
课程	课程理念	符合课程标准、符合学生发展规律等。
	课程目标	课程目标的合理性与可行性。
	课程内容	课程内容的明确性、具体性、丰富性、可持续性、可操作性等。
	课程开发	开发活动程序、教学材料及其内在联系等。

第三节
中学综合实践活动的评价方法

学习目标

综合实践活动有哪些常用的评价方法?

中学综合实践活动的评价方法根据不同的标准可以划分为不同的类型。从评价关注过程或是关注结果来看,可以分为关注过程的形成性评价和关注结果的终结性评价;从评价的主体来看,可以分为包含学校的管理者、行政部门的督学、校外的专家等在内的他评与包含师生评价的自评;从评价关注量化或定性来看,可以分为运用自然科学研究方法和数理手段的量化评价与以评价者本人作为评价工具的质性评价。下面从评价主体的维度,详细分析中学综合实践活动的评价方法。中学综合实践活动的主体主要是学生、教师和学校。

教育家语录

选择了一种教育,就选择了一种评价方式。

——杜威

一、评价学生的方法

对学生的评价是综合实践活动评价最重要的内容,它直接作用于学生,影响活动进程和学生发展。中学综合实践活动主要的评价学生的方法有观察评价法、自我评价法、学生互评法、成长记录袋评价法、问卷调查评价法、成果展示评价法、协商研讨评价法等。其中,问卷调查评价法、表现性展示评价法、观察评价法和成长记录袋评价法是目前实践中比较认可和应用较多的评价方法,在此对这四种方法进行简要介绍。

(一)问卷调查评价法

问卷调查评价法是通过设计专门问卷和问卷施测,来获取学生在综合实践活动中的相关信息和资料,然后以这些信息资料为依据,对学生活动或发展情况进行评价的方法。如在学生参与综合实践活动前,进行一次问卷调查,做好原始记录;活动进行一段时间后,再做一次问卷调查,将前后两次的调查结果进行分析比较,就可以揭示出学生在实践过程中的一些阶段性变化。要提高问卷调查评价法的有效性,问卷设计一定要科学规范。必须注意问卷调查在一般情况下要匿名,如果要求记名时,应向学生保证调查结果仅供研究使用。问题的设计尽量隐蔽些，不要过于直接，要力求规范、简单。为了验证被试者的选择是否反映真实情况，可以对同一个问题设计几个相关问题，并进行穿插罗列。另外，在做完问卷调查后，要做好问卷后期的整理和分析工作，根据调查结果对下一次的综合实践活动进行改进和完善。问卷可以参照如下（以活动结束后的调查结果为例）示例进行设计。

调查问卷示例

以保护环境，促进可持续发展为课题的综合实践活动调查问卷

1. 学习了本课题后，你的环保意识增强了吗？你认为应该如何保护我们的环境？
2. 你认为学习本课题对其他文化课的学习有没有帮助或者影响？
3. 本课题的学习有没有促进你与同学之间的合作学习？你的交流和沟通能力提高了吗？
4. 本课题的学习过程使你感受到快乐或者满足了吗？你的学习自信心有没有得到提高？
5. 你喜欢老师和同学对你在综合实践活动中的课堂表现、创新精神、实践能力进行评价吗？你能接受怎样的评价方式。

中学综合实践活动的学生评价以问卷调查的方法进行，可以比较准确地了解学生参与综合实践活动的时间、次数及在活动过程中的一些可以量化的信息内容，也能在一定程度上了解学生的态度、情感等内部感受。但是，问卷调查也有局限性，一方面学生发展的一些技能性内容很难在问卷中进行体现；另一方面关于学生兴趣、态度、情感的调查可能会因为学生的主观判断的偏差而不一定客观准确。对此，可以采用诸如表现性展示评价、成长记录袋评价等方法弥补问卷调查评价法的不足。

（二）表现性展示评价法

表现性展示评价是指学生参加综合实践活动的过程中，对其不同活动阶段所获得的成果和收获进行展示，然后针对展示的内容进行评价的一种方法。对学生活动成果的展示分为随机展示和成果展示。

1. 随机展示

随机展示是在活动开展过程中，当学生随时表现出闪光点或者小小的成功时，及时给学生提供展示机会，激励学生能够更加自信、积极地参与到活动中来。

2. 成果展示[1]

综合实践活动的成果有多种，如课题研究论文、实验报告、调查报告、作品和方案设计等。对不同的成果应该设计不同的评价指标。

评价课题研究论文的主要标准有以下几条：① 课题背景与研究的目的意义是否讲清楚了；② 所要研究的问题是什么，假设是否明确无误；③ 研究过程的论述是否严密、科学，

1　顾志跃. 科学教育概论. 北京：科学出版社，1999：231

包括提供的数据要精确，提供的实时分析要符合逻辑；④ 研究结论对目标的达成度是否有一定的创新性。

评价学生的实验报告时要注意：实验报告必须完整地反映实验探索活动的全过程，且必须有较规范、详细的记录，实事求是的描述，较严密和合乎逻辑的推论。对实验报告的评价可以从科学性（包括假设的理论基础、实验设计的合理、正确）、准确性（实验过程的控制、测量水平）、有效性（分析推理的逻辑性、社会现实价值）等方面设计评价指标，按评价指标的标准进行衡量。

评价学生的调查报告要注意引导学生把调查的过程，包括目的、任务、对象、采用的方法、实施步骤讲清楚。在表达结果时尽可能多用图表，给人直观、形象的结论。调查报告的评价标准主要体现在：抽样的代表性、手段方法的适当性等方面。

评价学生作品的标准有：① 作品是否体现了主题，即完成需要解决的问题；② 作品是否符合科学性，即是否用到了学科的科学知识或原理；③ 作品使用的材料是否合理、合适，是否是废物利用；④ 作品是否有创新性。

评价学生的方案设计时主要考虑以下标准：① 科学性，即方案运用的科学知识是否正确、合理；② 独创性，即方案的设计思路是否新颖、先进；③ 实用性，即方案是否解决了提出的问题，是否有现实价值。

（三）系统观察评价法

系统观察评价是指教师根据评价的项目和标准对学生的不同行为、言语等进行观察和记录，通过收集到的信息对学生进行评价。

系统观察评价的资料收集方式[1]主要是记录法，记录法又分为事项记录法、行动目录法和评价尺度法等。事项记录法是指按照学生行为发生发展的顺序进行的记录；行动目录法是指把想要观察的事项预先列出来，然后进行校对；评定尺度法是指把学生的行动按事先制定的一定标准逐阶段评价记录的方法。

（四）成长记录袋评价法

成长记录袋评价法即所谓的档案袋评价法，它兴起于20世纪80年代后期的美国，是为了取代传统的标准化考试以体现学生学习实际水平的评价方法，被认为是真实的评价。成长记录袋是由学生和教师共同完成的，它的制作过程涵盖了学习活动从开始到结束的整个阶段。通过收集有关学生活动的情况，表现学生在一段较长时期内取得的进步、学业成绩和一些心得感受。在具体操作中，每一个活动小组制作一个档案袋，并把每一次活动记录表、调查

1　姜平．综合实践活动课程实施策略．北京：首都师范大学出版社，2010：134

表、访谈表、实验记录、各种原始数据、学习体会等与活动相关的各种信息资料积累起来，由此记录学生的发展历程。

成长记录袋注重反映学生反思过程和学生个别差异的学习成果，让学生在活动记录中体验评价的意义，于自我反思中求取发展，另外，档案材料的整理积累还有助于学生获得成功体验，有利于激励学生的积极性和热情。成长记录袋根据所收集材料的性质不同，可分为过程型的成长记录袋、目标型的成长记录袋和兼合型的成长记录袋三类。

成长记录袋评价法在实践应用中会根据不同学校、学生和条件的差异而采用灵活多样的具体形式。总结一些学校的经验，在运用成长记录袋评价法时，可以考虑以下做法。

1. 建立学生综合实践活动档案袋，收集保存每一位学生每一次活动的原始材料（比如综合实践活动记录表）和活动成果作品。

2. 每学期末举行一次综合实践活动成果的展评，积极开展综合实践活动优秀学生评选，为学生所获得的成果提供展现的平台。关于优秀学生的评选，可以采取个人评价、小组成员评价、指导教师评价和家长评价等多元化评价方式，并对学生个体进行等级评价，附加评语。评选的结果可以作为学生学期综合实践活动学业考核的结果。

3. 每学年末由学校综合实践活动领导小组根据学生各学年综合实践活动学业考核结果，并参考学生参加各类区域性综合实践活动比赛的获奖情况，对学生进行综合考评。考评结果可以分为优秀、良好、合格三个等级，并对优秀等级的学生进行班级或学校内公示。

4. 把考评结果纳入学生综合素质评价体系，并逐步计入中考和高考成绩。在此过程中，要规范考评制度，建立抽查回访制度，防止弄虚作假。

中学综合实践活动记录样表

学生姓名：	指导教师：		日期：
活动题目			
活动地点			
小组成员			
使用材料			
活动步骤	观察情况		
	讨论过程		
	设计制作		
活动任务			
任务完成的情况			
讨论记录			
指导教师意见			

对学生的综合实践活动而言，活动的内容与方式丰富多样。但不论是学生的哪种活动，在活动阶段小结或者活动结束交流时，都要注重引导学生进行反思性的自我评价、商讨式的同学互评、指点式的教师总评、提醒式的家长点评等多种评价方式，让学生能认识自我，互相学习，扬长避短，不断完善自己。总之，中学综合实践活动的评价方法应以促进学生发展为根本，全面体现评价的多元化、灵活性、激励性。

二、评价教师的方法

对综合实践活动教师的评价，一般可以分为常规评价、专项能力评价和综合评价等几种不同的情况。评价目的不同，内容各异，实施办法也各有特点。

（一）常规评价方法

教师常规评价，是指对教师日常教育教学工作的评价，属于学校对任课教师经常性的考核和管理范畴，是学校相关部门行使管理职能，规范教师教育教学行为的日常性工作。考核重点应着重如下三个方面：一是考核教师的工作态度，主要是考察其是否认真对待综合实践活动的实施和研究；二是评价教师的工作能力，侧重考察教师对综合实践活动的规划、组织、管理和指导等方面的能力；三是评价教师课程开发和实施的实际效果，重点在于以学生的收获来反映教师的教育教学成绩。

对教师的常规评价，可以通过审阅相关的文字材料来考核，比如教师在综合实践活动开始前制订的活动指导规划、活动设计方案、活动案例分析、学生活动情况记录、学生个案指导记录、教学指导反思、教学总结，以及为教科研准备的教育文献摘要，参加校内外专业培训和教研活动的记录，撰写的研究论文等，必要时也可以采用学生座谈、家长问卷等方式，从而全面客观地了解教师的工作状况。

（二）专项能力评价方法

教师专项能力评价，是指对综合实践活动教师某方面专业技术能力的评价和考核，如活动设计能力、技术操作能力、教学实践能力，以及具有一定综合性特点的教学基本功的考评。其宗旨主要在于促进教师本人专业水平的提高。

教师专项能力评价的一般程序是先从基层选拔出综合实践活动的优秀教师，然后由所属区域范围内的教育行政联合教研部门组织竞赛，然后再对竞赛结果予以公示，最后根据参赛成绩给各优秀教师不同程度的奖励。教师专项能力的评价，不仅有利于促进教师本人的专业发展水平，教师间的学习与交流，而且评价的导向作用还有利于推动当地综合实践活动的进步与发展。目前在各地常见的具有一定级别的活动案例设计竞赛，教学观摩和说课大赛，以及教学基本功竞赛等都属于教师专项能力评价的常见形式。

（三）综合评价方法

综合实践活动教师的综合评价，一般由教育行政领导、教研部门和学校共同进行。此类评价适用于教师职称晋升、市（区）以上级别学科带头人和骨干教师的确认等。评价具有较强的甄别目的，必须审慎组织。此项评价多有上级主管部门的正式文件做指导，相应的标准也比较明确，各级领导和学校都要遵照执行。据近年的实施经验看，评价的基本内容和流程大体如下。

1. 教师自评

教师自评是自我导向性的，多由教师填写统一印制的相关申请表，简要说明本人近年来参与综合实践活动教学工作取得的成果（包括学生成绩、收获、教师的研究论文、创新实物和成果等）、主要经验、存在问题和努力方向，并向评委做简要的陈述报告，接受评委的询问。

2. 说课

参加评比的教师进行现场说课，说明活动设计的目标和要求、教学理念及达成情况，反思活动存在的问题，明确改进的方向，并回答评委的询问。

3. 理论与教学基本功测试

理论与教学基本功测试多用笔试，也可以用口试办法进行。其内容包括课程通识和心理学基础知识，重点是综合实践活动基本理念、教育功能、常用指导策略和研究性学习基本方法等。有条件的地方还可以根据课程内容，加试动手操作的项目和计算机操作技能的测试。

除了上述评价方法外，对教师的评价还可以参照以下方法。

1. 每一位教师在每个学年中至少要开设一个综合实践活动的研究主题，并且制订出活动方案，否则年终考核不予合格。

2. 教师评职称时经评聘小组表决，对于在综合实践活动中表现优秀的教师可以在评职称时享受加分待遇。对于在综合实践活动中表现积极、效果良好的教师，优先给予外出学习和交流的机会。

在综合评价的过程中，教育部门领导和教师之间常会进行面对面的交流，评价结果对教师的教育教学工作影响深刻。对评价结果的表述应反映对评价对象的人文关怀，既要充分反映对教师努力工作的肯定，又要恰如其分地指出不足之处，以质性分析为主，量化评定为辅，并鼓励他们迎难而上，争取新的成绩。

三、评价学校的方法

中学综合实践活动的学校评价，一般是指由教育行政或教研部门组织的对辖区内部分或全体学校的综合实践活动的开发和实施现状以及发展水平进行正规的、系统的检查和评价活动。它主要评价学校落实综合实践活动的状况，包括综合实践活动的课时安排、师资安排、课程资源的开发与利用、学校对综合实践活动实施的管理等方面。常用的评价方法有以下几种。

（一）学校自评

学校领导需要针对本学校开发和实施综合实践活动的实际情况，通过总结和反思做出真实的自我评价，撰写书面总结并负责向上级评价指导小组人员作口头报告。学校自评必须是真实的，重点是学校课程开发与实施的主要内容，取得的基本经验，存在的主要问题和今后的努力方向，请求上级评价指导小组和专家帮助诊断。

（二）学校之间互评

组织学校之间进行自我展示活动是对学校的综合实践活动开设情况进行表现性评价的重要方式。经常开展学校之间的经验交流与成果展示等活动，可促进不同学校在活动过程中比较、反思，取长补短，共同发展。

（三）教育行政部门评价

可以建立评价小组，通过听汇报、座谈、实地观察等方式，有计划地开展工作，根据相应资料对学校综合实践活动开设情况进行全面、综合评价并据此提出建议或意见。

经常性的自我评价和不定期的教育行政部门评价相结合的评价机制，可以充分调动学校领导和教师参与综合实践活动的积极性；还可采用召开表彰大会，表彰先进集体和个人以及进行一定的物质奖励等方法对学校进行评价。

综合实践活动是典型的三级共管的课程形态，不同地方、不同学校的课程开设情况迥然不同。对中学综合实践活动的评价没有一种放之四海而皆准的方法，其评价方法具有多元的特征，而且不是固定不变的，需要不断创新。

本章小结

综合实践活动评价是综合实践活动实践中的一个重要环节，依据一定的评价目标和评价原则对综合实践活动进行系统和全面的评价，一方面可以对活动目标是否达成做客观的测量与分析；另一方面能为后续的活动内容设置与活动方式选择提供一定的建议和意见。评价要讲究方法。每一种评价方法都有其特点和优势，同时也有其局限，所以在正确运用一种主要方法进行评价时，也要结合其他的评价方法，综合进行评价，以保证评价的客观性、合理性和全面性。掌握正确的评价方法，依据一定的评价指标体系对综合实践活动进行评价是综合实践活动取得良好效果的重要条件。

总结 >

Aa 关键术语

教师内在素质	教师职业行为	教育资源
teachers' inner quality	teachers' professional behavior	educational resources
师资队伍	文化氛围	评价指标体系
teaching staff	cultural atmosphere	evaluation system

章节链接

在该章中我们系统地提出了综合实践活动评价的目标、原则。	在本书第一章中，详细分析了中学综合实践活动的目标，并对整体目标和具体目标的关系进行了分析。
本章探讨并详细制定了中学综合实践活动评价的指标体系。	在本书第一章简要的陈述了综合实践活动的内容，这对本章综合实践活动指标体系以及内容的制定提供了借鉴。
本章指出中学综合实践活动的评价方法和策略。	在本书的第四章、第五章、第六章和第七章分别针对综合实践活动的不同内容对评价作了相关论述。

应用 >

批判性思考

综合实践活动评价固然能对学生学习效果的提高、教师专业化的发展以及学校制度的改进和完善起促进作用，但是在对评价主体进行评价的过程中却较少的考虑到评价所涉及的原则和理念等内容，而且存在着评价理论与评价实际相脱离的情况。学生学习效果的提高、教师专业化的发展以及学校的改进和完善不是正确有效使用综合实践活动评价这一个因素就能够实现的，它需要多方的共同努力，多种教育因素共同起作用。因此，要全面考虑影响学生、教师、学校这三个评价主体的因素，结合综合实践活动评价的原则和理念，制定具体的、可操作的评价目标，综合分析评价这些影响因素的方法等。综合实践活动评价的方法具有多样性，每种方法都有它的优点和局限性，在对评价主体进行评价时，不应简单选用某一种评价方法，而是要针对评价内容和评价目标综合使用多种评价方法，使多种方法优势互补，更好地达到评价目标。只有这样综合实践活动评价才能对学生学习效果的提高、教师专业化的发展以及学校的整体改进和完善起到促进作用。

✎ 体验练习

每年的3月12日是植树节。某班级在3月12日前，让学生分组搜集有关植树节的资料，进行小组分工。小组合作选出树苗，并量出树苗的高、直径等进行记录，利用双休日，完成种植工作，每周记录一次花木的生长情况，各小组每两周交流一次活动记录情况，并组织组内成员通过《日常活动记录评价表》开展活动自评、互评。

日常活动记录表

日期	我为小树、小花做了什么	小树、小花的变化	组内成员互评

请针对日常活动过程性评价，参照日常活动记录表，设计一份植树节活动评价表。

🔍 案例研究

综合实践活动课程作为一门经验性课程，其评价应与教师的指导、学生的活动融合为一个整体。目前，在综合实践活动评价中，出现过分强调过程评价，忽略结果评价和学生解决问题基本能力的评价。导致综合实践活动过程中过分偏重过程体验，而对学生发展实际程度关注不够。如通过活动实施学生究竟在"问题解决的基本方法"方面获得了哪些发展，缺乏具体的评价指标。从而导致教师和学生在活动实施过程中对方法的落实和具体实施关注不够，表现在大量的初中生不知道如何设计一份简要的调查问卷、如何进行访谈等方面。最终容易导致综合实践活动课程的实施流于形式、成效低，学生逐渐丧失对探索活动的兴趣与信心。

（1）上述现象反映了综合实践活动课程实施中存在着怎样的问题？

（2）你认为在综合实践活动课程评价中指导教师应如何做到关注过程，兼顾结果？

📔 教学一线纪事 ‖‖‖

我是如何进行课程评价的?

山东烟台教师岳爱红在多年的教学实践中,总结了自己在综合实践活动课程开展中常用的一些评价方法。

学生互评。学生互评中要淡化等级和分数,淡化学生之间的相互比较,强调对"实践过程"的描述和体察,如同伴的学习态度;合作精神探究能力;社会实践、交往能力;收集、处理信息的能力设计与操作技能等。强调关注同伴的优点和长处,如果要让学生的注意力集中在给对方打分数或划分等级,这样不但无助于学生向他人学习,还往往会造成同学之间互不服气,只关注对方的缺点和不足,评价就变成互相"挑错"和"指责"。要利用评价的激励功能和促进功能,引导学生学会关注自己、学会欣赏他人。效果:虽然可能比较片面,但比较有说服力。理由"当局者迷,旁观者清"。学生在活动过程中可能并不知自己的表现是好是坏,但如果以旁观者的眼光去看同学的表现,可能就会清醒许多,因为自己也是活动中的一员,学生还会设身处地地去想,从而反省自己的活动行为,有所受益是肯定的。

阶段测评。我主要设计"阶段学生成绩评价表",每学期每生一份,由教师具体指导操作。阶段学习成绩评价我主要分为课内和课外,采用自评与互评的形式进行。以学生的掌握情况为单位划分阶段,确定研究课题和研究重点,设计专项测定内容,各项采用多种形式进行测评,根据测评情况评定等级。

在具体操作中,"档案袋评定"与"学生互评""自我反思评价"方法我觉得是非常有效的评价方法。但在运用这些方法时要注意用文字说明学生活动令人满意或需要改进的地方。教师要每个学生建立自己的综合实践活动档案,以便使学生深入地了解和肯定自己的能力,并能与其他人分享自我探索的体会以及进步的喜悦。在具体的操作过程中要注意一些细节问题,比如成长记录袋需要放进一些什么东西,怎么样设计一些小栏目和表格。如何进行展示,如何让家长也积极参与进来,让他们的评价点燃孩子内心深处求知上进的明灯,还有就是如何保证成长袋里的内容能符合孩子的兴趣,不至于半途而废等。

在活动最后,我认为还应有一个家长评价。许多综合实践活动不是在校园内实施的,外出调查的活动,我们发动家长陪同,一个班有五六个组,每个组有八九个人,小组分头进行调查,老师不可能一一跟从,为了保证学生的安全,家长是学生校外活动最好的人选,在这一过程中,家长目睹了学生调查的全过程，感受到了孩子的变化，在这一环节中，家长的评价无疑是最具有说服力的。有了家长的评价，可以使学生感受到亲人的关注关心，更能激起学生的活动积极性。通过对以往所采用的评价方法的梳理和反思，结合对这个专题的学习，感觉还是有收获的。我想只要是能够促进学生的实践能力和主动学习探究能力的评价方法，就是我们综合实践活动所需要的发展性评价。

案例来源：岳爱红文章"我是如何进行课程评价的"

拓展 >

☕ 补充读物 ||||||||||||||||||||||||||||||||||||||||||||||||||||||||||||||||||||||||||||||||||||||

1　田慧生．综合实践活动课程实施中的问题与策略．北京：教育科学出版社，2007

　　本书以解决综合实践活动课程实施中的现实问题为宗旨，将理论阐述和案例剖析结合起来，对当前综合实践活动课程实施中的一系列现实问题做了较为系统地回答。

2　郭元祥．综合实践活动课程的理念．北京：高等教育出版社，2003

　　本书以论述综合实践活动的理念为主，既渗透着作者的独到见解又充分吸收并展示了最新的研究成果；既有理论阐述，又结合实践案例进行说明，边述边评边讲是本书的一大特色。

3　廖先亮．综合实践活动课程案例：7~12年级．武汉：武汉大学出版社，2003

　　本书是向国家级和省级课程改革实验区的实验教师征集的，书中的案例主题内容涉及学生的学习生活和社会生活的各个层面，主题鲜明，内容丰富，有很强的参考价值和可操作性。

4　《综合实践活动实施指南》编委会．综合实践活动实施指南——案例点评与分析．北京：人民教育出版社，2003

　　本书从多种角度来指导帮助教师了解和熟悉综合实践活动这门课程的有关问题，主要从介绍关于综合实践活动课程中案例的角度，使老师们了解和熟悉综合实践活动的理念和操作方法。

5　熊梅．综合实践活动开发与设计．北京：高等教育出版社，2006

　　《综合实践活动开发与设计》一书分为理论与实践两部分，围绕着综合实践活动开发的理论基础、培养目标、内容体系、实施策略、校本管理、评价方式等展开讨论，理论结合实际，案例启迪反思，旨在为全国中小学开展综合实践活动提供借鉴与支持。

🖥 在线学习资源

　　1．综合实践活动平台 http://ipac.cersp.com

　　2．教育部中小学综合实践活动服务平台 http://www.chinazhsj.com/

第九章

中学综合实践活动
存在的问题与反思

本章概述

　　本章主要探讨中学综合实践活动的实施现状、中学综合实践活动实施中存在的问题，以及中学综合实践活动深化发展的策略。关于中学综合实践活动的实施现状，主要从课程实施者的理解与态度、师资条件、实际开设状况和实施效果四个方面展开分析；实施中存在的问题主要从价值取向、规章制度、具体实施、内容组织与评价管理等维度进行分析；关于中学综合实践活动的深化发展策略，则主要从理论建设、价值取向、规章制度、课程本体、参与人员五个方面具体论述。

结构图

ⓐ	ⓑ	ⓒ	ⓓ
课程实施者的理解与态度	学校开设综合实践活动的师资条件	综合实践活动的实际开设状况	综合实践活动的实施效果

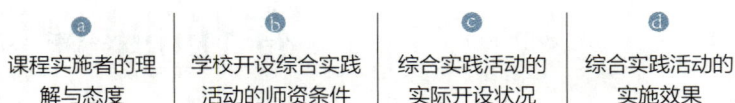

中学综合实践活动的实施现状

1

中学综合实践活动存在的问题与反思

2 中学综合实践活动开设中存在的问题

3 中学综合实践活动的深化发展策略

ⓐ	ⓑ
不同主体的综合实践活动价值取向存在错位	政策规章及相关机制不够系统配套
ⓒ	ⓓ
各层次综合实践活动实施的孤立零散	综合实践活动内容的机械分割
ⓔ	ⓕ
综合实践活动评价的顾此失彼	相关人员缺乏交流沟通

ⓐ	ⓑ
理论建设层面：加强本土化的深入研究	价值取向层面：学校课程一体化视角下的价值选择
ⓒ	ⓓ
规章制度层面：制定系统的保障制度体系	课程本体层面：统一设计课程的要素和结构
ⓔ	
参与人员层面：协调整合各方人员形成合力	

学习目标

学习完本章，你应该能够做的：

1. 掌握中学综合实践活动的实施现状；

2. 了解中学综合实践活动开设中存在的问题；

3. 系统分析中学综合实践活动如何深化发展。

读前反思

中学综合实践活动在我国开设已经有十三年的历程，在这期间，国家颁布了一系列政策文件，各地区和学校也采取了不同的措施推动中学综合实践活动的规范开设与有效实施。在阅读本章之前，请仔细回顾一下你对中学开设综合实践活动的客观了解和主观感受，你对当前的中学综合实践活动有什么看法？

➢ 学校开设了综合实践活动吗？是以什么样的内容和形式开设的？

➢ 你认为当前的中学综合实践活动开设的好吗？如果让你选择，你愿意做综合实践活动的教师吗？为什么？

➢ 如果你是中学校长，针对当前综合实践活动的实际情况，你会怎么做？

自2001年国家颁布《基础教育课程改革纲要（试行）》，规定小学至高中的课程体系中新设综合实践活动，并将其作为必修课程以来，综合实践活动在中学的开设和实施已经走过了十三个年头。在这一历程中，全国各地中学围绕综合实践活动进行了多方面的理论研究和实践探索，基本明确了综合实践活动的开设理念，在课程内容、类型、实施方式等的设计和实施方面也积累了一定的经验，一些优秀的学校还形成了比较成熟的综合实践活动开设模式。但在逐渐充实的文本资料和丰富热闹的活动背后，我们也真切地感受到学校管理者和教师们的辛苦、困惑与无奈，学生的发展也与十余年前的期望目标还有较大的差距。立足当下，了解综合实践活动存在的现状，发现和分析综合实践活动从设置到实施过程中存在的问题并积极寻求解决办法是推动中学综合实践活动有效发展的基本路径。

第一节
中学综合实践活动的实施现状

🎯 **学习目标**

当前我国中学综合实践活动的实施情况如何？

综合实践活动在我国中小学开设至今，从各级管理者，到学校广大教师，再到学生，大家对综合实践活动这一概念已经不再陌生，甚至相当熟悉。然而，回顾教育史上的课程发展，不论是一类课程，还是某一门课程，从其提出到相对完善，往往要经历数十年，甚至上百年的积累、调整、修正的历程。综合实践活动，作为我国中小学的一种新型课程，即使已经有了十三年的实践历程，也仍然处于发展的起步时期。在这一时期，全面客观地考察和了解综合实践活动的实践状况，是推动综合实践活动优化发展的前提。结合实际，对我国中学综合实践活动开设与实施现状的考察，可以从四个主要方面进行。

一、课程实施者的理解与态度

随着课程理论研究的深入和课程实践经验的不断丰富，人们对课程实施过程的认识越来越全面系统和深刻。以往那种认为"只要课程变革计划完善就可以自然地在实施过程中达到预期结果"的假设逐渐被放弃，人们越来越意识到，要实施一项课程改革，改革参与者的基本理念、对课程的理解和态度在很大程度上影响着课程实施的效果。正因为此，了解课程实施者对一类课程的性质、价值的基本理解和认同程度，可以在一定程度上预见该类课程的实施情况。

🔊 教育家语录

学校的主要掌权者和课程参与者必须接受和努力实现该层面的变革。如果教师们不调整他们的基本价值观，任何变革都长久不了。

——麦克尼尔

经过十余年的理论研究和实践探索，以学校管理人员和一线教师为主的广大课程实施者，对综合实践活动基本都形成了自己的理解。这些理解中有一部分是共识，同时也有很多不一致。在学校制定的关于综合实践活动的文件中，关于综合实践活动性质与价值的认识基本都与国家相关政策文件内容一致，都能认识到，"综合实践活动是一门国家规定的必修课程。综合实践活动对丰富学生的经验，形成对自然、对社会、对自我的整体认识，发展创新精神、实践能力，以及良好的个性品质，都具有重要意义"。[1]

但在不同课程实施者之间，对综合实践活动性质与价值的认识存在差异。有调查显示，59.3%的教师认为综合实践活动是国家规定的必修课，所有的学生都应该参加，也有不少教师认为综合实践活动是一门选修课，学生可以选择参与。[2]有的教师认为综合实践活动是不同于以往学校课程的新型课程类型，也有教师把综合实践活动等同于过去的课外活动、第二课堂等。86.9%的教师认为有必要开设综合实践活动，65.8%的校长认为开设综合实践活动是基于其能促进学生综合素质的提高，但也有53.6%的学校开设综合实践活动主要是为了执行上级主管部门的行政命令。[3]

认识不等于认同，认同不等于行动。课程实施者对综合实践活动的认同是以其对综合实践活动性质与价值的认识为基础的。因为认识不同，课程实施者对综合实践活动的认同程度也不同，而且，因为具体的课程开设环境和条件不同，在同样认同情况下，课程实施者的具体行为倾向也存在差异。实践调研发现，当前大部分课程实施者认同综合实践活动具有较高的育人价值，应该在学校有效开设，但也有相当一部分课程实施者认为，综合实践活动

1 　郭元祥. 当前综合实践活动课程的现状与问题. 基础教育课程，2006（8）：4～7
2 　冯新瑞，王薇. 我国综合实践活动课程实施现状调研报告. 课程·教材·教法，2009（1）：16～21
3 　冯新瑞，王薇. 我国综合实践活动课程实施现状调研报告. 课程·教材·教法，2009（1）：16～21

"听了让人感动，看了让人激动，做起来实难行动[1]"。有的教师甚至说，"我宁愿上10节语文课，也不愿上1节综合实践活动课[2]"。

　　整体来看，课程实施者对综合实践活动性质与价值的认识与认同都存在差异。大部分课程实施者认为综合实践活动具有独特的育人价值，应该开设，也有部分实施者对综合实践活动的价值及其开设持怀疑态度，甚至完全不认同。

二、学校开设综合实践活动的师资条件

　　师资水平在很大程度上影响着课程实施的效果和水平。我国教师教育体制中尚无针对综合实践活动的师资培养机制，目前的综合实践活动教师，有的从学校管理岗位上转来，有的从其他学科教学岗位上转来，有的专门从事综合实践活动教学工作，有的兼做学校其他教学或管理工作，教师之间的教学水平也存在较大差异。

　　据调查，在目前综合实践活动教师队伍的构成方面，有15.6%的教师为专职教师，84.4%为兼职教师。在专兼职教师的学校分布方面，有63.3%的学校组建了专兼职相结合的教师队伍，29.1%的学校全部是兼职教师，也有个别学校全部是专职教师。[3]专职教师一般每个人要负责指导多个班级，甚至多年级的综合实践活动。

　　综合实践活动教师的教学能力也参差不齐。因为职前缺少针对综合实践活动的专业性培养，在职期间各层次管理部门也较少组织综合实践活动教师进行专门培训，一部分综合实践活动教师对综合实践活动的课程性质认识不清，自我角色定位模糊，教师的自我效能感低。尤其是在一些农村地区，在综合实践活动教师队伍中，有71%的教师认为该课程是"副科"，在学校中没有地位；有65%的教师认为，该课程的实施目标难以把握，内容难以确定，又没有合适的教材，感觉无从下手；还有部分教师知识面比较狭窄，缺乏课程指导所需要的基本素养和能力，对该课程的指导感觉力不从心。[4]当然，也有少部分教师在综合实践活动指导工作中得心应手，完全胜任工作。

三、综合实践活动的实际开设状况

　　综合实践活动因其课程性质和特点，在实施方面需要更多的人、财、物的资源支持。受不同地区经济发展水平和学校综合条件的制约，综合实践活动的实际开设情况具有较大的地

1　郑向荣. 综合实践活动课程常态实施的思考. 课程·教材·教法，2009（9）：22～26
2　邹开煌. 试谈"常态化"综合实践活动课程实施的基本策略. 网络科技时代，2005（9）：4～7
3　邹开煌. 试谈"常态化"综合实践活动课程实施的基本策略. 网络科技时代，2005（9）：4～7
4　殷世东. 农村中学综合实践活动课程社会支持体系的建构. 课程·教材·教法，2007（8）：14～19

区和校际差异。而且，在同一学校的不同年级之间，因为学习任务和目标的不同，综合实践活动的具体开设情况也不同。

整体来看，大多数中学都能够按照国家规定在各年级开设综合实践活动。据调查，有98.3%的学校已经开设了综合实践活动，但综合实践活动的课时安排存在较大差异。其中有54.7%的学校每周3课时，达到了教育部的要求。[1]有少数学校因为担心综合实践活动的开设影响中考成绩，只在初中一、二年级开设。有些学校不同程度地压缩综合实践活动的课时数，而在现有的课时中，一些学校存在着把综合实践活动时间改上其他课程的现象。还有少数学校综合实践活动没有固定的课时数，课程开设比较随意。

在开设方式方面，因为综合实践活动涉及的内容领域较多，受领导认识、师资条件等影响，不同学校采用了不同的处理方式。据调查，有65.8%的学校把国家规定的研究型学习、劳动与技术教育、信息技术教育、社区服务与社会实践四个领域整合在一起开设，也有不少学校对这四个领域分开单独开设，还有相当一部分学校从四个领域中选择了一个或多个开设。有21.5%的学校未开设"研究性学习"与"社区服务与社会实践"两个指定领域。[2]

四、综合实践活动的实施效果

经过十余年的实践，综合实践活动的开设给学校、教师和学生都带来了不同程度的影响和变化。

从实施效果来看，超过半数的学生（56.5%）喜欢这门课程，很多学生认为综合实践活动提高了他们的学习兴趣，教师认为综合实践活动增强了学生的合作意识和实践能力。同时，从校长到教师普遍认为，指导综合实践活动对教师的专业成长有所帮助，甚至帮助很大，综合实践活动的开设对学科教学有促进作用。大部分校长认为，综合实践活动提高了学生的综合素质，也促进了学校的特色建设和校园文化建设。[3]

当然，受特殊社会背景的影响，部分学校从校长，到教师，再到学生，都把考上大学作为唯一的目的。他们虽然认为综合实践活动对学生发展有价值，学生也感兴趣，但同时也认为综合实践活动升学不考，浪费时间，因而不愿投入过多的精力。在这些学校中，综合实践活动的开设主要是为了应付上级检查，实际实施效果并不明显。

总之，就我国当前的综合实践活动开设情况来看，不论是从开设的规范性还是实际效果方面都取得了初步成效，但由于认识观念不统一、相关制度不完善、开设条件有限等原因，也造成了开设中依然存在诸多问题。

第二节
中学综合实践活动开设中存在的问题

学习目标

了解中学综合实践活
动开设中存在的主要
问题。

自综合实践活动在我国中小学开设以来，关于其开设与实施中存在的问题就不断受到人们的关注和思考。有人从课程执行系统和实施中的操作技术两方面进行论述，[1]有人从课程理论与制度层面进行分析，[2]也有人从综合实践活动的管理、教学、评价等方面进行探讨[3]。纵观已有对综合实践活动存在问题的陈述，有的是从我国综合实践活动实践中总结提炼的，有的是与国外的做法相比较产生的，虽各有道理，但总有种松散、琐碎，难分轻重缓急和真假优劣的感觉，这些分析论述对实践的改进作用也比较有限。究其原因，一方面是综合实践活动作为我国中小学课程体系中的新鲜事物，无直接的成熟经验和既定标准可以借鉴和参考；另一方面是国外的经验做法难以直接在我国的本土情境中套用。

那么，作为中小学课程体系中的新鲜事物的综合实践活动，是否就找不到合适的比照标准和参考依据了呢？答案是否定的。为一个事物寻找参照系，一般有两种方法，一种是从历时性的时间先后上进行比照；另一种是从共时性的并列对象中进行比照。从历时性来看，我国缺乏在中小学设置综合实践活动的先有案例，但作为中小学校的必修课程，我国有着丰富的学科课程设置与实施的经验；从共时性来看，现在中小学课程体系包含学科课程和综合实践活动两大并列的课程类型，二者可以互为参照。虽然综合实践活动与学科课程在性质、特点、内容、实施、评价等方面各不相同，但作为在相同国情、社会背景和教育教学条件下的中小学必修课程，其设置和实施的内外在条件仍然具有很大的共性，学科课程设置与实施的成功经验可以为综合实践活动的设置与实施提供直接参考。

学科课程是课程历史上最古老、使用范围最广的课程类型。发展至今天，不仅关于学科课程自身的价值功能、性质特点、内容选择与组织、实施途径、评价策略等为人们所熟知并认可，同时也形成了一个多环节环环相扣、多要素密切配合、多层次彼此呼应的运作与发展系统。在我国，受漫长的集权制传统影响，学校学科课程运作与发展的目的性更强，针对不同环节或要素需求而制定的规章、建立的机制、采取的措施等纵横交织，构成一个完整的运作系统。也正是在这一完整系统的保障下，学科课程才得以有效运作和顺利发展。

"在物质世界的普遍联系中，任何事物都是作为系统而存在的，因此，把握了系统关系

1　郭元祥，姜平．当前综合实践活动课程的现状与问题．基础教育课程，2006（8）：4～7
2　曾茂林．创建富有中国特色的课程实施理论与制度．教育理论与实践，2012（11）：42～45
3　李莎，李芒．对我国综合实践活动课程实施现状的反思．课程·教材·教法，2004（9）：11～15

的规律，也就把握了事物的本质。"[1]以系统完整的学科课程做参照，我国中小学校的综合实践活动，最根本的问题就是没有系统性可言，这也直接导致了综合实践活动在实践中的碎片化问题。如从对综合实践活动价值的定位上看，课程学者更多从学理逻辑出发追求完美理想，而课程实践者主要从事实逻辑出发看重短期功利；国家只提出学校开设综合实践活动的要求，却没有配套的对综合实践活动的性质、形态的具体说明，也没有对综合实践活动实施效果的评价指标和监测体系；国家要求学校和教师自主开发和实施综合实践活动，但国家却没有专门培养综合实践活动教师的机制；综合实践活动需要学生走出校园，利用各种社会社区资源进行学习，但大多数社会社区机构和人员并没有配合和服务学校教育的氛围和意识……总之，当前我国中小学的综合实践活动，从制度、资源等外在条件，到课程设计、开发、实施和评价的内在运作，在不同层次、不同环节、不同要素之间都存在着缺少系统意识和整体规划，导致具体实践中的盲目、零散、重复、冲突、低效等问题。要解决这些问题，不能仅在微观实践层面上就事论事，更重要的是用系统的眼光，从宏观上把握综合实践活动存在的根本问题，进而寻找构建综合实践活动完整系统的途径与机制。

一、不同主体的综合实践活动价值取向存在错位

价值取向总是体现价值主体的主动选择。主体不同，对同一事物或活动的价值选择不同，他们所持的价值取向也就不同。对于综合实践活动，不同主体也持有不同的价值取向，这种价值取向的差异尤其体现在理论研究主体和实践主体之间。

（一）理论研究者学理逻辑中的综合实践活动价值

作为综合实践活动的一个重要命题，理论研究者对综合实践活动的价值问题做过专门的论述。有学者从英国科学哲学家吉本斯的"知识生产模式理论"出发，认为综合实践活动的价值是智慧统整和知识统整。[2]因为，人们的一切认识与表达活动，都是在感性和表象等的"艺术智慧"能力与知性、概念等的"科学智慧"能力的相互影响之中加深认识的，也是在以间接经验为主的"学科知识"和以直接经验为主的"生活知识"的相互作用中提升理解和应用的。有学者借鉴胡塞尔、维特根斯坦、哈贝马斯等的生活世界理论，从回归生活世界的哲学思考出发，认为综合实践活动的根本价值是回归生活。[3]学校课程也应该直面真实的生活情境，倡导在真实情境问题的解决中进行知识的综合学习和综合应用。也有学者从教育的本质、人的存在形态与生活方式的维度分析综合实践活动对人的重要价值和意义，提出返回

1　陈朝宗. 关系哲学的基本规律和范畴. 理论学习月刊，1995（2）：33～35
2　钟启泉. 综合实践活动：涵义、价值及其误区. 教育研究，2002（6）：42～48
3　张华，仲建维. 综合实践活动课程：价值分析和实践透视. 当代教育科学，2005（12）：3～6

本真的生活世界，把人置于他实际生存的世界之中，去体验、反省、批判、创造，人的主体地位才得以体现，人才能找到自己的位置，人才可能建构起可能生活的图式，这是教育的本质所规定的。由此，综合实践活动的价值主要在于关注学生的生存方式，满足学生成长的需要和社会发展的需要；转变学生的学习方式，发展终身学习的愿望，创新精神和综合实践能力；面向学生的生活世界，密切学生与生活、学生与社会的联系。[1]

从以上分析可以看出，专家关于综合实践活动价值的演绎推理，呈现的是一种学理逻辑下的综合实践活动的理想状态。学理逻辑是脱离了现实情境复杂性的思维方式，它可以用清晰的推理脉络来揭示抽象概念之间的纯粹的关系。然而，这种在学理上流畅自然的推理，在实践中却往往因为千头万绪的制约因素而举步维艰。

（二）一线实践者事实逻辑中的综合实践活动价值

作为一线实践者的中小学校管理人员和教师，对综合实践活动价值的评判，主要从实践需求的实用主义立场出发，按照事实逻辑，判定和选择综合实践活动的价值。具体来看，实践者对综合实践活动价值的选择主要体现在两个方面。

第一，综合实践活动应有助于学生的发展。这种发展，不是专家语境中远离现实的哲学意义上的发展，而是在当前社会背景下和现实生活中学生可能获得的发展。这种发展的内涵，往往找不到专业的论证，它以不证自明的方式存在于特定区域内的社会群体的意识和文化中，不是一种理念上的理想终极状态，而是现有条件下的最佳状态，而且会随着学生发展的具体情况和社会环境的改变而不断动态调整，如当前在观念上积极提倡素质教育，同时在现实中又不得不承认学生之间巨大竞争压力的情况下，实践者多会想尽办法帮助自己的学生在当下的竞争中取得优势地位。这时，能否帮助学生取得竞争胜利是他们评判课程价值的最核心标准。

第二，综合实践活动应有助于实际工作的开展。我国教育系统的管理具有和其他社会管理领域一样的科层制特点，森严的等级性一方面使上层的管理者对下层实践者的工作状态知之甚少；另一方面处于等级最底层的实践者又必须按照各级上层部门所提出的各类要求开展工作。不符合要求者，不仅在短时间内影响学校的评优评奖，甚至会在长远上阻碍实践者个人的事业发展。在此背景下，国家要求开设的综合实践活动，即使在学校层面不能有效促进学生的发展，只要它有利于学校和个人的实际工作开展，就仍然会被认可和落实。而这时，实践者往往遵循经济原则，以最少的资源投入做足表面文章。这虽然会造成资源的浪费，但在当前的管理和评价机制下，实践者的行为既可以被理解，也无可厚非。

可见，实践者的价值选择，并不遵循严谨的科学逻辑进行推理，而是从复杂的实践事实

1　郭元祥. 综合实践活动课程设计与实施. 北京：首都师范大学出版社，2001：35

入手，遵循事实逻辑，根据实践发展和实际问题解决的需要进行取舍，重点关注的不是长远的理想，而是当下的事实本身。

分析学理逻辑与事实逻辑下关于综合实践活动价值的不同定位，可以发现专家从学理维度做出的价值选择，看似纯粹完美，但更像是一种理想描绘，在实践中很容易"水土不服"。与此相反，实践者从事实维度做出的价值选择，可以对具体实践问题自如应对，但因为缺少理想仰望，缺乏长远的科学规划，难免沾染功利气息。而这两种价值取向的错位，在很大程度上造成了我国综合实践活动中的诸多冲突、矛盾和混乱。

二、政策规章及相关机制不够系统配套

虽然在近二十年来，我国的课程管理制度一直进行着从集权到分权的改革，但从整体上看，较大规模的实践改革无不遵循着自上而下的推进路径。国家首先制定相关的政策规章和管理制度，是有效推动课程改革的重要条件。我国综合实践活动在中学的开设，也是在各级管理部门相关政策规章的推动下逐步落实的。

一般认为，综合实践活动在我国中小学课程体系中的正式确立是以2001年6月国家教育部颁布《基础教育课程改革纲要（试行）》为标志。其实，在这之前，2000年1月教育部印发的《全日制普通高级中学课程计划（试验修订稿）》中提出：普通高中必修课设有思想政治、语文、数学、外语（英语、俄语、日语等语种）、物理、化学、生物、历史、地理、信息技术、体育和保健、艺术以及综合实践活动；并在课程设置说明中指出：综合实践活动是国家规定的必修课，包括研究性学习、劳动技术教育、社区服务、社会实践四部分内容。开设综合实践活动旨在让学生联系社会实际，通过亲身体验进行学习，积累和丰富直接经验，培养创新精神、实践能力和终身学习的能力。学校要从实际出发，具体安排、确定综合实践活动各部分内容和组织形式。

2001年6月国家教育部颁布《基础教育课程改革纲要（试行）》，进一步把综合实践活动的设置范围扩展到整个基础教育阶段，并指出：从小学至高中设置综合实践活动并作为必修课程，其内容主要包括：信息技术教育、研究性学习、社区服务与社会实践以及劳动与技术教育。强调学生通过实践，增强探究和创新意识，学习科学研究的方法，发展综合运用知识的能力。增进学校与社会的密切联系，培养学生的社会责任感。在课程的实施过程中，加强信息技术教育，培养学生利用信息技术的意识和能力。了解必要的通用技术和职业分工，形成初步技术能力。

同年11月，教育部印发《义务教育课程设置实验方案》，要求：增设综合实践活动，内容主要包括：信息技术教育、研究性学习、社区服务与社会实践以及劳动与技术教育等。使学生通过亲身实践，发展收集与处理信息的能力、综合运用知识解决问题的能力以及交流与

合作的能力，增强社会责任感，并逐步形成创新精神与实践能力。2002年4月，教育部印发《全日制普通高级中学课程计划》，保留了2000年印发的《全日制普通高级中学课程计划（试验修订稿）》中关于综合实践活动的内容，并对综合实践活动的四个主要领域的性质和课时安排做出了规定。2003年3月，教育部《普通高中课程方案（实验）》指出：高中课程设置了语言与文学、数学、人文与社会、科学、技术、艺术、体育与健康和综合实践活动八个学习领域。其中综合实践活动领域包括研究性学习、社区服务、社会实践三个主要科目，各自的学分分别为15、2、6。

自此至今，教育部没有专门发布过其他关于综合实践活动的政策性文件。在此期间，一些省市为了更好地贯彻国家政策，切实落实综合实践活动，制定了诸如《山东省普通高中综合实践活动课程教学指导意见（试行）》《福建省普通高中新课程综合实践活动实施指导意见（试行）》《广东省九年义务教育综合实践活动课程实施指导意见》等指导性文件。一些课程学者也在专题研究的基础上，编制了《综合实践活动指导纲要（试行）·总则》《国家九年义务教育课程综合实践活动指导纲要（3-6年级）》和《国家九年义务教育课程综合实践活动指导纲要（7-9年级）》。

纵观已有的关于综合实践活动的政策文件，有几个主要特点。第一，现有的国家政策文件数量较少，其中关于综合实践活动的内容也比较简单、笼统。第二，各省市分别制定的关于综合实践活动的指导性文件，内容、结构各不相同，缺乏统一的规范性。第三，个体学者研究编制的综合实践活动指导纲要，虽然比较全面细致，但不具备国家政策文件的指令性，权威性不足，指导实践比较乏力。

目前来看，我国关于综合实践活动的相关规定和要求，以及与本课程的建设和实施有关的政策制度，还非常有限。国家层面仅有《基础教育课程改革纲要（试行）》和《义务教育课程设置实验方案》用几段简要文字对综合实践活动的开设提出总括性的要求，颁布的相关课程计划中，也只是简要规定综合实践活动几个领域的内容及其课时。地方层面的相关制度也非常欠缺，部分省份出台了本省关于综合实践活动的"教学指导意见"或"实施指导意见"，正如标题所示，只是就综合实践活动本身的实施问题提出指导意见，并没有对教师与学生评价、课程管理与实施规范等制定具有法律效力的规章制度和奖惩措施。相比于诸如《义务教育各学科课程标准》《中小学教材编写审定管理暂行办法》《普及义务教育评估验收暂行办法》等学科课程的一系列规章制度和各级教研室的学科人员配备，学科教师职前职后的培养与进修机制，以及规范统一的考试评价机制等多层次多方面配套的学科课程政策规章与明确机制，综合实践活动基本处于毫无支撑、徒手起步阶段。在这种情况下，各个地区和学校也只能根据自己的理解和需求，零散地制定些实施措施，但由于权威性低、应用范围小且是暂时性的，难以有效发挥推动中小学综合实践活动深化发展的作用。

三、各层次综合实践活动实施的孤立零散

受综合实践活动自身的活动性、情境性等基本特征的限制，无论在哪个实施层面，都很难对综合实践活动的实施目标、内容、方式、评价等做细致统一的规划和要求。正因为此，从国家，到地方，再到学校的老师，对综合实践活动的实际实施都具有突出的独立性和自主性特点。而作为国家统一要求开设的学校必修课程，这种实施中的"独立自主"也导致了严重的孤立零散的问题。

首先在地方和学校层面，综合实践活动虽然由国家统一要求中小学进行开设，但具体内容和形式由各地方、学校依据自身特点和条件自主开发。这样，综合实践活动就具有了较强的地方课程和校本课程特点。正因为此，各地方、学校之间的综合实践活动，不论是在内容、类型、实施方式还是评价等方面，都难以统一要求和进行相互之间的比较，彼此的经验借鉴也较少。这在很大程度上造成了地区、学校之间在开设综合实践活动方面的各自为政，孤立零散。

其次在学校内部的课程开设与实施层面，综合实践活动存在分工包干式的零散实施现象。大部分学校缺少长期、连贯、系统的整体规划，只简单地把综合实践活动的任务分配到具体教师，然后由教师个体自发组织和实施课程，或者各年级、各班级自行安排活动计划，这使得学校中不同年级的综合实践活动在具体目标、内容、类型、实施方式、评价之间也缺乏相互照应和一致性，整个学校的综合实践活动缺乏整体性、全面性和衔接性。这种情况一方面造成了课程组织实施的盲目性和随意性；另一方面也容易使课程内容和实施方式脱离学生身心发展的顺序和知识内在的逻辑顺序，影响课程的实施效果。

再者在学校内部的管理层面，不论是综合实践活动的课时及活动空间管理，还是学生活动过程的主题管理、档案管理、活动程序管理、活动结果管理、活动小组的管理，以及指导教师的培养和管理等方面，都缺少有效的系统支持和保障。把课程开发和实施的任务分派到具体的教师个体，使课程的开设与实施在很大程度上由教师的个人能力、责任心及他所拥有的社会资源等决定，会进一步导致不同教师的综合实践活动课程效果存在较大的质量差异。

四、综合实践活动内容的机械分割

2001年的《基础教育课程改革纲要（试行）》规定，从小学至高中设置综合实践活动并作为必修课程，其内容主要包括：信息技术教育、研究性学习、社区服务与社会实践以及劳动与技术教育。于是，很多地方和学校把综合实践活动分为信息技术教育、研究性学习、社区服务与社会实践和劳动与技术教育四门课程分别进行开设。几乎每所学校都宣称学校开的学科性的"信息技术教育"课程就是综合实践活动的一部分。而关于研究性学习的内容，也

在实践中演变成部分学科课程的拓展。这种对内容的机械分割造成了课程内容和实施方式的学科化倾向，混淆了综合实践活动与学科课程的区别，在实践中削弱了综合实践活动独特的教育功能。

综合实践活动以推进学生与自我、社会和自然之内在联系的整体认识与情感体验，谋求自我、社会与自然之间的和谐发展为基本理念，提倡学生自主参与的实践性学习。在其实践学习过程中，根据具体实践内容的不同，学生可能要进行研究性学习，社会实践活动，接受一定的劳动与技术教育，也可能应用到信息技术，但就一项活动而言，这些内容并不是必要的，而是根据实际情况灵活地选择和组织。如信息技术教育在综合实践活动中是经常作为工具或技术手段在活动过程中穿插进行的，在一些经济发达的地区和学校，信息技术已经相当普及，这时就不一定要作为专项内容进行专门传授。而研究性学习强调的是学生的学习方式，也主要是通过结合具体的实践活动内容来体现，并不必要为学生开设专门的课程来传授学习方式。可见，综合实践活动四个领域的划分并不是就活动内容而言的，而是就学生发展的不同方面而言的。因为综合实践活动本身的综合特点，每一项活动都可能同时使学生接受多方面的教育，获得多方面的发展，如果人为割裂这些有机联系和相互辅助的活动，只会弱化综合实践活动的整体育人功能。

五、综合实践活动评价的顾此失彼

《基础教育课程改革纲要（试行）》在规定中小学设置综合实践活动的同时，也提出了增强学生探究和创新意识，学习科学研究的方法，发展综合运用知识的能力，培养学生的社会责任感，培养学生利用信息技术的意识和能力，形成初步技术能力等方面的要求。这些要求不同于学科课程中的知识和技能掌握，其衡量和评价需要借助活动过程而进行，这就需要新的评价理念与评价方式。于是在综合实践活动的评价中，人们反对通过量化手段对学生进行分等划类的评价方式，强调发展性、整体性、多元性和全程性评价，对学生的评价要注重过程，尊重多元和注意反思。然而，从传统的量化为主的评价方式转变为全新的评价方式并不容易，在综合实践活动的评价中，不同程度地出现了从一个极端转变到另一个极端的顾此失彼的现象。

首先是对学生的评价方面，把学习的过程与结果机械分割。由于综合实践活动强调过程和体验，很多学校在学生发展评价中，过分强调过程评价，忽略活动结果评价和学生对问题解决基本能力的评价，过分地偏重过程体验，而对学生发展的实际程度关注不够。对学生获得的具体发展情况，缺乏具体的评价指标和有效可行的评价方法。

其次是对教师的评价方面，注重量化的外在结果，忽视实际能力和态度。虽然很多文本文件中都强调对教师的工作态度的评价和教师对活动的规划、组织、管理、指导及与其他教师协同工作等方面能力的评价，但因为态度本身的主观性和内隐性，往往很难真正落实这类评价。对教师其他能力的评价，也多因为学校综合实践活动实施的零散性而难以用统一指标落到实处。实践中往往以简单的时间或者次数以及不出现严重问题等作为评价教师的实际依据。

再次是对学校的评价，重外在硬件管理轻课程的实际效果。目前对中小学综合实践活动开设情况的评价，主要集中于学校的具体保障措施，包括对教师安排、课时安排、场地安排、设备配套及相关管理制度的制定等方面的评价。对每一方面内容的评价主要采用量化评价的方式。这类似于对学校开设综合实践活动的硬件设施的评价，但这与一个学校综合实践活动在促进学生发展方面的效果与质量往往并不对等，甚至有较大差距。而这种在评价中对学校外在条件的过分关注，极大地误导了学校开设综合实践活动的方向，许多学校把综合实践活动开成了形式化、应对评估和检查的展示性课程，而忽略了开设综合实践活动的基本育人目的。

六、相关人员缺乏交流沟通

课程的开设是一项系统工程，涉及相关专家、管理人员、教研员、校长、教师、学生等一系列人员。只有这些人员之间不断交流沟通，拥有基本一致的理念和目标，课程才可能真正落实并产生实效。综合实践活动比普通学科课程的开设更加复杂，需要更多领域的相关人员的相互交流和配合。然而，从整体上看，不论是纵向不同层次人员的沟通方面，还是横向同一层次人员的交流方面，都不够畅通。

首先从纵向上看，专家的理论研究较少关注实践，少数专家深入学校指导课程开设的实际工作，但人数和指导范围都极其有限。教研员较多关注学校教师的教学实践，但在从实际出发的同时，往往对专家的理论不太在意。教研员对教师教学实践的指导，多注重具体的实践策略和方法，少有理论的引导，导致很多教师知其然不知其所以然，只能机械模仿。而各级管理人员与专家、教研员和教师关注的角度不同，管理人员更在意上层政策在物化层面的落实，较少关注相关人员的观念和认识。各类活动基地的人员一般是临时性的参与学校的某项综合实践活动，很少对课程本身有全面的认识和理解。学生也主要是作为"被安排"的活动主体，只是照着教师的计划去做，很多时候并不清楚教师为什么安排这样的活动。

其次从横向上看，不论是受文人相轻的传统影响，还是因为各自立场、观念、个性的不同，专家与专家之间、教研员与教研员之间、教师与教师之间等同一层面人员之间往往缺乏充分深入的专业交流，于是经常出现不同专家、教研员在指导学校综合实践活动开设时观点不一，甚至彼此冲突和矛盾的情况。

总体来看，这些相关人员之间沟通的渠道并不畅通，更缺乏深入全面的交流，他们各自处于互不相同的话语体系内，站在不同的立场，运用不同的思维方式认识综合实践活动，采用不同的实践方式作用于综合实践活动，各自为政，互不通约，使综合实践活动难以真正形成一个良性的有机系统。

第三节
中学综合实践活动的深化发展策略

◎ 学习目标

了解中学综合实践活动深化发展的基本策略。

　　一个系统的形成有两种基本途径：由内而外的生发途径和由外而内的塑造途径。由内而外的生发途径是从内部某一要素开始，在实践过程中，经过发现问题——解决问题——出现新问题——再解决问题的不断循环深入，使与这一要素相关的诸方面越来越全面地被考虑和整合在一起，从而逐步形成一个完整系统。

这一途径具有突出的长期性特点，一旦形成，就比较稳定。由外而内的塑造途径是依据一定的理论直接构建一个完整系统的框架，并尽可能丰富相关内容，使之符合实践的需要，这一途径一般比较快速高效，但往往需要在与实践的磨合中进行逐步修正和完善。目前来看，我国中小学的综合实践活动已经按照由外而内的途径初步建立起来，但要真正形成一个完整体系，还需要在实践过程中经历一个漫长的修正与完善过程。为了更好地促进我国中学综合实践活动的深化发展，未来需要进一步加强以下几方面的工作。

一、理论建设层面：加强本土化的深入研究

　　虽然说，我国2000年以来的综合实践活动是对我国20世纪90年代设置的活动课程的改革与发展，其在我国中小学的开设并不是一件突兀的事情。就我国的课程理论研究而言，不论是活动课程，还是综合实践活动，其概念都是舶来品。它们进入我国中小学经历了三个阶段。第一个阶段是理论引介阶段。部分学者密切关注世界发达国家教育改革的发展趋势，积极介绍诸如英、法、美、日等国家课程改革中不同于我国传统学科课程的综合实践活动类课程的新颖理念和做法，并从其他国家课程改革的价值追求视角分析我国中小学课程存在的问题，提出效法他国的改革思路。第二个阶段是正式立法阶段。通过理论引介的观念渗透和部分学者的呼吁宣传，综合实践活动的概念逐渐被更多研究者所了解，课程领域开始形成认可综合实践活动的积极氛围，国家教育主管部门顺势而动，通过正式颁布的政策文件为综合实

践活动"立法"。第三个阶段是综合实践活动在我国中小学的摸索实践阶段。在这一阶段，中小学面临着双重压力：一方面要按照国家政策的规定要求把综合实践活动开设起来；另一方面又缺少切合我国中小学实际的可资借鉴的成熟经验。在这种情况下，专家学者们积极深入实践，发现问题，并探讨解决问题的具体策略。但这一时期的研究，"仅仅想借助实践中的'技术'，实现以西方标准为根本的'西体中用'式理论改良，并未真正从中国特色理论的实践建构的角度进行深刻反思。"[1]

纵观综合实践活动在我国中学从无到有的历程，基本是一个对外国理论和实践进行移植和模仿的过程。虽然这一过程中理论研究者始终参与其中，但是却并没有真正立足我国的具体国情，深入研究综合实践活动在我国的系统理论建构。众所周知，我国是一个有着悠久历史文化传统的国家，我国的教育制度和中小学课程结构相互切合，自成一体。现在，要把一个产生于不同社会政治、经济、文化背景下的综合实践活动安插进这个本来自成一体的系统中，必然会带来诸多问题。因为缺乏我国实践的根基，综合实践活动从内涵界定到价值选择，都出现了不同程度的偏差。基于发达国家国情与体制的综合实践活动理论，脱离中国实际，形成的课程制度与中国实际相冲突，如课程制度的多元价值取向与我国的集权制不适应，其轻视结果的取向与我国市场经济的资源配置方式不适应，其复杂多样的实施要求与我国大部分地区不富裕的经济条件不适应，其去功利化的倾向与我国主流的科举文化相冲突，其地方与学校分权而治的做法与我国的文化相冲突。[2]这些不适应与冲突是"师洋不化"的结果。

要改变当前我国中学综合实践活动存在的问题，必须从根本上立足我国的社会现实，根据我国社会政治、经济、文化的基本特点和我国学校师生的生存处境与实际需要，研究本土化的综合实践活动理论并建立相应制度，如重新界定综合实践活动的概念，使之与我国中学课程体系中的已有内容之间关系明晰，探索适合我国不同区域学校特点的多样化的综合实践活动实施模式，制定符合我国经济、文化实际的课程标准和管理制度，使之便于操作，行之有效，真正能够落实。

二、价值取向层面：学校课程一体化视角下的价值选择

要确定综合实践活动的价值问题，不能简单地进行主观想象，而是需要从我国中学综合实践活动开设的目的与初衷去分析和发现。我国中小学开设综合实践活动的原因主要有

1　曾茂林. 创建富有中国特色的课程实施理论与制度——综合实践活动课程实施十年：问题与对策. 教育理论与实践，2012（11）：42~45
2　曾茂林. 创建富有中国特色的课程实施理论与制度——综合实践活动课程实施十年：问题与对策. 教育理论与实践，2012（11）：42~45

三个方面：一是世界范围内基础教育课程改革的综合实践趋势；二是哲学领域"回归生活世界"思潮的冲击；三是对我国中小学现有课程体系问题的反思。这三个方面虽然都被人们频繁提及，但其对综合实践活动开设的影响作用并不相同。首先，虽然世界范围内很多国家，诸如美、英、日、法、德、澳等国家都开设了多种形式的综合实践活动性质的课程，但这些课程是根据他们国家的教育政策目标与教育实际需要而开设的，即使不同国家地区之间的教育存在诸多共性，其他国家的做法也不能成为我国中小学必须效法的理由。其次，哲学领域的研究有其自身的发展规律，超越世俗事物进行缜密的抽象逻辑思考是其根本特点，利用其理论观点直接指导教育实践，既不是哲学的使命和追求，也不是哲学的优势所在，所以这也不可以作为我国中小学综合实践活动开设的直接依据。第三方面是对我国中小学现有课程体系问题的反思，包括长期以来人们对占主导地位的传统学科课程在割裂知识完整性、限制学生实践能力发展等方面局限性的认识，以及对1992年开设活动课程[1]以来存在的概念不清、内容狭窄、学科化和形式化严重等问题的思考。这些认识和思考是直面现实问题的，是以满足实践需要，更好地改进和完善实践为根本目的的，这是综合实践活动产生发展的真正内部原动力，是推动我国综合实践活动开设的最强力量。正因如此，把握综合实践活动的真正价值，也必须从学校课程体系的完善出发。只有把综合实践活动放置于学校整个课程体系之中去考察和把握，才能明确综合实践活动的实际价值，并真正在实践中寻求价值实现的合理途径。由此，学校课程体系才是准确把握综合实践活动价值的基点，它使综合实践活动脱离孤立，成为一个整体的有机组成部分。围绕这个基点，我们一方面认识到综合实践活动功能的独特性，同时也认识到综合实践活动功能的有限性。学生的最优发展是学校所有课程共同作用的结果，综合实践活动的价值，只有在与其他课程密切配合的过程中才能得以实现。

　　把综合实践活动放置在学校课程体系内进行考察，就是要从综合实践活动与其他课程类型（对当前中小学的课程体系而言，主要是指学科课程）的关系中把握其价值。这种相对关系下的价值分析，可以摆脱以往对综合实践活动进行孤立的价值选择的做法，既避免纯粹理论推演脱离实际的不足，也克服追求短时功利造成的肤浅低效问题。在我国中小学课程体系中，学科课程是历史悠久、地位稳固、价值鲜明的传统课程。综合实践活动作为一种新型课程与学科课程并列而设，不论是从开设初衷，还是实践需要上看，都必须与学科课程有机联系、相辅相成，才能使学校课程体系发挥最大功能。从与学科课程的相对关系视角分析，综合实践活动的价值主要有三方面。

　　第一，辅助性价值。主要是指综合实践活动在辅助学科课程让学生更好地掌握系统学科

1　1992年国家教委颁布《九年义务教育全日制小学、初级中学课程计划（试行）》，明确规定中小学课程包括学科和活动两部分。此后，中小学的活动课程正式开展起来。

课程知识和技能方面的价值。众所周知，学科课程是从不同的知识领域或学术领域选择一定的内容，进行去情境化的提炼概括，并根据知识的逻辑体系进行组织的。学科课程充分体现了知识的系统性和逻辑性，但这些知识的去情境化特点使学科课程脱离学生的实际生活经验，造成学生理解掌握的困难。因此，可以在学科课程的实施中适当穿插一些有针对性的学生实践活动，如物理化学中的生活实验、语文学科中的实际观察等，辅助学生对学科课程内容进行更深入的学习。

第二，整合性价值。主要是指综合实践活动把在传统课程体系中原本分散组织或零散处理的内容以新的方式进行整合，使之形成有机的整体，从而便于学生更完整深入地掌握和理解。传统学科课程因为对知识按照学术领域的不同进行分门别类的组织编排，与学生心理发展的整体性特征及现实生活的综合化特点相悖，这一方面会导致对学生完整生活的肢解；另一方面也不利于学生正确认识现实世界和实际应用所学知识。对此，我们可以在综合实践活动框架下开设不同形式的综合课程，把原本分属不同学科领域的内容或者涉及现实社会问题的多方面内容用新的逻辑进行有机整合，从而给学生提供一种更加宏观完整的视野和思维方式。

第三，创新性价值。主要是指综合实践活动提供学科课程所不能涵盖的一些内容，拓展学校课程体系，促进学生更好地全面发展的价值。随着社会发展对人才要求的提高，学校教育培养目标除了传统的"双基"以外，更要增强学生的探究和创新意识、发展其综合运用知识的能力，培养其社会责任感，以及适应信息社会需要的相关意识和能力等。这多方面的培养目标，仅靠单一学科课程的内容是难以实现的。对此，综合实践活动可以通过开设社区服务、劳动技术教育以及各种形式的课外活动等，丰富学校课程体系，实现学校课程育人价值的最大化。

从以上三个维度把握综合实践活动的价值，即保证了综合实践活动确立的实践基础和基本立场，也兼顾了综合实践活动促进学生发展的理论旨趣，同时也合理反映了综合实践活动与学科课程之间既相互区别又互相渗透的密切关系。

三、规章制度层面：制定系统的保障制度体系

纵观我国教育改革的历程，自上而下的行政推进式改革一直是最主流、也最快捷高效的方式。但行政推进也需要以相应的教育法律法规、行政性规章和规范性文件及具体的课程政策和规章为依据。而我国目前相关政策规章欠缺，直接阻碍了综合实践活动深入推进的步伐。

在缺少权威政策规章指导和引领的情况下，各学校的综合实践活动开设出现了三种不同情况。第一种，学校把综合实践活动深入、扎实、有效地开展起来。这些学校一般都经费比

较充足，各方面的教育教学条件较好，校内外教育教学资源丰富，教育者的理论素养与实践能力很高。他们充分认识到综合实践活动的教育功能和育人价值，敢于探索创新，并取得了较好的教育效果。第二种，学校教育者从思想上希望认真开设和实施综合实践活动，但实践中却做不好。这些学校的教育者从思想上接受和认可综合实践活动的基本理念和观点，也想真正去实践，但因为缺少指导、能力有限、学校资源条件不足等原因，实施过程中比较盲目，很多实际问题无法解决。于是出现综合实践活动实施不深入、效果不明显的情况。第三种，学校教育者从思想上不认可综合实践活动，只是迫于行政压力不得不做，形式化严重。这些学校的教育者多认为综合实践活动对学生的意义不大，甚至还会因为对原有学科课程在时间和学生精力等方面的占用而降低学生的水平。虽然根据国家相关政策要求把综合实践活动列入学校课程计划，但很少真正实施，少数专门设计的活动内容一般只用于应付各级部门的检查，当然检查也主要限于外在形式方面。目前来看，属于第一种情况的学校所占比例极小，主要是经济发达地区的少数特色优秀学校，属于第二种和第三种情况的学校都占相当的比例。第二种情况在不断发展的过程中有分化现象，少数学校创造条件，努力探索，跻身到第一类学校行列，也有部分学校在对照复杂烦琐的工作与并不明显的成效之后，开始对综合实践活动的价值和意义产生怀疑，甚至排斥，在行动上出现应付和形式化倾向。

　　不论是观察实践还是分析学校教育者的言谈，都能发现，综合实践活动最初在中小学的迅速开设主要是国家政策推动的结果。后来很多学校的茫然和应付，主要原因是后续具体指导性政策和管理督查规章的缺位。从时间的先后来看，开始的迅速行动与后来的迟缓与混乱形成鲜明对比，这一现象一方面说明了明确的政策规章制度对教育实践的重要规范和指导意义，同时也反映了一旦政策规章制度不健全或者欠缺，可能导致的严重后果。由此可见，要真正推动中小学综合实践活动的深入落实，系统健全的政策规章必须先行。

　　在政策规章的制定方面，要始终保持系统思维的意识。首先是纵向层次性，从宏观概括的指示，到原则性、规范性的要求，再到微观具体的策略说明、实践指南等，应体现国家意图和目标逐级落实的明晰脉络。这样，就能够为每一层次的管理者和实践者指明方向和道路，避免盲目性。其次是横向配合性，在不同的层次上，课程的开设和实施都需要多方面的条件，政策规章除了阐明课程开设的方向要求和规范策略等，还要为课程的开设提供各方面的保障措施和条件，而这也需要相应的政策规章来进行规范要求，促进落实。如综合实践活动教师的培养培训政策，对学校、教师的综合实践活动开设情况的管理、检查、监督制度，对综合实践活动实施效果的评价制度，对社区部门和单位提供教育资源和支持的激励制度，对学校软硬件设备资源的配备和管理制度等。只有尽可能全面细致地考虑到与综合实践活动开设有关的方方面面，并制定针对性的政策规章，进行规范和保障，课程的开设才能落到实处。

四、课程本体层面：统一设计课程的要素和结构

实践中的课程是由特定的内容和形式共同组成的实体存在，这种实体包括一系列要素，构成一定的结构，具有特定的功能。关于综合实践活动，国家政策更多只是在文本层面给出了概要的指示，真正落实到实践中，必须把文本转化成为有血有肉的实体，体现为一系列具有特定内涵的要素及其组合方式。在这一过程中，我国综合实践活动的设计存在着严重的各自为政，要素考虑不全、要素之间缺乏协调配合等问题，使之无法形成有机的整体结构。

关于课程包括哪些要素的问题一直存在多种看法。根据国内外的实践经验总结，并结合已有的研究成果，有学者认为，一门课程要能够在实践中正常实施，在设计中应该具体考虑课程目标、内容或学习材料、学习活动、教学策略、评价方式和程序、教学活动组织、教学时间、空间和环境等诸要素。[1]就某一类活动来说，在设计中还要考虑活动设计的一般程序、活动的性质与设计取向、活动指导纲要的制订、活动手册的制订、活动的展开、活动的评价等方面内容。[2]在具体设计中，根据设计人员所处层次的不同，每一要素内容的详略程度可能不同。如综合实践活动专家在设计时，关于课程目标，可能主要考虑应从知识与技能、过程与方法、情感态度与价值观三个大的方面去把握，而学校中综合实践活动的教师在设计时，则要充分细化，详细分析通过某一类或某一项活动，要让学生掌握哪些具体的知识和技能，感受和体验怎样的过程与方法，培养哪一方面的情感态度与价值观。

对于课程设计，考虑每一要素是一方面，同时还要考虑这些要素之间的配合、协调和一致，使之形成一个有机的结构整体。如果课程的不同要素之间存在矛盾，或者不一致，就不能形成合力，这样课程的整体实施效果就会降低。只有结构优化的课程，才能发挥良好的育人功能。要使课程具有良好结构，在设计时应特别注意两点。第一，要始终保持总览全局的意识和视野。鉴于课程的复杂性，一门课程的设计往往由多人共同完成，每人负责一部分内容。为了避免内容的不一致，在设计过程中，要加强各人之间的充分交流沟通，使设计者随时了解与自己设计内容相关的其他部分内容的情况，以便于紧密配合。同时，还应有专人负责督查和统筹不同设计者内容的一致性情况，随时发现问题，及时提醒修正。第二，要始终明确目标、立足实践。明确目标是有效设计课程的前提条件，目标既是所有设计活动的直接引领，也是设计过程中反思与评价的直接依据。设计者应随时把自己的设计与目标比照，选择能最有效实现目标的课程内容和形式。除了目标，实践是设计课程的又一重要参照，它对课程设计的必要性和可行性问题最有发言权。课程设计者应立足实践，根据实践的需求和条件，选择最有价值的内容和恰当可行的组织形式。

1　吕达. 课程概论. 北京：人民教育出版社，2004：223～225
2　吕达. 课程概论. 北京：人民教育出版社，2004：223～225

五、参与人员层面：协调整合各方人员形成合力

因为综合实践活动的校本性质，综合实践活动从设计到实施一般都由学校负责。学校在设计和实施综合实践活动时，有两种常见的做法。一种是"一言堂"式。有些学校领导对综合实践活动有自己的认识和想法，在不征求其他人员意见的情况下，直接指令性地要求学校相关人员按照他的意见执行。这种做法力度大、效率高，但因为相关人员不一定认同，所以容易产生执行者机械应付、不愿意真正投入的情况。另一种是"小作坊"式。学校把设计和实施综合实践活动的任务分配给一个或几个教师，由他们负责。这些教师就根据自己的理解和学校现有的条件包办了综合实践活动。这种做法使学校的综合实践活动成为只与少数人有关的事，不易形成多部门和人员之间的协作配合。而且，以上两种做法，因为决策人员有限且相对封闭，容易出现考虑不够周全、主观化倾向明显、科学化水平不高等问题，影响综合实践活动功能的充分发挥。要克服以上问题，应从两个方面做起。一是召集多方面相关人员参与，避免按照少数人主观意志办事；二是采用集体审议制度，加强课程的适应性。

作为国家明确要求在中小学开设的新型课程类型，综合实践活动自一开始就受到从专家、学者到各级管理人员和教研员，再到一线教师，甚至家长和社会其他人员的普遍关注。这些不同人员，拥有的知识经验、所处的社会文化背景、各自的身份和利益诉求、所持的思想观念等各不相同。专业的学者和研究人员，主要从理论的视角分析综合实践活动的内涵、本质、意义、价值追求、设计实施模式等问题；各级管理和教研人员，更多思考综合实践活动的规范管理、评价，如何有效实施等问题；一线教师，重点关注综合实践活动具体开设实施的条件和细节；家长更在意这一课程对孩子发展的实际影响；一些与校外课程资源开发利用有关的团体和单位，主要关注与学校合作的途径方式及切身利益问题。不同人员的关注点虽然各异，但都是开设和实施综合实践活动需要考虑的内容，并且这些方面单靠个人的力量根本无法全面顾及。由此，召集尽可能多方面的相关人员参与就成为必然的选择。根据我国的实际情况，人员召集活动一般由学校组织，一些学养深厚、开明积极的校长会主动邀请相关的专家、学者、管理人员、教研员、教师、学生、家长、社区代表等参与活动。

人员多少与活动最终结果的优劣不存在必然的线性关系。只有采用科学方式，使不同方面相关人员都积极高效地参与，才能真正对综合实践活动课程的建构有所推动。关于这一点，美国学者施瓦布基于其实践课程观提出的课程集体审议方式可以为我们提供借鉴。集体审议是指课程开发主体对具体教育实践情境中的问题反复讨论权衡，以获得一致性的理解与解释，最终做出恰当、一致的课程变革决定并采取相应策略的过程。[1]集体审议中虽然参与人员多元，但审议遵循实践的逻辑，关注重点集中指向课程实践的问题与需求，最终得出在

1　张华. 课程与教学论. 北京：教育科学出版社，2000：241

实践中行之有效的结论。为了保证集体审议的效率和效果，还要注意三点：第一，要保证审议主体的代表性和组成结构的合理性，同时要在课程集体中选择一位懂得审议原理的组长来激发和引导审议活动的有效运行；第二，要保证审议对象的全面性和多样性，一门课程的开设和实施涉及多种要素及其关系，在审议之前要对审议内容做尽可能全面的准备，在审议过程中，也应该根据大家讨论情况及时补充和完善内容；第三，加强审议程序和过程的民主性，保证所有参与人员都有充分表达和深入讨论的机会，尤其是那些将受最后决策结果直接影响的人。集体审议最终的结果是努力实现课程不同要素之间的协调和平衡，并确保课程在实践中的可行性和有效性。

本章小结

　　我国中学综合实践活动开设十三年，积累了很多实践经验，也仍然存在一些问题。当前中学综合实践活动的状况喜忧参半。课程实施者对综合实践活动性质与价值的理解存在较大差异，大部分课程实施者认可综合实践活动，但也有一部分人持怀疑甚至否定态度。从全国来看，综合实践活动的师资在数量和质量方面都与实践需要有较大的差距。不同地区、不同学校，在综合实践活动的开设方式、课时、管理等方面各不相同，综合实践活动的实施效果也存在较大的学校与区域差异。当前中学综合实践活动存在的问题主要是不同主体的综合实践活动价值取向存在错位，政策规章及相关机制不够系统配套，各层次综合实践活动的实施孤立零散，内容机械分割，评价顾此失彼，相关人员之间缺乏交流沟通。针对这些问题，综合实践活动的未来发展应加强以下工作：理论建设层面，加强本土化的深入研究；价值取向层面，在学校课程一体化视角下进行选择；规章制度层面，制定系统的保障制度体系；课程本体层面，统一设计课程的要素和结构；参与人员层面，协同整合各方人员形成合力。

总结 >

Aa 关键术语 ‖‖

实施现状	碎片化
current situation	fragmentation
实施策略	系统化
development strategy	systematization

章节链接

在这一章，你读到课程实施者对综合实践活动的理解	请思考第一章，综合实践活动的性质与特点。
关于综合实践活动的实际开设状况	第二章　中学综合实践活动的实施，讲述实施的特点、条件、模式、方法等。
关于综合实践活动内容的机械分割问题	第一章　中学综合实践活动的内容，关于四大领域之间的关系，指定领域与非指定领域的关系等有专门论述。

应用 >

批判性思考

关于我国中学的综合实践活动，一线教师在观念与行为之间存在着不同程度的不一致现象。一方面，大部分教师都认为综合实践活动对学生素质的全面发展具有重要意义，有必要开设；另一方面，很多教师从心理上并不愿意承担综合实践活动的教学工作。对此，你有什么看法，你认为出现这种现象的原因是什么？如果你是学校校长，你会如何处理这一问题？

体验练习

中学综合实践活动是近年来在我国中学普遍开设的课程类型，学校在开设中学综合实践活动时，目标、内容、实施方式、管理办法、评价机制等各不相同。虽然这些综合实践活动之间存在诸多差异，但人们仍然可以从中找到很多共性，发现很多规律和好的经验做法。请根据实际条件，选择一所开设综合实践活动的中学，以书面文本的形式对其综合实践活动开设中存在的问题或好的经验进行分析，并提出有针对性的改进或推广建议。

案例研究

"神奇的机器人"活动过程

1．录像导课
播放短片，让学生观看《星球大战》中人与机器人战斗的场面。
2．了解机器人
利用"资料在线"活动，让同学们把收集到的机器人发展史向全班同学介绍。机器人的诞生涉及大量的信息收集与整理、编辑与使用。教师要注意加强课前指导，把教师要说的话变成学生的知识，让学生成为课堂的主人，激发学生的学习热情，提高课堂效果。

3. 提出问题

在第一组同学汇报的基础上，趁热打铁提出问题，"何为机器人？你知道的机器人是什么模样？是否像图中的机器人一样？"这涉及了机器人的定义，目前学术界还没有比较统一的定义，机器人的定义是随着科技的发展而不断丰富和发展的。这个问题多数学生可能准备不太充分，带有一定的片面性，教师要注意引导。

4. 研究讨论

第一个研讨题：人类为什么要研究机器人？

第二个研讨题：我们所了解的机器人有哪些共同点？

第三个研讨题：形形色色的机器人对人类生活有什么不同的作用？

5. 汇报交流

6. 拓展创新

案例来源：王秀玲，尚志平，党好政．综合实践活动课程实验研究．济南：山东人民出版社，2007：43~485

分析与思考

1. 这个案例是否体现了综合实践活动的性质和特点？主要体现在哪些地方？

2. 你认为这个案例存在问题吗？为什么？如果让你设计，你会怎么做？

📓 教学一线纪事 ||||||||||||||||||||||||||||||||||||||||||||||||||||||||||||||||||||||||||||||||||||

综合实践：困惑与体验

"我不知道怎么当教师了！"这是参加了四川省综合实践活动课教学研究的我校青年教师张梅在总结经验时谈的第一句话。其实这么一句简单的话包含了太多的内容，给我们提出了值得研究和深思的许多问题。面对综合实践课程不同于常规分科教学的特点：开放性、综合性、实践性、生成性、创新性等，在具体教学活动过程中必然会出现许多问题和困惑，教学第一线的广大教师如何应对（解决）困惑，将是新课改能否成功的重大问题，也是当务之急必须解决的重要问题。结合我校在实施综合实践教学活动过程中的经验和教训，拟从以下几个方面提出基本困惑（问题）及我们粗浅的体验认识，希望能借此给大家一些帮助，共同把新课程改革推动下去。

困惑：综合实践课程对教师专业化程度要求较高，目前能胜任该门课程的教师很少甚至没有，怎么办？

体验认识：我们认为，综合实践课程对教师的教育教学能力和水平（包括专业知识、教学技能、思想观念等方面）以及专业化程度要求确实很高，但这是新形势对教师提出的要求，也是每个教师自身发展的需要。由于广大的一线教师受职前教育（师范院校学习）、职后教育（继续教育）与考试压力等多方面因素影响，目前单个教师要单独开展综合实践教学活动将是十分困难的。对此，我们建议以年级组为单位形成教学群体开展综合实践教学活动，不同学科的教师群策群力，共同确定教学主题、设计活动方案、开展教学活动、对活动过程和成效做出评价，在综合实践教学活动中提高教师整体的专业化水平。

我们在开展"电池、生活与科学"的综合实践教学活动中，有三十多个教师参与了教学活动过程，其中有十余人直接参加了教学实践活动，涉及语文、政治、历史、物理、化学、生物、计算机、地理等多学科教师；在"走进黄龙溪"的综合实践教学活动中，也有十余个教师参加了教学实践活动。正是集中了教师们的集体智慧，才使得我校的这几次综合实践教学搞得有声有色，收获颇丰，更重要的是参加综合实践教学活动的这批教师专业化水平得到了较大发展，促进了他们综合素质的提高。

困惑：在国家没有改革现行高考和中考方式时，如何看待综合实践课程与其他分科课程的关系？

体验认识：综合实践课程与其他分科课程相并列，在综合实践教学活动过程中，要应用分科课程中的知识；随着课程改革的深入，在分科课程教学中要渗透综合实践课程的基本思想，例如研（探）究性学习方式、学生主体活动和教师主导作用、应用所学知识解决实际问题、在教学中全面培养提高学生的综合素质等。在中考与高考改革中，将逐渐把综合实践的一些基本思想引入其中，现在高考中的"3+X"模式就与综合实践相关，中考出现的部分应用类试题，也与综合实践基本思路相关。因此，教师们应明确"在分科教学中渗透综合实践教学的基本思想"是新课程改革的主要目的之一。

棕北联合中学语文教师刘环独立设计，在初中一年级开展了一次主题为"月球探索"的综合实践教学活动，这次活动以"大语文教学观"为指导思想，渗透探究性学习方法，在语文学科教学特色十分明显的基础上，突出了综合实践课程的开放性、综合性、实践性和创新性等特点，活动内容涉及语文、历史、地理、物理、化学、自然、信息技术等方面的知识，其中有的知识是现行高中教材的内容，全部都是学生通过学习活动自主获取的。开始，刘环老师将"月球探索"定位为语文综合教学课，但由于其教学活动过程和教学方式均与我们理解的综合实践课程要求相一致，所以我们将其称之为"具有较强语文特色的综合实践课"，并一致认为刘环老师在棕北联合中学率先在语文学科教学中渗透了综合实践教学的基本思想。

案例来源：谭建华．综合实践：困惑与体验．http://www.zbzx.net/article.aspx?id=1859. 2014-4-18.

拓展 >

☕ 补充读物 ┉┉┉┉┉┉┉┉┉┉┉┉┉┉┉┉┉┉┉┉┉┉┉┉┉┉┉┉┉┉┉┉┉┉┉┉┉┉

1　田慧生．综合实践活动课程实施中的问题与策略．北京：教育科学出版社，2007

　　本书以解决综合实践活动课程实施中的现实问题为宗旨，将理论阐述和案例剖析结合起来，对当前综合实践活动课程实施中的一系列现实问题做了较为系统地回答

2　田慧生．综合实践活动课程的理论探索与实践反思．北京：教育科学出版社，2007

　　本书是关于"综合实践活动课程的理论探索与实践反思"的研究专著，具体包括了：对综合实践活动课程开设目的与意义的再认识、对综合实践活动内容领域的理解与实施、学校对综合实践活动课程的规划与管理、正确处理综合实践活动课程实施中的几个关系等方面的内容。

3　冯新瑞，王薇．国综合实践活动课程实施现状调研报告．课程·教材·教法，2009(1)

　　本文通过对我国12个省区的48所学校综合实践活动实施状况的调查，比较详细地分析了实施中存在的多方面问题及其原因，同时也提出了进一步深化实施的建议。

4　曾茂林．创建富有中国特色的课程实施理论与制度——综合实践活动课程实施十年：问题与对策．教育理论与实践，2012(11)

　　本文对综合实践活动课程实施十年来存在的问题进行了比较深入的分析，并就其未来发展提出了相应对策。

🖥 在线学习资源

　　1．综合实践活动网　http://jxjy.com.cn:88/

　　2．综合实践活动教研　http://www.najsjx.com/xk.asp?typeid=13

参考文献

1. 田慧生. 综合实践活动的性质、特点与课程定位[J]. 人民教育，2001（10）.

2. 潘洪建. 中学综合实践活动指导[M]. 北京：高等教育出版社，2011.

3. 张传燧. 综合实践活动课程论[M]. 广州：广东教育出版社，2004.

4. 郭元祥. 综合实践活动课程——设计与实施[M]. 北京：首都师范大学出版社，2001.

5. 张华. 综合实践活动课程研究[M]. 上海：上海科技教育出版社，2007.

6. 李臣. 活动课程研究[M]. 北京：教育科学出版社，1998.

7. 余文森，连榕，洪明. 综合实践活动课程导论[M]. 福州：福建教育出版社，2007.

8. 施良方. 课程理论—课程的基础、原理与问题[M]. 北京：教育科学出版社，1996.

9. 崔相录，曾天山. 综合实践活动课程开发与操作[M]. 济南：山东科学技术出版社，2007.

10. 教育部基础教育司，教育部师范教育司. 综合实践活动的实施与管理[M]. 北京：高等教育出版社，2004.

11. 郭元祥. 综合实践活动课程的理念[M]. 北京：高等教育出版社，2003.

12. 郭元祥. 综合实践活动课程的实施[M]. 北京：高等教育出版社. 2003.

13. 洪明，张俊峰. 综合实践活动课程导论[M]. 福州：福建教育出版社. 2007：22.

14. 朱慕菊等. 走进新课程[M]. 北京：北京师范大学出版社. 2004.

15. 李臣之. 综合实践课程教学论[M]. 广州：广东高等教育出版社. 2007.

16. 田慧生主编. 综合实践活动课的理论探索与实践反思[M]. 北京：教育科学出版社，2007.

17. 李孔文主编. 小学综合实践活动课程论[M]. 合肥：中国科学技术大学出版社，2009.

18. 顾建军主编. 小学综合实践活动设计[M]. 北京：高等教育出版社，2011.

19. 万伟. 综合实践活动课程关键能力的培养与表现性评价[J]. 课程·教材·教法，2014（2）.

20. 高双桂，郭东岐著：农村课程资源的开发与利用[M]. 北京：人民教育出版社，2006.

21. 教育部基础教育司，教育部师范教育司编：综合实践活动的实施与管理[M]. 北京：高等教育出版社，2004.

22. 段兆兵等著：课程资源开发与利用——原理与策略[M]. 合肥：安徽师范大学出版社，2011.

23. "研究性学习实施指南研制"课题组. 初中研究性学习案例[M]. 上海：上海科技教育出版社，2001.

24. 王升. 研究性学习的理论与实践[M]. 北京：教育科学出版社，2002.

25. 周庆林. 研究性学习百法：研究性学习指导[M]. 南宁：广西师范大学出版社，2002：123~124.

26. 余清臣. 研究性学习[M]. 北京：教育科学出版社，2003.

27. 邹尚智. 研究性学习的理论与实践[M]. 北

京：高等教育出版社，2003．

28．孙元清．高中研究型课程导师指导手册[M]．上海：上海科技教育出版社，2001．

29．陈向阳，冯蔚蔚，邵健伟．国际技术教育课程评价：困境、经验与启示[J]．外国教育研究，2011（10）．

30．郭元祥，姜平．当前综合实践活动课程的现状与问题[J]．基础教育课程，2006（8）．

31．[德]哈贝马斯著．作为"意识形态"的技术与科学[M]．李黎，等译．上海：学林出版社，1999．

32．曾茂林．创建富有中国特色的课程实施理论与制度 [J]．教育理论与实践，2012（11）．

33．张俐蓉著．信息技术与学校教育关系的反思与重构[M]．北京：教育科学出版社，2007．

34．陆秀红著．数字化变革中崛起的新信息文化[M]．北京：人民出版社，2007．

35．田慧生著．综合实践活动课程实施中的问题与策略[M]．北京：教育科学出版社，2007．

36．冯新瑞，王薇．我国综合实践活动课程实施现状调研报告[J]．课程·教材·教法，2009（1）．

关键术语表

综合实践活动	comprehensive practice activity	综合实践活动是以学生的主体性活动经验为中心组织的，密切联系学生生活实际的实践性课程。是我国当前中小学生的必修课程。
研究性学习	research-based learning	研究性学习是指学生基于自身兴趣，在教师指导下，从自然、社会和学生自身生活中选择和确定研究专题，主动地获取知识、应用知识、解决问题的学习活动。
社区服务和社会实践	community services and social practice	社区服务和社会实践是学生在教师指导下，走出教室，参与社区和社会实践活动，以获取直接经验、发展实践能力、增强社会责任感为主旨的学习领域。
劳动与技术教育	labor-technology education	劳动与技术教育是以学生获得积极劳动体验、形成良好技术素养为主要目标，且以操作性学习为特征的学习领域。
信息技术教育	information technology education	信息技术教育是以帮助学生发展适应信息时代所需要的信息素养为基本目的的教育，在这种教育中，信息技术既是教育的内容，又是教育的手段。
综合实践活动设计	comprehensive practice activity design	综合实践活动设计是依据综合实践活动的理念、学校资源状况和学生发展需要，对活动主题、目标、内容、过程、方法等进行设计和规划的过程。
综合实践活动资源	integrated practical activity resources	综合实践活动资源指的是中学综合实践活动开展需要的人力、物力，以及自然资源和信息资源的总和。
评价指标体系	evaluation system	评价指标体系是指由表征评价对象各方面特性及其相互联系的多个指标所构成的具有内在结构的有机整体，一般由评价项目和评价权重两个方面构成。

后　记

　　2001年6月，教育部颁布的《基础教育课程改革纲要（试行）》明确规定：从小学至高中设置综合实践活动并作为必修课程。十余年来，尽管对综合实践活动的理论探讨取得了不小的成绩，全国各地对综合实践活动的实践探索也取得了一定的经验，但实际综合实践活动的实施依然存在着诸多有待于进一步研究的问题。因此，在承担了《中学综合实践活动》教材编写任务后，多次约请相关专家对编写宗旨、内容框架、单元模块及呈现方式等进行了细致的研讨。可以说，本教材凝聚着全体参与者的心血。

　　本教材由徐继存主编，具体分工如下：第一章，山东师范大学徐继存、天津师范大学纪德奎；第二章，江苏师范大学杨钦芬；第三章，安徽师范大学段兆兵；第四章，首都师范大学张菁；第五章，浙江师范大学李志超；第六章，河北师范大学索桂芳；第七章，山东师范大学王飞；第八章，山东师范大学周海银；第九章，山东师范大学孙宽宁。

　　在本教材编撰过程中，参考和汲取了综合实践活动领域的已有研究成果，我们尽量逐一注明，但也难免有所遗漏，敬请作者多多包涵。孙宽宁和张菁帮我做了大量烦琐的校对工作，我心有不安，难以忘怀。北京师范大学李志编辑的敬业精神令我感动，他的不断敦促和帮助保证了本教材的如期出版。在此，向各位表示真诚的感谢！

　　本教材存在的缺失和问题，祈望读者批评和斧正。

徐继存

2015年1月